U0803329

宁波商帮文化教程

庄丹华 编著

北京理工大学出版社
BEIJING INSTITUTE OF TECHNOLOGY PRESS

图书在版编目（CIP）数据

宁波商帮文化教程/庄丹华编著．—北京：北京理工大学出版社，2016.6（2023.8 重印）
ISBN 978-7-5682-2566-3

Ⅰ.①宁…　Ⅱ.①庄…　Ⅲ.①商业史—宁波市—教材　Ⅳ.①F729

中国版本图书馆 CIP 数据核字（2016）第 155426 号

出版发行／北京理工大学出版社有限责任公司
社　　址／北京市海淀区中关村南大街 5 号
邮　　编／100081
电　　话／（010）68914775（总编室）
　　　　　（010）82562903（教材售后服务热线）
　　　　　（010）68944723（其他图书服务热线）
网　　址／http：//www.bitpress.com.cn
经　　销／全国各地新华书店
印　　刷／北京虎彩文化传播有限公司
开　　本／787 毫米×1092 毫米　1/16
印　　张／18
字　　数／423 千字
版　　次／2016 年 6 月第 1 版　2023 年 8 月第 7 次印刷
定　　价／39.80 元

责任编辑／刘永兵
文案编辑／刘永兵
责任校对／孟祥敬
责任印制／李志强

前　言

宁波地区有着丰富的自然资源和人文资源：四明山山美水美，千丈岩幽壑飞瀑，松兰山金沙碧海，招宝山雄伟壮观，东钱湖湖光山色，上林湖越窑文明，阿育王寺供释迦牟尼舍利，保国寺大殿成江南奇迹，天一阁藏书楼亚洲第一……宁波人民数千年来在此繁衍生息，越有范蠡文韬武略，可治国安邦可归隐经商；宋有被列宁誉为伟大的改革家的王安石治理宁波；王应麟的“三字经”哺育儿童，影响深远；王阳明创立心学，黄宗羲倡导“工商皆本”“经世致用”，创浙东学派……宁波丰富的文化底蕴为宁波商贸业奠定了厚实的基础。

“一方水土养一方人”，特定的自然人文条件与特定的生产生活方式，经过长期的历史发展，使生活在这个地方的人们形成特定的区域文化心理。宁波靠山面海的地理环境和跨海而治的行政区划，使当地形成了农业、渔业和商业三种谋生方式共存共荣的经济文化格局。渔业生产需要外向强悍、恣肆汪洋的性格，农业生产要求的是和谐、平稳的实践理性，而商贸活动则强调心智的精明和灵活，于是在宁波这三种文明因素逐步交叉、积淀，构成了宁波独特的传统文化。海洋文明与大陆文明的交汇，促进商贸文化的发展，培养了崇商意识和开拓理念；港口城市独特的区位优势，作为海上丝绸之路的始发港，则造就了当地人兼容并包的开放思想。两相结合，为宁波商帮的形成和发展奠定了思想基础。

丰厚的地域文化蕴涵和特定的文化传统成为孕育宁波商帮的丰厚土壤。

所谓商帮，是中国一种特殊的经济形态，封建社会统治者向来推行重本抑末的政策，在社会阶层的排序中，“士、农、工、商”，商屈尊末位。对于商人而言，国家没有明文的法律保护，而民间又对商人冠以“奸商”的歧视。因而，在那样的年代，商人利用他们天然的乡里、宗族关系联系起来，互相支持，和衷共济，于是就成为市场价格的接受者、制定者和左右者。同时，商帮在规避内部恶性竞争、增强外部竞争力的同时，更可以在封建体制内利用集体的力量更好地保护自己，就在这样特定的经济、社会背景下，商帮应运而生。具体而言，商帮是以地域为中心，以血缘、乡谊为纽带，以“相亲相助”为宗旨，以会馆、公所为其在异乡的联络、计议之所的一种既“亲密”又松散的自发形成的商人群体。在明清300余年的中国商业史中，山东商帮、山西商帮、陕西商帮、洞庭商帮、江右商帮、宁波商帮、龙游商帮、福建商帮、广东商帮、徽州商帮十大商帮，都曾是称雄逐鹿于商界的商人群体。其中以徽商和晋商规模最大、实力最为雄厚，纵横商界500年，但最后却在清末民国时期，被宁波商帮后来居上、取而代之。

对于宁波商帮（有的称之为“宁波帮”），《宁波帮大辞典》的解释是：“近代以来在宁波地区以外的一定区域从事工商活动的宁波籍人士。”但随着改革开放以来宁波民营企业的不断崛起，他们以母地为中心，在海内外开拓市场，并取得令人瞩目的成就。所以近年来宁波商帮研究者普遍提出应该把这一部分群体也列入宁波商帮的整体范畴，共同作为宁波商帮文化的组成部分。有鉴于此，本书对宁波商帮的界定是：宁波商帮是一个商业群体，是指从明清以来以宁波地域为中心的、在外地经商的宁波籍商人及本地的宁波商人群体。就地域而言，宁波籍商人包括现在的宁波市所管辖的海曙、江东、江北、镇海、北仑、鄞州6区，奉化、余姚、慈溪3市，宁海、象山2县，以及旧宁波府所管辖的定海（今舟山市）。这里的"商"，不仅指流通领域的商贸经营者，还包括其他经济领域的投资者和经营者。宁波商帮是指由宁波籍各个经济领域的投资者和经营者所组成的商人群体。

宁波商帮从明末清初开始形成，历经几百年的发展而不衰，特别是近代以来，宁波商帮以其强烈的创业精神与杰出的经营能力抒写了中国商业史上的百年辉煌，至今仍活跃在海内外而闻名遐迩。百年前德国地质学家利希霍芬在考察了中国沿海地区之后说："沿海有特殊种族，如宁波人。宁波人在勤奋、努力奋斗、对大事业的热心和大企业家精神方面较为优秀……宁波人是浙江人中的特殊分子……尤其是商业中的宁波人，完全可以和犹太人媲美。"伟大的民主革命先行者孙中山先生1916年在视察宁波时说："宁波人对工商业之经营，经验丰富，凡吾国各埠，莫不有甬人事业，即欧洲各国，亦多甬商足迹。其能力与影响之大，固可首屈一指者也。"中国改革开放的总设计师邓小平则在1984年就提出，"把全世界的'宁波帮'都动员起来建设宁波"，并为动员"宁波帮"人士参与祖国统一和现代化建设倾注了很大的热情。诚然，从严信厚、叶澄衷、朱葆三、吴锦堂、虞洽卿、秦润卿，到包玉刚、邵逸夫、王宽诚、曹光彪、李达三、张忠谋、应昌期，等等，都是这片水土养育出来的优秀人物。以他们为代表的宁波商帮，继承了宁波人的精明能干、审时度势、眼界开阔、诚信笃实，他们热爱家乡，报效桑梓，穷能独善其身，达能兼济天下，在近现代商业史乃至通史中留下了自己的身影。20世纪80年代改革开放以来，宁波经济发展迅猛，又有一大批秉承了宁波商帮精神的商界人士，诸如丁磊、沈国军、张静章、茅理翔、李如成、储吉旺等人在海内外各业界大显身手，书写出新的商界传奇。

宁波深厚的商贸传统也成就了宁波的商业教育。这里的学子与这片土地及其文化积淀有着天然的联系，以当地的文化资源来教育学生，具有其他教育素材所无法替代的作用。对宁波商帮现象的研究与对宁波商帮文化的整理、挖掘，具有深远的意义与价值。一方面，当下工商业迫切面临转型升级，对宁波商帮现象与宁波商帮精神的研究，有助于打造新一代创业者，促进经济社会科学发展；另一方面，弘扬宁波商帮精神，将宁波商帮文化与高校教育有机结合，提升大学生的职业素养和综合能力，也是对高校教育教学改革的有益尝试，而这也同样适合于其他地区的学生和读者。

编写《宁波商帮文化教程》，旨在阐释宁波商帮的内涵，汲取宁波商帮创业的成功经验，弘扬宁波商帮"创业、务实、诚信、协作"的精神，进一步推进学校的教育教学改革，提高大学生综合素质，提升就业能力，拓宽就业渠道，培养更多的新一代创业者，为繁荣区域经济、建设和谐社会添砖加瓦。《宁波商帮文化教程》全书共列九章，深入分析了宁波商帮崛起的历史文化背景，充分挖掘宁波商帮发展演变的艰辛历程，多角度展示了新旧商帮中涌现出来的典范人物及其主要人生经历和商帮知名家族演进的历程，精心提炼宁波商帮的经营谋略和人文精神，同时呈现宁波商帮的百年之最和宁波的全国之最，以供学习者和研究者参考。

目　录

第一章

宁波商帮崛起的背景

内容摘要

本章从宁波地域文化的视角分析宁波商帮崛起的背景，揭示环境对人的深刻影响。首先，就地理环境来看，宁波背山面海，水域资源丰富，独特的地理位置使生活在这片土地上的人们从小就学会了与水、与大海打交道，这为宁波商人从事航海和海内外贸易奠定了基础。宁波地处中国中部沿海，位于东海之滨，扼南北水路要冲，兼有大陆与海洋两者之优势，可促进国内外贸易的产生与繁荣。其次，就人文环境而言，范蠡的经济思想、浙东学派的“经世致用”“工商皆本”等思想观念对宁波商帮影响极大，促进了当地崇商、重商、善商的传统习俗与社会风气。最后，宁波商帮的快速发展，还与其对外来文化的吸收、融合有直接的关联，宁波商人自汉唐以来就渡海经商，外贸频繁，近代更是直接参与洋行的经营管理，经营新兴行业，迅速从旧式封建商人演变为新式工商业资本家，在长期吸纳外来文化精华的过程中，宁波商帮自身得到了有益的补充和壮大。地理环境、人文环境和外来文化的共同作用，推动了一个商帮的崛起。

学习目标

通过对宁波地理环境、人文环境和外来文化的深入解析，体悟地域文化对人的深刻影响，感受“一方水土一方人”的内在含义，并学会一种解析的方法。

关键词

宁波商帮；崛起；背景；地理环境；人文环境；外来文化；影响

人创造环境，环境也创造人。宁波作为滨海商城、浙东门户，古代海上丝绸之路和陶瓷之道的起航港之一，孕育了一代又一代经营有方、深谙商贾之道的宁波商人。宁波的人文地理环境，对本地域人群的思想观念和思维方式有着重要影响。宁波籍著名作家巴人说过一段很精彩的话，他说：“统治宁波的是三件东西：东门外大街上商店里传出来的算盘声，各个中等学校里传出来的朗诵桐城派古文的读书声，外加半边街上那鱼行里的鱼贩的叫卖声。这三种声音就构成这中古式城市的特色。”这段话从一个侧面道出了宁波商帮文化的成因，宁波商帮就是在这样绵绵不绝的文脉与商脉中形成和发展起来的，而历时悠久的对外交往史、贸易史也对宁波商帮产生了深刻的影响。

第一节 地理环境的影响

任何文化的产生都离不开特定的地理环境，正如《中国文化地理概说》一书中所言：“人类文化必然产生发展于一定的空间范围，它必然要打上地理环境因素的烙印。”宁波商帮文化的形成自不例外，宁波的地形地貌、气候水文、海陆分布情况都对其产生了直接而深刻的影响。

一、得地理之便，擅长航海

宁波简称“甬”，位于我国海岸线中段，浙江宁绍平原东端，即东经120°55′至122°16′，北纬28°51′至30°33′。东有舟山群岛为天然屏障，北濒杭州湾，西接绍兴市的嵊县、新昌、上虞，南临三门湾，并与台州的三门、天台相连。全市总面积9 365平方千米，其中市区面积为1 033平方千米。

宁波境内主要山脉有四明山和天台山两支。四明山又名句余山，是天台山脉的支脉，横跨本市余姚、鄞州、奉化，并与嵊州、新昌、天台三县（市）连接。山峦起伏，蜿蜒连绵，危崖壁立，森林茂密。天台山主干山脉在天台县，宁波境内为其余脉，有四大分支从宁海县西北、西南入境，经象山港延至镇海、鄞州东部诸山。

宁波有漫长的海岸线，港湾众多，岛屿星罗棋布。全市海域总面积为9 758平方千米，岸线总长为1 562千米，其中大陆岸线为788千米，岛屿岸线为774千米，占浙江省海岸线的三分之一。全市共有大小岛屿531个，面积524.07平方千米。宁波境内有两湾一港，即三门湾、杭州湾、象山港。这些港湾，因有钱塘江、甬江及众多溪河注入，夹带着大量泥沙和营养物质，为滩涂和近海生物繁殖提供了丰富的养料。

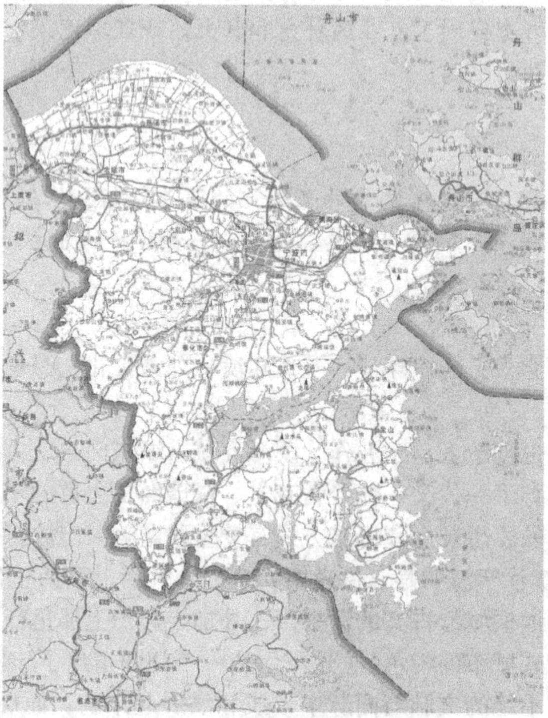

宁波区位图

任何文化的产生都离不开特定的地理环境。早在 7 000 年前，河姆渡先民就已在这片土地上营构定居、农耕渔猎，创造了灿烂的原始文化。河姆渡遗址中曾发现独木舟残骸、木桨遗存和舟的模拟艺术品陶舟，以及用来制造独木舟的有段石锛。可见，当时的先民很有智慧，已发明将大木头中间挖空、放在水中不会沉下去的木船，又将细木削砍成划船用的楫，开始过水上航行生活。舟楫的发明不仅使河姆渡人得以下海捕鱼，还可以沟通原先为江河阻隔的四邻部落间的联系。1982 年，在渤海湾海底发现一件侈口陶釜。这种陶釜在山东半岛、辽东半岛及其邻近地区的史前文化中均未见到，而与河姆渡遗址发掘出来的陶釜类同。这是河姆渡人海路航行到达渤海湾的重要物证。

宁波的地理环境造成当地人多有外出经商谋生的，而独特的地理位置使生活在这片土地上的人们从小就学会了与水、与大海打交道，这为宁波商人从事航海和海内外贸易奠定了基础。

先人在制作独木舟

二、地处海滨，经商成风

宁波地处中国中部沿海，位于东海之滨，扼南北水路要冲，兼有大陆与海洋两者之优势。大陆与海洋产生出两种完全不同但又互补的生产方式。生产方式不同才有互补性，才有贸易产生的可能。海洋区只产鱼类，不产粮食，渔民必须与农民交易，将自己的海产品与陆地上的农产品交换。宁波的海边贸易，就是在这种情况下产生的。宁波最东部的鄞州区原称鄮县，就是因为“海人持货贸易于此”而得名的。据说，当时宁波海岸线在今天阿育王山（贸山）下的同谷，这里是陆人与海人交易最频繁的码头区。因交易频繁，经济日益发达，人口增多，政府在此设立了一个鄮县。鄮，就是贸山边上的城邑。这种交易方式，至少在秦汉时期已经产生，一直延续到整个六朝时期。这种海人与陆人间的贸易，本质上属国内贸易。

秦代以前，宁波商贩已为数不少。贸山一带已是邻近地区农副产品和海产品集散地，有一批商贩聚集在这里持货贸易。秦汉以后，宁波修建堰坝，开垦湖田，乡民衣食充裕。海上航路，北到辽东，南及交趾，贸易地域进一步拓展。唐宋时期，“商舶往来，物货丰衍”。元代，出现专门经营福建、广东土产的南货号和专门经营东北、山东、河南土产的北货号，有海运船户千余家。明代，宁波的海舶河舟可通关东、河北、天津、山东、江苏、四川、湖南、湖北、广东、福建等地。清初，商贾聚集到宁波三江口，滨江商行林立，百货皆备。乾隆年间（1736—1795 年），城区有较大店铺七百余家。宁波江厦在唐代就有市场。宋代以后，商船停泊在奉化江畔，客商云集。清嘉庆（1796—1821 年）、道光（1821—1851 年）

年间，商船海舶停泊在三江口一带，帆樯林立高耸，蔚为壮观，与东门口、半边街、双街、钱行街、糖行街、灵桥门、东渡路共同形成繁华商业区，谚称“走遍天下，不及宁波江厦”。

三江口商船

这时最值得注意的是“海人”群体的存在。海人就是海边渔民。他们开始可能也是陆地上的老百姓，但是他们敢于下海，敢于在大海中与风浪搏斗，是一群相当勇敢的人。面对大海这个没有行政边际的宽广领域，只要有利，他们就会随“鱼”而动，随利而动。“吾甬人以冒险之天性，斩荆披棘，经营所业，其间筚路蓝缕，艰苦卓绝。”由此可见，他们不是一群普通的农民，而是外向意识相当浓厚的“海民”。明清时期，政府实行了两次大规模的迁海活动，第一次是明初洪武时期（1368—1398 年），为了对付倭寇；第二次是清初康熙年间（1662—1722 年），用以对付台湾郑氏政权。宁波诸岛即今天的舟山群岛上的百姓，也在这个过程中，被迁移到宁波的鄞县（今鄞州区，全书同）、镇海、慈溪等地的沿海地带居住。他们身在陆地，心在海洋。这批靠海为生的百姓，随时准备下海赚钱。一旦政策允许，海禁解除，他们就会纷纷下海，寻找生存之本。这批海民的先驱行动，自然带动了陆上的宁波人，使他们也加入经商队伍，从而使整个宁波地区的百姓以经商著称于世。作为滨海商城，宁波孕育了一代又一代经营有方、深谙商贾之道的商人。

宁波人由于生长在海滨，长期从事海外贸易，九死一生的海上生活使他们养成了履险不惊的刚毅性格和冒险创业、不怕险阻的精神。这种海洋文化的长期积淀，使宁波商帮实业家擅抓时机，领先潮流，胆识过人，外出谋生，不避险远。

第二节　人文环境的影响

文化的产生需要特定的地理环境，同时也离不开特定的人文环境，宁波具有自身独特的人文环境，范蠡的经济思想、浙东学派的思想文化都对宁波商帮影响极大。

一、范蠡经济思想的影响

范蠡是春秋后期的越国名臣，他辅佐越王勾践卧薪尝胆，雪耻图强，经过 10 余年努力，越国终于吞并吴国。范蠡在灭吴后，急流勇退，乘舟浮海到达齐国，定居于陶（今山东定陶），改称鸱夷子皮，又叫陶朱公，以经商致富，被世人誉为“忠以为国，智以保身，商以致富，成名天下”。根据民间传说，范蠡起码是到过宁波的，这可以东钱湖的陶公山和陶公钓矶为证。据有的学者考证，先秦的经济思想在 17 世纪和 18 世纪曾对欧美经济思想产生过重大影响，而范蠡就是创造这些经济思想的代表人物之一。

行船中的范蠡（画像）

范蠡在决心“下海”的时候，曾经喟然而叹：“计然之策七，越用其五而得意。既已施于国，吾欲用之家。”也就是说，范蠡打算将政治军事的谋略用于管理经济，结果“居无几何，致产千万”，“十九年之中三致千金”，这些都表明他的确是个出色的经营管理人才。

据民间传说，范蠡是木杆秤的发明者。开始造秤时，范蠡用的是 13 颗秤花，取南斗 6，北斗 7 之意，后来发现有人故意短斤缺两欺骗顾客，于是加上福禄寿 3 星成 16 颗秤花，这就是 16 两制的由来。范蠡说：“经商者若欺人一两，则失去福气（幸福）；欺人二两，则后人永不得俸禄（做不了官）；欺人三两，则折损阳寿（短命）！”木杆秤 16 两制的由来，体现出我国早期的商业伦理道德。

范蠡提出：“夏则资皮、冬则资絺、旱则资舟、水则资车，以待乏也。”在把握天时变动规律的基础上，范蠡提出并实践了这一生产经营思想，讲求节令，超前预测，捕捉机遇，适应市场，囤积居奇，盈利颇丰。他还提出“务完物，无息币”。“务完物”，即注重商品的质量；“无息币”是注重资金的周转。以上这些经济思想，和我们现在的观点基本上是一致的，的确令人赞叹。

同时，范蠡还提出经商的基本原则与禁忌，为后世商人所效仿，如下述“范蠡经商十二则”“范蠡经商十八忌”。

范蠡经商十二则

一是能识人。知人善恶，账目不负；
二是能接纳。礼文相待，交往者众；
三是能安业。厌故喜新，商贾大病；
四是能整顿。货物整齐，夺人心目；
五是能敏捷。犹豫不决，终归无成；
六是能讨账。勤谨不怠，取行自多；

七是能用人。因才施用，任事有赖；
八是能辩论。生财有道，阐发愚蒙；
九是能办货。置货不苛，蚀本便经；
十是能知机。售宁随时，可称名哲；
十一是能倡率。躬行必律，亲感自生；
十二是能运数。多寡宽紧，酌中而行。

范蠡经商十八忌

一是生意要勤快，切勿懒惰，懒惰则百事废；
二是价格要定明，切勿含糊，含糊则争执多；
三是费用要节俭，切勿奢华，奢华则钱财竭；
四是赊欠要识人，切勿滥出，滥出则血本亏；
五是货物要百验，切勿滥入，滥入则货价减；
六是钱财要明慎，切勿糊涂，糊涂则弊端生；
七是临事要尽责，切勿妄托，妄托则受害大；
八是账目要稽查，切勿懈怠，懈怠则资本滞；
九是接纳要谦和，切勿暴躁，暴躁则交易少；
十是主心要安静，切勿妄动，妄动则误事多；
十一工作要精细，切勿粗糙，粗糙则出劣品；
十二是谈话要规矩，切勿浮躁，浮躁则失事多；
十三是出入要谨慎，切勿潦草，潦草则错误多；
十四是用人要公正，切勿歪斜，歪斜则托付难；
十五是优劣要细分，切勿混淆，混淆则耗用大；
十六是货物要修正，切勿散漫，散漫则查点难；
十七是期限要约定，切勿马虎，马虎则失信用；
十八是买卖要随时，切勿拖延，拖延则失良机。

此外，宁波既然有以范蠡命名的地名和景点，那么他的经商故事必然对宁波商帮产生影响。如陶公山附近就出过李达三、忻礼轼等大商人。陶公山一带以姓忻为多，当地传说，这个忻字是人造出来的，意思是心里想着斤两，不做有违诚信之事。“宁波帮”在外出经商的时候，无论经营理念，还是商战谋略，自然都会以范蠡为榜样。如王宽诚回忆初到香港创业时，遵循了陶朱公之言：“无财力足，少有斗智，既兆争时。”而范蠡经商之后，“十九年之中三致千金”，但是又三次把千金散尽，“三聚三散”的故事成为后世商人关于聚财和散财的一种朴素的理念，即当你发财之后，不应该光想着自己，而应该惠及旁人。香港荣华纺织有限公司董事长赵安中就曾说：“创业、聚财是一种满足，散财、捐赠是一种乐趣。”

二、浙东学派思想的影响

浙东学派，从南宋到明清，经过永嘉学派、永康学派、金华学派，从叶适到王阳明、到黄宗羲，一脉相承，形成了一整套的经济思想和经济伦理。比如永康学派的代表人物陈亮提出的“义利兼顾”的思想；永嘉学派的代表人物叶适反对传统的“士农工商”的抑制商人的排序及“重本抑末”的传统思想，旗帜鲜明地提出“四民交致其用而后治化兴”“抑末厚本非正论”的观点；余姚人王阳明进一步提出“四民异业而同道”的经济伦理；到了黄宗羲，更是明确提出了著名的“经世致用”“工商皆本”的思想。

可以说宁波由来已久的崇商、重商、善商的传统习俗与社会风气，为浙东实学提供了实践基础；而浙东学派把这种实践上升到理论，冲破了传统的桎梏，提供了新的经济思想与经济伦理，反过来又影响和促进了宁波人的商贸活动。

总而言之，宁波悠久的经商传统和深厚的经济思想是宁波商帮经营理念的基础和源头。

（一）农末俱利，工商皆本

浙东学派是在商品经济环境中形成的，倡导求真务实、经世致用。关于经济问题，他们主张通商惠工，反对重农抑商。

明代中叶著名思想家王阳明提出“知行合一”“致良知”的哲学命题，冲击了僵化的程朱理学，最终确立和完善了其“心学”体系，开创了姚江学派，其思想学说至今仍有很强的现实意义，特别是对日本明治维新和民族性格的形成，以及现代企业的人性化管理影响很大。“致良知”即在实际行动中实现良知，知行合一。“致良知”是王阳明心学的核心所在，简释如下：

致良知

无善无恶心之体
有善有恶意之动
知善知恶是良知
为善去恶是格物

王阳明重视商业，同情商人，认为商人“终岁弃离家室，辛苦道途，以营什一之利，良亦可悯”，应当免收或抽收合理商税；还主张建设“街道市廛，俱有次第，商贾往来，渐将贸易”的“富庶之乡”。他认为士农工商“四民异业而同道”，“士以修治，农以具养，工以利器，商以通货”，皆“有益于生人之道”。“工商以其尽心于利器通货者”，同样可以成为圣贤，受到社会的尊重。他的大弟子王艮聚徒讲学，负贩走卒，听者云集，在宁波一带产生了广泛的社会影响。

王阳明及其弟子雕像

黄宗羲画像

明清之际启蒙思想家黄宗羲认为“学贵履践，经世致用”，他在《明夷待访录·田制》中明确主张“工商皆本”，对传统的“崇本抑末”命题给予新的诠释，认为工匠制作器物，商贾流通货物，同农业一样“盖皆本也”，只有那些不切于民用的行业才称为末。这种理论实践并重的教育学习观点与他深受阳明学“知行合一，知行并进”的影响密不可分。作为浙东学派的领袖人物，他的思想对浙东地区经商务实之风产生了积极的影响。

与视西方科学技术为奇技淫巧的守旧者不同，宁波籍学者并不排斥西风东渐。如鄞州人万斯同认为，西法“实可补中国所未及”。他们这些思想不仅对学术界有重大影响，对当地敬贾崇商风尚习俗的形成，也有不容忽视的潜移默化作用。

（二）经世致用，乡俗崇商

宁波风俗崇商，乡民惯于背井离乡，耻于安守家业。这是自然环境和社会环境长期作用，相演相嬗，逐渐形成的社会精神现象，具有很强的地域性和传承性。宁波乡民多谋业于商界，以商为业，以商为荣，民间敬贾崇商习俗源远流长。

乡民不讳言利，奉祀财神。商家店堂设财神龛。新店开张，在财神塑像后背孔内塞进一只活蛤蟆，以牛皮纸封口，久之成为蛤蟆干，以求灵验。古人有刘海戏蟾图，商家视蟾为神物，可招财进宝，可能典出于此。平日对财神也虔诚供奉，每日上供清香、净茶，朔望供素食，端午供米粽，中秋供月饼。学徒进店，要先拜财神。药铺还有一套讲究，年初进货，先购进胖大海、大连子，意为大发大利。学徒进店，先捡万金枝、金银花，意为捡取黄金、银子。也有以药名讨彩头，连翘称和合（状似），红毛大戟称大吉，茱萸称如意，贝母称元宝贝（状似），桔络称福禄，陈皮称头红，橘红称大红袍。

正月初一，店主起床，口念吉词先开门，在门口放炮仗，称开门炮。开门炮一般放三个，要“带四放三”，留一个做“备炮”，宁波话“备炮”出典于此。炮仗放得越高越响，示意新年越吉利。若是“吹、吹、吹”的哑炮，则视为不祥，要马上就说：“哦，吹吹响，今年会发财。”并立即补放一个。

正月初五，为五路财神日。经商人家最重五路财神日。初五那天，商家五更即焚香燃烛，恭迎财神。供品除糕饼果品外，牲礼需全猪全羊。其实是猪头猪尾加一刀猪肉和羊头羊尾加一刀羊肉。还需公鸡、雄鹅、一对黄鱼、一对活鲤。公鸡、雄鹅，意谓“鸡啼鹅叫，商店会发”。宁波人称十两重的金条为大黄鱼，供祭金黄透鲜的大黄鱼，寓“招财进宝，黄金万两”之意。用鲜活雄鲤一对献祭，祭后由两人持至江河放生，是讨“生意兴隆通四海，财源茂盛达三江”的彩头。接财神时，店主手持三炷香，从屋外踱步摇香至店堂，示意财神已接进店内，而后依序膜拜。焚化纸元宝，火焰冲得高，视为吉利。祭神后吃财神酒，老板宴请阿大经理和职工，为商店盈利出力多者坐上横头，老板执壶为其斟酒。头道菜要上形似元宝的圆蛤，寓进元宝之意。这一天，第一个顾客登门，要奉上内泡两个金柑的元宝茶，以示开笔进元宝。正月，店主相约同行挨家宴请“新年酒”，以时新佳肴待客，加深商谊，洽谈生意。

商家还有许多禁忌。店员在店堂，忌伸懒腰、打呵欠，忌踏坐地袱（门槛），忌手托门坊，忌背脊朝外，说这样会挡住财神进门，生意就不来了。扫店堂，要往里扫，忌往外扫。数钱币要往里数，忌往外数，说这是“招财进宝”。在用语上也尽讨彩头，猪头称“利市头”，猪舌（与“蚀”谐音）称“赚头”。遇顾客购买结婚用品，失手敲碎东西，忌说“碎”字，而说“先开花，后结籽”。卖布，忌敲尺子。卖酒，忌摇酒瓶。走路跌跤，要马上说“捡了个元宝”。

崇商风气所及，宁波人寒暄问候也不离商。路遇熟人，往往问：“在啥地方发财?”外出经商发迹的，谓之“出山”，反之则谓“呒出山”。民间有歌谣：“囡囡宝，侬要啥人抱？我要阿爸抱，阿爸出门赚元宝!”市井街巷广泛流传着追逐钱财的谚语，如：只要铜钱多，哪怕落油锅；世上无难事，只要现铜钱；只要铜钱多，牌楼抬过河；顶臭是穷，顶香是铜；等等。

浙东学派“工商皆本”思想与当地“操奇计赢，搏什一之利”的经商传统相互交融，使宁波涌现出一批商界俊彦。尤其是在上海、宁波开埠后，特别是到了民国时期，经商之风很盛，即使大学毕业或自欧美留学而归的，也多有谋业于商界的。

第三节 外来文化的影响

从文化学角度看，一地的文化发展状况与该地文化交流程度密切相关。文化交流越频繁，文化发展越快。宁波商帮的快速发展，与其对外来文化的吸收、融合有直接的关联，在吸纳外来文化精华的过程中，自身得到了有益的补充和壮大。

一、渡海经商，外贸频繁

在日本弥生文化后期（相当于中国东汉、三国时期），日本商人即开始驾船泛海来会稽郡贸易（时宁波属会稽郡）。据《三国志》记载，这些商人主要到会稽买布。他们到会稽，往往先驻足宁波，并同宁波商人有贸易往来。

唐时（618—907年），明州（今宁波）成为我国对外贸易的主要港口，外贸事业颇为兴旺。839年至907年，中日往来贸易船舶37次，其中有确切记载通过明州放洋的达7次。842年至865年，海商李邻德、张支信、李延孝分别率领商帮从明州望海镇（今镇海）出发，7次赴日本进行商贸活动，每次去的人数在50人左右，规模颇为可观。日本的遣唐使节、留学生及高僧等也从宁波口岸入唐。当时明州不仅有大批日本商人，还有为数不少的新罗（今朝鲜）和大食（今阿拉伯）商人。

北宋时期，明州是全国三大贸易港之一。宋淳化三年（992年），两浙路市舶司从杭州移到明州定海。咸平二年（999年），在杭州、明州各置市舶司。明州同广州、杭州的市舶司合称为“三司”，除与日本继续交往外，与朝鲜的往来显著增加，专设高丽使馆，沿途设有“航济亭”“高丽亭”，接待朝鲜的使者和商人。明州设来远驿，招待外国商人。那时明州是通往南亚、中东、非洲东海岸“陶瓷之道”的起航地，为接待阿拉伯商人，市舶司西设有波斯馆，狮子桥北建有清真寺。开赴日本、高丽（今朝鲜）的商船大都在这里放洋。日本、高丽海舶来华，也聚集在明州。1038年，陈亮等147位明州商人到高丽经商。南宋时，明州又与真里富（今柬埔寨）、占城（今越南）、婆罗（今印尼）、大食等国进行贸易往来。斯波义信在《宁波及其腹地》中说，南宋开庆元年（1259年），宁波沿海有将近8 000艘航海帆船、小帆船和渔船。其中，属于鄞县人的有624艘，属定海（即后期镇海）

人的有 1 191 艘，属象山人的有 776 艘，属奉化人的有 1 699 艘，属慈溪人的有 282 艘，属舟山（当时称昌国县）人的有 3 324 艘。

元代，政府十分重视海外贸易，设庆元（今宁波）市舶提举司，直隶中书省，海运户达 1 000 余户。元代与日本贸易往来极为频繁。中、日之间的贸易港，在中国是庆元，在日本是博多。所有的商船都往来于这两港之间。尽管曾发生文永、弘安之役，中日没有建立国交，可是贸易关系未曾中断过。其时，庆元与日本贸易有两种形式，一是与天龙寺船交易，另是民间私人贸易。天龙寺船是一种获得幕府保护的日本官方商船，纲司由寺院举荐，幕府任命，回国后不拘盈亏，都得向寺院缴纳一定数额的钱币。此外，民间私人贸易十分活跃。当时日本镰仓幕府对日本商人出海不加任何限制，至元十五年（1278 年）元世祖也诏谕沿海官司，令通日本商船。日本西部冒险商人的私人海船，络绎不绝驶来庆元。元代庆元与高丽的海上贸易往来也很频繁。1976 年在韩国新安海底打捞的元代中国沉船，装载着几千件龙泉窑青瓷，并有一件镌铭“庆元路”字样的铜质砝码。这些龙泉青瓷就是由温州运到庆元，然后从庆元运往高丽的。

明朝建立以后，民间倭寇的不断扰乱，使朱元璋与日本断交，关闭了浙江市舶司，加强了海禁。成祖（1403—1424 年在位）继位后，与日本重新建立朝贡贸易关系，浙江市舶司重新开设。当时的中日关系，明朝无疑是主体，占据主导地位。为了明朝政府的利益，明朝单方面制定了“永乐事例”，规定了日本朝贡明朝的间隔期，人、船的数量。不过，实际操作中，日本并没有遵守十年一贡的规定。明朝为了政治的需要，也只得默认了。宣德（1426—1435 年在位）继位后，又重申了朝贡贸易的间隔期，人、船的数量，史称“宣德事例”。此后，日本基本遵守了十年一贡的规定。在这个过程中，民间的倭寇仍不时扰乱中国。

正德末年嘉靖初年（1522 年前后），宁波港情况有了较大的变化。一方面，民间贸易在兴起，福建商人开始来到宁波诸岛的双屿港筑屋定居。另一方面，政府间的朝贡贸易出了些问题。当时的日本处于君弱臣强时期，大权由几个诸侯控制。由于朝贡贸易有较大的利益，故而两大诸侯争着派贡船到中国。1523 年，两批贡使先后到达宁波，浙江市舶司处置不当，引起内讧，史称宁波争贡事件。争贡事件后，明朝皇帝下令关闭了浙江市舶司。宁波正常贸易管道的堵塞，导致了走私贸易的大兴。1524 年，海商将日本贡船引到了双屿港进行贸易，开双屿港国际贸易先河。不久，海商又将原在广东做生意的葡萄牙等国商人也引到了双屿港贸易。由于国际贸易高额利润的吸引，江浙一带有官员背景的势豪及无法生存的穷人纷纷加入国际贸易队伍。他们贿赂宁波地方官员及守军，取得了地方势力的保护，再加上海商武器的先进，宁波守军眼睁眼闭，双屿港国际贸易不断升温，规模越来越大。双屿港的兴起，是中国贸易中心北移的表现。海商规模的扩大，杀人越货行为的出现，中外贸易的不规范性，贸易纠纷的增加，为政府的出兵镇压提供了口实。1548 年，朱纨下令出兵，强行捣毁了双屿港。双屿港被捣毁，表明对于明朝政府而言，国家安全利益高于民间经济利益。海禁派的强硬立场，招来浙江、福建地方的强烈反弹。在政府锁国与民间开放的较量之中，演绎了影响深远的“嘉靖大倭寇”事件。这场反民间国际贸易的战争，前后十多年，“用兵以百万计，费金钱不计其数”。在沿海地区，发生这样规模的战争，确实可以称中国“宇宙以来所无之变矣”。嘉靖以后，宁波设立了浙直总兵。嘉靖以后，浙直总兵与分巡海道的出现，正说明了宁波海防形势的严峻。倭患的本质是国际贸易道路的不畅通，倭患是大陆与海洋两种文明碰撞的结果。

隆庆（1567—1572 年）以后，虽然开放了西洋贸易，但日本一直被列入贸易制裁国之列，至明亡不变。万历二十一年（1593 年），有人要求开放宁波口岸，但受到宁波籍阁老沈一贯（1537—1615 年）的抵制。1599 年，虽然恢复了浙江市舶司，但仅是国内贸易稽税机构。由此可见，双屿港的消失，使宁波失去了成为东亚国际贸易中心的机会。

二、洋行林立，买办辈出

道光二十二年（1842 年），按照《南京条约》规定，宁波被辟为通商口岸。英军司令璞鼎查甚至擅自宣布定海为自由贸易港，“各国船只”“任便贸易”。道光二十四年（1844 年），指定江北岸为外国人通商居留地。英、法、美、德、俄、日、西班牙、葡萄牙、瑞典、挪威、荷兰等国商人接踵来甬贸易，并相继设立太古、怡和、旗昌、美孚、宝隆、华润、花旗、永兴、协和、谦和、正隆、英美烟草公司、正大火柴厂、亚细亚火油公司等 20 多家洋行和洋商企业。同年，英、美、法等国在宁波开办邮政业务。次年，美国长老会在宁波开设美华书馆，经营印刷业。同治元年（1862 年），美商旗昌轮船公司在宁波建造趸船式浮动码头，经营航运业。同治三年（1864 年），英商利生银行在宁波开设支行，委托洋行代理汇划业务。同年，宁波设有 5 家外商保险公司。同治四年（1865 年），英商汇丰银行在宁波开设办事处。同治六年（1867 年），英商在宁波开办太古轮船公司。同治八年（1869 年），法商永兴洋行设立宁波分行，经营草帽业务。同治十三年（1874 年），英商设立宝隆旗昌洋行宁波分行，经营航运业。同年，宁波设有 10 家外商海事保险公司，其中英商 5 家、美商 3 家、德商 2 家。光绪三年（1877 年），英商设立太古公司宁波分公司，该公司的“北京”号轮船行驶沪甬线。同年，美商在宁波开设大美烟草公司。光绪十六年（1890 年），英商在宁波开设太古洋行，经营烟草、食糖、保险业务。光绪二十一年（1895 年），美商在宁波设立美孚火油公司。光绪二十八年（1902 年），英商在宁波开设亚细亚火油公司。光绪三十一年（1905 年），英美商人在宁波开设英美烟草公司。宣统二年（1910 年），德商在宁波设立礼和洋行、谦信洋行。同年，英商在宁波设立祥泰木行。外国商人在宁波设立洋行，经营新兴行业，特别是轮船业、银行业、保险业和日用洋货业，对宁波商民产生较大的影响。

宁波江北岸外滩

同时，为了传教的需要，基督教会在宁波兴办了大量社会文化事业。通过这些事业，基督教会扩大了社会影响，拉近了与一般民众的距离，也在客观上为浙东社会带来了西方科学文化和新的社会气息。这些社会文化事业主要有：新式学校、医院、印刷出版机构、报刊、西式建筑样式、慈善事业、青年会。教会并将反对纳妾、缠足、狎妓、赌博、酗酒、吸食鸦片及封建迷信等社会时弊作为布道劝业的一项重要内容。外国教会在宁波城区先后举办小学堂（女塾、义塾、书院）30 余所。一些宁波学童从小接受欧化教育。如道光二十四年（1844 年），美国长老会传教士麦嘉缔来宁波，在佑圣观施医传教，次年创办崇信义塾。同年，英国基督教女传教士奥特绥在宁波创办女塾，后由美国长老会接办，改名崇德女校。咸丰十年（1860 年），英国循道公会教士阚斐迪在宁波创办蒙馆，此为斐迪中学前身，光绪十三年（1887 年）改称斐迪中学。光绪六年（1880 年），美国基督教浸礼会在宁波创办养正书院。在宁波还出现了中国最早的女留学生金雅妹。

宁波江北天主教堂

华洋杂处，不少商民在洋行任职。据 1891 年印行的《浙志便览 · 浙省总序》记载，当时在洋行服役的民众人数上万，分别充任“买办、大写、小写、翻译、跑街”等职。上海人称买办为康白度，是 comprador 的译音。买办受雇于洋商，为洋商推销洋货，收购土货，招揽业务，刺探行情，是外商企业的华人雇员，是外商在中国的经理人，也称华经理。他们当中有些人，利用自己信用好，洋行大班买他们的账，也经营自己的生意。北洋大臣李鸿章说他们“于士农工商外，别立一业”。其实，买办即从事对外贸易的新式商人，是中外贸易的桥梁。外商企业一般都设有买办间，也称华账房。买办间除设买办（即华经理）外，为了业务需要，或便于与外国大班接洽，或照顾买办间办事人员中资历较深的人，或安插家族成员、隐名合伙人和后台老板推荐的人，往往设置副买办和跑街。买办用跑街串门兜揽生意，因而跑街也叫串门子。买办对公司负责，每做成一笔生意，由公司在收入中提成支付佣金。买办又从自己的佣金中支付跑街佣金。能干的跑街，被大班看中，也有升为买办的。

鸦片战争后，宁波商民充任买办的人很多。其中定海人穆炳元熟悉英语，又博得英国人信任，时常担任大宗交易的中间人。他常为宁波同乡向英商中介大宗生意，还广收门徒，传授经纪贸易诀窍。他是宁波籍买办中的老前辈。王槐山、邬挺生、周宗良也是颇负声望的老资格买办。宁波人充任买办者，不胜枚举。如定海人朱葆三为英商平和洋行买办，其长子朱子奎为日商三井银行买办，次子朱子聪任英商上海平和洋行买办，三子朱子方任汉口平和洋行买办，后兼任日商日清轮船公司汉口分公司买办，四子朱子衡任上海平和洋行买办，长孙朱乃昌任职于日商三井银行买办间。镇海人叶澄衷四子叶子衡为日商台湾银行买办。鄞县人毛和源先后任科发药房、老晋隆洋行、百司洋行、茂大洋行、美狄银行、先云洋行买办和华义银行副买办。镇海人王皋荪任英商太和洋行买办。刘鸿生为英商开平矿务局买办，其父刘贤喜为轮船招商局买办，其弟刘吉生为美商联怡公司买办。虞洽卿为鲁麟洋行、华俄道胜银行、荷兰银行买办，其子虞顺恩也是荷兰银行买办。叶星海为德商兴隆洋行、法商永兴洋行买办。镇海人傅筱庵为美商美兴洋行、友华银行，英商长利洋行买办。镇海人王蓉卿毕业于法国礼尔大学，曾任法国和比利时商人合办的义品放款银行买办，1936 年转任法商东方汇理银行买办，直至 1945 年因年老让位给其子王肇元。王肇元于 1945 年至 1950 年任东方汇理银行买办。定海人厉树雄曾任意商华义银行第一任买办，后又任英商会德丰公司买办。王铭槐家族更是四代买办，他自己是德商泰来洋行、华俄道胜银行买办；其子王采丞是法商中法工商银行买办，王毓丞是德商德华银行买办；其孙王步洲、王云洲也是德华银行买办，另一孙王品南是天津中法工商银行副买办；曾孙王义范（王品南子）是天津永丰洋行买办。

19 世纪七八十年代以后，宁波籍买办在经营活动中逐步积累了相当数量的货币资本，成为殷商巨贾，身价数百万的不在少数，如谦信洋行买办、颜料大王周宗良在 35 年的买办生涯中积资达 1 000 万银元，虞洽卿父子所拥有的财富在 500 ~ 1 000 万银元，法商永兴洋行买办叶星海拥资几百万，等等。买办的巨额财富为其参与近代工商业活动，投资新式企业奠定了雄厚的物质基础。同时，在从事买办工作中，也逐渐形成了宁波商人群体。宁波籍买办商人不仅是近代中国新式工商业发展的媒介和桥梁，同时自身也成为中国开埠初期的第一代新式商人群体。

与外国人做生意，需要语言沟通，而这些商人普遍文化程度不高，更未接触过英语，于是一种简便实用的“洋泾浜英语”应时而生。洋泾浜本是黄浦江的一条支流，后由于清政府迫于英、法政府的淫威，把河两边的土地作为租界割让给这两个国家，恰巧洋泾浜河成了英、法租界间的界河，后人们把洋场和租界泛指为洋泾浜。上海租界设立后，原来在香港、澳门、广州以及南洋的洋行纷纷在上海开设分支机构，随之需要一些粗通英语的贸易中间人做买办，于是语法不准、读音带有中国各地口音的英语诞生了，这就是“洋泾浜英语”。“洋泾浜英语”主要有两个特征：首先是植入的英语词汇有限，一词多用和一音多义现象严重；其次为英语语法中国化，一般不使用介词。

有一位聪明的宁波商帮中人，用宁波方言注音编印了一本《洋泾浜英语实用手册》，他是这样用方言注音的：

来是“康姆”（come）去是“谷”（go）
廿四铜钿“吞的福”（twentyfour）
是叫“也司”（yes）勿叫“诺”（no）
如此如此“沙咸鱼沙”（so and so）
真薪实货“佛立谷”（fully good）
鞋叫靴，洋行买办“江摆渡”（comprador）
小火轮叫“司汀巴”（steamer）
“翘梯翘梯”喝杯茶（have tea）
“雪堂雪堂”（sit down）请侬坐
烘洋山芋“扑铁秃”（potato）
东洋车子“力克靴”（rickshaw）
打屁股叫“班蒲曲”（bamboo chop）
混账王八“蛋风炉”（damn fool）
“麦克麦克”（mark）钞票多
“毕的生司”（petty cents）当票多
红头阿三“开波度”（keep door）

自家兄弟“勃拉茶”（brother）

爷要“发茶”（father）娘“卖茶”（mother）

丈人阿伯“发音落”（father - in - low）

就是这种简易的学英语方式为宁波人在上海为洋人打工谋生提供了语言工具，他们之中的佼佼者更是通过洋泾浜英语与洋行或洋商做起了生意。在中国，“洋泾浜英语”曾经存在近两个世纪之久，并在近代对外贸易、外交和对外文化接触中扮演了重要的角色，其影响极为深远。

中外互相贸易，长期与外国商人贸易往来，宁波辟为商埠，洋人在宁波设立洋行、兴办教会学校，宁波商民频频接触外来文化，不少人充当买办，熟悉洋商的经营理念、经营手腕和管理方式，这样的环境对宁波商人经营新式商业及从旧式封建商人衍变为新式商业资本家，具有重要影响。

【链接】

中国古代十大商帮

都说中国历史是一部漫长的封建史，重义轻利的儒家文化和农耕经济的主流使得市场经济之花迟迟难以萌发。可事实上，人类社会一直就未曾离开过商人的活动。

据考证，商人（或商业）的商，最初是个原始部落的名字，其部落位于今河南省商丘的南部地区，其部落始祖名叫契。因契跟随大禹治水有功被封于此。契的第十代孙名叫王亥（公元前16世纪）。王亥从事牧业而擅长经商。他的第四代孙子汤灭了夏（公元前1551年），又迁都于殷，故商又称殷，而商人仍自称为商。后来，周灭殷以后，周公（姬旦）告诉殷的遗民，要求他们继续经商。因殷商之人善于经商，周朝人便将从事这种行业的人称为商人。

而历史上的商帮大体上崛起于明清时期。在明清之际曾引发了一场“商业革命”，在这场“革命”中相继崛起了十大商帮，包括山西商帮、徽州商帮、陕西商帮（秦商）、山东商帮、福建商帮（福建商帮、潮汕商帮，广义包括台湾等闽语系商帮）、洞庭商帮、广东商帮（潮商、广府、客家）、江右商帮、龙游商帮、宁波商帮，其中以徽商和晋商规模最大、实力最为雄厚，纵横商界500年，最后却在清末民国时期，被“宁波帮”后来居上、取而代之。

晋商学而优则贾

十大商帮中最早崛起的就是山西商人。历史上，山西商人被称为晋帮。晋商是明清时国内最大的商帮，在商界活跃了500多年，足迹不仅遍及国内各地，还出现在欧洲、日本、东南亚和阿拉伯国家，完全可以与世界著名的威尼斯商人和犹太商人相媲美。

晋商的历史虽然可以追溯到周朝的晋唐时期，但真正崛起于明代（1368—1398年），至清乾隆、嘉庆、道光时期已发展到鼎盛。

到清朝中叶，山西商人逐步适应金融业汇兑业务的需要，由经营商业向金融业发展，咸同（1851—1874年）时期山西票号几乎独占全国的汇兑业务，成为执全国金融牛耳的强大商业金融资本集团，并形成山西北号（票号）南庄（钱庄）两大晋商劲旅。

晋商规模如此之大，存续时间如此之长，经商领域如此之广，靠的是什么？晋帮有自己的经商秘诀：一方面以地域和血缘关系为纽带，凝聚本帮商人的向心力，用传统道德规范经商的行为，寻求政治上的靠山，庇护本帮的经商活动；另外一个方面，也是最重要的，就是晋商家族的重要传统之一学而优则贾。据说晋商家族中一二流的读书子弟去经商，三四流的子弟才去参加科举考试，甚至出现过获得功名后不做官而从商的进士。

点评：晋商学而优则贾的理念没有多少文字记载，而是深深隐藏在晋商的心中，溶化在他们的血液中。正因为如此，晋商的文化程度相对于其他商帮较高，他们的经营模式也是最先进的，股份制、资本运作等现代经营方式，已经在他们身上萌芽。我们从晋商的成败中，品出了晋商的文化哲理，一个经商世家之所以经久不衰，是因为他们不仅是商人，也是有学识之人，言传身教，治商有方，并在家族内形成重教之风。

徽商贾而好儒

徽商与晋商齐名，作为中国商界中的一支劲旅，徽商曾活跃于大江南北、黄河两岸，以至日本、东南亚各国和葡萄牙，无徽不成商叫遍天下。其商业资本之巨、从贾人数之众、活动区域之广、经营行业之多、经营能力之强，都是其他商帮所无法匹敌的，在中国商界称雄数百年。

徽州人都是经商能手，他们善于分析和判断经济形势，在买贱卖贵的不等价交换中牟取厚利，大规模的长途商品贩运是徽商致富的一个重要途径，另外，囤积居奇、特权牟利、牙行制度、高利贷等，也是不少徽商致富的手段。

徽商与其他商帮的最大不同，就在于儒字。徽州是南宋大儒朱熹的故乡，被誉为儒风独茂，因此徽商大多表现出贾而好儒的特点，他们的商业道德观带有浓厚的儒家味。徽商以儒家的诚、信、义的道德说教作为其商业道德的根本，使他们在商界赢得了信誉，促进了商业资本的发展，是他们经商成功的奥秘所在。

点评：大凡称为儒商的人，理所当然是一个睿智的人。在他们身上，既充满优秀传统文化的烙印，又有和时代发展相适应的道德水平和文化素质。他们懂得市场经济的运行规则，有驾驭市场变化的能力。他们集传统文化和现代文化于一身，恪守做人第一、经商第二的准则。商人的务实和精明，加之厚重的历史使命感和责任感，使得他们处处体现着儒家理想人格的魅力。总之，儒商是属于有知识、有道德、有谋略、会赚钱的人。

粤商内涵丰富

道光十年，英国议会对曾在中国做过商业贸易的英国商人进行过一次调查，最后得出的结论是：绝大多数在广州进行贸易的人都一致声称，在广州做生意几乎比世界其他地方都更方便、更好做。海外流传着这么一句话：太阳无时不普照粤人社会。

粤商的辉煌时期，是在近、现代。在近代，由于外国经济势力的侵人以及中国缓慢地迈开近现代发展步伐，晋商、徽商等因为固守传统而日渐式微，而粤商却伴随着近代广东商品流通的扩大、商品经济的发展和海外移民的高潮而崛起，广东商人发迹于中国香港、潮汕和东南亚地区。“二战”期间，广东商人虽然曾一度沉寂，但经过战后若干年的苦斗，又终于在 20 世纪 70 年代后崛起于中国南部及东南亚。

点评：近代粤商发扬了古代广东商人的冒险开拓、独立进取的商业精神，而在参与国际商业贸易的过程中，近代潮商又具有了某种开放的心态。在近代广东商人身上，我们看到了传统文化与近代商业文化的某种有效的结合与融合。而正是这种文化的发展与融合，也许才是粤商继晋商、徽商衰落之后仍能发展，并进一步成长的原因。

闽商亦盗亦商

福建商帮的兴起，一开始就与封建政府的官方朝贡贸易和禁海政策针锋相对。他们走私进行商业贸易，不能贸易时就进行抢劫，他们具有海盗和商人的双重性格。

内外勾结的贸易方式是福建海商最常见的经商方式，他们广泛联络沿海居民，建立了许多据点，利用据点收购出海货物，囤积国外走私商品，以利销售，他们不仅在海营商，还有许多也做陆地贸易。明清福建商人把国内与国外的贸易紧密地结合起来，努力经营，进行多种形式的贸易，从而形成了中国封建社会晚期一个很有影响的地方商帮。

点评：随着封建社会的消亡，福建商帮却在海外南洋等地开辟出新的商业场地。福建商帮中的许多商人正是以自由商人的身份，大无畏地开拓海外市场，终于在福建帮这棵枯树上发出了新枝，使福建商帮的商业精神在海外华人身上得到延续。

秦商行道多多

在明代的商界里，山西与陕西商人为了对抗徽商及其他商人，常利用邻省之好，互相结合，人们通常把他们合称为西商或是山陕商帮。西商在明代前期的势力很大，他们从经营盐业中获得了厚利，可惜因为利益的原因他们内部开始分化，陕西盐商与山西盐商分道扬镳，最终陕西盐商到了四川独立发展，在康定一带做“茶马盐”生意，民间称为“蹚古道”，其规模越来越大，这也为陕西商帮的最终形成奠定了基础。

陕西商帮生财的行道较多，在这一点上他们与江西商帮相似。陕西商帮是一个综合性的商帮，他们对财富的追求与一般商帮相同：尽可能追逐厚利，如果不行，就退而求其次。陕西商帮以盐商最为著名，经营布业、茶业和皮货业也是陕西商帮赢利的重要途径。

最初在明清时期“走西口”从事跨区贸易的多数是“弃儒经商”的读书人，他们成为影响明清陕西商帮商业智慧和商业文化的主流群体。“关中多豪杰之士，其起家商贾为权力者，大抵崇孝义，尚节概，有古君子之风”，明代著名学者顾炎武在他的著作中如此表扬过秦商。

很显然，这些来自体制内或者接近体制的文化人，对于陕西商帮最终形成一定的经济组织，是发挥了主要作用的。从遍布全国的200多处关中或者“山陕会馆”，就可以大致领略他们在历史上达到的高度组织性。

历史上和今天的主流陕西商人，其出身大致接近，其性格也一脉相承。秦人强悍，“尚气概，先勇力”而“忘死轻生”，这是古今一致的对陕西人的评价。

点评：善于从各种事件、场合和时间中挖掘商机。

在2 000多年前，陕西长安就与四川、云南、贵州、甘肃、青海、蒙古有着密切的商业联系，在明清时，秦商与西藏等地区有茶叶、马匹交易。悠久的经商历史使陕西人天生具有一种商业意识。

在市场经济下，现在的陕西人在发掘商机上也丝毫不比前人逊色。20世纪90年代初，川菜、粤菜及外地特色食品在西安扎营，不知赚走了西安人多少钱。从吃文化中受到启发，陕西商人隆重地推出了饺子宴，此项目一经推出，使嗜面食的各地食客闻香而来。

山东商帮全民经商

山东商帮自然具有山东人的特点：质朴单纯，豪爽诚实。正因为如此，与别的商帮相比，山东商帮的致富之道显得单纯，直截了当。山东商帮的致富之道概括起来，就是长途贩卖和坐地经商的商业经营方式、讲求信用的商品道德以及规范的商业行为。同时，山东商帮里面，主要是大官僚、大地主兼大商人，因此大部分是封建性的商人，这也决定了山东商人所走的道路及商业资本的流向是以末致富，以本守之。虽然山东商帮的致富之道相对其他商帮来说，实在是没有什么高明的地方，但他们的这些经验和经营方式非常实在，生意做起来踏实。

点评：山东人经商，是条件好的地区的人要经商，条件不好的地区的人也要经商，一个省份的人经商的动机和条件相差甚多，仿佛是中国十大商帮的综合缩影。这在中国是仅见的。

宁波商帮后来居上

宁波商帮是中国商帮中的后起之秀。从它形成之时起，便显露出它的见识不凡和卓尔不群。

宁波商帮是指宁波府的商人以血缘姻亲和地缘乡谊为纽带联结而成的商业集团，是一个盛行于国内和海外的商帮。宁波商人外出经商历史悠久，但大规模经商并且结成商帮则为时较晚。鸦片战争后，尤其是民国时期，宁波商帮中新一代商业资本家脱颖而出，把商业与金融业紧密结合起来，从而使宁波商帮以新兴的近代商人群体的姿态跻身于全国著名商帮之列。他们所经营的银楼业、药材业、成衣业、海味业以及保险业，也是名闻遐迩。

点评：宁波商帮形成的时间较晚，但其发展却非常之快。他们的活动区域不断扩展，最终形成四出营生、商旅遍于天下的局面。宁波商帮不仅善于开拓活动地域，还善于因时制宜地开拓经营项目。他们的致富之道非常有特点，也非常实用：以传统行业经营安身立命，以支柱行业经营为依托，以新兴行业经营为方向，而往往一家经营数业，互为补充，使自己的商业经营在全国商界中居于优势地位。

龙游商帮海纳百川

当徽商、晋商在商场争雄之时，冷不防在浙江西部崛起一个颇有影响的龙游商帮。历史上所称的龙游商帮，实际上是衢州府商人集团，其中以龙游县商人人数最多，经商手段最为高明，故冠以龙游商帮。

龙游商帮虽地处偏僻，却有着开放的心态，在观念上也比较新潮。主要表现在两个方面上，即投资上的敢为天下先的精神和海纳百川的度量。明清时期，许多商人将经营商业所赚得的资金用来购买土地或者经营典当、借贷业，以求有稳定的收入。而龙游商人敏锐地意识到，要获得更多的利润，必须转向手工业生产和工矿产业上。他们果断地投资于纸业、矿业的商品生产，或者直接参与商品生产，使商业资本转化为产业资本，给当时封建社会注入了带有雇佣关系的新生产关系。龙游商人还不排斥外地商帮对本乡的渗透，并且相处友善，吸收外地商人于已帮，推进了龙游商帮的发展。

点评：龙游商人敢为天下先的精神和海纳百川的肚量，是他们良好的经商心态的反映。他们虽然出自偏僻之地，既无官府支持，又无强大的宗族势力做坚强后盾，但他们却能在强手如林的各大商帮中崛起，自立于商帮之林。

洞庭商帮善于审时度势

几乎就在龙游商帮兴起的同时，另一个商帮在中国的洞庭湖上不知不觉地兴起了，这就是洞庭商帮。

当年范蠡财色尽得，泛舟五湖，引起多少人的艳羡。他经商成功，一定给太湖、洞庭湖流域的人们留下了深刻印象。

洞庭商帮是在明万历年间才初步形成的。

审时度势，把握时机，这是聪明的商人的做法，而洞庭商人就是这样聪明的商帮。洞庭商人没有与徽商、晋商在盐业和典当经营上争夺市场，而是扬长避短，稳中求胜，利用洞庭湖得天独厚的经商条件贩运米粮和丝绸布匹。他们还不断更新观念，开拓经营新局面，向外部世界发展。尤其是鸦片战争后，在作为金融中心的上海，洞庭商人利用自己的钻天之术，开辟了买办业、银行业、钱庄业等金融实体和丝绸、棉纱等实业。在新的历史背景下，从事着不同于以往的商业活动，由此，洞庭商帮产生了一批民族资本家，走上了由商业资本向工业资本发展的道路。

点评：洞庭商人十分讲究具体的经营手段，而这些手段看起来则非常符合现代经商的要求。洞庭商人非常注意市场信息，时常预测行情。在经商过程中，洞庭商人会根据市场行情与商品交换的情况变化而变化自己的经营策略，不拘于成见，只要有利就行。洞庭商人还会根据当地实际情况，比如商人资金和民风特点，因地制宜地采取独特的经营方式。

赣商讲究贾德

江西商人绝大多数是因家境所迫而负贩经商的，因此，小本经营、借贷起家成为他们的特点。他们的经商活动一般是以贩卖本地土特产品为起点，而正是江西商人这些独特的背景，使得江西商帮具有资本分散、小商小贾众多的特点。除少数行业如瓷业比较出众外，其他行业与徽商、晋商等商帮相比经营规模相形见绌，商业资本的积累也极为有限。当代著名作家沈从文在他的作品中，曾经描述江西布商一个包袱一把伞，跑到湖南当老板。另外，江西商人浓厚的传统观念、小农意识也影响到他们的资本投向，只求广度，不求深度。所以，尽管江西商人人数众多，涉及的行业甚广，经营灵活，但往往在竞争中容易丧失市场。

点评：江西商人讲究贾德，注重诚信是江西人质朴、做事认真的性格的一个外在反映，也是江西人头脑中中国传统儒家思想的自然流露。江西商人还善于揣摩消费者心理，迎合不同主顾的要求。总之，以销售手中的商品和捕捉商机为原则，这是江西商人发财致富的经验总结。

（根据百度百科“中国十大商帮”整理）

思考与练习

1. 宁波的地理环境有什么特点，对当地人的职业选择产生了什么样的影响？
2. 阅读《范蠡经商十二则》《范蠡经商十八忌》，谈谈自己的体会。
3. 解释“经世致用”“工商皆本”的含义，并谈谈它对宁波经商风气的影响。
4. 阐释王阳明的“致良知”思想的内涵，并分析它对当下商业伦理建设所具有的现实意义。

5. 阅读下面两则宁波民间歌谣，分析宁波地区的商贸习俗。

【歌谣一】

囡囡宝，
侬要啥人抱？
我要阿爸抱，
阿爸出门赚元宝！

【歌谣二】

小白菜，嫩艾艾，
丈夫出门到上海；
上海末事带进来，
邻舍隔壁分点开。
小白菜，嫩艾艾，
丈夫出门到上海；
廿元廿元带进来，
介好丈夫哪里来？

6. 频繁的海外贸易对宁波商民产生了什么影响？

7. 试阐述双屿港事件，并分析其实质与影响。

8. 洋行买办的经历对宁波商人产生了哪些影响？

9. 分析“洋泾浜英语”对于宁波商帮的意义。

10. 回顾本章内容，概括是哪些因素促进了宁波商帮的崛起。

第二章

宁波商帮的发展历程

内容摘要

本章从时代和社会变迁、行业发展、贸易地域拓展、会馆建立、企业转型等多个角度分析介绍了宁波商帮的发展历程。从明末清初至今，宁波商帮的发展已近400年，以天启、崇祯年间（1621—1644年）宁波商人在北京设立鄞县会馆作为结帮的标志，其后，宁波商帮的发展经历了形成商帮、迅速发展、臻于鼎盛、转移海外和新时期商帮五个阶段。在这些历史阶段，时代、社会的变迁对宁波商帮的发展产生了深刻的影响，而宁波商帮审时度势、善抓机遇、敢于创新、开放包容、团结合作，也使它在近代中国最先完成从封建商帮到工商业资本家群体的转型，一跃成为全国第一大商帮。转移海外之后，宁波商帮在更广阔的天地拓展事业，他们相互扶持，风雨同舟，在海外经营的业务不断拓展，迅速完成现代转型，在海外重振雄风，成为国际社会中一个不可忽视的华人群体。20世纪80年代中国实行改革开放以来，宁波的民营经济从重生到迅速崛起，立足宁波，布局全国，面向世界，取得了不俗的业绩。

学习目标

了解宁波商帮的发展历程、在每一个阶段的具体特征，认识到时代和社会的变迁对商帮发展的影响，学会从多个角度去分析事物及现象，提高分析归纳的能力。

关键词

宁波商帮；发展历程

宁波乡民外出经商由来已久，而结成商帮，则是明末清初的事。其结帮的标志，是天启、崇祯年间（1621—1644年）宁波商人在北京设立鄞县会馆，该会馆属于同乡会馆，旨在促进同乡情谊，聊解思乡之情。其后，宁波商帮的发展历程，大体可分为形成商帮、迅速发展、臻于鼎盛、转移海外和新时期商帮五个阶段。

第一节 宁波商帮的形成

一、商帮形成缘起

明清海禁，使宁波延续了几百年的繁华渐渐衰落。由于中外贸易的中断，大批宁波商人只得纷纷前往沿海与内陆各省寻找商业机会，为富余的生产力和就业人口寻找发展机会，于明末清初逐渐形成宁波商帮。具体分析，主要有以下几点原因：

其一，宁波是滨海港口城市，因而古代宁波商人主要从事海外贸易，但在国内各地经商的也并非少数。据《甬上张氏宗谱》记载，宋代宁波巨商张云衢，在扬州经商发家，成为首富，人称“封君”。明万历年间，宁波商人孙春阳在苏州皋桥匹开设的南货铺，是苏州有数的百年历史老店，且“天下闻名”，所制物品有的上贡宫廷御用。这爿店规模恢宏，店房分为南北货、海货、腌腊、酱货、蜜饯、蜡烛等六房，“店规之严，选料之精，合郡无有”。王士性在《广志绎》中说：宁波、绍兴乡民“竞贾贩锥刀之利，人大半食于外”。《广志绎》成书于明万历二十五年（1597 年），可见万历前宁波人外出经商者已为数不少，明末开始形成宁波商帮并非偶然。

其二，明朝政府对沿海各地厉行海禁。洪武年间曾三令五申：“敢有私下诸番互市者，必置之重法。”明廷对外商来华贸易也严加控制，只有建立“朝贡”关系的国家才允许来华贸易。那时候，宁波市舶司限定只许日本贡船入港。朝鲜的贡道改为陆路，只准取道辽东入贡，后来同意海道入贡，又规定只准在登州上岸，以致宁波与朝鲜的贸易一度中断。与日本的朝贡贸易也很萧条，明代 277 年中，日本贡船只到过宁波 19 次。在明廷厉行海禁的情况下，宁波商人纷纷转向内地贸易。

其三，嘉靖年间，明廷多次剿捕盘踞宁波沿海岛屿从事走私贸易的海商。嘉靖二十七年（1548 年）四月，浙江巡视都御史朱纨调兵 6 万，战舰数百，进剿双屿岛，激战于九山大洋，葡萄牙人、日本人、中国海商被俘斩首、溺死者数百人，其余全部被驱逐出岛。明军烧毁岛上房屋船舰，并搜获金锭货物价值 200 万金。又用木石填塞南北港口，使船舶无法复入，贸易港被彻底摧毁。嘉靖三十二年（1553 年），烈港被都御史王忬摧毁。嘉靖三十七年（1558 年），岑港被胡宗宪摧毁。双屿港、烈港和岑港是王直海商集团重要的贸易活动场所，宁波商民依附从事海上贸易的很多，经受多次打击，这些商民除少数潜往南洋外，大多转为经营国内商业。从而，使在内地经商的宁波商人急剧增加。

其四，清初，清廷为阻遏郑成功等反清势力，于顺治十八年（1661 年）迫令江、浙、闽滨海民户内迁 30 里①，并严禁商民出海，“片板不许下海，粒货不许越疆”。宁波府属各县滨海民户背井离乡，流离失所，生计无着，只好外出谋生。

其五，一些儒生科场失意，弃儒从商。孙春阳即因在明万历中应童子试不成，于是抛弃举业之途，改为从事商贸。《慈溪董氏宗谱》记述，康熙年间，慈溪人董汉醇，兄长经商致富后，资助他一意读书，志在求取功名。后来董汉醇怀才不遇，名落孙山，兄长携他外出经商，教授经商之道，带着资本往来于楚蜀，家业自此富裕。此外，入清以后，在抗清志士的

① 1 里 =500 米。

影响下，也有一些宁波人耻于在清朝为官，放弃科举转而从事工商业。

受上述诸多因素影响，宁波籍商人的商业资本，大批转向内地，从而使宁波商帮在国内商界迅速崛起。

二、贸易地域不断拓展

清康熙二十三年（1684 年）清廷下令“开海贸易”，至道光二十年（1840 年）鸦片战争前，宁波商品经济有了长足的发展。这一时期，宁波商人贸易地域不断拓展，去北京经营者日渐增多，还有一大批“宁波帮”商人赴吴楚、闽粤、关东、湘赣、川鄂、燕赵等地贸易。如慈溪人董杏芳“废著鬻财吴门，积资至数十万”；慈溪人陈调元“往粤东参与同邑俞氏泰隆号事，十年辞归，积累不下十万金”；慈溪人费元三“往来闽粤间历十余年”，获利甚巨；鄞县杨氏、慈溪童氏等“宁波帮”巨商家族，也都在闽广等地经商；慈溪人董棣林在东北宁古塔等地采办参药，贩运吴越一带销售；慈溪人陈坤元经商楚蜀，经营有方，“颇以财雄于乡里”；慈溪人秦学圃外出经商，足迹几遍湘赣两省，后又去四川，在重庆置敦义庄，作为邑人居停及丧葬之用。可见“宁波帮”商人在四川经商者也颇多。

这段时间，海外贸易也有所复苏。清康熙二十三年（1684 年）开放海禁，宁波商船曾潮涌日本，同西欧各国贸易也日臻繁盛。康熙二十七年（1688 年），有 32 艘商船从宁波港起航赴日本贸易，5 艘商船从普陀山起航赴日贸易。次年，又有 13 艘商船从宁波港出海赴日贸易。“宁波帮”商人经营的商船，还驶往南洋群岛等地。道光十年（1830 年），上海、宁波驶往暹罗、安南、菲律宾等地通商的远洋帆船有 45 艘，加上驶往其他地区的船只，估计有七八十艘至 100 艘海船。每艘以 200 余吨至三四百吨计，载货量 2 万吨至 3 万吨。据《定海县志》记载，清康熙二十三年（1684 年）展海令颁布后，定海进出口货物，由商民收购经上海、宁波销往海外，亦有外商来定海采购的。仅康熙四十九年（1710 年）一年之内，来定海的英国商船就达 10 艘。清廷为保护封建性的自然经济，曾大幅度提高浙海关税率，然而西欧商船仍舍弃广东改投浙江，纷至沓来。

还有一批宁波商人自造沙船和宁船等大型海船，从事埠际贩运贸易。海上贩运是“宁波帮”商人的传统行为。乾嘉以后，上海崛起，“南洋北洋货物交易于此，群贾凑集”。“宁波帮”沙船业商人方亨宁、董耿轩、李也亭等纷纷赴沪从事埠际贩运贸易。嘉庆九年（1804年）在上海松江等地驻港的宁船达400 艘。这些宁船一般北上天津、营口等商埠，一年往返三次。当时营口沙船坐港者常有七八百号，宁船也有数百号，每年进港的沙船和宁船在 8 000 艘次以上。这些沙船和宁船不少是来自宁波的。“宁波帮”商人由海路运货往来于宁波、上海、天津之间。每年春暖北上，冬寒南返。天津有条竹竿巷，就是因宁波、福建等地商人从南方运来竹筷、竹篮等竹制品和竹竿，在这里出售而得名的。

北上从事埠际贸易的海船，宁波人叫北头船，经营北头船货运业的叫北号。他们把关东、直隶等地出产的豆、麦、杂粮及其他北方特产，装运到上海、宁波贩卖，并把从福建、广东等地贩运来的糖货、木材、海产和外国进口货物，运往天津、营口等地贩卖。经营沙船贩运业需要巨额资本，船中装载的货物统统由船主自行筹款营办，到达码头自行销售。一般由宁波、上海运往北方的货值达十三四万两银子，由北方载回的货值达五六万规元①。鄞县

① 规元：当时的一种记账货币。

秦氏、吴氏，慈溪三七市董氏、二六市孙氏、三溜童氏、半浦郑氏，镇海小港李氏、乐氏都是北号大股东。《宁波府志》称“溯关东以达闽粤，帆樯来往，一岁不下千艘，利擅海王”。

埠际贩运贸易兴盛，使宁波商帮得以迅速发展，沙船贩运业是冒险的行业，也是发财的捷径，如果平安无事，往返南北洋几趟，就可获取巨利。不少宁波巨商就是以沙船业起家的。沙船贩运业不仅为宁波商人积累了巨额资金，还加强了宁波商帮与沿海港口城市和长江沿岸城市的经济联系，大大增强了在这些地方的势力。

三、商业会馆相继创立

如前所述，宁波商帮初始形成的标志是明代末年设立的鄞县会馆，从碑文来看，鄞县会馆主要是“建置义园”“妥厥旅魂”，举办公益事业，属于起“敦桑梓之谊”作用的同乡会馆。

稍晚于鄞县会馆的是浙慈会馆。会馆中有碑记述了创办浙慈会馆的缘起和经过。碑文称，当时北京的成衣行工匠多系浙江慈溪人氏，他们来京贸易，为全国各省徒弟传授技艺，因而这座由各成衣铺掌柜、伙友出资兴建，专供成衣行祭祀财神用的会馆，取名为浙慈会馆。这是“宁波帮”裁缝的主要活动场所。从碑文看，当时的浙慈会馆属于手工业者会馆。

清康熙元年（1662 年），旅居汉口的江浙绸缎业商人集资在汉口循礼坊横堤外创设汉口江浙公所，作为“司业团拜议事之所”，其规模宏大，人数众多，里面也有宁波商人。

这一时期，宁波商帮主要活动地域在北京和汉口，主要经营行业为药材业和成衣业。同时，会馆的设置和修葺得到当地宁波籍官员的支持，宁波商帮工商业者在一定程度上依附封建官绅，这是宁波商帮的初始形态。

到 1684 年政府“开海贸易”以后，宁波商人不仅在北京、天津、营口的势力有所增强，并把势力迅速扩展到常熟、汉口、上海等商业重镇，乃至全国各地，在那里设立会馆，以会馆为联络场所，结帮经商。

据《中国会馆志》记载，“宁波帮”商人在北京创设的会馆有 10 所。其中，鄞县会馆 5 所，余姚会馆 2 所，此外，还有浙慈会馆、慈溪会馆、镇海会馆。乾隆三十六年（1771 年），宁绍商人在常熟创设宁绍会馆。《常熟宁绍会馆始末记》中称，宁波、绍兴一带人氏素以善贾著闻海内，经商足迹遍及通都大邑。常熟号称江苏富饶地区，商业繁盛。宁波、绍兴两郡商人在这里经营、留居，为时既久，人数亦多。有识之士深以没有一个团结同乡的组织为憾，因而在乾隆辛卯年以叶林春为首集资置地，创立宁绍会馆。乾隆四十五年（1780 年），宁波商人在汉口设立浙宁公所。民国《夏口县志》卷五载，宁波会馆在九如桥，于清乾隆庚子年创设，用以联络同乡、维持商业。旧名浙宁公所，清宣统元年改称宁波会馆。嘉庆年间，宁波籍从事北头船贩运业的商人，在天津闸口创设天津商船公所。这些“宁波帮”商人经营的北头船，除为清廷漕运粮食外，兼营南北货贩运业。商船公所是他们在天津安顿食宿、洽谈商务的重要场所。

上海与宁波位置相近，是早期宁波商帮的重要活动地域。康熙年间，已有不少经营沙船业的宁波商人到上海谋生。嘉庆以后，宁波商帮中的几个著名家族集团相继到上海创业。据《镇海柏墅方氏宗谱》记载，镇海方氏家族嘉庆年间便在上海发迹。嘉庆初年，方亨宁只身赴沪，开设店铺。不久，弟弟方亨黉（字介堂）也辗转来到上海，开设方义和糖行，经营食糖。介堂的族弟方建康，随介堂到上海。开初在方义和糖行当伙计，过不了多久，在介堂的资助下，自设方泰和糖行，并兼营南北货，生意很兴隆。介堂去世后，他的族侄方润斋和方梦香又在上海开设方萃和糖行和振承裕丝号。道光十年（1830 年），介堂的儿子方仁熙也在上海南市设立履和钱庄，兼营土布和杂货。如前所述，镇海李氏家族集团的第一代人物李也亭，也是这个时候到上海经营沙船贩运业的。

乾嘉年间，宁波商帮的钱庄业在上海的实力不断增强。嘉庆十四年（1809 年），在上海邑庙东园创设上海钱业总公所，业中人称内园。加入钱业总公所的钱庄，称入园钱庄。当时上海的入园钱庄 64 家，多半是宁绍帮的汇划钱庄，资力雄厚。宁波商人利用钱业总公所，操纵着上海的钱业市场。

这时，在上海的宁波商人同乡扶助观念更浓了，设有多所会馆。如乾隆年间，钱随、费元圭、潘凤占、王秉刚等旅沪宁波绅商，倡一文善愿，捐资置地。凡旅沪宁波籍人氏，每人每天捐一文钱，日积月累，集腋成裘，于嘉庆二年（1797 年）购地 30 亩①，嘉庆八年（1803 年）建成四明公所，俗称宁波会馆。嘉庆十三年，再购入附近土地，增建殡舍 30 楹，并增辟义冢地，建造土地祠。此后，又不断购地扩建。道光十四年至十六年（1834—1836 年），董事谢绍心、庄锦和、方亨宁、方亨黉等发起募捐，大规模修建公所，修葺殿宇，增建殡舍 50 楹，并再次扩大义冢地。

嘉庆二十四年（1819 年），在关外、山东等地贸易的一批宁波商人集资在上海创建浙宁会馆。浙宁会馆初名天后行宫，大概是经营沙船贩运业的宁波商人创建的。船民崇祀天后，天后乃福建莆田林氏女林默。相传，林默经常穿着红衫，驾云飞行巡视海面，及时营救遇难船只和过往客商。乾隆二年（1737 年），敕封“护国庇民妙灵昭应弘仁普济福佑群生天后”。民间俗呼“妈祖”，春秋致祭，供奉崇敬虔诚。

这一期间，“宁波帮”商人所设会馆，远不止上述几处。如据《中国会馆志》记述，清康熙二十年（1681 年），浙人王安福在河南开封西门街创建乡贤祠，作为浙人祀神饮福之所。康熙五十八年（1719 年），丁震宣等建为会馆。雍正六年（1728 年），周文德予以拓修。乾隆四十三年（1778 年），浙人何恭慧、章继辉又发起创建浙江会馆。为创建会馆出资者，自然多为宁波商人。据《秀水濮院志》记述，清嘉庆年间，宁绍籍商人周春田、胡巷州等在浙江省秀水县濮院镇创立宁绍会馆。另外，宁波商人还在德清县新市镇创立四明公所，等等。

这个时期宁波商帮所建的会馆、公所，性质和作用有所变化，经济功能有所加强。不仅叙谈同乡情谊，联络同业感情，救济贫苦寡妇，赡养孤苦老人，接济贫困人家，还作为同业集议场所，研讨商情，磋商商务，团结同乡维护共同利益，以求“有利则均沾，有害则共御”。这是宁波商帮实力迅速发展和凝聚力日益增强的标志。

综上所述，这一时期（明天启、崇祯年间至清道光二十年），是宁波商帮的形成时期。这一时期宁波商帮的势力达各沿海港口城市和长江沿岸重镇；经营的行业，除了传统的药材业、成衣业和粮糖业外，沙船贩运业和钱庄业异军突起，实力雄厚，在各地商界居于举足轻重的地位，商帮内部的凝聚力也大大增强。

---

① 1 亩≈667 平方米。

第二节　宁波商帮的发展

鸦片战争（1840 年）后至辛亥革命（1911 年）前，是宁波商帮迅速发展的时期。鸦片战争前，宁波商帮尽管在京津地区和长江中下游商业重镇有相当势力，毕竟未能突破旧式商帮的格局。鸦片战争后，清政府被迫开埠，现代工业进入中国，加上洋务运动对近代军用、民用工业的推动作用，宁波商帮活动的地域进一步拓展，群体实力进一步增强，新兴行业涌现，航运业、金融业崛起并成为支柱产业。

一、活动地域进一步拓展

这一时期，宁波商帮的活动地域已不限于北京及沿海通商大埠和长江中下游大中城市，而扩展到全国各地，包括市镇、乡村和山城，甚至远达海外，全力开拓和占领新的市场。他们不仅在上海经商，还不畏风浪险恶，海盗凶残，以巨额资财自行置办南北号商船，从事南北洋埠际贸易，北抵天津、营口，南达厦门、汕头。

宁波商人在全国各省省城及大城市，遍设会馆，作为同乡聚集议事、探讨商情的场所。广东省省城广州，是南方对外贸易门户和华南地区商品集散地，宁波商人在广州设有宁波会馆。福建省省城福州，也设有以宁波商人为主的浙江会馆。道光二十三年（1843 年），宁波籍人士李国照等发起在开封创设浙江会馆，民国二十年（1931 年）改名为浙江旅汴同乡会。“宁波帮”商人在南京安德门关帝庙设有浙东会馆。四川除设有浙江会馆、江浙会馆外，巴县列圣宫、奉节三元宫、成都小天竺，也都是浙江商人设立的会馆。浙江省城杭州，商业繁盛，宁波商人在杭州设有四明会馆、奉化会馆、余姚会馆。

这时，上海四明公所更是人众势雄。道光二十四年（1844 年），获上海知县批准，四明公所编入官图，免纳租税。咸丰三年（1853 年），公所毁于小刀会起义战事。后董事方仁熙、方仁荣、邵炳倡议重修，率先出巨资，众人纷纷响应。经两年营建，修复正殿、后殿、土地祠、祀事所、殡舍，新建济元堂、先董祠、赊材局、馆丁寓舍，规模恢宏。同治十三年（1874 年），法租界公董局以修筑马路为由，欲夺占公所冢地，旅沪宁波商民群起抵制，迫使法国领事让步，承认四明公所土地永归旅沪甬人董事经管。光绪二十四年（1898 年），法租界当局背弃前议，派兵强行拆毁公所冢地围墙，再次激起旅沪宁波商民群起抵制。法租界当局迫于无奈，承认四明公所的地产所有权，声明不再购地，并立石碑划定四明公所地界，支付死难者家属抚恤金 7 000 两银。光绪二十九年（1903 年），四明公所在上海日晖港购得 30 多亩地，广构屋宇，扩充办事厅室。宁波商人原来在上海按行业分帮设立的会社，都汇集到四明公所。这时候，汇入公所的会社，计有四明长生会、海味崇德会、钱业财神会、炒货馨香会、酒业济安会、木业长兴会、银楼同义堂、木商永盛社、漆业崇义会、肉庄诚仁堂、渔业同善会、石作业长寿会、柴业长兴会、车业

上海四明公所

协兴会、鞋业崇宁会、漆业同议胜会、航务联益会等100多个会社。

这时，宁波商帮在市镇已有相当大的势力。如明清时期的宁波商人在江西省吴城设有浙宁会馆。咸丰七年（1857年），在南汇县周浦镇也设立了浙宁会馆。光绪十七年（1891年），宁绍籍绅商在长兴县四安镇古南门创立宁绍会馆。宁波商人在丝绸名镇盛泽也设有宁绍会馆，与徽帮丝绸商人争雄。南浔镇北下坝的宁绍会馆，创建于嘉庆年间，同治五年（1855年）、光绪十六年先后两次重修扩建。

清朝末年，特别是民国时期，宁波商人在全国各聚居地遍设同乡会，以增进乡谊，加强合作，和衷共济，联合对外竞争。

如宁波旅沪同乡会创设于宣统元年（1909年）。这是中国近代创设最早的新式同乡组织之一。该会以“团结同乡，发挥自治精神”为宗旨，致力于服务同乡、促进家乡建设等善举，积极为同乡介绍职业，排难解纷，补习文化。曾以“授年长失学者以简易之知识技能，使适应社会生活”为宗旨，创办宁波旅沪同乡会民众夜校，开设常识、算术、商业、英语等课程，帮助同乡提高文化水平。该会为方便旅沪甬人子弟入学，还创办了10所小学。此后，所属各县也相继在沪创设同乡会。

此外，北京有宁波旅平同乡会，重庆有四明旅渝同乡会，汉口有宁波旅汉同乡会，沙市有宁波旅沙同乡会，苏州有宁波旅苏同乡会，南京有宁波旅京同乡会，郑州有宁波旅郑同乡会，青岛有宁波旅青同乡会，烟台有宁波旅烟同乡会，厦门有宁波旅厦同乡会，常熟有宁波旅琴同乡会，安徽有宁波旅皖同乡会，济南有宁波旅鲁同乡会，成都有宁波旅蓉同乡会，杭州有宁波旅杭同乡会，建德有宁波旅严同乡会，温州有宁波旅瓯同乡会，吴兴有宁绍旅吴兴同乡会，南浔有宁绍旅浔同乡会，等等。

宁波商人往往把总店设在大城市，在全国各地广设分支机构，连偏僻的乡村和山城也有他们的经销网点。宁波巨商周宗良开设的谦和靛油号，总号设在上海，在全国遍设推销机构。他把分支机构分为三级：第一级是设在各省大城市的分号，先后设立的有芜湖、济南、天津、营口、西安、汉口、长沙、贵阳、开封、苏州、蚌埠、南昌、宁波、南通、福州、重庆等处；第二级是由分号管辖的支号，每一分号下面有3~6个支号，如济南分号下有烟台、青岛、潍县3个支号，汉口分号下有老河口、洛阳、许昌、驻马店、郑州、宜昌6个支号；第三级是由支号管辖的经销店或代销店，如青岛支号下有德州、临沂、兖州等店，从而形成了广泛的销售网点。刘鸿生在担任开滦煤矿买办期间，曾开设刘鸿记商号经销开滦煤。为了扩大开滦煤的推销地盘，他采取合伙经销的方式，在南京、无锡、江阴、宜兴、苏州等地城乡铺开庞大的销售网。

宁波商帮经营的民信局，活动地域更广。民信局是专为商民传递信札、报刊、契约、包裹、金银钱物的民间邮递机构。民信业与票号、钱庄关系密切。钱业的票据流通通过民信局传递，民信业也将银钱业列为主要服务对象，为之办理汇兑和押运银钱、票据业务。上海的商业，宁波商帮握有重要势力，银钱业也操在宁波商帮势力之下，因此，与银钱业有密切关系的民信业，也成为宁波商帮的重要商业活动之一，其势力直达长江中下游和东南地区。宁波商帮民信业商人在全国各地，包括东北三省及陕、甘、新疆的都会市镇，遍设大小信局，使宁波商帮的势力由此而渗透到全国各地。

二、新兴行业崛起

宁波商人敢为人先，大胆经营新兴行业。

五口通商以来，宁波商帮抓住开放的机遇，开始进行大规模的资本投入。宁波商帮在上海商界相当活跃。最早在上海开设钱庄的有方氏、李氏家族。方氏家族1830年前后开设履和钱庄（南履和），上海开埠后又设北履和钱庄，此后又陆续创办同裕、尔康、元康、义余等钱庄。李氏家族由沙船业发展至钱庄业，先后开设慎余、崇余、立余、同余、会余等钱庄。继方氏、李氏家族之后，镇海叶家、慈溪董家、宁波秦家等也相继开设钱庄。到光绪二十九年（1903年），上海钱庄南北市共82家，其中由宁波籍商人开办的有22家，占26.8%。还涌现出秦润卿等钱业领袖。宁波商帮不仅在上海拥有大量钱庄资本，在天津、汉口、北京也都拥有钱庄，投入不少资本。宁波商帮在北京开设的钱庄资本雄厚，尤其是恒兴、恒利、恒和、恒源钱庄对京城经济发展起到了重要作用。与钱庄相联系的另一金融机构是票号，其中在南帮票汇业中最具有声望的源丰润票号就是宁波巨商严信厚所开设，资本银达100万两，总号设在上海，分号设于天津及江南各省，获利丰厚。

随着近代工业的兴起，社会对于通过银行获得大规模基金的需求越来越迫切，宁波商人敏锐地感觉到商机，开始主动投资近代银行业。1897年，中国第一家银行——中国通商银行建立，在银行兴办、资金筹措与具体事务管理中，宁波商人起到重要作用，后来不少总董都是宁波人。1908年，宁波商人创办四明银行，资本银150万两，大大增加了宁波商帮的经济实力。这是中国最早的民营银行。宁波商帮由钱庄向银行转化，再向证券、保险等行业发展，这使宁波商帮在金融界占有极大优势，也是其发展民族工商业的基础。宁波商帮在金融界资金雄厚、机构众多、人才辈出，在操纵会务、左右同业中具有举足轻重的地位。

其次，继沙船业后的现代航运业发展迅速。自欧美轮船侵入我国以后，沙船业日趋衰落。宁波商帮独具慧眼，在沙船余势未衰之时转而经营轮船航运业。我国最早以华商名义兴办的轮船航运企业，是宁波商人于1895年创办的外海商轮局和永安商轮局。外海商轮局有一艘600多吨的海门轮船航行于宁波、台州、定海等地。永安商轮局有两艘轮船在宁波、余姚之间行驶。1907年，陈志寅购置“德裕”轮，航行于宁波、温州、兴化、厦门、泉州之间。1909年将总公司迁往上海，另设宁波、烟台、海参崴等分公司，航线延长到广州，又新增“龙裕”“信裕”“立裕”三艘轮船，行驶于烟台、营口、龙口、安东、海参崴等地。1908年虞洽卿、朱葆三等集资创办宁绍商轮公司，与英商太古公司和法华合资的东方公司相抗衡，在激烈的票价竞争中，借宁波旅沪同乡会之力，发动同乡集资，补贴公司票价亏损，并相约不乘载外轮，最后迫使外商同意统一沪甬线航船票价。1904年，朱志尧首创求新制造机器轮船厂，至1910年制造出数百吨的小火轮15艘，成为民营轮船制造业的里程碑。

宁波商帮最早创办的出口导向型民用工业为棉纺织厂和丝织厂。1887年，严信厚在家乡宁波创办了通久源机器轧花厂，这是中国第一家机器轧花厂；7年后他又投资创办通久源纱厂，在国内首家使用动力机器，生产的“龙门”牌棉纱十分畅销，每周出纱3万余磅①，“成为与洋商为敌的竞争者”。上海最早的一家棉纺织厂是上海华盛纺织局，于1891年创办，主要投资者是宁波巨商严信厚、周晋镳、苏葆生等。1906年，薛文泰创办益泰轧花厂，顾元琛、戴瑞卿投资150万两创办和丰纱厂。贝润生投资厚生纺纱厂，朱志尧投资同昌纺纱

① 1磅=0.454千克。

厂和同昌协纺纱厂。这些纺纱厂是近代中国最早的一批纺纱企业。同时，宁波商人还纷纷投资丝织业。1892 年，叶澄衷在上海闸北投资 40 万两创办纶华丝厂，有职工 1 300 多人，缫丝车 800 部，成为上海缫丝工业之翘楚。次年，鄞县人苏宝森创办信昌丝厂。李云书也在上海创办绢丝公司。1910 年，还有宁波商人在上海投资兴办益昌缫丝厂和云龙丝织厂。

宁波商帮所投资的火柴工业在近代中国也颇有影响。从 1890 年到 1893 年，上海有 3 家火柴厂，其中稍具规模的一家是叶澄衷投资 5 万两创办的燮昌火柴公司，日产火柴 50 箱，为当时中国最大的火柴厂。到 1912 年左右资本发展到 20 万元。由叶澄衷派遣，宋炜臣在汉口创办了燮昌火柴厂，资金 42 万元，工人 1 400 人，日产火柴 140 箱，并在苏州创办燮昌火柴厂二分厂。

在印刷、面粉、榨油、造纸、食品等行业，宁波商帮都有投资。如 1897 年，鲍咸昌、夏瑞芳投资 100 万元，参与创办近代中国最著名的印刷机构——商务印书馆。清末，周晋镳、孙衡甫、朱志尧等宁波商人分别投资元丰面粉厂、中兴面粉厂、申大面粉厂，盛竹书、景庆云在汉口创办汉丰面粉厂和金龙面粉厂，等等。

宁波人投资机电行业的也不少。孙衡甫 1897 年在宁波创建电灯厂，投资 1.4 万元。1906 年，镇海人蕢梅贤投资 7 万元在苏州创设生生电灯公司。宋炜臣在武汉投资兴办扬子机器厂、富池口铜煤矿、华盛军服厂、五丰铜矿公司，尤其是集资 300 万元创办的既济水电公司，成为武汉近代工业的巨擘。

宁波商帮还投资于五金钢铁业，代表人物是镇海商人叶澄衷。1862 年，叶澄衷创办华商第一家五金什货号，还包揽一些外国船上所需的五金器材。1870 年，叶澄衷盘下了德国人开设的可炽煤铁号，并另设南顺记洋货号，后在全国设立分号和联号几十处。当时，叶澄衷的五金业购销几乎可以左右国内同行。

鸦片战争后，宁波商帮中不少人从事进出口贸易，经销五金、颜料、洋油、洋布、钟表、西药等畅销洋货，还有不少人经营房地产业、保险业、证券业、公用事业和新式服务业。如“宁波帮”巨商叶澄衷的顺记五金号，刚开始包销美孚火油公司的美孚火油时，生意并不好，乡民用惯了油盏灯和土制蜡烛，不愿买火油。叶澄衷不惜工本大做广告，廉价推销，并随油赠送火油灯，终于上至官宦之家，下至普通百姓，无不采用火油灯，迅速打开了火油销路。

第三节　宁波商帮的鼎盛

辛亥革命后，至中华人民共和国成立前，宁波商帮大规模创办工商业，百业鼎盛，新一代实业家脱颖而出，经营行业进一步更新，在商界地位进一步提高，并快速实现了从传统封建商帮集团到近代工商资本家群体的转型，这是宁波商帮的鼎盛期。

一、新式商人脱颖而出

民国时期，宁波商帮中新一代实业家脱颖而出，这批人生长在通商口岸，从小受西方资本主义经营思想熏陶，具有西方经营理念和现代管理技术，对新生事物极为敏感，能不失时机地开拓活动地域，更新经营项目，充分发挥自身在人才、行业、资金、货源等方面的优势，充分认识到钱庄、银行对融通商业资金的作用，把商业与金融业紧密结合起来，经营规模扩大，营运资本雄厚，名店遍布各地，并且经营理念和经营方式也在发生深刻变化，向近代化做群体性转型。从而使宁波商帮以新兴的近代实业家群体的姿态跻身于全国著名商帮之列。

这些宁波商帮实业家具有强烈的参政意识和保障自身权益意识。据汪仁泽先生研究，上海租界，国中有国，华人根本无权参政。1921 年，“宁波帮”巨商虞洽卿、宋汉章、陈光甫等爱国志士，发起华人参政运动，提出“不出代议士（参政代表）不纳税”的口号，群起力争。公共租界工部局终于在该年 11 月增设华人顾问 5 人委员会，在纳税华人中选出宋汉章等 5 人组成首届华人顾问委员会。华人顾问委员会为华人权益奋起抗争，曾两次发动抗拒工部局加捐斗争。1925 年“五卅”惨案后，为抗议列强迫害华人的罪恶行径，5 位委员于 6 月 6 日愤而集体辞职。

1922 年，宁波商帮巨商宋汉章、方椒伯当选为上海总商会正、副理事长，为“解百业之倒悬，慰兆民之渴望”，他们以总商会名义，通电全国各地商会，提议“裁减厘金，增加关税”，得到各地商会的热烈响应。宋汉章于 1923 年 2 月代表上海总商会出席欢迎英国驻华大使的宴会，1924 年 5 月又代表上海总商会出席欢迎美国驻华公使的宴会，在这两次宴会上，都义正词严地强烈要求无条件收回上海租界会审公廨。并派代表赴京晋见外交部长和司法部长，要求政府与英美各国严正交涉，早日收回上海司法权。1923 年 6 月，上海总商会召开特别临时会员大会，提出“国民自决”“实行民治”的主张，并通过决议，斥责北洋政府“早失人民信仰”，认为“中华民族主权在民，今日正应人民行使其主人之职权”，呼吁组织“民治委员会”以解决国是，得到社会舆论的赞许。

这些宁波商帮实业家还具有强烈的同乡联合共同对外竞争意识。光绪三十四年（1908 年）由宁波商帮实业家集资兴办的四明商业储蓄银行在上海开业后，几次遭受外国银行和洋行的排挤倾轧。金融市场一有风吹草动，便拿四明银行发行的钞票来挤兑现洋。四明银行实力并不雄厚，而在挤兑风潮中能多次化险为夷，其原因就在于宁波同乡的团结互助之力。“宁波帮”商人开设的各大商店、钱庄、银号，往往在挤兑风潮来袭时，主动代为收兑四明银行的钞票。一些宁波籍的店员、小贩，路过四明银行门口，见有人持钞票排队等兑，也都掏出自己衣袋里的银元，去向挤兑者换取钞票。一些远地的宁波商人还特意赶来倾囊相助。因而，使风潮很快得以平息。民国 15 年（1926 年）美商美最时洋行经营的长江货轮任意提高运价，由“宁波帮”商人主持的杂粮行志成堂联合汉口、九江、安庆、芜湖、南京、上海等地同业，拒绝用美最时洋行轮船装运货物，致使美最时洋行的货船空载往返，亏折甚多，不得已向志成堂表示，“以后增加运费时，先与志成堂协商”。正是这种共同抵御经营风险的自觉性和同乡互相扶持的凝聚力，使宁波商帮在激烈的商业竞争中得以立足，称雄商界。

宁波商人充任买办的很多，往往以此致富后再经营他业。这些买办绝大多数属于从事对外贸易的新式商人，他们当中不少人后来都转化为民族资本家。可以说，买办和当过买办的民族资本家是宁波商帮的一大人才优势。他们在与外国商人接触中，学到了一套近代商业经营管理经验，往往经营得法，管理有方，企业富有活力。

如头戴“煤炭大王”“火柴大王”“企业大王”三顶桂冠的刘鸿生，宣统三年（1911 年）担任英商上海开平矿务局买办，后又任开滦矿务总局买办，推销开滦煤。民国十六年（1927 年）曾赴英、比、法、美等国和南洋各地考察，认识到各国工商界，尤其是英、美等国的工商界，都极力研究如何减轻成本、增高产额、削减售价、推销货物，我国必须学习国外经验，重视科学管理。他曾把成本会计比作企业经营管理的眼睛，认为实行科学管理，“应该先从成本会计做起”，成本会计提供的精确数据，是“管理上必需的工具”，依据这些资料，企业的生产状况，以及市场动态，便可一目了然。于是，不惜高薪聘请国内第一流会计师为他设计“中国最标准的成本会计制度”。民国十九年（1930 年）他被推举为大中华火柴股份有限公司总经理，锐意改进国产火柴生产技术和产销管理，健全各项经营管理制度，使这家公司成为当时全国规模最大的火柴公司。

方液仙创办的中国化学工业社，企业内部有一套严密的管理体系，在总管理处下设部，部下设科、股，分级管理，职责明确。并辅以详尽的规章制度，有章可循，各司其职。还定期召开设计委员会议，社务会议，采办、制造、营业部等部门联席会议，人事委员会会议，以及专线电话会议等各种办公会议，及时汇报情况，讨论解决问题。在生产方面，订立分级质量检查制度，从原料进厂到成品出厂，各个环节都有专职人员检查，以保证产品质量。在财务方面，建立成本会计和各种统计制度，实行经济核算，以及时快速反映产销情况，从而大大提高了生产效率。

二、多业融通的经营方式

宁波商人不仅善于开拓活动地域，还善于开拓经营项目。鸦片战争后，欧风东浙，社会风尚有了新的变化，市场需求也有了新的变化，宁波商人预感到并看准了这种变化的趋势，在保持传统行业特色的同时，不失时机地更新经营项目，重点投资新兴行业，并且往往一家经营数业，互相融通，使宁波商帮经营的许多行业在国内实业界居于优势地位。

宁波商人不仅经营商业，还投资工矿企业和其他产业。如定海人朱葆三，创办慎裕五金号致富后，继续投资其他工商业、金融保险业、航运业、公用事业。在工商业方面，光绪四年（1878 年），自设新裕商行，从事进出口贸易，后又投资上海大有余榨油厂、同利机器纺织麻袋公司、丝织公司、华商水泥公司、和兴铁厂、龙华造纸厂、中兴面粉厂、长兴煤矿公司、马来亚吉邦橡胶公司、定海电器公司等；在金融保险业方面，除参与创办中国通商银行并任总董事外，还投资中华商业银行、江南银行、四明银行、浙江兴业银行、华安保险公司、华安合群人寿保险公司等，先后担任中华商业银行董事、董事长，浙江兴业银行董事、总经理，浙江地方银行董事；在航运业方面，投资东方、大达、宁绍、长河、永和、永利、永安、舟山等轮船公司；在公用事业方面，投资上海华商电车公司、上海内地自来水公司、舟山电灯公司、广州自来水厂和汉口既济水电公司等。企业大王刘鸿生投资的企业达 60 多家，涉及煤炭业、码头业、火柴工业、煤矿工业、水泥工业、纺织工业、交通运输业、银行业、钱庄业等众多行业。他形象地说：“我并没有让我所有的鸡蛋都放在一个篮子里。那就是说，所有我的资产都是分开投资的。如果一个企业亏损了，其余的还可以赚到大量利润。总起来看，在收支差额上还会表现出一种盈余的情况。”

宁波商人商业经营规模得以迅速扩大，同他们从事商业、工业、金融业、运输业、房地产业等多业经营，各业资金互相融通有很大关系。钱庄通过存放汇划业务为商业融通资金，宁波商人中经营药材业、南北号货运业、进口洋货业、银楼业、运输业、营造业等行业的，需要巨额资本，往往得力于钱庄的贷款。如李也亭在上海经营沙船业，从事南北货贸易，就是得到钱庄跑街赵朴斋的帮助，经常贷予大宗款项，使李氏有充裕的营运资金，沙船货运规模越来越大，遂致巨富。“宁波帮”巨商一般与钱庄业股东都有连枝关系，从而成为钱业支持的主要对象。宁波商帮中一些家族集团既经商又开钱庄。如镇海方介堂家族，开初在上海开设义和糖行、萃和糖行和振承裕丝号。致富后，在上海、宁波、杭州、汉口等地开设钱庄，多至数十家。同时继续经营商业，拥有糖业、沙船业、银楼业、丝绸业、棉布业、药材业、南货业、典当业、鱼行业、刻书业、房地产业等行业的大批企业。现代银行出现后，由宁波商帮人士掌权的银行，对宁波商人借款都给予特殊照顾。虞洽卿创办的三北轮埠公司，就是由于获得四明银行的财力支持而发展成为长江下游和沿海航运业中最大的商办航运业集团的。刘鸿生经营的大中华火柴公司等10多个企业，也是在浙江兴业银行的大力支持下发展起来的。宁波商帮工商业、金融业互相为用，以金融业支持工商业，而工商业资金调度灵活，从而有力地促进了各业的经营活动。

三、机遇与劫难

辛亥革命后，宁波商帮金融家因时顺势，他们感到钱庄毕竟难以承受金融风暴的袭击，又不甘居于外资银行的附庸地位，于是纷纷从钱庄转到银行。1897年中国人自办的第一家银行——中国通商银行成立后，辛亥革命兴起，傅筱庵在10余年间对该行大力进行改革，使该行业务大有起色。1912年中华银行成立，朱葆三任总董。辛亥革命后宁波商帮在银行界大显身手，如交通银行上海分行首任经理为镇海人李云书，浙江兴业银行经理为樊时勋。四明银行是清一色的宁波商人，中国垦业银行由秦润卿和王伯元主持，刘鸿生主持中国企业银行。在金融界和商界，宁波商人长期担任重要领导，如上海银行公会会长盛竹书、宋汉章，上海钱业公会会长秦润卿，历届上海总商会的领导人宋汉章、虞洽卿、朱葆三、方椒伯、傅筱庵、俞佐庭等都是宁波商帮的知名人物。

航运业也是宁波商帮的支柱产业。在前期转型的基础上，轮船航运业进一步发展。1913年，虞洽卿又独资创办三北轮船公司，购置三艘轮船行驶在宁波、镇海、余姚之间。第二年资本从20万元增加到100万元，改名三北轮埠公司，在上海设总公司，并新购置3 000吨位的“宁兴”轮，行驶于南北洋。这时正当第一次世界大战期间，外国轮船纷纷被调回本国去运输军火，在中国的外轮骤减，虞洽卿趁机扩展业务，发展为三北航业集团。到1935年，该航业集团拥有大小轮船65艘，计9万多吨，占我国轮船总吨位的13%。宁波商帮另一个航业集团以朱葆三为首，1906年朱葆三创办越东轮船公司，1916至1918年间他又联合谢蘅牕、盛省传、傅筱庵等先后创办顺昌、镇昌和同益三家轮船公司，这四家公司组成航业集团，有轮船6艘，分别航行于长江和南北沿海。在天津的南北商人经营轮船航运业也很活跃。如后来被称为“世界船王”的董浩云，1928年在天津航业公司任职，曾担任天津轮船业同业公会常务理事、天津航业公会副会长。1945年至1948年，天津航政局局长是奉化人，他对同乡经营航运业颇多庇护。在他的关照下，宁波籍商人的船务行、轮埠行曾代理外国远洋轮船、北洋班轮船等等。

宁波商帮不仅在金融业、航运业、丝织业具有支配地位，在上海，宁波商帮还支配了大多数行业组织，如上海总商会、上海银行业同业公会、上海钱庄业公会等。其中上海总商会由上海商会发展而来，而上海商会的实际创办者就是宁波商帮代表人物之一严信厚。宁波商帮不仅创办了上海商会，还长期掌握着上海商会的领导权。在上海钱庄业公会中，秦润卿先后6次出任会长。上海银行业同业公会从1918年第一届到1931年第八届的6名会长中，宁波籍的就占了4位，而且上海银行业同业公会的发起人和创立者就是余姚人宋汉章。因此，宁波商帮绝对控制着上海金融业的发展方向。而当时全国资本集中于上海，其中以金融为最，宁波商帮在当时的影响力由此可见一斑。民国时期的宁波商帮经历了经营方式和经营理念的重大转型，积累了雄厚的金融资本和工商资本，以上海为中心，宁波商帮成为中国第一大商帮。

上海总商会

上海总商会议事厅

鼎盛阶段的重要标志是第一次世界大战爆发，在中国的洋商纷纷回国服役，无暇东顾，这对我国民族工商业的发展是一个难得的机遇。据1935年国民政府中央工业检查处统计：上海已有工厂5 418家，占全国85.4 %。至于其他行业更是不计其数。“宁波帮”商人在1911—1936年这20多年间纷纷抓住这一机遇振兴百业，一时名号如林，名牌迭起，名人辈出。著名的有“五金大王”叶澄衷，航运业巨子虞洽卿，“企业大王”刘鸿生，药业兼娱乐业名人黄楚九，橡胶业先驱余芝卿，名牌造纸厂竺梅先、金润庠，商务印书馆创办人鲍咸昌，战胜洋商肥皂的项松茂，提倡国货运动的李康年，首创国产灯泡的胡西园，等等。

“宁波帮”商人在鼎盛时期也遭到两次重大劫难：日本帝国主义的侵略战争和国民党政府的掠夺与压迫。在1932年和1937年两次淞沪抗战中，日军在“一·二八”和“八一三”事变中以上海工厂、企业为进攻重点，宁波商帮的企业遭到严重破坏，损失惨重，商务印书馆、明星影片公司、三友实业社、五洲固本肥皂厂、大中华橡胶厂、大中华火柴厂等均遭日军摧毁。1927年南京政府成立后，以“清党”和反共名义不断敲诈勒索宁波商帮金融业和工商业。抗战时期，南京政府为扩大官僚资本，对宁波商帮民营企业进行控制、压榨；抗战胜利后，蒋介石为筹措内战经费，造成通货膨胀，百业萧条，宁波商帮企业家深受其害。

其间，众多宁波商人为振兴实业，抵制洋货，历经种种磨难和挫折，为发展我国民族工商业做出了巨大贡献。有的不顾个人安危，拒任伪职，与敌抗争而牺牲，表现出崇高的民族气节。如五洲大药房总经理项松茂坚持抗日，在1932年惨遭日军杀害。商务印书馆创办人之一夏瑞芳不向日本人低头惨遭暗杀。还有相当一部分宁波商人为躲避战火，更为不做亡国奴，把企业迁移到大后方以及香港等地。如商务印书馆部分迁往重庆，信谊药厂在香港设立分厂和办事处，等等。抗战胜利后，虽然在经营上有所起色，但随之而来的内战所导致的政治经济的急剧变化，使得许多宁波商帮企业家把资本和企业向港澳台地区和北美转移，还有一部分企业家移资南美、西欧、日本和东南亚等地，其中港台地区占总人数的80%左右。

第四节　宁波商帮在港澳台及海外

一、迁徙港澳台及海外

长期以来，宁波商帮的活动地域并不限于中国内地，在港澳台和海外分布也很广。宁波人去海外经商历史悠久。明代嘉靖年间，宁波一带商民趋海利从事走私贸易，在双屿、烈港、岑港相继被明朝政府派兵摧毁后，这些从事贸易的商人大部分转为经营国内商业，但也有一部分流落到海外经商。近代以来，宁波人去海外经商蔚然成风。五口通商以后，宁波商人足迹遍布全国各地，以及南洋、欧美各地。特别是在 19 世纪末与 20 世纪 40 年代前后，宁波商人有两次较大规模的海外创业高潮。

清末光绪、宣统年间即 19 世纪末前后，一批宁波人为生活所迫去海外谋生，地点以日本和南洋为主。这批人多为手持理发刀、厨刀和裁缝剪刀的下层劳动者。他们多年奋斗，依靠自身的勤劳和灵活的经营手段，创造出了不凡的业绩。其中的杰出代表有 20 世纪初在日本有“关西财阀”之称的华侨巨商吴锦堂、“鱼翅大王”张尊三和三四十年代在南洋一带曾经与陈嘉庚、胡文虎齐名的新加坡巨商胡嘉烈。

20 世纪 40 年代前后，宁波商帮仍然处于鼎盛时期，但由于社会经济环境的急剧变化，大批宁波商帮实业家迁徙海外，与早先在海外发展的宁波商人一起形成海外宁波商帮。海外宁波商帮继承宁波商帮重视乡谊、和衷共济的观念，弘扬宁波商帮把握机遇、奋进不息的创业精神，相互扶持，风雨同舟，在海外经营的业务不断拓展。海外宁波商帮崛起于 20 世纪 40 年代末 50 年代初，现在已完成现代转型，在海外重振雄风，成为国际社会一个不可忽视的华人群体。这第二次大规模迁移使宁波商帮的活动重心由内地转移到了海外。据不完全统计，目前海外宁波商人广泛分布在日本、新加坡、马来西亚、印度尼西亚、菲律宾、泰国、美国、英国、法国、德国、丹麦、瑞士、葡萄牙、澳大利亚、加纳、毛里求斯等 50 多个国家和地区，总人数超过 50 万人。

宁波商帮在香港、台湾的代表人物有“世界船王”包玉刚和董浩云、“影视大王”邵逸夫、“电子大王”邵炎忠、“半导体教父”张忠谋、“裘皮大王”陈志耀、“钟表大王”李惠利、“毛纺大王”曹光彪、“棉花大王”商学鸣、“棉纱大王”陈廷骅、“水泥大王”张敏钰、“地产大王”张济民、“化工巨子”朱绣山、“春卷大王”范岁久等，都是名震一方的宁波商业巨子。包玉刚曾被英国前首相撒切尔夫人称为具有“出类拔萃的才能”“卓荦冠群、成就赫赫的人物”。邵逸夫曾获英国女王授予的 CBE 勋衔和爵士位。美国《国会档案》第 34 号第 133 卷中，曾记载魏重庆的多项成就，称他是“一个卓越超群的商人”。香港娱乐业巨子邱德根曾获美国成就学会金牌奖。

在香港十大富豪中，宁波商人占有三席；在八大世界船王中，有两位是宁波商人；在美国十大华人财团和日本十大华侨财团中，宁波商人各占一席之地。他们不仅拥有巨额财富，而且具有很高的社会地位，与各国政要交往频繁，在自己经营的行业中具“王者之尊”。

从 20 世纪二三十年代起，宁波商人先后在日本东京和新加坡成立同乡会，此后随着宁波商人的足迹，在世界各地纷纷建立起相应的同乡会组织，为同乡互助、沟通商情、共谋发展、从事公益以及建设家乡起到积极的作用。

二、新人辈出

宁波商人一贯重视对子女的教育培养。移居港台及海外的宁波实业家，其子女一般都受过高等教育，俊彦辈出。这批宁波商帮的新生代，或者继承父业，或者另求发展，大多是在当地实业界广有影响的人物。

应行久的儿子应立人，毕业于纽约理工大学，获博士学位，继承父业任美国大中集团主席兼总裁，并任美中国际贸易促进会会长。他在美国、加拿大、日本，以及我国香港设有多家公司，经营中国内地的工艺品。还在迪士尼乐园的世界之窗设立中国馆，仿建北京的天坛、牌楼和苏州园林，陈列中国文物和工艺美术品。每年接待来自世界各地的游客 1 000 多万人。

闻儒根独资开设永联贸易有限公司，经营噢威马钟表。永联总行设在中国香港，并在瑞士设钟表制造厂，在日本设永联行分行。由幼子闻锦祥在东京主管门市零售业务。三个儿子光大父业，结成了瑞士生产、香港批发、东京零售的闻氏钟表集团，为香港钟表业巨擘。

奉化人孙邦财，于 1930 年赴日经营餐馆，1948 年病故。其子孙忠利青少年时期在日本中华学校就读，精通汉语、日语和英语，起初经营照相器材和电器，1975 年改营房地产业，是日本房地产巨商，为日本东京孙氏企业株式会社社长兼总经理。他在东京有 15 处不动产，在九州也有地产，在横滨一块 1 万平方米的地皮上建起了一座 6 000 平方米的七层大楼。随着日本经济起飞，地价猛涨，他深受其惠。此后，以更大的规模投资于美国和中国香港的房地产业。在香港设立三友洲际有限公司，投入巨额资金购进香港尖沙咀大片地皮，建成总面积为 10 万平方米的楼群，内有五星级酒店、百货商场、写字楼，舆论界称之为“孙旋风”。

余姚人史济樵是蜚声沪港的建筑业巨商。其子史美煊，从小受到严格的家庭教育和良好的学校教育，后又赴美深造，毕业于华盛顿大学。史美煊作为新一代海外宁波商人，既有现代科技知识，又有现代管理经验，才华横溢，现为香港保华建筑集团驻新加坡总工程师、加拿大美生建筑集团公司董事长、香港裕华公司总经理。他积极参与国际市场竞争，成就卓著。在上海合资兴建的绿谷别墅，是一个高级的别墅群，有包括英、法、德、意、西班牙等各种建筑风格的别墅 180 多座。

余姚人朱艺峰，是洛杉矶华商总会会长，新一代美籍华人之翘楚，曾被报界称为“杰出的青年才俊”。他 1961 年去香港，后去日本攻读经济学。不久到美国，一边在加州大学洛杉矶分校攻读市场经济学硕士学位，一边在夜总会和餐厅里当调酒员。他不仅有扎实的专业知识，并能讲流利的英语、日语、泰语。稍有积蓄后，便自己开设了华龙餐厅和怡园餐厅。1974 年，他预料南加州房地产业大有可为，即大规模投资房地产业。因为他善于观察市场动态，不几年即广积资财，陆续创办长江地产有限公司、长发建筑有限公司、长久地产管理有限公司，大量兴建公寓、住宅、酒店。在美国拥有 400 多座公寓楼，在休斯顿有多间酒店和超级市场。他还投资国际贸易和金融业，创办海外投资有限公司、伟基信贸易有限公司、惠康连锁店，并把一系列地产、建筑、商业公司合并为美华集团，自任董事长兼总裁，业务范围拓展到加拿大等地。

鄞县人翁明昌，曾创办嘉新畜产公司和义新国际贸易股份公司，是中国台湾著名企业家。1977 年翁明昌猝然病逝。其时，长子翁大铭仅 28 岁，他仿效其父海派作风，精明强干，使翁氏家族发展成为台湾十大超级富豪之一。翁大铭毕业于台湾政治大学银行系，继承父业后，组建了义新企业集团。他重视经营管理，强调充分授权，自己着重考虑全局决策。

他借鉴日本、韩国企业的经验，成立义新大贸易商行，并看准台湾科技发展趋势，先后成立华瑞电子、华展半导体及华隆微电子等公司。经过10年锐意经营，经济实力不断增强，使其父去世后一度落入他人之手的企业，重新归翁氏集团控制。其企业经营范围不断扩大，所属公司10多家，是台湾大型企业集团之一。其中义新公司主要经营黄豆、玉米、非铁金属等商品进口和纺织品、电子产品、建筑材料、鞋类、杂货等商品外销业务，1982年出口额突破1亿美元，1985年出口额在台湾排名第一。国华人寿保险公司近年稳坐人寿保险业第三位。嘉新畜产公司在同业中也居前列。华隆公司是台湾最大的人造纤维制造厂家。这些公司以义新公司为营运中枢，业务互相配合，资金统筹调度，人事统一安排，富有竞争力。

鄞县人何阿清，1936年去新加坡开设木器店。后来年纪大了，店务交由其子何蕙忠料理。何蕙忠光大祖业，现为新加坡龙门集团主席，在新加坡和我国香港等地经营房地产业、航运业、旅游业、建筑业和餐馆业，是新加坡商界巨子。

奉化人毛昭寰，1949年随父母由我国台湾去美国定居，先后获得美国伦斯勒理工学院电机工程学士和普渡大学博士学位。毕业后，在美国设立电子公司。1977年，转营服装业，创办B. B公司，自任董事长，所产“号角男孩”品牌服装畅销全美，为全美最大的服装企业，年营业额达数十亿美元。

这些新一代港台和海外宁波籍实业家继承祖业，在港台和海外大展宏图，使宁波商帮腾飞于世界。

第五节　新时期的宁波商帮

从20世纪80年代国家实行改革开放以来，民营经济从重生到迅速崛起，直接促进了整个社会的繁荣，宁波就是如此。全国工商联副主席孙晓华著文《为新宁波帮喝彩》，称“30年的实践中，新宁波人传承“宁波帮”尚商善贾的百年传统、精明笃诚的创富实践，敢为天下先，以务实的姿态，谋定而后发，成为中国经济舞台最活跃的商帮之一”。“今天，为了在风云际会、潮起浪涌的市场竞争中立于不败之地，新“宁波帮”主动探索企业的嬗变之道，在历史的天空中、在世界经济舞台上跃动的老“宁波帮”人身上汲取文化基因，谋启悟于当今，得精神于实践，在当地党委和政府的引导和帮助下，越来越多的民营企业开始由粗放型经济增长方式为主导的劳动密集型产业向集约型的先进现代制造业、新兴现代服务业拓展，成为新型市场的主力和骨干；越来越多的民营企业不断追求质量与信誉，不仅注重产业结构调整和规模集约化发展，更加大研发、投身自主创新，品牌建设也不断推进，在自身实力增强的同时提高社会综合效益；越来越多的民营企业注重以科学发展观统筹企业短期和长远发展，努力创建和谐劳动关系，并积极参与节能降耗减排，与社会共同构建资源节约型和环境友好型社会；也有越来越多的民营企业加速拓展海外市场，参与国际竞争，逐步成为‘走出去’的生力军。”这段话简明扼要地概括出了新时期宁波商帮的特点，也点明了与原宁波商帮的承继关系，这三十几年来宁波民营经济的发展历程也可以说是新时期宁波商帮的成长历程。

一、宁波经济现状

宁波虽然自古为商业名城，但从新中国成立后到改革开放前的几十年间，宁波只是东南沿海一个不起眼的商埠小城。改革开放后三十几年，宁波建立起独特的民营经济和开放形象：以全国1%的土地面积、0.5%的人口，贡献了1/20的进出口额、1/60的国内生产总值，并且在中国大陆城市综合竞争力排名中，连续多年跻身十强。在浙江这样一个经济强省里，宁波的土地面积占浙江省10%，人口占浙江省12%，GDP占浙江省20%，财政收入占浙江省21%，外向型经济总量占30%。30多年来，宁波港实现了从内河港到河口港再到海港的三级跳，成为中国四大国际性深水枢纽港之一。

宁波现代经济的发展史，事实上也是一部民营经济的成长史。据统计，宁波民营经济创造的GDP以及对当地经济增长的贡献，所占比例均在80%以上，民营企业已经成为宁波经济的主体，成为宁波的优势所在与活力之源。据长三角经济研究机构与宁波政协联合课题组的调查数据显示，宁波市目前规模以上民营企业有10 937家，占全市规模以上企业数的99%。在当地政府的引导下，宁波民营企业通过兼并、承包、入股等形式，积极参与并推动国有经济有进有退的战略性调整，实现了国有企业产权多元化的改革，激发了市场机制的发育完善，加快了全市产权、土地、劳动者和技术等生产要素的市场化步伐。目前除烟草制造业、石油加工业、部分电力生产供应业等少数行业还存在国有企业和国有控股企业外，其余的工业行业都已民营化。在这种“混和经济”的推动下，宁波的市场化程度已达到目前的90%以上，成为我国内地市场化程度最高的城市之一。2003年由中科院发布的《中国城市竞争力报告》中，宁波的结构竞争力排名全国第一，对这种模式给予了最大的肯定。

民营企业还成为促进县域经济和农村工业化、城镇化发展的主导力量，有力地推进了城乡统筹发展。在宁波市的县域经济中，民营企业无论是规模还是效益都占到八成以上。目前，全市已形成以民营企业为主体的块状经济区域145个，有力地促进了产业集聚，加速了农村工业化的进程。2008年，中国第一座由当地民营资本大规模参股的桥梁、世界最长的跨海大桥——杭州湾大桥全线通车，沪甬间陆路距离缩短了120多千米，宁波从原来的沿海交通末梢一跃成为枢纽；同年，梅山保税区在宁波设立，向包括当地民营企业在内的全世界企业开放，将宁波的开放型经济提至新高。

二、新时期宁波民营经济的发展历程

如果简单地以10年左右为一个周期，可以将改革开放以来宁波民营经济的发展历程划分为三个阶段，民营经济在这每个阶段里都是在重大挫折中寻找生机，重整旗鼓力创辉煌。

（一）第一阶段：摸索的10年（1978—1988年）

在这个阶段，宁波市个体户从187户发展到10.57万户，乡镇企业从7 712家上升到47 527家。这是新时期宁波民营经济的萌芽起步阶段，是摸索的10年。这一时期，宁波民营经济主要以乡镇企业和个体户为主。如1978年，陆龙兄弟的创始人陈苗龙六兄弟，驾着他们的第一艘小船出海创业；知青李如成一时没法返城，用返城补助款办起了一家乡镇企业——青春服装厂，这是雅戈尔的前身；1986年，郑坚江出任鄞县龙观乡办钟表零件厂第八任厂长，有员工7人，固定资产不到10万元，负债20余万元，这是奥克斯的前身；诸如此类的情况还有很多。

1987年，国务院决定对宁波实行计划单列，赋予其省一级的经济管理权限。这一年中，连邓小平都说：“在过去10年里面出乎中央意外的是乡镇企业的异军突起。”然而，1988年社资之争再次激烈展开，由此引发的稳定问题给民营经济造成致命打击，不少发展良好的民营企业纷纷主动请求国家接收。

（二）第二阶段：试验的 10 年（1988—1998 年）

1989 年至 1992 年，宁波地方政府对民营企业既保护又调整，但以调整为主，个体工商户从 10.57 万户增加到 1992 年的 14.75 万户，增长速度缓慢。

1992 年是一个转折点。1992 年邓小平发表视察南方的谈话之后，宁波乡镇企业即开始转制，这比苏南早了 5 年。而到了 1996 年，宁波城市中的大型集体企业和国有企业也开始了大规模的转制。宁波人以置之死地而后生的勇气，将大部分竞争领域的国企全部进行了彻底的产权改造，大胆地将一般竞争性行业全部民营化。

经过改革，宁波适时地引入股份制、公司制，有效避免了企业滑入小作坊式小而散的境地。现代企业制度的及时建立，使得民营经济、国有经济、集体经济和外资经济并存、竞争与融合，混合所有制经济方兴未艾。宁波混合所有制经济的发展，比十六大的正式提出早了近 10 年。国有、集体、外资和民营四个轮子一起转。这种试验后来被称为“宁波活力”“宁波模式”和“宁波现象”。

在此期间，国有的南苑饭店在亏损中开始转制，并成就了浙江第一家五星级宾馆；宁波电池总厂与香港中银集团投资公司的合资，催生了中国民族工业的骄傲——中银宁波电池和双鹿品牌；波导大搞“股份制改造”，起步时是乡镇企业，成为国产传呼机老大时已是民营资本占主导，但为了进一步做大做强，波导又被国有企业宁波电子集团控股并挂牌上市。这表明民企与国企间完全可以在竞争中相互融合。

这一阶段的尝试也表明只有发扬传统商帮敢于开拓的精神，勇闯禁区，才能找到最佳的发展路径。

（三）第三阶段：起飞的 10 年（1998—2008 年）

一场席卷亚洲的金融风暴在 1998 年袭来，这注定又是民营经济的一场巨大劫难，很多全国知名的民营企业，便倒在了这一时期。

1999 年宁波市委、市政府做出《关于大力发展个体私营经济的决定》，开始将“无为”改为“有所作为”，对民资进行倾斜式的大力扶持。其对民营企业的扶持力度，当时在浙江这个以开明著称的民营企业大省里，也是前所未有的。当年甚至有国有企业叫苦不迭，称对公有制经济不平等，让民企捡了大便宜。而一个意料不到的好结果是——扶持民企发展的决定让公有制企业加快了自身改制的步伐，向多元化靠拢。

到 2003 年，全市共有私营企业 6.25 万家，雇工 101.87 万人，注册资本 536.71 亿元。块状经济正式形成，并且成为“以民引外”的最独特优势——“以民引外”的提法和做法，也是最早由宁波鄞州区（当时还叫鄞县）所创造和实践成功的。

2003—2004 年，全国经济宏观调控，以“造车热”和“大办钢铁”为主要标志的宁波民企重型化的梦想或者称为“冲动”遭到重大打击。以建龙钢铁事件、多家企业造车夭折等为代表，表明宁波民企的发展再次撞上天花板。

发达的块状经济，以及由此形成的产业集聚，使宁波民营经济最终再次克服巨大困难，开始了产业升级之路。随着块状经济的产业集聚和专业化协作不断完善，名优产品脱颖而出，如贝发制笔、新海塑壳打火机、广博文具、韵升音乐盒等。据不完全统计，宁波已有 100 多家企业的 100 多种工业产品产销量居全国第一，成为全国“单打冠军”。目前全市块状经济共有 145 块，占全省总数的 30%。其中，单体规模产值超亿元的块状经济有 90 多块，超 5 亿元的有 10 多块，超 10 亿元的有 6 块。

到2008年6月底，全市共有民营企业10.53万家，注册资本1 540.85亿元，民营经济创造的GDP接近全市总量的80%，创造的利税约占全市的70%，创造的就业岗位接近全市的85%。据全国工商联公布的2006年度大规模民营企业调研结果，共有24家宁波民营企业在全国民营企业500强中榜上有名，约占全国的1/20，全省的1/10强。同时，雅戈尔等17家民营企业还进入了全国进出口企业500强，波导、太平鸟等11家民营企业进入了全国信息化企业500强。

与此同时，有部分宁波籍民营企业家把视野投向了更为广阔的天地，如银泰百货的董事长沈国军、网易公司创始人丁磊等，他们布局全国、展望世界，取得了不俗的业绩，把新时期的宁波商帮推向了更高的境界。

【链接一】

首届世界“宁波帮”大会宣言

（2012年4月14日）

“宁波帮”作为中国近代商帮的杰出代表，秉承故乡宁波崇礼崇商之文脉、开明开放之先风，历史厚重，精神隽永，功绩斐然，薪火相传。在这美好的阳春时节，值此首届世界“宁波帮”大会召开之际，海内外“宁波帮”人士齐聚故乡，共商发展宁波经济和宁波人经济大计，共谋继承和弘扬“宁波帮”精神大业。我们全体与会人士备感亲切、备受鼓舞、备觉自豪，同时也深感责任重大、任务艰巨、使命光荣。今日亲临盛会，心情激动，心潮澎湃，慨当以慷，谨代表全体与会“宁波帮”人士表此宣言。

一、砥砺艰苦创业之志。筚路蓝缕、栉风沐雨，艰难困苦、玉汝于成，是“宁波帮”成功创业的客观写照。在新的历史转型时期，我们将站在时代发展的最前沿，继续坚守“自强不息、创业不止”的信念，固怀“实业强国、实干兴邦”的抱负，把企业发展建立在做强实业、做大主业的根基之上，以创业无惧的气魄和发展无限的胆略，百倍努力、百折不挠、百炼成钢，努力干出一番无愧于历史、无愧于人民的骄人业绩，闯出一片宁波经济和宁波人经济的广阔天地。

二、勇闯自主创新之路。在中国近代经济史上，“宁波帮”的先辈们之所以能独树一帜、叱咤风云，源于在自主上敢于先人一步、在创新上善于技高一筹。作为新一代的传承人，我们将始终坚持把自主自立、开拓创新作为事业的第一源泉，把打造和增强核心竞争力作为事业的第一追求，抢抓国际分工新机遇，抢占产业发展制高点，大力推进理念创新、科技创新和管理创新，大力开发具有自主知识产权的产品、技术和品牌，以自主创新推动企业做大做优做强做久，打造更多的“百年企业”，让“宁波帮”真正成为新时期续写发展传奇的杰出企业家群体。

三、光大诚实守信之道。“商道即人道”，人道贵诚、商道贵信，至实而无妄是“宁波帮”建功立业的一大法宝。我们将继续以诚信为安身立命之本、创业经商之德、鼎立事业之基，待人以诚、执事以信，宁可清贫、不要浊富，始终做到自重、自警、自律，始终做到守信用、讲信誉、重信义，始终做到见利思义、善求义中之利，见义思贤、不取不义之财，以诚信正道成就事业、树立形象、赢得口碑，合力擦亮“诚信”这一“宁波帮”的“金字招牌”。

四、担当回馈社会之责。“宁波帮”历来把自己的前途和祖国的命运紧紧地连在一起。中华民族的历史文化沃土，孕育和发展了“宁波帮”。我们作为新生代的“宁波帮”传人，将饮水思源，回报社会，始终保持对社会的感恩和敬畏，积极参与社会公益和文明建设，推动企业发展与员工成长、社会进步、自然和谐相融相通、相辅相成，既创造振奋人心的物质财富，又创造温暖人心的精神财富，努力在增进民生福祉上做出更大的贡献。

五、深怀造福桑梓之情。“宁波帮”的赤子丹心有史可鉴，无论离家有多远，最真挚的是爱国心，最深切的是家乡情，心脉里流淌的永远是故乡的血液，相思中最牵绕的永远是故乡的身影。当前宁波正处于新一轮发展期，全体家乡人民正为宁波基本建成现代化国际港口城市、提前基本实现现代化，努力成为“四好”示范区而拼搏奋斗。作为故乡人民的一员，我们将积极回应家乡的召唤，义不容辞，勇担重任，合心合力，众志成城，为家乡的兴盛繁荣奉献自己的绵薄之力，在报效家乡、建设家乡的火热实践中书写新一代“宁波帮”赤子情深的新篇章。

六、凝聚永续发展之魂。有文化底蕴的群体才是有凝聚力的群体，有精神传承的群体才是有生命力的群体。“宁波帮”精神所蕴含的“赤子情怀、开拓精神、开明思想、诚信品德、互助风格”，源于宁波深厚的历史文化，彰显了宁波精神的鲜明特质。在新的历史时期，我们一定将更积极、更深入地传承实践“宁波帮”精神，推动发展“宁波帮”精神，确立和完善当代宁波企业和宁波企业家的核心价值观，为全世界“宁波帮”构筑共同的精神坐标、提供强大的精神支柱，使之成为“宁波帮”生生不息的根和魂，引领“宁波帮”薪火相传、永续发展。

28 年前，邓小平同志发出了“把全世界的‘宁波帮’都动员起来建设宁波”的号召，汇聚了推进宁波改革开放的强大力量。今天，首届世界“宁波帮”大会的胜利召开，又赋予“宁波帮”新的历史使命，奏响了“宁波帮”新的时代强音。志存高远，创业闯世界；情系桑梓，合力兴家乡。让我们携手共进，为“宁波帮”的辉煌成就再添荣光，为家乡宁波的建设发展再立新功！

【链接二】

揭秘百年“宁波帮”

2014 年 8 月 1 日　来源：新华网

新华网宁波 8 月 1 日电（记者张源培、王政）30 年前的今天，邓小平做出指示，要“把全世界的‘宁波帮’都动员起来建设宁波”。

“宁波帮”是一个怎样的社会群体，受到如此高规格的“待遇”？

“宁波帮”是中国著名商帮，只有出生或者祖籍在宁波的人才能“入帮”；从宁波到上海，从香港到宝岛，“宁波帮”已经有百年历史；“宁波帮”更是一个精英荟萃的群体：香港特区首任行政长官董建华都只能算“后辈”。

“宁波帮”的起源：

“宁波帮”是宁波商人在开展商事活动中逐渐形成并发展起来的一种群体称谓，是中国历史上著名的商帮。19 世纪 80 年代以后，以上海为中心，一批宁波商人开始投资航运业、金融业、制造业等新兴领域，涌现出一大批工商巨子和社会名流，形成了实力雄厚的“宁波帮”金融资本和工业资本，为推动中国民族工商业的兴起和发展做出了杰出贡献。

“宁波帮”的“帮众”：

目前“宁波帮”已拓展到工商、科教、文化等各个领域，活跃在世界 103 个国家和地区，其中海外“宁波帮”达 42.7 万人。

“宁波帮”的“总坛”：

中国浙江宁波市及其所辖区域。

“宁波帮”的前辈“祖师爷”：

早在 1854 年，“宁波帮”的先驱费纶志、李也亭、盛植管就集银 7 万两，向英国购买了中国第一艘轮船，取名“宝顺”号，并配备武器，为各地商船护航，开启了“宁波帮”投资航运业的历史。

1896 年，鲍咸昌、鲍咸恩兄弟与妹夫夏瑞芳等创办了著名的商务印书馆，后来发展成为中国近代史上规模最大、贡献卓越的大型出版企业。

1897 年，严信厚、叶澄衷、朱葆三在上海创办了第一家华人银行——中国通商银行。

1910 年，王才运在上海南京路创设荣昌祥呢绒西服号，成为上海西服业的鼻祖。孙中山先生亲自设计并试穿的第一套中山装在荣昌祥诞生。

1912 年，方液仙在上海创办化学工业社，这是中国第一家日用化工厂，生产牙粉、牙膏、蚊香、肥皂等日用品。

“宁波帮”的“帮规”：

“诚信务实、开拓创业”的“宁波帮”精神。

“宁波帮”的“帮主”：

已经有百年历史的“宁波帮”，“帮主”却一直空缺。但“宁波帮”有九大长老：贝时璋、王宽诚、邵逸夫、谈家桢、卢绪章、董浩云、包玉刚、曹光彪、李达三。

卢绪章是中国外贸事业的开拓者，宁波改革开放的重要人物。

包玉刚是世界八大船王之一，北京兆龙饭店、宁波大学都是包玉刚捐资兴建。

董浩云被誉为“现代郑和”，也是世界八大船王之一。香港特区首任行政长官董建华是他的长子。

贝时璋是中国生物物理学的奠基人和开拓者，谈家桢是国际著名遗传学家，在浩瀚太空，有两颗小行星分别以他们两人的姓名命名。

王宽诚早在 1985 年就出资 1 亿美元在香港设立“王宽诚教育基金会”，资助内地和港澳台学者。

曹光彪是香港港龙航空公司创始人，也是首个投资内地的香港企业家。

现任香港声宝 - 乐声有限公司董事长、宁波旅港同乡会永远名誉会长的李达三已经 93 岁高龄，他为内地教育和科技事业发展的捐款已超过 2000 万元人民币。

邵逸夫是香港影视大亨，遍布中国各地的“逸夫楼”都是他捐建的。

历史评价：

1984 年 8 月 1 日，邓小平在北戴河听取谷牧关于沿海开放城市和对外开放工作的汇报时指出，要“把全世界的‘宁波帮’都动员起来建设宁波”。

1916 年 8 月 22 日，孙中山来到宁波时说：“以宁波既有此土地，有此资力，苟能积极经营，奋发图强，即不难成为中国第二之上海，为中国自己经营模范之上海。”

1949 年 5 月 6 日，毛泽东说：“要注意保护‘宁波帮’大中小资本家的房屋财产，以利我们团结这些资本家在上海与我们合作。”

2014 年 7 月 31 日，浙江省委常委、宁波市委书记刘奇在会见港澳台及海外“宁波帮”代表人士时说：“宁波帮”不仅是一个亦文亦武、英才辈出的世纪名帮，更是一个爱国爱乡、有情有义的优秀群体。

“宁波帮”的“武功秘籍”：

“十六字口诀”：艰苦创业、勤劳节俭、低调谦逊、报效桑梓。

思考与练习

1. 分析宁波商帮形成的原因。
2. 课外查阅资料，结合课本内容，概括宁波商帮在形成的初期贸易地域包括哪些地方。
3. 概括宁波商帮在整个发展历程中商业会馆的发展，并列表归类。
4. 课外查阅资料，结合课本内容，分析洋务运动对宁波商帮产生的影响。
5. 课外查阅资料，结合课本内容，分析五口通商对宁波商帮产生的影响。
6. 简析四明公所事件。
7. 简析宁波旅沪同乡会。
8. 五口通商以后，宁波商帮怎样进入新兴行业，并取得哪些成就？
9. 辛亥革命后，宁波商帮实业家怎样实现近代化转型？
10. 宁波商人怎样通过多业融通的方式来规避风险、提高企业整体实力？
11. 辛亥革命后，宁波商帮面临了哪些机遇，怎样成为中国第一大商帮？
12. 宁波商帮经历哪几次海外创业高潮，原因是什么？

13 列举海外宁波商帮的知名人物，不少于五例，并做简要说明。

14. 简述海外宁波商帮“富二代”的发展情况，并举例说明。
15. 简述新时期宁波民营经济的发展历程。
16. 简要概括宁波商帮的发展历程。

第三章

宁波商帮的典范人物·传统名商

内容摘要

本章介绍在宁波商帮发展的重要阶段在不同领域、不同区域所涌现出来的典范人物，包括“五金大王”叶澄衷，人称“道台一颗印，不及朱葆三一封信”的朱葆三，旅日侨领吴锦堂，“汉口头号商人”宋炜臣，上海巨商虞洽卿，银行业先驱秦润卿，新药业先驱、爱国义士项松茂，建筑业巨子、为造武汉大学不惜倾家荡产的沈祝三，“世界船王”包玉刚，新加坡巨商、办学先贤胡嘉烈，得天上行星命名的海外巨商、慈善大家王宽诚、邵逸夫、曹光彪、李达三，台湾“半导体之父”张忠谋，展现他们的人生经历、主要创业历程、成功的经验和慈善情怀等，以作为后人学习的借鉴。

学习目标

通过了解宁波商帮知名商人的人生经历、主要创业历程、成功的经验和慈善情怀等，反观自身，作为自身事业发展的学习和借鉴，以提高自身职业素养，增加间接经验。

关键词

宁波商帮；典范人物；传统名商

第一节　叶澄衷

叶澄衷

叶澄衷（1840—1899 年），原名叶成忠，宁波镇海庄市人，是著名的宁波商团的先驱和领袖。他做生意很有天赋，头脑清醒，乐观时变，为人处世既诚且信，宽厚待人，被称为“首善之人”。在叶澄衷传奇性的创业历程中，诚信宽厚的性格帮助他在穷途时得到难得的机缘，在萧条中仍旧昂首前行。在宁波商帮中，一直流传着这样一句话：“做人当如叶澄衷。”叶澄衷凭借审时度势、善于机变的本领，登上“五金大王”的宝座，生意越做越大，成为民族商业的巨子。

1840 年，叶澄衷出生在镇海庄市一个贫困农民家中。他 6 岁丧父，9 岁读私塾仅半年，11 岁就在庄市横河堰榨油坊当学徒。

14岁那年，他到上海谋生，在法租界一家杂货店当学徒。17岁租舢板在黄浦江中摆渡，并向外轮兜售吃食百杂。

一、创办中国最早的火柴厂

19世纪中叶，叶澄衷善察商情，认为投资火柴市场必有大利，于是计划创办火柴厂。时逢旅日归国侨胞、镇海同乡张阿来向叶氏主动提议创办火柴厂事宜，并介绍他认识了其日本籍妻子。张妻当过火柴厂的职员，懂得火柴制造的技术流程。叶氏认真听取了张阿来夫妇的提议。

光绪十六年（1890）叶澄衷出资5万银两，在上海虹口朱家大桥（今唐山路）创建了当时上海最大的燮昌自来火公司，工人800名，日产火柴36万盒。其产品优良，胜过英商燧昌自来火局。燧昌厂因竞争失败而倒闭。

不久，日商看到英商工厂倒闭，想乘机而入，把大批日货火柴倾销到上海，想压倒燮昌厂，而叶氏就此降低每盒火柴价格，以汉口、芜湖、宜昌、镇海等地企业为依托，与日商抗衡，逼得日商再降价，节节败退。在温州迫使日商火柴降价到每箩2角6分，几乎亏本到无法再亏的地步。日商既无奈又佩服，称叶澄衷是“生意精”。

1896年，叶澄衷又集资42万银两，委派同乡宋炜臣去汉口创办更大的燮昌火柴二厂。为此，叶氏特备信与奏折由宋炜臣禀报两江总督张之洞。张之洞见报非常支持，并给予很多优惠条件。

二、兴办鸿安轮船公司

1882年，叶澄衷向两江总督李鸿章禀报，“禀请制造轮船，设立广运局”，却被李鸿章以“已有招商局，不必另树一帜”为由驳回。后来，李鸿章去直隶督办北洋海军，叶氏趁此重提轮船之事。

1889年，他集资20万银两，兴办鸿安轮船公司。为了防备清政府干涉，他不得不托庇外国势力，挂靠英商和兴洋行，并向英国政府注册备案。

经过一年的努力，第二年，鸿安轮船公司已有飞龙、飞马、飞鲸、新汕头等11艘轮船，净吨位为7 000余吨，约合总吨位11 000～12 000吨。公司先后开辟了长江上的申汉线，北方沿海的天津、烟台、牛庄线，东南沿海的汕头、淡水、基隆等地的海上航线。规模之大，仅次于英商的“太古”“怡和”以及中国的招商局。

在鸿安轮船公司，叶氏始终是控股者。1904年以前，鸿安公司的股份一直为华方七、英方三，而叶澄衷是其中最大的股东。

三、创立沪上五金王国

1862年，在英商劳勃生帮助下，叶澄衷在上海百老汇路（今大名路），开设了上海第一家顺记五金洋杂货店（英文叫澄衷公司），经营范围开始为船舶五金、食品罐头五金，后来又拓展到钢铁五金、机械五金、制造五金、化工五金、军需五金等，还兼营火油销售。

四、开创诸多实业

叶澄衷创办的中国人第一家洋行顺记五金洋杂货店，不仅在上海占领了五金行业市场，而且还在天津、辽宁、烟台、青岛、宁波、汉口、厦门、福州等地拥有市场优势。

同时，他关注上海火油市场，成为火油大亨。叶澄衷以亚细亚公司为起端，把火油打入租界以外的上海市场。

1870 年，叶氏将可炽煤铁号买下，并将可炽改为可炽顺记。可炽顺记成为上海最早进口煤和铁的商号而大获其利。

1894 年，叶澄衷投入资金 200 万银两，在上海开设中国最早最大的蚕丝纺织厂——上海纶华缫丝厂。这家厂不但保护了江浙一带蚕农不受蚕商投机压价之苦，而且对出口蚕丝也起到了平衡作用。

叶澄衷到了晚年还与严信厚、朱葆三等人创办中国人自己的银行——中国通商银行并担任执行董事。这家银行设在上海，对上海的宁波商人大开绿灯，提供了很多方便与优惠条件。

五、热心捐助教育事业

1871 年，叶澄衷在上海一次慈善会议上坦言："兴天下之利，莫大于兴学。"会后，他立即筹办顺记商务学堂。该学堂招收学生以小学毕业生为主，学期一年，毕业后都由顺记号录用，实习后大多数分赴各地洋行工作。这是叶澄衷借鉴商务文化培育人才的第一次实践。

1875 年，叶氏在上海创办叶记商务学馆，地址设在上海外滩金陵东路一条弄堂内。

1898 年仲夏，叶氏宣布拟办一所学校教化儿童，宣布拨银 10 万两，并请樊时勋为筹建负责人，购张家浜地区土地 18 亩 9 分①，每亩价 200 元左右。聘请樊时勋、陈祖烈、王予坊、曹予、乌询夫、叶志铭 6 人为校董。由余记工头承包建筑校舍，建造罗马式两层楼房共计 42 间，其中教室、宿舍、膳厅为两层楼房共 26 间，小养正里平屋 15 间，并设置一印书处。这是中国第一所私立新式学校，取名为澄衷蒙学堂，聘任蔡元培任总教习。1902 年秋，刘校长出任安徽芜湖观察使，校长一职由总教习蔡元培代理。后来由于学堂扩建，由叶澄衷之长子叶松卿出资 10 万两，不久又有叶澄衷的诸公子勉卿、子衡、又新、铁卿等人再出资共 10 万两。1903 年 5 月，蔡校长出走日本，由章一山代理校长，其后白振民、蒋子帆、谢利恒等人先后担任校长。1911 年，上虞人曹慕管自日本留学归国，被聘为校长，曹任职长达 16 年之久。当学堂正式开学时，清政府督学部颁发匾额"启蒙种德"以勉，系清光绪帝御笔。又有"棫朴权舆"四字匾额，系喀剌沁王所赠。

叶氏还嘱其子为在庄市家乡的崇正书院捐银洋 5 000 元，还把全乡 17 所私塾、学馆、书院都改成西洋式学堂。

中兴学堂

叶氏自思家贫，幼小失学，深感痛苦。于是和堂弟叶雨庵等人回乡，与叶氏族人商讨建立忠孝堂，叶氏义庄、叶氏义塾，议定的项目有：救济署、收尸施棺处、牛痘局、救火会、叶氏义塾等，叶氏拨款 3 万两白银，并指派其堂弟叶雨庵负责筹建。叶氏义塾建成，设在叶氏义庄之内，建有大礼堂、教室、办公室、寝室、伙房等设施。首批招收叶氏子弟 20 名。后来这所义塾发展为中兴学堂，早在 20 世纪 20—30 年代，培育出了包玉刚、邵逸夫等一大批优秀学子。

① 1 分≈66.7 平方米。

第二节　朱葆三

朱葆三

朱葆三（1848—1926 年），近代银行保险业资本家，名佩珍，字葆三，1848 年 3 月 11 日出生，浙江定海人。

14 岁那年，他父亲身患重病，求医买药，家境日渐困窘。为生计所迫，母亲方氏托人送他去上海学艺谋生。开初，在一家经销罐头食品和小五金的协记吃食五金店当学徒。他白天干活勤快，晚上关了店门，还不顾劳累，在灯下学算盘、记账、商业尺牍和英语。朱氏勤快、好学，深受店主器重，称赞他“勤敏朴诚，殊于常儿”。他 17 岁那年，协记的账房先生去世了，店主让他接替。3 年后，协记经理去世，20 岁的他又升迁经理。他精于经营，当上经理后，协记生意日趋兴隆。不久，店主去世，协记五金店歇业。这时，朱氏已是经商有术、稍有钱财的小商人了。光绪四年（1878 年），他用积蓄的一笔钱，在上海新开河开设慎裕五金号，专营大五金。他熟悉五金业务，料理店务调度有方，雇用的员工也都是由他严格挑选的行家里手，慎裕业务蒸蒸日上。这时，他认识了老顺记五金号店主叶澄衷，并与这位“宁波帮”巨商结为知交。在叶氏扶助下，慎裕迁到叶氏产业福州路四川路口 13 号大厦营业，除继续经营大五金外，兼营机械进口业务。店面地段好，有气派，业务不断扩大，年年盈利，声誉日隆。光绪十六年（1890 年），英商平和洋行的洋人大班利用朱氏在上海商界的地位和名望，聘他为平和洋行买办。他每年只需在 12 月 24 日（圣诞节前夕）去一趟洋行，平日不必上班，有要事相商，洋人反而移樽就教，到慎裕五金号去找他。他当平和洋行买办，不仅可以领取优厚的佣金，还受洋人庇护，沾光享有领事裁判权，清政府官员也对他礼让三分，大大提高了他的身价。他与上海县署任主簿的袁树勋过往甚密。袁官运亨通，光绪二十六年（1900 年）升任苏松太道，经手庚子赔款事宜。庚款本息共计 9.8 亿两海关银，这笔巨款以海关税、常关税和盐税做抵押，分 39 年还清。袁树勋在任时，各省每月所解由上海道库保管的这项专款，全部委托朱葆三存在上海殷实的钱庄内生息。每天清晨，慎裕五金号的客厅里都坐满各钱庄的“阿大先生”（经理），等候朱氏拆放头寸，他在金融界俨然像一尊财神爷。在这前后，他还投资其他工商业、金融保险业、航运业、公用事业，成为沪上商界巨子。

在从事商务活动的同时，朱氏也参与各项社会活动。光绪三十一年（1905 年），他任上海商务总会协理。这一年的 7 月 21 日，上海商务总会反对美国限制华工入境和虐待华工，发起抵制美货和收回苏浙铁路利权的斗争，他积极组织各行业投入工商界这场反帝爱国斗争。也是这一年，上海城中绅商以马路工程局官办腐败为由，要求改为绅办，设立上海城厢内外总工程局，朱氏被推举为办事总董。辛亥革命前夕，他和虞洽卿等宁波籍巨商发起组织宁商总会。宁商总会设在上海公共租界云南路，持有香港英政府注册的公共租界工部局第 1 号总会执照。这种执照，上海人称作“特别照会”。即使公共租界巡捕房，未经会审公堂允准，也不得任意入内搜查和捕人。这样，宁商总会便成为革命党人秘密集会、暂时避风的最好掩护所。这时，上海驻有清军五个巡防营。朱氏曾配合陈其美做巡防营统领姜国梁的策反工作，使姜倒戈反清。1911 年 11 月 3 日，革命党人举行上海起义。清政府南京督署电示上海道："上海革命事起，商团尽叛，已命南京、松江两地进兵。无论革命党、商团，擒获者全数正法。"朱氏从道台刘燕翼处获悉这一消息，托辞到斜桥寓所迁移家眷，潜往毛家弄商团司令部密告李平书。李闻讯后，立即组织商团火烧道台衙署，清兵措手不及，纷纷投降，当天全城被商团占领。

上海光复后，沪军都督陈其美会同上海各界人士代表在味莼园集会，公认朱葆三"做人以信义为本"，推举他任财政总长。朱氏以"毋苛捐，毋滥费，毋揽权"相约而受职，处处以革命大业为重，任职以来不领薪水，车旅费自掏腰包。为解决光复后浩繁的军政急需费用，沪军都督府打算动用前清上海道存放在各钱庄的庚款，而末任道台刘燕翼已在 11 月 16 日将存在各钱庄道库公款的存折送交公共租界领事薛福德保管，并在 11 月 18 日登报声明"鄙人现已停止办公，如有来宾以公事投谒者，恕不接见"，避居租界，诸事不管。钱庄按照规定，付款须凭折办理，各国驻沪领事借口尚未承认革命政府，拒不交出存折，双方相持不下。后同各存款钱庄多次磋商，商定道库存款由朱氏出面具名给予收据核收，倘有外人干预，由沪军都督府承担责任，务使钱庄不受亏累。刘燕翼一走了事，而朱葆三一言九鼎，故有"上海道一颗印，不及朱葆三一封信"之说。

沪军都督府为充裕财源，曾筹组中华银行，发行军用钞票。在股东大会上，推举孙中山任总董，朱葆三任董事。孙中山就任中华民国临时大总统后，辞去总董职务，改选朱氏任董事长。一度中华银行军用钞票风潮骤起，朱氏出面向永裕、恒祥等 15 家钱庄商借 10.5 万两白银，得以维持军用票信用。

朱氏不仅参与政治活动，还热心公益事业，捐赠巨资赞助中国红十字会、华洋义赈会、上海公立医院、妇孺救济会、上海商业学校、同济医工学校、定海公学等慈善机构和学校。1926 年夏，上海时疫流行，他所办的时疫医院人满为患，经费短绌。他不顾年迈体弱，冒暑前往医院察看，顺道劝募捐款。终因年老气血俱衰，伏暑积食，于 9 月 2 日在上海西门外斜桥寓所病故，享年 79 岁。他去世后，上海法租界公董局破例以他的名字命名马路，现在的溪口路，就是当年的朱葆三路。

第三节　吴锦堂

吴锦堂

吴锦堂（1855—1926 年），名作莫，浙江宁波慈溪市东山头乡西房村人，少时随父耕作，及壮东渡日本，经商致富，名重中外，素以桑梓为重，先后捐银数十万两，兴修水利，创办学校，泽被乡里，又积极支持孙中山先生从事革命，是我国近代著名华侨。

一、生于东山头，立足上海滩

吴锦堂于清咸丰五年（1855 年）11 月 14 日出生于慈溪北乡海滨小村东山头（今慈溪市观海卫镇锦堂村）。据吴氏族人介绍，元末明初，江西、安徽一带战乱频繁，长江中游一带居民纷纷南迁，东山头吴氏明初从江西迁来杭州湾南岸，开垦新涨涂地为生。传到吴锦堂的父亲吴麟初时，已是第12代。

外地迁来海滨涂地的居民大都十分贫困，到吴锦堂祖父那一代，家境有所好转，试图通过对子女的教育，摆脱世代务农的现实。其父吴麟初，生育五子三女，吴锦堂是他的长子。吴家祖居坐落于东山头西房村，吴锦堂就出生在一楼靠西边的正房里。

到其父吴麟初时，连年遭遇天灾人祸，家境越来越差。吴锦堂不得不辍学务农，帮父亲处理家事，成了主要帮手。不过，他父亲并未放弃对他的文化教育，安排他在耕稼之余跟从当私塾先生的伯父课读。吴锦堂16岁那年，母亲病故，父亲又娶唐氏。他待继母如同生母，村民们都说吴家老大将来定有出息。

1880年，吴锦堂在宁波做磨豆腐的小工。在当年，“打铁、撑船、磨豆腐”是有名的苦营生行业，地位十分卑下。但对于年轻的吴锦堂来说，两年的起早摸黑、肩挑手推，受尽艰难人生的磨炼，为日后在上海滩打拼乃至闯东瀛，奠定了思想、心理、体能上的基础。

1882年，豆腐作坊的一位邻居见吴锦堂能吃苦，又有文化，心气也高，介绍他到上海红庙前的萃丰油烛店当帮佣。吴锦堂兴冲冲地从宁波回到老家东山头与家人告别。时年28岁的吴锦堂，就这样带着父辈的期望，来到他一直向往的上海，一年后成了正式店员。

吴锦堂在上海工作3年，习算学文，揣摩商贾经营之道，勤奋精明，深得店主的赏识，曾被派到苏州等地代理业务。油烛虽是小商品，但购买者各色人等都有，吴锦堂借此认识了不少人，对他了解社会各界、积累经验都很有帮助。特别是他在苏州分店的经历，更使他有独当一面开展商务活动的锻炼机会，显露出从事贸易活动的惊人才能。

二、沪上赴东洋，商界树巨人

1885年，即中法战争的第二年，31岁的吴锦堂对我国工商业在列强欺凌下造成的不景气深有感触，意识到努力向外求发展是改变目前状况的一条重要途径。于是，在友人资助下携资银千两，毅然东渡日本长崎。

到达长崎后，吴锦堂经缜密计划，与人合伙从事物资运销，业务活动就是代出口商在阪神地区采购物资并运送至长崎，又代进口商将进口货物运送至阪神地区交给座商。这种营生投入少，资金流转快，吴锦堂在短短的一年间，将资金扩大了5倍。

就这样，吴锦堂靠着“单帮”式的经营，积累了资本，还通过购销环节建立了业务网络，为日后事业的辉煌打下了基础。

1887年，吴锦堂与人合伙在大阪设立“义生荣”商号，他终于有了自己开设的第一家商行。这以后，他的业务范围不断扩大延伸：由收购向制造业延伸，如“义生荣”曾涉足火柴生意；由为出口商购运向自营出口延伸，如将火柴、阳伞运销中国；由代进口商运销，转向自己设行销售。

在经营中，吴锦堂那谨慎灵活、恪守信用和极富开拓性、前瞻性的经营作风逐渐成形，引起商界同仁的注意，称赞：“他的先见之明、小心谨慎的态度以及随机应变的经商才能正是他的独到之处。”一位商界巨人的雏形初步显现。

1889年，吴锦堂在濑户内海边的著名商港神户设立了“怡生”号，开始定居神户。此后，经过10多年的奋力开拓，业务不断扩大，涉足广泛的实业领域，成了大阪、神户地区著名的产业资本家。日本作家黑部亨曾撰文，把吴锦堂和神户纺织业奠基人武藤山治并称为“为神户照亮前途的人”。同时，他也成了神户华侨的领军人物。1894年，吴锦堂被任命为

“神户旅驻大清商人公举商董”，是神户中华会馆、神户三江公所的总代。

在《浙慈吴锦堂先生六旬荣寿录》一书里，具名江义所写的《寿言》中有这样一段话：“以火柴为祖国日用品，创办红衣商标。以棉花为日本纺织品，购钟渊股份，开设行号，兼营实业，握贩运之权势，遂获资数百万。”这正是对吴锦堂那个时期经营活动的最好概括。

三、仁义奉公益，情怀系故乡

吴锦堂热心公益事业，关爱旅日侨胞。他是一位深谙经营之道的企业家，也继承和发扬了“宁波帮”商人相互提携、协作共荣的传统，在创建和发展华商组织、资助华侨公益事业、维护华侨权益方面做出了突出贡献。万国医院、孤儿养育院、盲哑院、红十字会、同仁会、掖济会等，都曾得到过他的巨额捐赠。直至今天，在日本兵库县还有以吴锦堂命名的村庄和水池，还建立了吴锦堂显彰碑。

吴锦堂泽被乡亲，情系故乡。当时，国内军阀混战，政治腐败，民不聊生，吴锦堂常常为之辗转反侧，只要力所能及，常出巨款组织赈济。一开始捐给政府，后来他自己组织赈济机构，设法购米施赈或组织以工代赈，赈济范围北至东北、南至闽广，救助了无数的灾民，人们誉其为“万家生佛”。

不仅如此，他在国内的投资范围涉及采矿、冶炼、纺织、铁路建设、金融、农田水利和教育事业等各个方面，多与国计民生密切相关。

“闯荡世界，造福桑梓”是“宁波帮”的重要特征。吴锦堂将资金转向国内，在大规模投资国家建设的同时，开始捐资给家乡水利事业和教育事业，捐资数额巨大。1905年动工修建的杜白两湖水利工程，规模巨大，由四大核心项目构成：重建西界漾塘，遇汛期可借以截姚北平原东注的洪水；加固两湖大堤，以增加蓄水量；增设减水坝，用于控制水位；疏浚通海大浦，增设大小桥闸，以完善排灌系统。全工程“竭五六年心血，费七万余金钱”才得以完成。

更重要的是，他认为教育是国家争生存、争富强的必要途径，投在创办“锦堂学校”上的资金，累计达22万银元。因此，黄炎培主持的中华职业教育社，把吴锦堂与陈嘉庚、聂云台并称为“办学三贤”。

四、关心革命事，正义志不移

吴锦堂非常关心国家和民族的兴衰存亡，他在积极创业的同时，也热心支持革命活动。

早在戊戌变法时期，康梁的维新思想就在日本神户华侨界引起反响。变法失败后的1902年，梁启超逃亡日本，在神户登岸，吴锦堂隆重接待他，并与梁启超合影留念。

自1899年起，吴锦堂就与孙中山的革命活动有着千丝万缕的联系。孙中山辛亥革命前曾11次到神户，辛亥革命后，成为中华革命党神户支部领导骨干的王敬祥、吴锦堂和杨寿彭等与孙中山关系密切。

辛亥革命爆发后，吴锦堂等阪神华侨成立了中华民国华侨统一联合会，在之后的四个月中，开展了大规模的声援辛亥革命的活动。中华民国南京临时政府成立，孙中山就任临时大总统后，吴锦堂更以鲜明的态度支持新生的共和政府，曾分别向上海、宁波军政府捐献银元2.65万元和1.64万元，并出任浙江省军政府财政水利顾问。

1914年，吴锦堂迎来了他的六十大寿，这时离他初到日本正好是三十个年头。为了庆祝寿辰，吴锦堂在松海别墅旁动工建造三层洋楼，次年5月完工，取名“移情阁”，呈八角形，俗称“八角堂”。从外部环境到建筑外形，从布置陈设到室内装饰，处处透露出中华文化的内涵。

五、病逝于异域，归葬到家乡

1926年1月14日，吴锦堂患急性肺炎，在日本神户养和山庄与世长辞，享年72岁。弥留之际，他一再嘱咐家人把他的遗体运归祖国，葬在家乡，还嘱咐后代不要忘记自己是炎黄子孙，任何时候都不能做有损于祖国的事情。

1929年，他的灵柩由吴家自备海船经上海运抵慈北。

吴公墓位于慈溪市鸣鹤镇，此地山清水秀，景色宜人。有杜湖、白洋湖，既是游览胜地，又是慈北蓄水宝库。墓园石栏围绕，松柏葱翠，宏伟肃穆，系吴锦堂生前自建。陵墓面向白洋湖，墓碑由清代光绪年间状元张謇题写。碑旁一副醒目的对联，为吴锦堂生前自拟，上联是“为爱湖山堪埋骨”，下联是“不论风水只凭心”，寄托了他对祖国乡土的深情眷恋。墓碑的上方镶嵌着章太炎先生撰写的墓表，篆体直书，700余字，记载着吴锦堂的生平事迹。

当时，出席追悼会的国内外各界代表达数千人，慈北广大群众也自发前来致哀，人数多达万余。这一天，白洋湖堤上人流不歇，从慈济祠到锦堂墓地，万头攒动，水泄不通。家乡人民敬献的挽联上写道，“抱济世热忱，推食解衣，不愧万家生佛；奋海外事业，含辛茹苦，允推当代人豪”，高度概括了他卓著的一生。

第四节　宋炜臣

打开武汉近代经济发展史，宋炜臣这个“汉口的头号中国商人”一定是站在最前列的，就如他当年建造的汉口水塔，赫然屹立，傲视着这一片尚待开发的土地。宋炜臣是武汉民族工业的开创者之一，燮昌火柴厂和既济水电公司的创建推动了武汉近代工业的历史进程。

宋炜臣

1861年汉口开埠后，西方国家纷纷涌入，设租界，开洋行，办航运，武汉迎来了近代资本主义经济的转型期。1889年张之洞任湖广总督，武汉一时成了洋务运动的中心。张之洞尤其力主发展自己的工业。他说：“汉口五方冲要，销货尤多，鄙意欲令华商华工多制洋货。”正是在这个时代大潮中，近代武汉民族工业的创始人和奠基者、“宁波帮”工业界的巨擘——宋炜臣走上了历史舞台。

一、崭露头角

宋炜臣字渭润，1866年出生于镇海庄市勤勇村宋家。少年时读过几年私塾，稍长在一家南货店当学徒。因其精明勤勉，被叶澄衷的亲戚带往上海介绍给叶澄衷。1890年，叶澄衷在上海创办燮昌火柴厂，宋炜臣深受叶澄衷信任，先任协理后任经理，总揽全厂大权。宋炜臣处事灵活，交际广泛，锐意进取，燮昌的火柴质量好价格低，深受市场欢迎，他积极扩充，工厂雄厚壮大，宋炜臣也崭露头角，步入上海新兴实业家的行列。

为扩大事业，叶澄衷与宋炜臣将目光投向了中国广阔的内地市场。1896 年宋炜臣受叶澄衷之命来到汉口。因为张之洞在上海曾与叶澄衷有过一面之缘，宋带着叶澄衷的介绍信谒见张之洞，获其青睐。宋炜臣先在汉口歆生路开设了华胜呢绒军服皮件号。汉口开埠之后，西风东渐，武汉社会生活领域也渐趋洋化，华胜公司之服装样式来自上海，很快就引领武汉消费之时髦。宋炜臣在公司二楼辟设装饰华丽的房间，专供招待各界军政要员、社会名流休息进膳、会客吸烟，高朋满座，结交广泛。后又以巨金捐得候补道官衔，获二品顶戴，为其在汉口开创事业打下基础。此时适逢湖北编练新军，整饬军容，需要大量军服等军用皮件，官费学校也要为学生配给制服，华胜公司因此获利颇丰。

二、创立火柴厂

1897 年 8 月看到时机成熟，宋炜臣在汉口创立了汉口燮昌火柴厂，宋炜臣自任经理。汉口燮昌火柴厂占地面积达 1.7 万余平方米，工人最多时达 2 500 余人，日产火柴 43 万余盒，月产 150 大箱，超过上海燮昌火柴厂，居于全国首位。产品行销湖北、湖南、河南、陕西、四川、甘肃等地。燮昌火柴厂是武汉的第一家民族工业企业，燮昌的出现标志着武汉的近代工业进入了一个新的时期，它对武汉近代工业肇始所起的作用已经永远载入史册。

汉口燮昌火柴厂成立之前，武汉火柴主要产于日本。当时有一首汉口竹枝词道：“古风无复见传薪，洋火销流遍地匀。如此利权须自保，莫因押款让他人。”燮昌火柴厂打破了洋火一统天下的格局，占据了武汉市场主导地位，洋火“市场敛其影，全然被驱逐也”。日本商人欲在汉口开设火柴厂，宋炜臣以拥有专营权为由，“禀请鄂督移知日领事，饬令停办”。汉口燮昌火柴厂与日本租界相邻，1906 年日租界要求扩界，燮昌火柴厂也被纳入拓界区域。为维护民族工业，宋炜臣据理力争，历时数年，最终双方签署的条款规定：“燮昌火柴厂照常开设，不致勒令迁移，不能苛待。”日领事水野幸吉在他所著的《汉口》一书中如此哀叹：“最近驱逐本邦（指日本）之火柴于市场，湖南、河南之火柴业，目下为燮昌公司所独占。”汉口燮昌火柴厂的成长史也是一部与外国资本势力的抗争史，宋炜臣以其爱国御侮、实业救国的抱负和力任其难的精神，在斗争中求生存、求发展，体现出近代民族资本家强烈的爱国情怀。

三、电水工程

燮昌的成功奠定了宋炜臣在武汉实业界的地位，目光敏锐、雄心勃发的宋炜臣又确定了一个更为宏大的目标，那就是一个城市的基本：电和水。武汉的城市用电始于 1906 年汉口洋商电灯公司，供英、俄及法租界用，总容量仅 125 千瓦。武汉没有自来水厂，人们只能到汉江去挑水，无论中国人还是洋人都只能饮用浑浊的经过明矾沉淀或滤水器过滤的江水。看到汉口工商业日益发达、水电之需已迫在眉睫，宋炜臣邀集朱葆三（宁波人，上海总商会会长）等浙江和本地商人联合发起筹办水电公司，当即得到张之洞的批准。张之洞不仅对宋炜臣的要求全部应允，还从资金、政策等方面予以大力扶持，“由官提倡，应即拨官款三十万元，作为股东”，并特许专利，规定汉口地区除租界以外，不得另设电气灯、煤油气灯、自来水公司，同时批示“其用人理财诸事，官不干涉，以清权限”。宋炜臣取《易经》

第四十三卦“水火既济”之义，将公司定名为“商办汉镇既济水电股份有限公司”，也就是现今武汉市自来水公司的前身。

1906 年 7 月，汉口既济水电股份有限公司在英租界太平路正式成立，宋炜臣出任公司经理，王予坊（镇海五里牌人）任副理。1906 年 8 月，水电两厂同时破土动工。电厂择址于大王庙汉水边；水厂选在硚口襄河岸边韩家墩宗关。1908 年秋，历经两年建设，既济电厂首先落成，红砖铁瓦的两座欧式发电厂房，耸立于汉口大王庙汉江边。装有 500 千瓦直流发电机三部，总装机容量达 1 500 千瓦。其规模比稍早的租界外商电灯公司大十几倍，而且超过当时上海、广州、北京的电厂，占全国经营电厂总容量 4 449 千瓦的三分之一，居全国民营电业之冠。电厂建成送电，当年即安装电灯 18 000 盏，汉口武圣庙至黄陂街一带繁华市区，入夜一片光明，以往黯然无光的汉口夜色也因万家灯火的渲染而光彩夺目起来。这耀眼的灯光标志着汉口市民生活领域的巨大变革，成为武汉近代城市发展史上具有划时代意义的大事。宋炜臣也随着这明亮的灯光，驰誉武汉三镇。

1908 年秋，水塔破土兴建，一年之后便告落成。水塔高 41.32 米，共计 7 层，在汉口一片低矮的民房间犹如鹤立鸡群，水塔作为武汉的最高建筑物，甚至一直保持到 20 世纪 80 年代初。水塔外墙系红砖清水墙，呈八角形，精巧雅致。塔内安装容量为 1 500 立方米的大水柜，以 8 条大铸铁管吸水和送水，有 198 级楼梯围绕盘旋而上。顶楼设有 1 吨重的大铜钟一座，还充任消防瞭望台。每逢汉口火灾，以钟声所响的次数来表示失火区域，向市民传报火警。水塔承担供水和消防的双重使命，“水火既济”之称实至名归。一个世纪以来，水塔引领一代建筑之风骚，见证着武汉城市的沧桑巨变。它不仅是“既济”水电的象征，也是近代武汉城市发展史上一个具有特殊意义和代表性的标志物，足称汉口的地标。

既济自来水塔

1909 年 8 月水厂开始送水，但开初之时乏人问津，原来自来水加氯后散发出的轻微异味让汉口市民心生疑虑，害怕机器水不洁净而不敢饮用。为消除市民顾虑，宋炜臣特意亲临汉正街供水站，当众打开水龙头，接了满满一杯自来水。他说：“各位父老兄弟，有人说，这机器水是洋水，还说这洋水有毒，我们中国人喝不得，喝了犯肚痛病，这是没有的事。本人宋炜臣，虽不是汉镇土著，但也是中国黄种……”言罢，一饮而尽。同时他承诺“先行送用一月，概不收费”。宋炜臣当众一饮起到良好的示范作用和广告效应，市民开始接受自来水。宋炜臣也成为武汉饮用自来水第一人。随后既济公司将水管铺进租界，承接了租界自来水业务。外国人依赖既济供水，大长国人民族自信心和自豪感。

四、事业巅峰

既济水厂日供水量达500万加仑①，其规模也为全国之最。既济水电公司的成立，迈出了武汉城市近代化进程中的重要一步，是武汉近代经济发展史上具有标志性意义的重大事件，宋炜臣也因此达到了其一生事业的巅峰。

1911年10月10日武昌起义爆发，清军与革命军在汉口展开激战。“水电两厂适当战线要冲，流弹雨集电厂，机房被击，办公房焚烧，水厂则且弹毙工人。”大火延烧三昼夜不息，汉口的繁华顷刻化为焦土。既济公司的电杆、电缆、电线以及水管、水门等设施十之八九损毁殆尽。宋炜臣“不复念及身家，置生命于度外，躬冒枪林弹雨，奔走呼号于南北军之前，求鄂军督黎元洪、汉阳司令黄兴与北军军统冯国璋，将水电两厂划出炮线百丈以外”，并亲率工人勘察被毁坏的线缆，不料忽然炮声响起，流弹袭来，3名工人中弹，其中2人轻伤，1人死亡。宋炜臣因走在前面，幸免于难。

五、排除困难，再次崛起

遭此打击，既济水电公司损失惨重，水电设施及电缆电线等设备无钱修护，工人薪金无从发放，公司陷于困境。宋炜臣奔走于南京、北京，要求政府发给战争损失费，政府虽然允诺但无实际行动。战后股东也行迹无寻，无法召集商讨救难之策。宋炜臣迫不得已，以个人价值20余万元的私有地产作为抵押，向日本正金银行贷款，重修损毁的水电设施。战前订购的水管水表和电缆等设备运抵武汉，宋炜臣又将个人价值30余万元的地产作为担保，才取到设备。历经艰难，水电两厂逐渐恢复生产。一年后，日债到期日商催债，公司无钱偿还。“癸丑七月，外债150万到期，债权人凭约催索，公司势将破产”，宋炜臣“宵肝焦虑，惟恐入于外人（指日商）之手”。他多次赴京，请求中央政府财政部担保，延缓债务。

面对如此之困难宋炜臣想的居然是还要继续发展，扩大规模。稍有喘息宋炜臣再次向外借款，扩充建筑，添置设备，扩大两厂规模。电厂装机容量从原来的1 500千瓦增加到2 000千瓦、3 000千瓦、5 000千瓦、6 500千瓦，水厂也添置了大马力水泵，增大压气起水机的容量。随着公司的发展，宋炜臣提前还清所有日债，辞退公司内日籍人员，摆脱了日本人的无形牵制，既济水电公司迎来了发展的鼎盛时期。宋炜臣在武汉的声望也达到顶峰，“汉口的头号中国商人”之称号不胫而走。

六、创办机器制造厂，领走民族工业

就在既济公司全面动工之际，具有时代眼光和鸿图壮志的宋炜臣又开始筹划另一项新事业。这一次进入宋炜臣视野的是机械工业。1907年7月，宋炜臣创办扬子机器制造厂，迈出了武汉近代民族机器工业的第一步。

宋炜臣一出手就是大手笔，机器设备均从外洋采购，重金聘请外国技师设计监造，聘任留学美国的王光出任厂长。工厂分设化铁炉、机加工、电机、翻砂、桥梁、造船等六个工场，铸钢炉制造铸钢货件，化煤机冶炼生铁等。其产品几乎涵盖了机器制造的所有领域，如铁路车辆、桥梁、叉轨以及附属物件；制造大小轮船、兵舰、木铁趸船、救火船只及其附

① 英制1加仑=4.546升。

件；铸造锅炉、铁屋、梁柱、水塔、水柜、水闸、抽水机和打桩机；工人最多时超过 2 000 人，其规模位于当时全国民营机器大厂之列，一度雄居全国第一。

1918 年，扬子机器公司为满足生产需要，又建造高炉一座，日产生铁 100 吨，成为国内八大铁厂之一。在汉阳铁厂停闭及东北被日本占领之后，扬子机器公司铁厂曾是国内最主要的炼铁厂，为武汉成为近代化的工业城市奠定了一块重要的基石，对中国近代机械工业的发展壮大，也起到了不可低估的作用。

七、开拓多个领域

除了燮昌火柴厂、既济水电公司和扬子机器厂，气度宏大的宋炜臣还涉足多个领域。1910 年他“勘购兴国州富池口铜、煤矿山，招集股金，组织矿务公司”，在湖北阳新富池口开采铜矿。其后，他又开办了官池口铜矿、竹山五丰铜矿公司。还开办了一个金矿和一个硝碱工厂。宋炜臣还在上海、厦门、宁波、常德等地创办或参股多家企业，如厦门信用银行、常德德兴房地产合资公司等。从 1907 年至 1913 年，宋炜臣连任汉口商务总会第一、三、四、五、六届议董（即会长），1916 年改为汉口总商会后继续担任会董。1914 年出任中华民国政府参政院参政。宋炜臣还热心公益事业，出任过武汉社会救济组织的会长。

19 世纪末到 20 世纪初，在张之洞的引领和开创下，武汉迎来了近代史上的一个辉煌时期。高速发展的武汉，成为仅次于上海的全国第二大经济中心，被外国人誉为“东方芝加哥”。而宋炜臣作为时代的先驱人物，领民族实业之先，兴建近代工厂，革新公用事业，开创了武汉城市的近代化格局，为武汉这座城市的崛起做出了居功至伟的贡献，在中国近代工商史上书写了浓墨重彩的一笔。宋炜臣是中国第一代以实业救国为己任的民族资本家的杰出代表。

1921 年 4 月，宋炜臣因劳累过度，病魔缠身，辞去长达 15 年的既济水电公司总经理职务。1926 年 5 月 17 日宋炜臣逝世，享年 61 岁。

第五节　虞洽卿

虞洽卿

虞洽卿（18670—1945 年），浙江慈溪人，早年到上海当学徒，五四运动期间上街劝说开市。1920 年与人合伙创办上海证券物品交易所，任理事长。1923 年当选为上海总商会会长。抗战时期坚持抗日爱国，日军占领租界后赴渝经营滇缅公路运输，支持抗战。1945 年 4 月 26 日在重庆病逝，安葬于故乡龙山。

虞洽卿小名瑞岳，名和德，后字洽卿，人称阿德哥。父虞万丰，为乡间裁缝。虞洽卿 6 岁丧父，靠母方氏勤劳纺织维持一家生计。同村的一位塾师怜其家境贫寒，让他免缴束修入塾读书。他晴天当“靠海团”，到海涂拾泥螺蛤蜊以补家用，雨天去“读雨书”，到塾馆上学。这样读了三四年书，终因家贫辍学。14 岁那年，由同村族人虞鹏九带去上海，进瑞康颜料行当学徒，不久兼任跑街。在瑞康，虞氏的经商才能已有所显露。他经手的业务，为瑞康赚了 2 万多两银子，深受店主奚润如器重。期间，他还去洋人办的夜馆补习英语。清光绪十八年（1892年），虞氏经族人虞芗山引荐，进德商鲁麟洋行，初为跑街，旋升买办。这家洋行除经营进口颜料，还兼做西药、军装和出口大豆、桐油等业务，虞氏所得薪金加回佣甚丰。三四年后，便购进闸北升顺里、天潼路、唐家弄、海宁路北、浙江路南、北顺征里等大片地产，组建升顺顺征房地产公司。光绪二十二年（1896年），花钱捐了个花翎二品顶戴候补道台衔。

清光绪二十四年（1898年），法国驻沪总领事白藻泰背弃前议，向上海道台提出扩展租界案，要求征收四明公所地产，并于7月16日派遣海军陆战队强占公所，还开枪打死2名华人。次日，30万旅沪宁波籍人士群起抵制。虞氏与四明公所董事朱葆三、沈仲礼一起，领导这场抗法运动，并配合沈洪赉发动广大甬籍劳工联合抗法。法租界所有商店罢市，甬籍劳工罢工。经半年交涉，法租界当局终于承认四明公所地产所有权。在这一事件中，虞氏崭露头角，被选为四明公所董事。此后，光绪三十年（1904）发生俄国水兵以斧劈毙甬人周生有案，光绪三十一年（1905年）发生大闹会审公廨案。在处理这些涉外事件中，虞氏满怀爱国激情，奔走呼号，据理力争，都发挥了重要作用。

清光绪二十八年（1902年），虞氏改任华俄道胜银行上海分行买办。次年，转任刚在外滩挂牌营业的荷兰银行买办。他以荷兰银行名义，分发远期本票，换取现金，并独资创设通惠银号。虞氏在任荷兰银行买办期间，曾为该行获取巨利。1928年2月11日，该行特意在虹口礼查饭店为虞氏任职25周年举行纪念典礼和宴会，对虞氏为该行业务发展所做的巨大贡献表示敬意。

光绪三十二年（1906年），两江总督刘坤一荐派虞氏参加赴日考察团。虞洽卿带领工商界人士，以随员身份与端方、载泽、戴鸿慈、李盛铎、尚其亨等五大臣赴日本考察商务。在日本盘桓两周，目睹日本明治维新后国力强盛、经济繁荣的景象，深有感触。与日本政商各界要人及旅日宁波籍巨商吴锦堂的会晤，更加深了他对创办近代企业的认识。由此，萌发了创办四明商业储蓄银行和宁绍商轮公司的念头。

光绪三十四年（1908年），虞氏与袁鎏、周金箴、陈薰、朱葆三等“宁波帮”人士发起创办四明银行，任协理。同年，虞氏与陈薰、方舜年、严子钧等发起创办宁绍商轮公司，任总理。次年，虞氏又投资万元创办扬清肥皂公司。

清宣统元年（1909年），虞氏积极参与筹备南洋劝业会。举办南洋劝业会的宗旨，是展出全国先进产品，互通声气，使企业有所观摩借鉴。两江总督兼南洋大臣端方任会长，虞氏任副会长。经过近一年的紧张筹备，劝业会于翌年6月5日在南京鼓楼开幕，会场规模宏大，参赛展品10万余件，分24部420类，设农业、医药、教育、工艺、武备、机械、美术、通运等馆。这是中国近代第一次全国性博览会。在六个月展期中，海内外观光者络绎不绝，轰动一时。会展期间，还成立了中国实业协会。该会旨在联络实业各界，调查全国实业，研究先进方法，以提高国人的企业经营能力。虞氏被选为会董。此后，虞氏不遗余力地投身于发展民族工商业活动。

宣统三年（1911年），全国商团联合会在上海成立，虞氏任名誉会长。辛亥革命后，沪军都督府成立，虞氏被委为顾问官及闸北民政总长、外交次长。这一年，宁波旅沪同乡会正式成立，虞氏当选为副会长。次年改选，任会长。

1913年，虞氏独资创办三北轮埠公司。两年后，发展为三北航业集团。虞氏锐意经营，至1936年，该集团的轮船不仅航行于南北洋及长江各航线，还航行于上海到海参崴，上海到仰光、南洋群岛，上海到日本诸航线，其实力居我国民营轮船航运业之首。

1917年，孙中山为筹措革命经费，委托虞氏筹设上海证券物品交易所。由于种种原因，此事被搁置多年，直到1920年7月1日才正式开业，虞氏为理事长。

1924年，虞氏当选为上海总商会第五届会长。1925年，虞氏当选为全国商会联合会候补会长，不久递补为副会长。1927年，上海商界联合会成立，虞氏任主任。1931年，上海航业同业公会成立，虞氏当选为主席。

1936年，虞氏旅沪经商满55年之期，恰逢他七十大寿，上海市总商会、四明公所、宁波旅沪同乡会联合为他祝寿，仪式盛大隆重。由上海市市长吴铁城及各界名流王晓籁、杜月笙、方椒伯等8人组成主席团，政府要员陈立夫等，各国领事、工商界著名人士荣宗敬等，青帮大亨黄金荣等800余人参加庆典，蒋介石也派代表到会致贺，可谓贵客盈门，盛况空前。会上，“党国耆宿”“商界元老”之类赞辞不绝于耳。7月6日那天，还通知各商店一律悬挂国旗志庆。隔不了几天，上海公共租界工部局总董安诺德为表彰虞氏对租界做出的贡献，决定将西藏路繁华地段命名为虞洽卿路。10月1日，举行命名典礼仪式。那天，当年由虞氏发起组织的万国商团华人队全体队员穿戴夏季军礼服，早已在跑马厅看台前列队。俟虞氏莅临，即立正致敬，行举枪礼，威武雄壮。礼毕，由商团团副徐通浩少校陪同虞氏检阅。虞氏神采奕奕，威风凛凛，百感交集。检阅仪式结束后，马巡队、军乐队、护旗队簇拥虞氏所乘的敞篷礼车，沿悬灯结彩的虞洽卿路巡行一周，进入设在宁波旅沪同乡会大礼堂的庆典会场。庆典盛况，翌日《申报》曾做详细报道，称“沿途万人空巷，欢呼若狂，观众不下30万人。由工部局临时派遣大批警务人员，沿途维持秩序。两旁商家，于虞氏礼车经过时，燃放爆竹，表示景仰。一时大马路、二马路、三马路等横路，交通均暂告停止，场面之热烈，前未曾有”。

1937年，抗日战争全面爆发，虞氏发起组织上海难民救济会，担任会长。三北航业集团的部分船只，经交通部核准暂转意大利国籍，改悬意国旗。上海沦陷后，虞洽卿不为日伪诱胁所动，于1941年辗转来到重庆，先后创设三民贸易公司、三北运输公司，在昆明、成都、贵阳等地设立分公司，抢运军需物资。

1945年4月26日，虞氏在重庆病逝。蒋介石派员致送特大花圈，并亲笔书写“乡国仪型”四字，绣在红色绢条上，送到灵堂，以示悼念。殡殓时，这幅绢条覆盖在虞氏遗体上。7月24日，国民政府发布褒奖令：“虞洽卿秉性忠纯，志识明达。早岁旅居沪渎，创兴实业，开发交通。辛亥淞沪光复，劳军筹饷，弗避艰危。抗战军兴，间关西来，耆期爱国，曾不后人。兹闻病逝，悼潜良深。应予明令褒奖，并将生平事迹存储宣付国史馆，用彰硕德，而励来兹。”运送虞氏灵柩的专轮，11月20日自渝起航，24日晨抵沪，停泊在南京东路外滩码头。当即由数十辆卡车组成的仪仗队恭迎，行经虞洽卿路，停置在四明公所。下午2时，在四明公所举行规模空前的追悼大会。上海的军政界要员、工商界名流、青洪帮帮首及各界人士数万人赴会，极尽哀荣。

“虞洽卿路”路牌

第六节　秦润卿

秦润卿

秦润卿（1877—1966 年），名祖泽，字润卿，晚年又号抹云老人，浙江省宁波市慈溪县城（今宁波市江北区慈城镇）人。秦润卿是从旧式钱业商人向新式金融家转型的典型人物。

秦润卿早年在名儒何幼鹿书塾就读，文化根底比较扎实。他家境清贫，光绪十七年（1891 年），年仅十四五岁的他，经任上海协源钱庄督理的表叔林韶斋保荐，入该庄学业。协源是一家著名钱庄，学徒是最初一级职司，庄内打扫卫生、同业收票、跑钱行和簿据入库，甚至洗饭碗菜碟、排筷匙饭具、擦水烟筒等杂务，都是学徒分内事。对这些杂事，秦氏都尽心尽力做好。秦氏勤勉好学，敦厚谦恭，深得店主赏识。自光绪二十三年（1897 年）始，先后从账房、信房升到外场。外场又称跑街，需要外出招揽生意，接洽存款、放款业务，充当钱庄与客户借贷往来的居间人。当时钱庄都是信用放款，外场工作直接关系到钱庄经营的成败，是钱庄中十分重要的职司。秦氏任外场经年，恪尽职守，并不受非分之财。每做一笔信贷，都事先考察该企业是否真有发展前途，是否值得大量投资。一旦决定给予贷款，即将该企业当作自己的事业，悉心相助。企业暂时有困难，从不袖手旁观，而全力助其渡过难关。因此深受客户信赖，客户都乐意同他交往。一些放款客户，不久往往又成为存款大户。外场直接关系到客户利益，企业为多贷款，常常巴结外场，请客送礼乃家常便饭。秦氏严于律己，洁身自好，拒绝与那些一味追求纸醉金迷生活的客户交往，竭力做到信义相孚，淡泊于酒席宴会上的交情。因而由他经办的业务，从未发生“倒账”“滥账”等情况。一次，他只身去烟台、营口等地收账，途经山海关、秦皇岛，一路上土匪绑票极多，而他历尽艰险，耗时半年，风尘仆仆返回上海，将数十万两银子的账款交给店东。他的才干和品德，深受店东器重，决定破格委任他为副理，将庄内资金全部交给他经营。

协源钱庄曾几度改组。光绪十九年（1893 年），改组为协大。光绪二十五年（1899 年），改组为延源。光绪三十二年（1906 年），再改组为豫源。民国八年（1919 年）又改组为福源钱庄。此时，某钱庄以允许秦氏长期宕账数万元为条件，礼聘他来钱庄，被他婉拒。福源店东程觐岳得悉此事，即诚心留下秦氏，聘他为经理，后又将程家的另外两家钱庄福康和顺康，也托付他管理，聘为督理，使他总揽福源、福康、顺康三大钱庄。

秦氏经营稳健，富有魄力，在稳中求新，稳中求变，刻意进取。诚如他自己所说：“猛进者固多危险，退守者未免消极。保守虽属老成，渐进乃为干练。虽未必登峰而造极，亦不屑故步以自封。”他坚持积极稳妥的原则，对旧式钱庄实行多项改革。

其一，改革钱庄旧式宕账制度。旧时代钱庄，职工薪金菲薄，因而规定除学徒外，每位职工可陆续透支若干，名为宕账，不计利息，三年结算时扣还。经理在店东默许下，可透支数万两，甚至十余万两，用来存入钱庄生息或经营投机生意。这样，不但影响庄内资金周转，一旦投机失败，无力清账，还会累及钱庄。秦氏任经理后，即适当提高职工薪金，并率先垂范，取消经理宕账制度，规定股东和经理不得向钱庄借款或宕账，职工不得进行投机买卖，钱庄不可从事投机活动。此举效果很好，得到同业和社会人士称许。

其二，坚持做“多单”，不做“缺单”。多单，是指放款金额不超过客户存款和本庄资金。缺单，是指放款金额大于存款额和本庄资金，不足部分向同业或外资银行拆借，甚至依赖投机生意。钱庄业务收入，来源于存贷款之间的利息差额，贷款额大，收入亦多。有人曾怂恿秦氏做些“缺单”，然秦氏不为小利所动，坚持稳健经营，钱庄吸收的存款决不全部放出，也不轻易向同业或外商银行拆借，以确保钱庄足以抵御风险，不致在金融风潮中破产倒闭。

其三，仿效银行经营方式。钱庄成规，只做信用放款。这种方式，缺少物质保证，若遇市场波动，容易导致倒账或放款呆滞。为此，秦氏改信用放款为抵押放款，放款对象也从以商业为主逐步转向以工业为主，并以纺织业为重点，这为民族工业的发展，起到了雪中送炭的作用。秦氏还增设储蓄业务，在福源钱庄开设各种活期和定期储蓄，设立特种往来存款，规定无须熟人介绍，各商店、行号、工厂及个人均可同钱庄开户往来。为吸引客户，废除“存款利息九五折扣”的旧规，将利率提高到7厘至12厘。并改革传统账务制度，实行公布营业报告制度，定期公布营业状况和资产负债状况。此外，秦氏还增设受托部，扩展各种业务；设立保管库，代客户保管有价证券、契约单据、贵重物品；代客户管理房地产业，代收房租，代理保险业务；建立放款抵押品仓库；办理出租保险箱等业务。

秦氏认为，钱庄营业大楼的建筑形象，是其财力的标志，为此，1933年他筹款在宁波路建造一座钢筋水泥结构的三层营业大楼，极为气派，足以与银行大厦相媲美。落成后，声誉大振，当年存款增500万两以上，跃居同业之首。

20世纪以来，上海钱庄业历经风潮，影响较大的有1910年的橡皮股票风潮，1921年的信交风潮，1924年的江浙战争危机，1933年的钱业大恐慌。面对风潮，秦氏都能沉着应对，屡闯难关，显示出他卓越的排难应变才能。

橡皮股票风潮，起因于英国商人麦边在沪发行的兰格志橡皮股票。1903年，英商麦边在上海设立兰格志拓殖公司。1908年前后，世界橡胶价格猛涨。该公司发行橡皮股票，乘机大肆鼓吹，以每季发放股息，并可向银行押款的谎言，哄抬股票价格。其他洋行纷起效尤，组织新的橡胶公司，广为招募股份。广大股民咸被蒙骗，竞相购买。钱庄见有利可图，也争先收购。股票价格扶摇直上，至1910年3月，兰格志股票市价已超过面值20余倍。7月，麦边及幕后操纵者高价抛售股票后，卷款逃逸。同时，外商银行也停止受押，并追索押款。一时股票价格猛跌，几成废纸，持票人纷纷破产。上海有17家汇划钱庄先后倒闭，酿成巨大的金融风潮。风潮将至，秦氏采取多项防范措施，坚持不接受外商银行资金拆放，不参与投机买卖，不做缺单，从而有效提高抗御风险能力。风潮袭来，秦氏又与南北界市钱业三所总董洪念祖、董事朱五楼等人一起共谋对策，呈请清政府出面办理善后。

1921年信交风潮的起因，是上海的信托公司和交易所注册资金大大超过全国银行的总资本额，加上买空卖空，哄抬股票价格，致使多家信托公司、交易所倒闭，酿成风潮。此时，秦氏已担任上海钱业公会会长，忧虑钱业中人颇多卷入投机活动，当即召开会议，议决同业各庄，无论经理伙友，今后均不得进交易所做投机买卖，并相约互相查察，以杜后患。他告诫同业，“投机事宜，迹近赌博，为祸甚巨，亟宜防止”，“夫营业如治军，日资本，日公积，日盈余，犹后备军也”，“若果依此而行，进可以战，退可以守。亦可以作行船观，纵有狂风骇浪突如其来，亦得安然而稳渡”。他力劝同业勿贪近利，勿冒险收做股票押款。由于防范措施及时有力，使上海钱业得以安渡难关。

1924 年的江浙战争，也称齐卢之战。该年 9 月，盘踞江苏的直系军阀齐燮元，为夺取盘踞浙江的皖系军阀卢永祥控制的上海而爆发战争。10 月，卢军进占上海。战乱兵祸，上海市民纷纷提存取现，银根奇紧。这时，恰好裕丰、永春、庆丰、永昶、隆裕等钱庄先后亏损歇业，更弄得钱业界惊恐万状。在这种情况下，秦氏积极协助裕丰等钱庄清理账务，并召开紧急会议，提议同业通力合作，对一时轧缺银单的钱庄，由同业公共分拆，照数派垫，以共同维护钱业信誉。由于措置得当，市面迅即趋于稳定。

1935 年钱业大恐慌的起因，是美国通过《白银法案》大量收购白银，上海白银大量外流，加上世界经济危机导致市场萧条，各业清淡，上海 10 多家钱庄倒闭，从而出现空前的钱业大恐慌。为挽救危机，秦氏受钱业同业公会推派，与国民政府财政部长孔祥熙交涉，财政部答应从金融公债款中拨出 2 500 万元，由需款的钱庄凭金融公债券向放款委员会借款。由此风潮得以平息。

秦氏是钱业界公认的领袖人物。1917 年上海钱业同业公会成立，秦氏任副会长。1920 年会长朱五楼去世，秦氏被推举为会长。直至 1935 年主动辞职，前后 18 年。任期内，于稳健中不乏创新，于创新中恪守准则，积极改革，业绩卓著。比如，制定钱业公会章程，修订钱业业规，并汇编成册，使公会有章可循、有规可依。创办《钱业月报》，在创刊号首撰《发刊缘起》，积极向钱业同仁宣传新观念、新知识。力主成立上海钱业业务研究会，以“提倡改革与钱业业务之扩张”为宗旨，探讨改革钱庄业务的具体办法。多次主持讨论有关钱业的重大问题。针对“废两改元”，实行“法币制”等问题，发表《钱业公会为废两改元问题敬告国人书》，坦陈钱业界的意见。

秦氏对我国近代民族资本银行业的发展，也做出重要贡献。1929 年 6 月，他与王伯元等筹资 250 万元，接办天津垦业银行，改名中国垦业商业储蓄银行。总行设在上海，先后于天津、宁波、余姚、南京、北京等地设立分支机构。秦氏出任该行董事长兼总经理。此外，秦氏还是中央银行监事、上海交通银行经理、四明银行常务董事。

秦氏在中国垦业银行任职期间，完善内部管理，拓展经营品种，提高经营效益，为众人所乐道。他上任伊始，即整饬纪律，约法三章，规定本行业务以稳健为主，不得参与标金、股票等投机活动；行内职工，包括股东、职员一律不得向本行透支、宕账；银行董事长、董事均须每天到行办公，用人、办事一概公开，不得任用家属私人，不得为谋眼前利益而采取贿赂等不正当手段。

该行原以“放款于垦、牧、农、林等事业为宗旨”，营业范围狭隘。秦氏上任后，不断拓展经营品种。1929 年，拨专款 50 万元，设立信托部，发行各种有价证券；拨出 10 万元资金，设立储蓄部；1931 年，又拨出专款设立地产部。从而，大大提高了经营效益，增强了银行实力。

自国民党政府实行“废两改元”和法币政策后，钱庄经营日趋困难，1935 年冬秦辞去钱业公会会长职务。日军占领上海后，秦辞去各种社会职务，坚持不任伪职。1947 年任全国钱业同业公会理事长。解放后，任上海市政协委员及公私合营银行副董事长。1966 年 7 月 5 日病逝。

第七节　项松茂

项松茂

项松茂（1880—1932年），名世澄，别号渭川，浙江宁波鄞县人，中国新药业先驱。项松茂是近代中国商人的杰出代表。他不仅善于经营，在其全力主持下，五洲药房发展成为工商联合的大型企业集团，居行业龙头地位，成为近代民族工业的一面旗帜，而且极富有社会责任意识与爱国思想，他积极参与国货运动与抗日救亡活动，最后为营救工友而壮烈殉难，年仅52岁。其事迹曾受到人们广泛的赞颂。

项松茂幼读私塾，14岁到苏州当学徒。1900年，学徒期结束后任上海中英药房司账（会计），后复命赴汉口开办分店，任中英药房汉口分店经理，继而任汉口商会董事。1911年回到上海任五洲药房总经理。1911－1932年，曾多次到日本考察药业，并派人到欧美学习引进制药先进技术。1918年，在天津开办五洲药房支店，并投资建立伯特利医院和福幼医院。1922年，斥巨资盘进原德商上海固本肥皂厂，改名为上海五洲固本皂药厂，生产多重新药，首创亚林臭药水、东吴药棉、甘油、牛痘苗等国产新药和国产固本肥皂，成为中国西药业办厂自制药品和医疗器械的先驱。五洲药厂的产品先后获得了美国旧金山世界博览会银奖和日本东京大正博览会三等奖。

项松茂著有并刊印《卫生指南》一书，用以宣传医药卫生常识。至1929年，项松茂已投资多个企业，横跨众多工商业领域，成为上海实业巨头之一，并任大丰工业原料公司、开成造酸公司、上海新亚药厂等13家企业的董事。1931年，项松茂与人合伙筹建宁波实业银行。1931年，又与人合伙承办沪闵南柘长途汽车公司，任经理和董事。项松茂先后担任上海租界华人纳税会董事、上海市商会议事、中国国货维持会执行委员、华商皂业公会主席等公职。

项松茂企业经营的巨大成功并不是偶然的。作为一个杰出的企业经营者，其许多成功做法为人们所称道。

其一，事业专一，勤奋刻苦。项松茂在振兴民族工业的使命感召下，以经营企业为其终生奋斗的事业，有一种强烈的敬业精神，具体表现为对事业的专一和勤奋、刻苦、节俭的品质。他在经营五洲药房时“事无巨细，必躬必亲，每至半夜始寝，对于内部，不滥用一无用之人，不浮耗一无益之钱，抱定‘勤俭’二字，历主弗渝”。曾任五洲总经理的张辅忠回忆：项“住在厂中，每日上午在厂与重要职员接洽各种事务与视察工作情形。午刻赴总公司办公，归来必在午夜以后。”“他大小事件都要问到，而且记忆力甚强。无论什么事情是不轻易放过的。换言之，他负着无限的责任，同时要人负责也是无限的。凡关于新药品的创制与旧制剂的改良，督促同事也不放松一步。”他每天午夜回厂，又必全厂巡视一周，始告休息，习以为常。

强烈的事业心使项松茂面对外商的竞争与诱惑都不为所动。他在接盘固本皂药厂后，就与注册资本达800万元的英商中国肥皂公司展开激烈竞争。英商为消灭劲敌称霸中国肥皂市场，提出愿以高于五洲总资产的代价收买五洲皂厂的生产资料和商标，为项氏断然拒绝。中皂公司随即跌价倾销，乘原料上涨之际以低于成本价倾销，甚至用银角子嵌入皂内吸引购买者。当时五洲公司只要将所存原料不用于制造而抛售于市即可获利，但项氏宁可忍痛以药部利润来补贴皂部维持生产，决不愿断送民族工业，最终凭借过硬的质量赢得这场竞争，1925年下半年中国肥皂公司的销量直线下降。

其二，重视知识，重视人才。学徒出身的项松茂尽管文化程度不高，但他对知识的追求，对人才的重视和经营企业的近代理念并不逊色于其他著名的企业家。1921年接办德商固本皂厂后，他亲自赴日考察制皂技术，重金聘请德国柏林大学化学博士、曾任北京大学教授的叶汉为五洲固本皂药厂厂长，全面主持皂药两部的经营管理，又聘留美化学专家徐佩璜为该厂制皂部主任要职，还留用了两位德商经营时工作经验丰富的技术工人。以后他又资助张辅忠留德攻读博士，回国后委以重任。这些技术人员攻克了诸多制皂难关，使五洲固本皂能击败原独占中国市场的英制祥茂皂，成为家喻户晓的名牌产品。

项松茂还十分注意员工培训，不断引进人才，以提高职员素质，充实技术力量。行业特点决定了英语对五洲职员特别重要，因此五洲规定所有练习生业余都必须参加英语学习，并专门聘请外籍教师传授。对药品中的中英文名称、包装、剂量、价目等相关知识定期进行考核，在配方间工作的，还须取得药剂生资格。五洲还商请中华职业教育社黄炎培成立五洲店员培训班，凡招考录取的高中生都需进培训班培训，由五洲厂、店技术人员和业务骨干担任教师。五洲还经常直接招聘大学化学系毕业生，充实技术力量。

其三，严格管理，注重市场。项松茂坚持“机构当益求其活动，管理当益求其缜密”的原则，建立起严密的组织机构和完善的管理制度。五洲吸取了商务印书馆的一套科学管理制度，在公司董事会、经理之下设有店务、厂务、店厂联席会议和技术会议，又划分生产、管理、营业、财务四大系，在各大系下再设科、股分掌各项具体工作。其他“如人工之分配，工作之联络，成本之计算，该公司莫不采用最新的科学方法”。缜密的管理机构，完善的管理制度降低了企业成本，提高了产品质量，保证企业经营活动高效有序运转。同时，项松茂还致力于建立完善的销售制度和销售网络。五洲集团至20世纪30年代初已在上海设立支店7家，在北平、重庆、厦门、汉口、芜湖等14个城市设立支店，并在全国发展领牌联号的代销店54家，还有全国分销代理处142户，海外有新加坡、爪哇、小吕宋、日本、英国、加拿大等地经销点21处，形成遍布海内外的销售网。这些分支店、领牌代销店对推销五洲固本皂等本牌产品、扩大销售业务起了重要作用。

其四，营造企业文化，增强企业凝聚力。项松茂十分重视精神文化因素在企业发展中的作用。五洲公司确定以“地球”作为公司旗徽，蕴含公司的开放、开拓精神。以“精诚”作为店训，体现公司精诚团结、竭诚服务社会的精神。在经营过程中，五洲公司也注重以文化管理手段，融洽企业成员情感，协调劳资关系，优化企业经营环境。公司开办了职工业余教育和职工子弟学校，设立了书报阅览室、职工俱乐部和医务处。公司还支持成立了旨在保护职工权益的职工会，订立《职工待遇条例》，对工伤、患病、产假、婚丧、抚恤、奖励、酬劳等都做了全面规定。项松茂本人信守“精诚”店训，成为企业职工的楷模。他平日对待工友“尚道义，重然诺”，工友有“一言一行之善，一技之长，揄扬如不及。……工余有会以相娱乐，过相规，难相恤，相亲如家人子弟，而信赏必罚，以公以明，不能欺，不敢欺，亦不忍欺”，“人有急难，无不力加援助”。因此，在20世纪二三十年代上海诸多企业被劳资之争困扰时，项氏“所主工商业不及焉”。显然，这样一种环境对企业发展的推动作用是不可估量的。

成长于民族危亡年代的项松茂具有强烈的爱国情怀与社会责任意识，自觉地将个人与企业前途与国家的命运结合起来。为此他在致力于实业救国实践的同时，积极参与国货运动和其他反帝爱国斗争。早在1912年上海最早的国货团体——中华国货维持会成立不久，他就加入其中，并成为其骨干分子。1927年，他与三友实业社沈九成等发起成立近代上海最重要的国货团体——上海机制国货工厂联合会，并一直担任该会常委，成为其核心分子之一。同时，从1920年起，享有盛誉的项松茂一直担任公共租界华人纳税会理事。他也利用这一身份，争取华人权利，积极推动华人参政运动。

1931年，日本帝国主义在我国东北残杀我同胞，制造万宝山惨案，项松茂与上海各界人士发起成立反日援侨会，大力开展抵制日货等活动。“九一八”事变后，他加入抗日救国会，并响应该会号召，在厂内编组义勇军一个营，分发制服，自任营长，并请交通大学军事教官每日举行一小时军事操练。9月23日，五洲药房从总经理到工友全体职工捐献一天工资，援助东北抗日义勇军。

1932年1月30日，项松茂为营救“一·二八”事变中被日军捕去的11名工友，只身前往敌穴。面对敌酋，他威武不屈，于次日被日军枪杀于江湾，年仅52岁。消息传出，社会各界为之震惊。次日，《时报》以大字标题报道“项松茂失踪”消息。2月5日，上海国货工厂联合会致函工部局，要求查找该会监委项松茂下落。随后，《新华周报》发表悼念社论，杜重远等也撰文追悼。国民政府褒扬他“抗战不屈，死事甚烈”，蒋介石题赠“精神不死”，甚至日本武田药厂也发来专函慰问其家属。

第八节　沈祝三

沈祝三（1877—1941年），亦名栖，字卓珊，浙江鄞县人，清末民初著名的商人，汉协盛营造厂的创始人。

沈祝三

一、“汉协盛”——汉口“宁波帮”营造业的杰出代表

1908年，在武汉近代营造业叱咤风云的沈祝三创办了汉协盛营造厂，并发展成为武汉最大的具有托拉斯性质的营造厂。在沈祝三的苦心经营下，汉协盛营造厂成为20世纪二三十年代武汉最著名、规模最大的建筑企业。在清末至民国武汉三镇的300多座著名建筑中（其中包括革命历史纪念地），有建筑商可考的有107处，其中56处为汉协盛所建造。其数量之多，影响之大，无人出其右，以至于汉协盛在打出的广告中自诩“汉口各大工厂学校商店多为本厂所建”。汉协盛建造的众多武汉优秀近代建筑，至今仍是武汉城市建筑中绚丽的风景。

沈祝三出生于宁波鄞县走马塘沈风水村，读过几年私塾，由于无钱继续念书，便去学木匠活。后随亲戚到上海谋生，进入杨瑞泰营造厂做事。厂主杨斯盛是中国近代营造业先驱，他从传统泥水匠人到逐渐学会“洋泾浜”英语的技术人员，成为中国第一批掌握西式建筑方法的人，创建了第一个华人营造厂，是中国最早参与新式建筑竞标的营造厂。杨斯盛被社会舆论誉为“建筑巨擘”。沈祝三在杨瑞泰营造厂做了一段时间后，转到由鄞县人张继光创设的上海协盛营造厂。张继光年幼丧父，后到营造厂当学徒，通过自己刻苦自学掌握了英语，能看懂外国洋行的图纸，在杨斯盛的支持下开办了协盛营造厂。沈祝三勤勉努力为张继光赏识，被派往南京协助监督英商太古洋行工程施工。沈祝三自知必须不断学习才行，他利用当监工的时机，白天跟技术人员学看图纸，晚上则向守门的印度人学英文。沈祝三懂了外语，能直接与洋人对话，又懂了业务，能看懂图纸协助施工，再加上他为人忠厚笃实，做事勤快干练，又讲信誉，整个过程都与洋人合作得很好。尤其在凿旱井的工程中，因是日夜开工，天又下雪，夜间工人畏寒，不肯下井，沈祝三便亲自下井自己动手干活，这一举动大得洋人赞赏。

光绪三十年（1904 年）上海协盛营造厂承建汉口太古洋行一号仓库，沈祝三奉派来汉主持施工，踏上了他在汉口创业的第一步。1905 年上海平和洋行在汉口建造打包厂，沈祝三继续代表上海协盛营造厂主持施工。平和洋行总公司设在香港，汉口平和打包厂主要生产设备有水压打包机 3 台，抽水机 3 台，以棉花打包为主，兼打牛羊皮、羽毛、苧麻等。厂房为四层，外部 50 砖墙承重，内部为多跨钢筋混凝土框架结构，现浇钢筋混凝土楼板，框架柱受力筋和分布筋的构造与现代建筑完全一样，其施工技术含量相当高。汉口平和打包厂是武汉最早的一栋混合结构的大楼，是中国近代建筑起始的重要实例之一，1993 年平和打包厂建筑被武汉市确定为优秀历史建筑。平和打包厂的成功奠定了沈祝三在武汉地区营造业中的地位。

沈祝三在主持汉口平和打包厂工程时，开始自己承建武汉地区的其他建筑项目。上海协盛营造厂由于担心工程带来纠纷，声明武汉的建筑工程由沈祝三负责，与上海协盛营造厂无关。于是 1908 年沈祝三在汉口正式开办了自己的营造厂——汉协盛，其经济完全独立，与上海协盛无关，厂址设在汉口六合路。后来当他经济实力强盛时，在六合路上建了一个上海式的里弄建筑三多里，里弄口用于汉协盛营造厂办公，里弄为沈祝三和他的姻亲同乡汉冶萍公司芦家两家的居所。

位于汉口合作路的英商汉口电灯公司是沈祝三以汉协盛营造厂名义承建的第一个工程。英商汉口电灯公司拥有直流柴油发电机七台，发电容量为 5 750 千瓦，专供当时的特三区用电。大楼由景明洋行设计为三层混合结构，红瓦屋面，转角处有钟楼，建筑面积 2 983 平方米。大楼当时使用了英国著名公司出品的钢制房梁。

二、沈祝三的经营之道

沈祝三的经营之道首先体现在他与景明洋行的关系上，关于沈祝三与景明洋行有很多故事，但有一点可以肯定，景明洋行是汉口第一家建筑设计事务所，它和汉协盛营造厂成立于同一年，即 1908 年。景明洋行由英国人海明斯创办，主要工程师伯克莱是英国人，石格司是德国人。景明洋行得到英国领事馆的支持，也得到其他外国商人的信任，广揽外商在汉建筑工程，成为汉口排名第一的建筑设计事务所。据说景明洋行是由沈祝三掏钱帮助海明斯成立的，这已经无法考证，但几乎可以肯定的是那座位于鄱阳街青岛路口的六层大楼——景明洋行大楼，除了设计绘图由景明洋行自己担当外，其他一切都由沈祝三承包，即便是现在看来那也是一栋气派宏大的大楼。景明洋行成了汉口排名第一的建筑设计事务所，汉口近代建筑有很大一部分是景明洋行设计的，而景明洋行设计的工程当然也基本上都是汉协盛承担建造的。

同时，凡是汉协盛承建的工程，汉协盛还要给景明洋行 5% ~10% 的所谓监造费，即委托景明洋行监督工程质量。沈祝三的精明促成了建筑设计与施工的优势组合，景明洋行与汉协盛合作先后建造了许多重要工程，如保安洋行、台湾银行、横滨正金银行、浙江实业银行、普爱医院、卜内门洋行、日清洋行大楼、德林房子、武昌第一棉纺厂等。景明洋行自身也分别从业主和汉协盛双方收设计费和监造费。前后合作数十年，景明洋行成全了汉协盛，反过来汉协盛亦使景明洋行成为武汉排名第一的建筑设计事务所，景明洋行甚至将业务延伸到建筑设计竞争激烈的上海、天津等地。

武汉近代建筑的发展与繁荣促进了汉协盛营造厂的兴盛，与沈祝三善于经营也不无关系。除了与景明洋行密切合作外，他还善于利用同乡关系促进业务发展。汉协盛的建筑运营资金依赖汉口浙江兴业银行的支持，银行的经理王稻平与沈祝三是同乡，沈得以常在该行周转资金，有时金额高达三四十万元。为了报答王稻平，沈将其弟王佑霖聘为汉协盛附属工厂阜成砖瓦厂的总管事，从而使沈祝三在资金接济上有了更牢固的靠山。

另外，沈祝三还涉足建筑材料业，1913 年在汉阳赵家台创办了阜城砖瓦厂，年产机制红砖 1 000 万块，除自用外还供应市场。1924 年创办轧石厂。1931 年创办炼灰厂。这些工厂为汉协盛提供了建筑原材料的保证，使得汉协盛在市场竞争中增加了优势，同时也是一个盈利来源，有时还起到了很好的互补作用。沈祝三的阜成系列建材不仅是当时武汉建材业的翘楚，而且影响至长江中游沿岸城市，甚至更远。2006 年 5 月厦门市鼓浪屿著名的老屋——林尔嘉故居坍塌，该房建于 1932 年，为砖混结构。在维修过程中发现使用的瓦上有“汉阳阜成厂造”的字样。

阜成砖瓦厂原是由德国人汉贝和萨克斯所开设的制窑厂，生产砖瓦。1913 年沈祝三从德国人手中购得阜成砖瓦厂。厂址设在汉阳赵家台，占地三四百亩。1915 年该厂将 16 门窑扩建为 32 门窑，日产红砖达 3 万块。阜成砖瓦厂于 1916 年即用蒸汽机为动力带动挤出成型制砖机制砖。

另外，为了汉协盛营造厂建筑施工用料方便，沈祝三又于 1924 年创办阜成轧石厂于硚口双厂巷。1930 年又在轧石厂内另建炼灰厂，使用立窑烧炼石灰，聘德国工程师为其设计，内有轧石机器两部，都是从英国订购的。后又把炼灰厂迁出，在汉口皮子街另建阜成石灰厂，建有钢筋混凝土窑房，采用机械破碎、皮带机运输、竖窑烧灰的先进工艺。

抗战时期，阜成砖瓦厂的动力设备被日军拆走。阜成炼灰厂也相继停产歇业。抗日战争胜利后，沈家变卖了最后一点房产，使阜成砖瓦厂恢复了生产。经过战乱后的武汉，工商业受到沉重打击，新中国成立初期的阜成砖瓦厂、炼灰厂等还算是武汉当时比较好的重工业企业。

1956 年 1 月，武汉市建材局批准 26 家私营厂公私合营，阜成砖瓦厂合营成为武汉市公私合营阜成砖瓦厂。原资方人员，有两人安排任合营企业的副厂长（包括沈祝三的儿子沈立禹），其余则量才安排担任厂里的中层和一般管理或业务人员。合营初期，采取集中经营、分散生产，产品有砖瓦、石料、油毡、水泥空心砖、水泥浴盆、锯材等 15 种。以后武汉制材厂归口到市物资局，阜成砖瓦厂因土源用尽并入市第二砖瓦厂。

在 20 世纪二三十年代很长一段时间里，汉协盛的业务都非常火，经常有一二十个工地同时施工。最旺的时候，多达 40 多个项目同时进行，其场面之大，令人慨叹。起关键作用当然还是沈祝三。他为人精明，做事又极守信用，对工程又极讲质量，再加上他会说英语，可直接与洋人打交道，这给他带来许多便利。沈祝三常能以比别的营造厂要低得多的价格接下项目，还有一个重要原因是他能充分运用先进设备，并且尽可能减少中间环节，降低成本。他的许多设备都从国外进口，他的起重设备是电动控制的，他还有英式打桩机，还添置了卡车以及轮船拖驳等。他与德国哈尔钢铁公司建立业务往来，每年以低于市场20%的价格，直接从德国购进钢筋，不受汉口市场价格波动的影响。

三、沈祝三的诚信精神永远铭刻在武汉大学

1918 年，也就是汉协盛创建 10 年后，沈祝三因青光眼导致双目失明。然而他却依然从容不迫地领导他的汉协盛，指挥着汉口这个大工地上的建筑交响曲。他坐在家里听取汇报，对关键性的问题果断作出指示和决断，对于建筑上的事情，他几乎是了然于心，许多大楼都是在他眼睛完全失明后建成的。其子沈立禹说，当时他读中学，每天有一件事是给父亲读报，他发现父亲对时局时事非常清楚。沈祝三的成功使得他雄心勃发，但蒸蒸日上的汉协盛终于碰到了滑铁卢，那就是 1930 年承建的武汉大学。

武汉大学位于武昌东湖之滨的珞珈山、狮子山等 10 余座起伏的山丘之间，占地面积 200 多公顷，有理学院、工学院、图书馆、体育馆、斋舍（学生宿舍）等建筑物 26 座，建筑面积 778 596 平方米，造价约计 400 万元。在建筑整体上既有中国传统建筑风格，又引入了西方的罗马式、拜占庭式建筑式样。武汉大学的建筑是中国近代建筑开始走向成熟的一个标志，无论是建筑设计之精美，与山水环境之和谐，以及规模之宏大，在当时堪称是无与伦比。

据记载，参与承建武汉大学工程的营造厂除了汉协盛，还有袁瑞泰营造厂、永茂隆营造厂及上海六合公司。现在很难找到资料查证袁瑞泰和永茂隆具体承建了哪些部分，但一般资料多只提及汉协盛，武汉大学校长王世杰在落成开学时的讲话中也只提及“承包主要建筑物的是汉协盛营造厂，老板是沈祝三先生”，因此可以认为武汉大学主体工程是沈祝三的汉协盛承建的。

武汉大学建筑群是汉协盛承建的最大型的工程，那个年代很少有建筑企业有能力承担规模这样大、建筑水平如此高的工程，沈祝三肯定是很自豪的。沈祝三倾尽全力建造了中国最美丽的大学校园。校园建成了，但汉协盛也在这个工程里倒下了。由于“在他投标之后，金价大涨，而他所用的材料中，外货又甚多”（武汉大学校长王世杰语）；由于正值 1931 年武汉大水；由于在估算中漏估开山筑路费用，工程造价不足，造成了巨额亏损。据沈祝三的儿子沈立禹说：当时很多人劝沈祝三申请汉协盛营造厂破产，但这样武汉大学工程就要停工，如此巨额亏损也不可能有人来接手。当时武汉大学校方也感到危急，多方筹款未能奏效，“可惜本校的经费也在十分困难中，无法补偿他。”王世杰这样说。

但是关键时刻，沈祝三表示坚决信守合同，坚持施工，而且工程均要着眼于保固期百年以上，进料选优质材料，处处严格检验把关，仍坚持主张双方均派工程师及监工随时监督检查质量。施工中一旦发现问题，则不惜代价，返工重来，而且原来承诺的奉送水塔、水池等配套工程仍然信守。为此他以自己的三元里、三多里、德华里等多处私宅抵押给浙江兴业银行，取得贷款 40 万元，使武汉大学工程得以继续，最终如期完工。

后来这笔债务本利滚成 100 万元，相当于整个武汉大学工程造价 400 万元的四分之一（当时的 1 元相当于 1955 年的 3 元），沈祝三变卖了几乎全部家产，直到武汉沦陷时才还清贷款。1941 年，还完了债以后，双手空空的沈祝三在汉口去世了，享年 64 岁。

20 世纪 30 年代的武汉大学校园

第九节　王宽诚

王宽诚

王宽诚（1907—1986 年），世居鄞县宋严王村。王宽诚在港澳及海外工商界声誉卓著，接连被选为香港中华总商会副会长、会长、终身荣誉会长。他历任全国政协第二、三、四届委员，第四、五届全国人大代表，政协六届全国委员会常委，全国工商联第五届常委，香港特别行政区基本法咨询委员会执行委员会副主任委员。1986 年 12 月 3 日，王宽诚因病在北京逝世，终年 80 岁。

王宽诚既是一位杰出的商人，又是一位著名的社会活动家，更是一位矢志不渝的爱国者。王宽诚先生一生心系民族存亡，关心国家发展，为中国革命的胜利和新中国的建设，为香港的平稳过渡和顺利回归做出了重要贡献。为纪念这位中国工商界著名的爱国人士，经国际小行星命名委员会批准，1998 年 10 月，由中国科学院紫金山天文台发现的 4651 号小行星被正式命名为“王宽诚星”。2000 年 8 月，浙江省政府授予王宽诚先生“浙江省爱乡楷模”荣誉称号。

一、开拓局面

王宽诚于 1907 年出生在宁波鄞县。15 岁那年，王宽诚进入宁波江东哑巷永丰猪行学做生意，从此踏上了从商之道。学徒期间，王宽诚细心留意师兄们的生意之道，虚心请教，勤奋学习。三年后，他转入宁波江厦街源吉钱庄，开始接触金融业务。

1932 年，王宽诚应聘任宁波太丰面粉厂采购主任，该厂由于他的创议改革，生意蒸蒸日上。他也因此取得甬上胡、陈两家殷实富户的信赖和支持，于 1935 年在宁波泥堰头合资开设维大鼎记面粉号，自任经理。他对待职工，唯才取人，订立各项规章制度，赏罚有度，职工乐为其用。不出两年，维大鼎记号在宁波市区及余姚、镇海、慈溪共设有分号六家，执当时宁波地区面粉业的牛耳。他每天下午 4 时来到本分号，查考一天的业务情况，并安排指点第二天的工作，对于困难的问题必提示有效的解决办法。

他在宁波打开了局面，获得了一定的利润，具有稳当的事业基础之后，便酝酿向外埠发展。于是在 1937 年春收缩了宁波部分分号，走出宁波开始转向上海扩展业务。1937 年 3 月，王宽诚在上海泗泾路 30 号挂出了“维大华行”的牌号，所经营的货物除面粉外，还有罐头食品、呢绒、木材等，面粉业务增加了经销加拿大炮台牌面粉，这时已开始内销兼外贸了。

接着，他又与人合资开设通合成地产公司、祥泰轮船公司。特别是与实业巨子李康年合作开设中国钟厂，身任经理，造出高质量的“三五”牌座钟，蜚声国内外。

二、积极应对

日本发动全面侵华战争后，上海沦陷，王宽诚调集百余万元资金，退入大后方重庆，暂时采取稳健方针，不做有风险的运输等行业，同时广泛结交当地的金融界上层人物。他在抗战胜利在望的时候，又做好了调集外汇资金的准备。1945 年 10 月，他自重庆飞返上海，立即投入重整旗鼓的紧张行动中。首先把维大华行迁址到江西路汉弥顿大厦，改名为维大洋行，规模随之扩大，通过新交旧雨的关系，先经营各类进出口业务，单就进口木材一项，获利甚丰。接着又增加建筑材料、面粉、肥田粉的贸易。随着业务的不断兴盛，汉弥顿大厦的行址已显得局促，乃迁至广东路五号 10 间门面的另一大厦。这时引起了外商洋行对维大拥有的雄厚财力和兴旺业务的注意，对王宽诚刮目相看了。

1946 年 7 月，国共谈判破裂，王宽诚预感到在内地经商前途渺茫，决定另辟蹊径，经过一年的筹划，于 1947 年 7 月转移到了香港。

三、香港发展

先期设在香港的维大洋行从此扩展营业，先是在新界购进一批地皮，那时香港地价大大低于上海，有利于建筑大厦，不过行业也很清淡。先生看准形势，便在购进的地皮上建筑高楼，一年工夫，1949 初，几十幢高楼便矗立了起来，定名为海国公寓。此时内地有的工商界人士转入香港，海国公寓正适合他们的需要。维大洋行因此获得了巨额利益。

不久，随着内地战事趋紧，港币大幅度贬值。正当港币乏人问津之际，王宽诚却果断地大量购进。新中国成立后，人民政府对香港的地位声明尊重历史和现实，这才使香港日趋稳定，随之港币回升，王宽诚乘机抛出，一下子增加了一笔巨大的资金。

两次商战胜利，轰动全港。与此同时，王宽诚又创立幸福企业有限公司及数十家其他有限公司，经营金融、房地产、船务、百货、食品等业务。后来又在美国、加拿大等地开展商务。王宽诚以其拥有的经济实力，在港澳及海外工商业界声誉卓著，在港澳十余个机构兼任名誉会长、董事、主席等职。

四、收购废币

抗战爆发后，王宽诚将事业重心转往香港。1941 年 12 月 25 日，香港沦陷之后，驻港日军强迫市民使用“军用票”，停止使用香港汇丰银行发行的钞票，港币顿时形如废纸。手上握有一些港币的王宽诚问一个英国商人，将来日军战败，汇丰之前发行的钞票是否还能流通。英国人说："英国人最讲信誉，汇丰钞票，到时十足兑现，毫无疑问。"王宽诚深以为然，立即委托他人借口为某纸厂采购造纸原料，秘密收购港币。三年多时间，王宽诚所购得的港币，数以亿计。

1945 年 8 月 15 日，日本投降，汇丰很快恢复营业，之前发行的港币恢复流通，而库存的现钞竟一时不够供应，新钞又来不及印刷。此时，王宽诚将这几年按废纸价收购的巨额港币乘机出手，收购了大量物资，立刻成为富豪。汇丰银行见状，便以股票换取了他手上的一部分港币，并请他做董事和行政负责人。汇丰自咸丰、同治年间在上海设立银行，在中国已近百年，王宽诚高姿态进入汇丰，在当时是一件让中国人扬眉吐气的事。

五、最大赢家

王宽诚在资本市场上的传奇经历和欧洲巨富罗斯柴尔德家族靠滑铁卢战役迅速暴富如出一辙。滑铁卢战役的结果左右着伦敦股票交易所英国国债的价格，如果英国战败，那么英国国债将不值一文，反之将飞涨。罗斯柴尔德家族靠密布在欧洲的情报网，第一时间获悉战役的结果——拿破仑战败。内森·罗斯柴尔德立刻让交易员大量抛售英国国债，由于国债被大量抛售，价格开始下跌，看到不断下跌的国债，人们逐渐心理崩溃，跟着抛售，几个小时后，英国国债的价格只剩原价的百分之五，此时，内森又让交易员大量买进英国国债。两天后，英国军队获胜的消息才传到伦敦，罗斯柴尔德家族因持有大量的英国国债，已经成了英国政府最大的债权人。有人估算，罗斯柴尔德家族在滑铁卢战役之后的一两天内赚到的钱就超过了拿破仑打十年战争的收获。可以说罗斯柴尔德是滑铁卢战役最大的赢家，也可以说，香港沦陷三年多，最大的赢家是王宽诚。

六、爱国义举

新中国成立后，上海维大洋行仍正常营业，所属的工厂也维持生产，他本人常来往于港沪两地。抗美援朝时，王宽诚一马当先，捐献一架飞机及其他物资，从而带动各界爱国人士纷纷响应。不久，人民政府发行胜利折实公债，他首先认购 7 万份，引起人们争相认购，他又追认到 21 万份，由于国内资金不敷，特从香港调入外汇（相当于黄金 2 000 两的数额）。当时上海各报均有报道，并登了他的照片。他受到党和政府的重视，有关部门邀请他去东北老解放区观光。返港后，他的东北见闻被发表在港报上，使香港同胞对新中国的情况有了真实的初步了解。

王宽诚关心内地及香港教育事业和福利事业，几十年来，他捐款支持香港及内地 20 余所学校或社团，包括香港培华教育基金会、中国残疾人福利基金会、宋庆龄基金会、中国癌症研究基金会等单位。1985 年又出资 1 亿美元成立"王宽诚教育基金会"，为出国留学生贷款。如果留学生学成归国报效祖国，贷学金可以减免。如果学成留在国外而不归，则要如数归还。王宽诚对此曾说道："这样既有约束，又不致人才外流，而且我这个基金会是不动本金的，就可以世世代代地办下去，如积有余款还可扩大。"学生是经过自愿报名、严格考试、毫不徇私情而录取的。他对亲友解释说："名额是全国各省、市、自治区皆照顾的，只要有真才实学，不限地区，谁都可以应试、录取，包括台湾在内，现在我们正在走向统一祖国、振兴中华的一个伟大进程，如从这样的民间渠道来沟通，终有一天会水到渠成。"

在王宽诚教育基金会成立后，王宽诚还赞助了 100 万元人民币给中国人民政治协商会议

“中国科学院王宽诚人才奖颁奖暨座谈会”颁奖场景

浙江省委员会兴办树人大学。

1986 年 8 月，他还不顾八十高龄，风尘仆仆，带领全国政协港澳委员 20 余人前往西北考察，从陕西、甘肃到新疆，对工厂、学校、国防工业、革命遗址、文物古迹、边境口岸、各少数民族的风俗习惯，等等，他都饶有兴趣。此行历经 34 个考察点，历时 20 天。

七、家乡深情

早在 20 世纪 60 年代初回到宁波时王宽诚就打算办学、办医院。1962 年即捐资人民币 100 万元，兴办中、小学各一所，定校名为“东恩”。东恩中学设在市区，“文化大革命”前曾在鄞西凤岙横街头新建校舍。十年动乱过后，乡间新校舍虽建成，但时过境迁，东恩中学仍留原地碶闸街教学。1985 年 10 月，王宽诚再次到家乡访问，兴致勃勃地参加了东恩中学“宽诚教育楼”落成典礼，亲手将他所设的奖学金颁发给每个优秀学生。此外，他还筹集资金支持宁波华侨饭店和甬港饭店的建设。

1980 年年初，他亲笔写信向当时宁波市工商业联合会主任委员俞佐宸提出，为联络在香港和海外的宁波同乡共同建设宁波，倡议甬、港两地成立“甬港联谊会”。这个创举立刻受到省、市政府部门的重视和赞许。随后他便满腔热情地来往于甬港之间，为联谊会的建立奔波、操劳，做了不少动员、联络、筹款等工作。同年秋，宁波、香港分别成立甬港联谊会，他被推任香港甬港联谊会会长，俞佐宸担任宁波甬港联谊会会长。当年 10 月 31 日宁波甬港联谊会成立时，王宽诚亲自率领香港甬港联谊会知名人士 30 余人组成的代表团专程莅临宁波祝贺。这是宽诚先生增进港甬两地经济联系和民间交往，发动港澳和海外“宁波帮”支援家乡建设的一个创举。甬港联谊会成立后，为发展甬港两地的经济贸易、文化交流，为香港和海外宁波籍人士回乡旅游、探亲、观光，支持发展家乡的教育、卫生、福利等各项事业做了大量卓有成效的工作。

八、作风见闻

王宽诚个人生活作风一贯勤俭朴素，衣饰整洁，不吸烟、不喝酒，语音爽朗，起居从不宽懈。做事秉公、认真负责。早年任宁波太丰面粉厂采购主任时，有优裕的佣金收入可归自己，是一个美缺，可是他却不愿享受，反而认为那是陈规陋习，必须自我革除，并建议厂部推行一套新的工作制度。

王宽诚出任维大鼎记面粉号经理后，开始实行自己的经商理想。首先是注意用人问题，他用人不讲情面，以才取人。练习生（王宽诚改称学徒为练习生）进店，取消拜师仪式，不订明三年学期，如工作优良，六个月后即可提前升为职员。订有严格的责任制度，赏罚有度。各项报表一律在每天收市前一小时汇总到经理室，总经理审阅无误后，遂指示次日营业要点。如遇店内急需某类人员，则不惜出高薪聘请。不到两年维大号便得到发展。到了年终，设宴招待全体职工，利润获得多的分号人员让坐首席。红利分三等九级，特优的人员由他亲授红包。

自上海经商以来，他很注意国内外市场信息，抓紧进货，又迅速销售。他经营作风果断，一有盈利把握，即全部投入自有资金，再进行押款、贷款，不打无把握的冒险仗。他居住在香港也不摆阔气、不讲排场；坐车也属平常型号；饮食只要可口，不求高级。他最厌恶浪费，在宁波设家宴时，一再告诫办事人员，单求经济实惠，不讲形式，他自己面前只备了二小盆乡土小菜，吃得津津有味。对己处处精打细算，待人平易可近，素昧平生的人有所求教，他多于百忙之中亲笔作答。例如有一庞姓大学毕业生希望自费出国深造，但无力负担，王宽诚得知他品学兼优，又通过在宁波的亲属了解实际情况证实，便出资帮助他出国，还安排他在美国麻省理工学院对口入学。对亲友中子女无力升学的，贫病乏医的，也愿承担资助。但他助人有一个宗旨，不论是哪一个至爱亲朋若索消费物品，或思长期依赖，贪得无厌，则一概婉拒，并谆谆教导：人贵自力更生，奋发自强。

他自己生活俭约，待客却很讲究，如各省市团体去港访问，多邀请宴叙，有时还把家藏10余年的醇酒享客，而自己却滴酒不进，尤其是对家乡去的人更亲切热情。1984年6月，王宽诚在华侨饭店设宴，曾说："财产遗留给子女是最愚蠢的行为，我年将八旬，趁我还精力不衰的晚年，愿为培养人才方面多做些事……"

第十节　邵逸夫

邵逸夫

邵逸夫（1907—2014年），原名邵仁楞，籍贯浙江宁波镇海，香港电视广播有限公司主席，邵氏兄弟电影公司的创办人之一，香港著名的电影制作者。曾拍摄过1 000多部电影，获得过金马奖、金像奖等几十项大奖。邵逸夫叱咤娱乐圈大半个世纪，打造邵氏、无线两个影视王国，培育了数不尽的演艺人才。邵逸夫先后向世界各国和中国内地捐赠巨款，兴办教育事业和医疗机构，造福社会。其中从1985年以来向国内31个省、市、自治区的大中小学捐资共达31.5亿港元，被誉为华夏捐资兴教第一人。经中国有关部门申报，国际小行星机构批准，将紫金山天文台发现的一颗小行星命名为"邵逸夫星"。美国旧金山市将每年的9月8日命名为"邵逸夫日"。在过去一个世纪中，他所展现出来的勤力、敬业、精明、魄力和慈善之心，均值得新一代富豪效仿。

一、历经磨难

邵逸夫，宁波镇海庄市人，1907 年出生，父亲邵玉轩，在上海经营颜料行业。邵玉轩一生共生育三女五子，老六仁楞长大后经父亲同意更名为逸夫。仁楞少年时代，曾在宁波名校镇海叶氏中兴学堂求读。他自幼天资聪颖，悟性过人，对事物有过目不忘之本领，博得全家人的喜爱。

1924 年，大哥邵醉翁，创立了天一影片公司。天一影片公司的诞生，是中国电影史上浓墨重彩的华章。中国电影从此开创了新纪元。邵醉翁里里外外一把手，操劳“天一”事务，总感到孤军奋战，力不从心。于是一纸急召，村人、仁枚、逸夫三个兄弟赶至帐下，根据各自特点，委以公司重任。逸夫任外埠发行，虽然年纪最小，却才智超群，勤奋好学，进步神速。

后起之秀“天一”，在上海电影界虽属无名小辈，却来势甚猛，锐不可当。不多时日，“天一”就拿出创业之作，投拍的影片是《立地成佛》。剧情讲述一个军人机缘巧合成为大军阀，就无恶不作。后因女儿战死沙场，于是大彻大悟，遣散妻妾，放下屠刀，削发入山，终成正果。由于题材新鲜，影片不落俗套，故事生动，情节感人，一经上映，便大爆冷门，场场满座。公司自然盈利丰厚，财源滚滚。头炮打响，一鸣惊人。“天一”再接再厉，乘胜追击，紧接着开拍第二部影片《女侠李飞飞》，这是中国第一部武侠片。因此后来有人称“邵醉翁乃中国武侠片的开山鼻祖”。《女侠李飞飞》比《立地成佛》更为轰动走俏，几乎到了万人空巷的地步。两部影片的打响，天一公司在上海滩可谓家喻户晓了。

初降人间的“天一”对上海影坛老大明星公司造成严重的威胁，将其业务抢去了许多，明星公司的明星们要跳槽，导演们要出走，“明星”一失往日的威风。

明星公司的老板周剑云急得像热锅上的蚂蚁，他认为要彻底打败“天一”，就必须仿效美国八大公司的做法，联合起来，逼走小公司。

明星公司当即出面，以其为主，联合“大中华百合”“民新”“友联”“上海”及“华剧”等五家电影公司，成立六合影业公司，组成了强大的联合发行网，共同抵抗、围剿天一公司。其中有一条最厉害的规定：任何发行商只要和“六合”签订了合同，就不准购买“天一”出品的影片。这便是中国电影史上有名的“六合围剿”。

被“六合”逼得走投无路的“天一”，只好改弦易辙，放弃上海的基业，远走南洋，卧薪尝胆，再图发展。跨越千山万水，冲破艰难险阻，轮船终于安全抵达新加坡，但是，又碰上了钉子。大戏院只放西片，小戏院又给“六合”绑住，“六合”对“天一”的封锁，使“天一”影片没有真正打进新加坡。但邵仁枚仍信心十足，看准新加坡的市场潜力。他调整方针，另辟蹊径：先在新加坡周边城镇进行放映突破，再杀回市中心，抢夺市场。这一着果然效果明显，短短一个季度，其业务已是应接不暇。繁忙的业务使仁枚难以应付，这时他想到让老六逸夫来帮忙。

1926 年 8 月，年方 19 岁的邵逸夫刚刚中学毕业，正踌躇满志地准备报考大学深造。孰料，邵仁枚的一纸电报，改变了他一生的命运。邵逸夫接到三哥电报，当即收拾行李，买好船票，他要远赴新加坡去助仁枚一臂之力。至此，邵逸夫登台亮相，急赴南洋，同三哥仁枚联袂行动，共同演绎“邵氏电影王国”的传奇故事。

后来，杜云之在他撰写的《中国电影史》中这样说：“邵氏兄弟从巡回放映电影，发展到开设游艺场和电影馆，刻苦耐劳的经营，耗时30余年，终于在新加坡创立了庞大的电影娱乐事业，拥有100多家电影院和若干游乐场……”

1930年，邵仁枚和邵逸夫正式挂出“邵氏兄弟公司”的招牌，并先后收购了新世界游乐场和大世界游乐场。如此一举，邵氏兄弟在新加坡的三大游乐场中已占其二。到了1934年，邵氏公司已拥有40多家戏院，当然是娱乐业的大亨了。

20世纪30年代初开始，人们对无声电影渐渐失去了兴趣，影院的生意大受冲击，日渐清淡。邵逸夫意识到，在美国和欧洲国家出现有声电影的情况下，如果不采取措施，无声片将面临绝路。1931年，邵逸夫只身一人前往美国购买有声电影器材。途中轮船触礁了，邵逸夫动作敏捷，死死地抱住一块木板不放，漂在茫茫无际的大海上……总算邵逸夫命大福大，第二天上午，前来救援的船只终于将他救起。一个月的海上航行实在惊心动魄。

邵逸夫抵达美国后，他无心欣赏大洋彼岸美丽的景致，就直赴好莱坞这个全球最大的电影生产王国。他惊叹好莱坞“制梦工厂”的流水作业，贪婪地观看了几十部有声电影，在心里盘算着：我也要走好莱坞式的道路，去建立自己的电影王国。邵逸夫货比三家，终于买到一批价廉物美的电影器材，风风火火奔向码头，累死累活地回到了新加坡。

满足了现状的人，只会停滞不前。邵逸夫不愿做一只骄傲自满、不思进取的恋巢小鸟，他要当勇往直前、翱翔在时代潮头的海燕。1934年，他和邵仁枚拿定主意，生产自己的有声影片。于是，他立即前往香港告诉大哥邵醉翁。同年，由邵醉翁执导，“天一”在香港的创业之作、邵氏兄弟联袂拍摄的第一部有声国产片《白金龙》问世。《白金龙》先声夺人，同时在香港和上海隆重推出，场场爆满，格外走俏，连续数月公演，持久不衰，为“天一”带来巨额资产，利润突破100万大关。这个100万，在当时可是个天文数字。20世纪30年代，香港百姓的月薪才二三十元，那年头买一栋房子也只需上万元。有100万元在香港可算是富翁了，在当时也是为数不多的。一部《白金龙》不仅为邵氏创造了票房奇迹，也使中国电影从无声片进入有声片的新时代。

正当影片公司事业如日中天的时候，1941年，太平洋战争爆发了。12月份，南洋也沦陷失守，成为日寇统治区。邵氏兄弟苦心经营十几年的电影事业几乎毁于一旦，邵逸夫本人也险遇灭顶之灾。1945年，战败国日本宣布无条件投降，“二战”结束，邵逸夫继续经营在南洋的电影事业。1950年，他再次去美国、西欧、澳大利亚等地更新器材，学习和考察西方先进技术。1956年，即邵氏机构在新加坡创立30周年时，邵氏兄弟在新加坡、马来西亚、越南、泰国、印尼等拥有100多家电影院和10多座大型游乐场。

邵逸夫并不满足在南洋的事业。1957年，年届半百正当人生盛年的邵逸夫，决定重振邵氏影业。他从新加坡来到香港，耗费巨资，构筑影城。20世纪50年代的香港，电影业群雄并起，诸侯割据，竞争激烈。这个时候，邵逸夫去香港重振邵氏影业，足见他的锐利眼光和足够的勇气。

邵逸夫一到香港，顾不得洗去风尘，立即动手开展业务。他首先买下清水湾220号地段的地皮，准备建造电影制片厂。那时候，九龙清水湾地界，远离香港闹市区，依山傍海，空旷荒凉，乱石遍地，杂草丛生，交通不便，杳无人烟，要在这片废墟上建造一座现代化的制片厂，这是何等的胆识与气概。但邵逸夫相中了这里独一无二的好环境，此处远离闹市区，正是制作影片的理想之地。因为拍电影需要安静，场地大，环境优雅，才能保证拍片工作正常进行。

清水湾影城从1957年动土，前后历时7年终于建成，成为亚洲最大的摄影厂。清水湾影城的建立，为邵逸夫荣登影坛霸主、造就影视大王奠定了根基。影城规模庞大，设备齐全，尽善尽美，不但在整个亚洲名列第一，而且在世界影坛上也颇为罕见，屈指可数。美国的好莱坞片厂中，可能有规模更大的工厂、更闪亮的明星，但是他们绝对没有邵氏影城的设备齐全。影城建成后，拍片工作紧张繁忙，每年要拍三四十部片子，最多的是1974年，拍了50部。

邵逸夫造就的“五虎将”

值得一提的是，邵氏影城在推广中国文化上功不可没。在每部影片里都印上中英文字幕，这是邵逸夫的首创，足见他的爱国心。因为当时在国外很多华侨聚居区，中文被当地政府禁止。为此，海外同胞都鼓励子女们多看电影，至少，让他们的下一代不要忘记中文，不要忘记祖国。

在清水湾的影城里，有一个与众不同、必不可少的场所，这就是邵氏公司的试片室。那里是邵逸夫每天必去的地方。邵逸夫喜欢看电影，在影视圈内众所周知。从20世纪60年代初起，他每天要看两三部电影；在70年代，邵逸夫一年要看六七百部电影，最高纪录是一天看过九部电影。邵逸夫为了了解观众的爱好，他对各国出品的影片，不论好的坏的他都看。他曾对记者说：“我天生喜欢看电影，国语片、美国片、日本片、西班牙片、印度片、意大利片、德语片、法国片、墨西哥片，我全部都看。”邵逸夫花在试片室看电影的时间，可以说比任何人都多。

邵逸夫的座右铭是：“我喜欢不停地工作，工作是我的嗜好。我永不会退休。成功之道在于努力苦干，并要对自己的工作有兴趣，运气只是其次。”不管怎样，邵逸夫每天看电影的习惯与嗜好，使他能熟悉和掌握市场行情与规律，揣摩分析什么样的电影受到现阶段民众的欢迎，从而决定他的制作路线和战略方针，使“邵氏”出品的影片，在强手如林、竞争激烈的市场上立于不败之地。邵氏兄弟电影公司雄霸香港，曾拍摄过1 000多部电影，获得过几十项大奖。

随着时代的进步、社会的发展，特别是香港经济和科技的迅猛发展，人们的生活水平和娱乐方式也发生了很大的变化。

20世纪70年代末，香港电影业受到来自电视业的强大冲击。随着电视进入寻常百姓家，人们去戏院看电影的次数越来越少了。与其花钱出门看电影，不如坐在家中亲亲热热地看电视。于是，电影业就显得冷清多了。

电影行业的冷清萧条，并没有影响邵逸夫的信心与士气，他大胆开拓创新，看准电视转播业务。

其实，早在60年代中期，香港政府就公开招标竞投无线电视广播经营权。邵逸夫立即觉察出电视作为艺术的后起之秀，今后将有无限广阔的市场和不可限量的潜力。邵逸夫以其在电影业的积累，与几位志同道合的朋友一起参加竞标，结果一举中标。

香港无线电视是1967年启播的，邵逸夫是港视的股东。截至1980年，在私人股东中，港视公司董事局主席利孝和占26.62万股，其亲属名下占11.264万股；而邵逸夫则共拥有32.458万股。因此，当利孝和在当年因病逝世后，经董事会商议决定，由邵逸夫继任董事局主席。

至此，曾在电影王国中煊赫一时的邵逸夫，也急流勇退，淡出影坛，转而走上电视王国的宝座。他正式领兵挂帅，执掌无线电视的大权。在电视业务发展方面，邵逸夫又大刀阔斧地锐意革新，连施新招。在20世纪70年代，无线电视与邱德根的亚洲电视并驾齐驱，难分伯仲。1980年，邵逸夫出任港视公司董事局主席后，无线台的局面大为改观。他将邵氏影城的明星和香港演艺界的精英网罗到门下，制作了大量高水平、高质量的电视剧，使无线台的收视率节节攀升，不但在港岛独占鳌头，而且普及中国大陆及台湾、澳门和世界各地的华人社会。

几十年来，邵逸夫的影视王国，不仅为他积聚了巨额财富，还创造了无数大明星、名导演和名编剧，更为亿万观众带来了无限欢乐。

二、慈善大家

影视大王邵逸夫究竟有多少财富？这是世人所关注的问题，也确实是难以回答的问题。香港的《资本》杂志曾估算，邵逸夫的资产超过120亿港元；香港《亚洲周刊》曾多次排名，邵逸夫的财产位居香港十大富豪之列。而美国《福布斯》杂志早把邵逸夫评为全球超级大富豪之一，据估计，其家族资产在12亿美元以上。

许多人对世界超级富豪的财富充满了神秘感，他们是怎样消费巨额资产的呢？的确，这是个难题。有人说，聚财不容易，散财更困难。邵逸夫也意识到这一点。1977年，英国女王册封邵逸夫为爵士勋衔，他成为香港娱乐圈中获得爵士殊荣的第一人。他从英国受衔回来，走下机舱，对欢迎人群说了一句令人深思的话：“人们赚钱难，但有钱怎样去用，把钱用在最适当的地方，那才是最难的事。”他虽为亿万富翁，却崇尚节俭，而把大量的金钱献给社会公益事业。他说：“我的财富取之于民众，应用回到民众。”

其实，早在1958年，邵逸夫就在新加坡成立了邵氏基金。每年都捐款给新加坡、马来西亚的教育、医疗机构。1973年，邵逸夫创立香港邵氏基金，致力于各项社会公益事业。邵逸夫的捐赠是多方位的，他还向海外延伸。美国的哈佛大学、麻省理工学院等著名高等学府都因此获益匪浅。美国旧金山市为表彰邵逸夫对该市的福利贡献，将每年的9月8日定为“邵逸夫日”。

在所有公益事业中，邵逸夫对教育倾注了最大的爱心，在他的捐款项目中，80%为教育项目。对于他关注教育事业的原因，邵逸夫说：“国家振兴靠人才，人才培养靠教育，培养人才是民族的要求。”邵逸夫的多项捐款，都希望倡导一种“合海内外同胞的力量，实现中华民族富强之目标”的精神。

邵逸夫对内地的教育捐款，涵盖了从高等教育到基础教育的大中小学校，其中高等教育部分尤其重视师范教育。如1986年，他向内地10所师范大学捐资1亿港币。他说：“我从教育部门了解到，内地很缺乏师资，急切需要加强师范大学建设，所以我的捐款主要是捐给师范大学的。为鼓励师生发奋努力，多年来，邵逸夫不顾耄耋之躯，亲临南疆北国，东海西漠，视察捐款项目。2004年，年届98岁高龄的邵逸夫来到故乡，到宁波大学去看望了宁大学生，使师生们深受教育。

他对近几年来内地遭受的重大自然灾害表示极大关注，捐赠了大量的赈灾善款。自1995年至2003年，他先后向灾区捐款总额1.5亿港元，共有17个省、市、自治区的175所受灾中小学得到帮助。在2008年5月12日四川汶川8级特大地震发生后，他慷慨解囊向灾区捐款1亿港币，成为单笔个人捐款最多的人。

“影视大王”邵逸夫在其传奇生涯中，创造过无数个第一。晚年又创造了另一个令世人瞩目的第一。据教育部提供的数据，自1985年至2004年的20年间，邵逸夫捐款金额累计达31.5亿港元，兴建了4 500多个项目，遍及全国31个省、市、自治区。在捐款扶助内地教育事业的港澳台同胞及海外华侨中，邵逸夫的捐款持续时间最长、捐款数额最大、项目最多、受益面最广，堪称华夏捐资兴教第一人。

邵逸夫不仅热爱祖国，关心家乡，而且关注世界的教育、科技发展，据他的夫人方逸华介绍，早在1985年，邵逸夫先生就萌发了奖励全球杰出学者的愿望，后来在宁波籍的香港中文大学原校长马临倡议和支持下，邵逸夫的这一梦想终于变成了现实。2002年11月15日，邵逸夫先生宣布：在香港设立“邵逸夫奖”，用以表彰全球造福人类的杰出科学家。

“邵逸夫奖”奖章

“邵逸夫奖”每年颁发一次，奖金金额为100万美元，这项奖金数目与诺贝尔奖相当，被世人称为21世纪东方的诺贝尔奖。“邵逸夫奖”目前设立数学科学、天文学、生命科学与医学三个奖项，这三个奖项是诺贝尔奖所没有的。“邵逸夫奖”与“诺贝尔奖”可以互相补充，相得益彰。

虽然“邵逸夫奖”被人们称为“东方诺贝尔奖”，但“邵逸夫奖”绝不仅仅面向东方科学家，它的颁奖原则是：不论得奖者的种族、国籍、宗教信仰，而以其在学术及科学研究或应用领域获得突破性成果，且该成果对人类生活有意义深远的影响为旨要。评审工作每年6月开始，第二年6月宣布得奖人员名单，8月颁奖。“邵逸夫奖”评审会主席由著名物理学家、诺贝尔奖获得者杨振宁出任。杨振宁表示，“邵逸夫奖”是由中国人在中国的土地上设立的，但奖项面对全世界的科学家，海内外学者都可以竞逐奖项，评选则会公平、公正地进行。他预期“邵逸夫奖”的设立将对全球、对亚洲、对中国内地及香港的科技发展产生巨大的推动作用。

首届“邵逸夫奖”于2004年9月7日在香港颁发，全部奖项分别由南开大学数学研究所名誉所长陈省身教授、美国普林顿大学詹姆斯·皮布尔斯教授、美国斯坦福大学史丹利·科恩教授、加州大学旧金山分校赫伯特·布瓦耶教授、加州大学旧金山分校简悦威教授、英国牛津大学理查·多尔爵士等6位科学家获得。

从中国电影的开拓者到热心公益事业的慈善家，邵逸夫所走过的曲折而成功的道路，是中华民族传统价值的真正写照。不但是现在，而且在将来，邵逸夫都会以成功的业绩、高尚的人格和伟大的精神赢得世人的敬仰。

第十一节　包玉刚

包玉刚

包玉刚（1918—1991年），名起然，浙江宁波镇海人，是世界上拥有10亿美元以上资产的12位华人富豪之一，世人公认的华人“世界船王”。1995年创立了环球航运集团有限公司。1978年，包玉刚的“海上王国”达到了顶峰，稳坐世界十大船王的第一把交椅。1976年，他被英国女王封为爵士。他热情支持祖国建设，除捐献巨资为家乡兴建兆龙学校、中兴中学、宁波大学外，还建造了北京兆龙饭店、上海交通大学包兆龙图书馆，设立包兆龙、包玉刚留学生奖学金等。

一、心存高远 中兴起航

拥有天然深水港的宁波是浙江省最大的港口城市，是各地客商以及来自中东、欧洲的航海家运输、避风、休憩的理想之所。包玉刚的家所在的钟包村，离海并不近，童年的包玉刚除了上学读书，最喜欢去看海看船。有一次，包玉刚跟父亲到镇海，他看到那无边的大海和海上的商船忽发奇想，希望自己将来能当船长驾船周游世界。几十年后，船长没当成，却成了“船王”。包玉刚成为“船王”的漫长之路，就在中兴中学的前身——叶氏中兴小学起步。

包玉刚童年的时候，家境比较富裕。父亲包兆龙长期在汉口做生意，很少有时间回家中，但他并未丝毫放松对子女的严格要求，他把包玉刚、包玉星送进了教学质量闻名遐迩的叶氏中兴小学，接受当地最好的教育。

叶氏中兴小学是宁波著名的学校，由清末“宁波帮”的先驱“五金大王”叶澄衷于1904年创办。叶氏中兴小学对学生严格教育，主张全面发展，在勤、朴、肃、睦校训熏陶下，培育出了一批优秀人才，包括工商巨子、科技精英等一批社会名流。除了包玉书、包玉刚、包玉星三兄弟外，还有“影视大王”邵逸夫，新昌集团叶庚年、叶谋彰以及著名实业家包从兴、赵安中，台湾的楼志章、朱之信等，这些港台“宁波帮”中的富豪殷商都在叶氏中兴小学受过良好的教育。包玉刚是在1926年7岁时入学的，1932年毕业。

在叶氏中兴小学，包玉刚遇到了几位好老师，不但打下了扎实的文化基础，也学到了不少做人的道理。

叶氏中兴小学的校风很好，校内有位丁伯雄先生，教学很有特色，他十分注重运用启发式教育方法，激发学生学习的自觉性。他指导学生成立了一个学生自治会，下设宣传部、司法部、体育部、康乐部、福利部等，并选出了愿意为大家服务的“小公仆”，让学生自己管理自己。丁先生还指导学生自己编辑名为《钟声》的墙报。包玉刚是《钟声》的积极撰稿人，他写的文章简洁明了、生动活泼，被同学称为“秀才”。他有一个好朋友叫王尔功，是学生自治会的第一任司法官，即“中兴法院”第一任“院长”，素以履职严明而在同学中威信很高。有一次一个大同学欺负小同学，小同学自卫反抗，恰巧被“法官”王尔功看到，王尔功以为小同学不守纪律，便判罚小同学站墙角，小同学觉得委屈，哭了起来。包玉刚当即站出来，向王尔功说明情况，纠正了这一“错案”。这件事情被父亲知道了，包兆龙大赞包玉刚做得好，包兆龙教育儿子：“为人就是要严于律己，宽以待人，仗义执言，主持公道——这是为人的正道。”

童年是一个人性格形成的重要阶段，而童年所受的教育，往往会影响人的一生。包玉刚是幸运的，他在叶氏中兴小学念书时遇到了一群好老师，支家英就是其中一位。这位支家英，虽是位小学老师，却多才多艺，数理化样样精通，音乐、绘画无所不能，还讲得一口流利的英语，包玉刚的英语说得既漂亮又有条理，与支家英的教学有密切关系。而包玉刚的沉实、稳健的作风更得益于恩师的栽培。

1931 年，镇海县小学生运动会即将召开，这在当时是轰动一时的新闻。各小学都出奇招，想在运动会上为自己学校争光。叶氏中兴小学的金茂如校长想出一个先声夺人的主意：派一支军乐队参加运动会的开幕式，这个场面一定会引起轰动。

消息一传开，叶氏中兴小学的学生们纷纷争着报名，很快 25 名队员经过报名筛选公布了名单。可谁来当军乐队的旗手呢？支家英找到了包玉刚，说：“老校长对军乐队鼓号手要求很高，对旗手高求更高，他再三强调，旗手不但要品学兼优、相貌端正、体格健壮，而且要能吃苦、作风稳健、临场不惊。我们老校长推荐了你，要知道，旗手是军乐队的灵魂。你有没有信心当好这个旗手？”包玉刚朝支家英使劲地点点头。

一个多月过去了，运动会如期召开，开幕式场面热闹非凡，上千人围观。首先进场的是叶氏中兴小学代表队。只听见大铜鼓“咚咚咚”敲了三下，雄壮的鼓号声随之有节奏地响起。在鼓号声中，大家看到在一面绣着“叶氏中兴小学”六个大字和一个古铜色钟形校徽的白纺绸校旗引导下，一支统一服饰的军乐队踏着整齐的步伐走进会场，后面是精神抖擞的运动员。大小鼓手按着旗手的步伐节奏敲鼓，号手则和着鼓点吹奏出激动人心的进行曲。旗手始终昂首挺胸，目不斜视，高高举着校旗向前行进。校旗迎风飘扬，旗手精神抖擞，动作那么老练娴熟，俨然训练有素的样子。大家定睛一看，这个英姿飒爽的旗手就是包玉刚。刹那间，观众向他报以热烈的掌声和喝彩声。这次开幕式，叶氏中兴小学出尽了风头，包玉刚也给大家留下了深刻的印象。包玉刚心里深深地感谢支家英先生，是支先生给他锻炼的机会，给了他出人头地的信心。

二、奋力拼搏　终成船王

1. 离沪赴港　安身就业

1948 年下半年，包兆龙卖掉了民丰造纸厂，携家人从上海移居香港。而包玉刚本人仅于 1949 年元旦到香港作过两天的短暂停留，便乘飞机返回上海。但是，当时上海食品短缺，通货膨胀，贪污横行，一片混乱。包玉刚看不到任何希望，刚刚跨过而立之年的银行家，已是两个女儿——陪庆、陪容的父亲。他终于下定决心离开上海。2 月末，他向上海市市长辞去了上海市银行副经理职务；3 月初，他乘中华航空公司的班机，赴香港与家人会合。

包玉刚举家来到香港，一切都要从头开始，重新规划事业方向。

他们在港岛上环附近西摩道租了一套三居室的房子，每月房租为450港元，但由于内地大批人涌来，使得住房需求剧增，他们的住房开门费竟涨至2万港元。他们一家过着节俭的生活，包玉刚的夫人黄秀英给两个女儿买裙子和鞋子都是大一号的，为的是能多穿几年。

包玉刚决心自力更生、白手起家，他已经不可以再从事银行业了，因为在香港，除了英资的汇丰、渣打和有利银行外，其他金融业都被广东人所控制。

包兆龙认为房地产可能是赢利的行业，但是包玉刚当时对前程没有把握："香港太小了，缺乏动力，生活很不安定，我又不会讲广东话，也不认识什么人。"他决定不做永久性投资，先进行进出口贸易。

这时，又有几个老朋友从上海和宁波来到香港，包玉刚与他们商量。结果在皇后大道和毕打街之间，租了一幢有50年历史的华人商行大楼中的一间小办公室，成立了新联公司。悄悄做起了生意，他们主要经销中国商品，如饲料、鸭绒、中药、粮食等，很快站稳了脚跟。

抗美援朝战争爆发后，美国政府宣布对中国禁运，香港当局也照此执行。但是，包玉刚把业务扩大到化工产品、轮胎，以及从欧洲用以货易货的方式购买马口铁。有些货物经过精心安排通过第三国运到澳门，然后运到中国大陆。他们的账户通过汇丰银行往来。1952年，包玉刚认识了当时汇丰银行进口部负责人约翰·桑德斯。当桑德斯1954年任主任会计师主管香港地区对外贷款后，他对包玉刚的事业发展起了关键作用。

新联公司生意兴隆，办公室搬到了汇丰银行不远的恒昌大厦，面积比原来大4倍，铜制招牌也挂了起来，包玉刚成为公司的总经理，当时新中国第一次发行公债时，他率先认购了10万港元，表现了自己的爱国热情。

这时，包玉刚决定在香港发展自己的事业，将香港的生意由暂时性的转为永久性的。但是，投资什么方面好呢？这不是一个简单的问题，投资方向即选择职业、规划生涯，这要在考虑自己的兴趣爱好和自身潜能之外，还要分析投资的环境。包玉刚是如何处理的呢？

2. 规划生涯 投资航运

那时候，包玉刚喜欢在工作之余，到维多利亚港去看大海。香港有天然的深水泊位和充足的码头，其优越的地理位置和自由贸易的优惠条件吸引了世界各地的船只。自从1911年，中国陷入动荡不安之中，香港平静的水面为国际贸易提供了可靠的门户。香港有181平方千米的港口，每年的吞吐量达3 000万吨，是世界上最繁忙的港口之一。第二次世界大战之后，世界经济复苏，各地之间的贸易往来增多，"船运是最廉价的一种运输方式，必将大有作为"，包玉刚对自己说。

包玉刚想搞航运的决定在家里引起了轩然大波，父亲包兆龙态度坚决地反对，连朋友们也以为他"疯了"。朋友劝他：搞航运虽然能赚到大钱，但正如古人所说的，水能载舟，亦能覆舟，海上风浪无常，危险极大，有多少人搞了几十年的航运，到头来却落得倾家荡产、家破人亡的下场。再说，香港搞航运的已有几十家，他们的资本、经验以及与银行的关系，无论哪方面都比你强，你能竞争得过他们吗？父亲阻止他："中国有句老话，叫'不熟不做'，你对航运业了解多少？买一条船动辄千万元，你才有多少钱？你今年已经36岁啦，已经过了而立之年，还是别去冒那些无谓的风险，老老实实跟我一起做房地产生意吧。"包兆龙的话确实有一定道理。香港住房本来就不多，沦陷时让日本人炸掉一部分，20 世纪 50 年代，香港人口剧增，住房困难相当严重，一家几口同挤一张床的情况随处可见；另一方面，香港未开发的土地和闲置用地数量可观，地产生意前景诱人。包玉刚一向尊重父亲的意见，他并没有马上反驳父亲，而先摆出了事实，据理力争，他说："房地产生意利润固然可观，但发展得再好，也是死的，带不去的，而船是可以移动的财产，在太平盛世可以运货赚钱，遇到时局动荡则可乘船远走。"包玉刚后来回忆说："从宁波来的人会注意到他们的优势，那里的年轻人有出海的传统，我从小对船运有兴趣，我觉得船运业提供了更多的挑战，并可以扩展我们的进出口能力，朝鲜战争之后，中国大陆漫长的海岸线提供了很多的贸易机会。我认为，投资航运比投资陆地更安全，更灵活自如。"包兆龙被儿子有根有据、合情合理的分析所说服，不再坚持反对意见。

不过，也不是所有人都不赞同包玉刚搞航运，包玉刚的少年朋友郑炜显就非常理解和支持他。当郑炜显知道包玉刚有投身事业的想法时，立即意识到这是具有战略眼光的一步，他鼓励包玉刚说："一个高明的企业家与一个赌徒的根本区别，在于前者勤于学习，善于思考，能审时度势，随时捕捉稍纵即逝的机遇。"他又同包玉刚仔细分析："你虽然未搞过航运，但你有很多别人所没有的条件：你曾经在好几家银行干过相当长的时间，在调配资金方面有丰富的经验，就算是正在搞航运的人也未必比得上你；另外，这几年你搞进出口贸易，世界各地的行情你熟悉，商场中的风风雨雨你也经历过，所有这些对你转行搞航运都是宝贵的财富。我倒认为不一定要因循守旧，照着别人的路子走，发挥你的优势，相信会有意想不到的成就……"一番推心置腹的话使包玉刚受到鼓舞，更坚定了发展航运事业的决心。

3. 倾囊投资　旧船起家

下决心不易，付诸行动更难。任何创业都是艰苦的，包玉刚搞航运要买船，他却拿不出一大笔现金。向银行贷款得有保人，没有一二个大老板做后盾，有哪家银行愿意把钱借给一个默默无闻之辈？包玉刚万般无奈之下，决定去找早时相识的会德丰马登集团首脑马登商量，企盼他助一臂之力，借一笔资金。

那是 1955 年，包玉刚在伦敦拜访了马登。马登身材高大，体格健壮，神情高傲而专横，他在自己豪华的办公室接待了这个比他矮半个头的中国人。包玉刚不卑不亢地讲述了他想搞航运的想法，马登在办公桌的那边盯着他，等包玉刚说完，他以教训的口气警告包玉刚："年轻人，航运业是一个危险的行业，弄不好会把你最后一件衬衫也输掉。"包玉刚点点头说："船运这一行风险的确很大，但做生意并不是赌博，没有把握的我是不会做的。"马登反问包玉刚："航运业投入相当大，你有多少资金？"包玉刚脸红了，但对方那轻蔑、讥讽的眼光激怒了他，他抬起头直视马登说："资金有一些，但不多。"马登突然纵声大笑起来，他用讥讽的口吻说："恐怕不是少得可怜，连一条旧船都买不起吧！"包玉刚的脸一下涨得通红，但很快便克制住自己，他用平静的语气说："马登先生，虽然今天我还买不起旧船，但并不等于说将来永远买不起新船。"马登一愣，说道："既然你这么有兴趣有信心搞航运，我来成全你吧！我有一条船，是"二战"时造的，叫'格兰斯顿勋爵'号，价值 40 万英镑，如果你要买，我可以给你提供 60% 至 70% 的贷款。"马登一边说，一边把船的有关资料交给了包玉刚。包玉刚发现这份材料与他了解到的情况并不相符。因为在见马登前一个星期，包玉刚就开始了解造船业的行情，他曾听好几个伦敦的船务经理提及这条"格兰斯顿勋爵”号，说该船破旧不堪，别说载货，就算是空船开出去，也说不准能不能开回来。包玉刚再看看马登拿过来的合约，发现上面的条款繁杂而苛刻，分明是马登欺负包玉刚没有航运的经验，想从中赚一笔。包玉刚忍住心中的怒火，彬彬有礼地对马登说：“马登先生，如果我买你的船，并非你借钱给我，倒像是我借钱给你了。”包玉刚的伦敦之行，虽然没有借到钱，但是不失他的志气与自信。

包玉刚两手空空从伦敦回到香港，他思前想后，决定自己筹钱买船。他向父亲包兆龙倾吐了自己的愿望与决心。父亲被儿子的干劲所感动，决定支持儿子。当年来香港之时，包氏父子变卖了所有家产，共得现金几十万元，经过几年做小生意，也赚了些钱，但倾其所有，仍然不够买一条船。包兆龙于是提议，采用集资的方式，发动亲戚、朋友帮忙，经过多次游说，终于筹集了 20 万英镑。经过一番波折，包玉刚带着全家的希望——20 万英镑，向英国威廉逊公司买下一条已有 28 年船龄叫“英爱纳”号的旧船。按包玉刚的要求威廉逊公司把船检修好以后，又请人把船油漆一新，然后把它开到香港。包玉刚见到“英爱纳”号，却像见到亲生儿子一样高兴，立即把它改为“金安”号。“金”代表财富不断，“安”寓意船行时人货平安。凭这么一条老掉牙的旧船进军航运业，这在世界航运史上恐怕是绝无仅有的。

但包玉刚以一条旧船起家，经过 20 年的拼搏，船队迅猛发展，竟然超过了董浩云的一倍多，建立了一个闻名世界“海上王国”，成为名副其实的“世界船王”。

4. 薄利长租　初获成功

包玉刚是怎样平地崛起、后来居上的呢？援引包玉刚自己的话说：“用笨的方法取得用户的信任，在经营管理上超过同行。我的座右铭是：‘宁可少赚钱，也要尽量少冒险。’”

什么是包玉刚的“笨办法”呢？美国《新闻周刊》曾有专文介绍过包玉刚的发迹史。文章说：“船必须能够赚钱。他对追求这个目的有耐心。他避免冒险单程包租，却以近四分之三的船只承接利润较低，但较为安全的几年期的定期包租。”这是对包氏“笨办法”的中肯注释。

当时香港和国际上普遍实行按船只行程计算即短期包租的办法。这种办法在世界经济繁荣时期，可以获得较高的利润，然而在动荡不定、战火弥漫的时期，要想用一条只有 8 200 吨位的船去赚钱这几乎是不可能的。包玉刚面对这一严峻的现实，冷静地分析了资本主义世界变化多端的情况，毅然采用低租金长合同的稳定经营方针。

包玉刚认为，长期租约主要有两个好处：其一是收入稳定、降低风险；其二是可以取得银行的信用保证。这一方针为他打开了经营的门路，用户纷纷上门，向他租船，形势喜人，却也逼着他进一步发展船队。由于低租金赚头不大，他就果断地决定再次借债买船。

事实证明，包玉刚的看法是正确的，在短短一年多时间里，他已拥有 7 条货船，并把公司改名为“环球航运公司”。这期间，包玉刚的主要经营伙伴是日本的货运公司和造船公司。

5. 经营航运　诚信为本

包玉刚有句名言：“在这个国际社会里，生活方式、行动和从前不一样，在商业道德这方面，还是老传统好，要有信誉、有信用才行，这里面关系很大。”这句话几乎被引用到有关包玉刚的所有文章中。由此可见他对信誉的重视。好的信誉，就是财富。

包玉刚也承认：“我的信誉有着良好的记录。”他把信誉比喻成“签订在心上的合同”。

他说："签订合同是一种必不可少的惯例手续，纸上的合同可以撕毁，但签订在心上的合同撕不毁。人与人之间的友谊建立在互相信任上。"他始终恪守信用，从不开空头支票，良好的经营信誉，奠定了他事业成功的基础。

包玉刚以恪守信用为做人准则，因而对那些背信弃义、不守信用的人非常鄙视，即使头顶香炉跪在他面前哀求，他也决不宽容、决不同情。

在他经营航运开始的几年，手中的船并不多，有一次，他看在一位朋友的分上，把其中一条船租给了一个港商，是一个6个月的短期合约。在与这个港商签约前，他已听说此人是一个投机商人，名声不太好，只是碍于朋友的面子，加上港商不逾期，他才勉强同意短期出租。然而，租约到期之日，正值苏伊士运河关闭，运费飞涨，那个港商见有利可图，便千方百计以种种借口留住船只，到期也不退回，想继续租用包玉刚的低租金货船，并主动把租金提高了一倍，还以现金预付三分之一费用。但包玉刚对此人的行径极为不满，坚决拒绝续租请求，他说："你把租金提高10倍也不会租给你了。"然后包玉刚把船以相对偏低的租金与日本一家信誉好的公司签了长约。

在金钱与信誉的天平上，包玉刚选择了信誉。事实证明，包玉刚的选择是正确的。后来，埃以战争结束，关闭的苏伊士运河重新开放，运费暴跌，那个冒险投机家宣告破产，而那些租船的船东也蒙受很大损失，有的也跟着破产了，而包玉刚与日本租户签订的是长期合同，避过了一场灾难。包玉刚说："你老老实实做生意、讲实话，干事规规矩矩，别人对你就有信心。"

在20世纪50年代，包玉刚所经营的都是散装货轮，吨位小，加上低租金，赚钱不多，发展不快。1967年以后，由于中东石油运输的需要，包玉刚开始购买油轮。可他碰到一个棘手的问题，欧美的石油公司和其他租户对华人船东的船只都不屑一顾。认为中国人的船只年代久、管理差、技术状态不好，而包玉刚初出道，外国人对他的名字十分陌生，对他的船队一无所知。这些公司老板只相信希腊"船王"奥纳西斯、尼亚科斯和挪威"船王"力端斯坦。包玉刚对此非常焦急，两道浓眉拧成一个疙瘩。这是西方人一种浅薄的偏见。他决心要破除这种人为构筑起来的偏见，打开僵局，为中国人争一口气。

包玉刚开始四处出击，遍访各家欧美石油公司，一一游说，许诺作保：如不能保质保量按时地把油轮运到卸货港口，自愿接受加倍罚款，赔偿损失。欧美石油公司的老板们还是抱着不信任态度，向他摇头。但其中一位业务人员被包玉刚的诚恳态度和流利的英语所感动，建议他找美国的ESSO石油公司谈谈，包玉刚几经努力，这才将4艘小型油轮租给这个石油公司，但公司经理戴维纽顿只答应试一次。

包玉刚亲自上阵，率领4艘小型油轮漂洋过海，往返运货。小型油轮载量少，自然比不上大油轮。但它的船速快，进港、靠岸比大油轮灵活，对于能源急需的国家来说，石油早一天运到，投入使用，就能赚大钱。对这一点，包玉刚心里十分清楚。这次为美国ESSO石油公司运油成功与否，不仅关系到他的船队能否在海上航行，也关系到整个在港中国船队能否在国际航运界立住脚。他像珍惜自己的眼睛一样，珍视这次运油的合作与信誉。他以宁波人精明的大脑，严密计算，统筹安排，精确无误地核定出小型油轮运送的日期，夜以继日地直接组织、调度人员，亲自监督船队装油起航，一番心血终于没有白费，4艘油轮按照合同，提前几个小时完成这次运油任务。无论是运输速度、装卸质量，还是安全保障等方面，都使美国 ESSO 石油公司十分满意。公司经理戴维纽顿非常高兴，向包玉刚伸出双手，激动地叫喊着：“OK！OK！包，我们的合作非常愉快，非常成功，今后我们可以经常合作。”他两手用劲抓着包玉刚的肩胛，仿佛要把他悬空拎起来。“中国船队，棒！”戴维纽顿是个讲交情的人。为了感谢包玉刚及时把石油运到，他特地在纽约举行酒会答谢，高度赞扬中国船东恪守信用和卓越的管理才能。

这次为美国 ESSO 石油公司运油成功，使包玉刚的公司在世界油轮业务方面打开了局面，并且为香港的华人船东赢得信誉，做了开路先锋。环球航运公司从此挤进了国际航运界，船队又有了迅速的发展，他的船队由 7 艘船发展到 20 多艘船。

6. 借鸡生蛋　发展船队

银行的一个重要职能就是放贷，银行是企业的最大输血机构。包玉刚的船队要迅猛发展，除了善于抓住机遇、诚信经营外，还要能巧妙地借助于银行的力量，借鸡生蛋。但是，向银行借钱，找谁当担保人呢？在这里，银行更多的是看重“钱”，而不是“人”。“如果我能够找到一样东西证明我有偿还这笔债务的能力，那么这样东西可以作为我的担保。对，找日本银行给我开一张信用状做担保！但是，找哪家银行借钱？”包玉刚权衡了汇丰、渣打、有利三家银行，决定找汇丰银行。原因两条，一是他的船队中有一艘是抵押给汇丰银行的，可说有业务往来；二是他与汇丰银行信贷部主管桑达士打过交道，又在高尔夫球场经常见面，算得上有些交情。

1961 年，包玉刚约桑达士见面，会谈中桑达士一句“君无戏言”，竟把两人事业推上顶峰。包玉刚向桑达士提出了向汇丰银行贷款买船的要求，桑达士为难地说：“包先生，对于船运业，我们银行一向比较谨慎，银行贷款的规矩，包先生你是清楚的……”包玉刚说：“如果有一家日本银行开出信用状，汇丰银行是否愿意借钱给我？”桑达士想：“与其让他喋喋不休地纠缠下去，不如就先答应他，反正他也未必有什么能耐拿到日本银行的信用状。”想到这里，桑达士爽快地对包玉刚说：“包先生，只要你拿来信用状，我马上给你贴现。”包玉刚眼前一亮：“此话当真？”“君无戏言。”桑达士用了一句相当中肯的中国话来回答包玉刚。一个君子协定就这样诞生了。

包玉刚告别桑达士出来，马上订了一张飞往日本的机票，一下飞机，就径直去拜见租户的总经理，向他说了自己的想法，几天奔波，几经周折，包玉刚如愿以偿，拿到了帮助他踏上“船王”之路的 IC——银行信用状。当包玉刚拿着这张银行信用状，走进汇丰银行桑达士办公室时，那位金发碧眼的英国绅士惊奇地睁大眼睛，仿佛不相信这是事实。由于说过“君无戏言”，桑达士并不食言，立即给包玉刚贷了款。包玉刚通过借钱买船，开始建立自己的海上王国。

7. 终成一代“世界船王”

桑达士因支持包玉刚搞船运，开银行涉足海运之先河，1962 年被提升为汇丰银行的首脑。两年后，桑达士又与包玉刚携手合作，由汇丰银行投资环球航运公司，1971 年，包玉刚接受汇丰银行邀请，加入其董事会，从而成为进入汇丰银行董事会的第一个中国人。20 世纪 70 年代以后，汇丰银行渐渐超过了其他两家银行，其中一个重要原因是采纳了包玉刚的“投资多样化”的建议，走国际化路线。事实证明，汇丰的路子是走对了。在一篇介绍包玉刚的成功之道的文章中，作者这样形容包玉刚与桑达士以及汇丰银行的关系：桑达士最大的功绩是发掘了包玉刚。包玉刚的事业是凭汇丰银行发展起来的。桑达士令包玉刚发达，包玉刚令桑达士升级，令汇丰银行跑赢了渣打银行。

从1961年到1968年的短短7年间，包玉刚的船队所拥有的轮船达到50艘，到1975年包玉刚登上了“世界船王”之位，他的环球航运集团所属运油船和干货船达84艘，赢得了“东方奥纳西斯”的称号。这离1955年一条旧船起家刚刚20年。时至1980年，包玉刚的环球航运集团的船队已发展到200多艘，载重量达到2 100万吨，成为世界航运业之首。

一位香港记者采访包玉刚时问他：“包先生，作为一个在中国出生的人，在国际航运上做出了世人瞩目的成就，你有何感想?”包玉刚微微一笑，意味深长地回答：“我们中国人以勤劳、诚实、厚道闻名于世。我作为一个中国人，过去创业所遇到的困难，往往比其他国籍的人多，比较客气的不信任和直截了当不客气的白眼都时常碰到。要想做出卓越的成绩，只有靠我们埋头苦干，用我们的勤劳战胜困难，用我们的诚实取信于人。那种依赖外国政府给你资助或给你津贴的幻想是不现实的。一旦我们的事业顺利时，切不可妄自尊大；当事业不顺利时，也绝不卑躬屈膝，人应该保持尊严和自信心。”包玉刚的这段话可以说是他事业成功的经验总结，也是他的为人准则。

三、报效祖国　造福桑梓

1. 心系祖国　会晤邓公

包玉刚经常向人宣传他的一个论点是，他的成功离不开香港特殊的经济环境，香港的繁荣离不开内地的支持。作为一名华人，只有中国强大，个人才能感到光荣与自信，因此，包玉刚虽然长期在海上经营他的航运王国，可他对国内风云始终关注。新中国成立后，包玉刚对内地的认识经历了一个从迷茫、失望到希望的过程。通过中国政治的风风雨雨，有一个人给他留下了深刻的印象，也重新给他以希望和信心，这个人就是邓小平。

早在“文革”之后，邓小平支持广大农民包产到户的举动，就曾引起包玉刚的注意。此后，邓小平大张旗鼓地推进改革发展的勇气和魄力，改变了过去包玉刚认为“共产党搞经济外行”的偏见。粉碎“四人帮”后，十一届三中全会的召开，包玉刚面对邓小平提出的解放思想、实事求是，实行改革开放的战略决策，更坚定了服务四化、报效祖国的决心。

邓小平——中国改革开放的总设计师，包玉刚——调度一支庞大船队，搏击四海风云的“船王”，中华民族伟大复兴的历史使命，把他们连接在一起。那是1981年7月6日上午10时，邓小平在人民大会堂福建厅接见了包兆龙、包玉刚父子，笑容满面地握着他们的手说：“我们早就应该见面了!”“早就应该见面了”，一个“早”道出了他们“相见恨晚”的迫切心情。虽是初次见面，但他们立刻像老朋友似的畅谈起来。邓小平：“好吗?”包玉刚：“好！好！谢谢您。我是1918年生，63岁。”邓小平拍了拍包玉刚结实的肩膀，说：“还非常健壮!”“邓副主席也很健康!”包玉刚笑着回答邓小平。接着包玉刚介绍了自己搞航运的经历：1955年，开始有了第一条船，8 700吨，到1981年拥有210条船，总吨位2 100万吨，包括在国内订造的6条。邓小平静静地听着，有时也提一些问题，而如何发展中国的造船业问题，就成了他们的热门话题。

对包玉刚来说，从这第一次会面后，他不仅佩服邓小平实行改革开放的雄才大略，同时也被邓小平的政治魄力和人格魅力深深打动。这不仅使他消除了40年来形成的对共产党的种种误解和隔阂，也增强了他支持祖国现代化建设的信心和热情。

2. 兆龙饭店　石破天惊

1980 年 3 月 15 日，包玉刚应时任六机部部长柴树藩的邀请，到北京商谈订购船舶和航运合营等问题。合营协议签订后，王震、谷牧等领导人会见了包玉刚。会谈中，包玉刚一再表示愿意支持祖国的旅游事业。他说："北京缺少旅游饭店，我来贡献。父亲包兆龙和我本人愿意无条件地捐赠 1 000 万美元，在北京适当地点建一现代化的旅游饭店。我只有一个要求，为纪念我的爸爸，我爸爸已经 80 多岁了，饭店就叫兆龙饭店。"就在上次邓小平与包玉刚历史性会见之前的 1981 年 1 月，包玉刚在广州与柴树藩商谈合作时，又表示愿意向上海交通大学也捐赠 1 000 万美元，用来建造一座现代化图书馆，唯一的要求也是以包兆龙命名……

但是令包玉刚父子始料不及的是：他们的热心肠遇到了冷面孔，多少年来我们习惯于政治思维，当时的中国刚实行改革开放，人们还没有从"左"的束缚中解放出来，甚至有人说："难道我们要接受资本家的捐赠？而且还要用私人的名字来命名？"因此，包玉刚的 1 000万美元的支票硬是没有人敢接。时任国家旅游总局副局长的庄炎林感到压力很大，最后，给邓小平打了报告，寻求支持。邓小平了解情况后快人快语："用他一个名字，也没有关系嘛，为什么不可以用？人家有贡献也可以纪念啊！别人不同意，我来替他题字。"包玉刚听到消息，说："好，我马上把支票送过来。"1981 年 7 月 6 日邓小平接见包兆龙、包玉刚父子，邓小平亲手接过包玉刚面值的 1 000 万美元建造兆龙饭店的支票和捐赠 1 000 万美元建造上海交大图书馆的承诺书。会见期间，邓小平赞扬了包玉刚对国家建设的帮助和支持，认为他很爱国很热心。邓小平践诺题写了"兆龙饭店"。得益于邓小平的关心与支持，兆龙饭店得以顺利建成，1985 年 10 月 25 日，邓小平还破天荒地为这家饭店的落成典礼剪了彩，并与包玉刚在兆龙饭店合影留念。

3. 船王创建宁波大学

1984 年 8 月 1 日，邓小平发出"把全世界的'宁波帮'都动员起来建设宁波"的号召，包玉刚深受鼓舞。他终于高兴地接受了宁波市政府邀请，于 1984 年 10 月 28 日，在卢绪章陪同下，踏上了阔别几十年的宁波故乡。

包玉刚第一次回到宁波，有意要为家乡办些实事，便问当时陪同的宁波市市长耿典华，宁波最需要解决的是什么问题？耿典华："宁波现在还没有一所综合性大学，地方培养建设人才很困难。"第二天，宁波市委、市政府宴请包玉刚夫妇。席间包玉刚谈了两天来的观感，说："宁波比我想象中要好得多，不过宁波潜力还很大，特别是宁波港，如果能充分开发，我看宁波前景无量。"市委书记葛洪升说："宁波被正式列入 14 个沿海开放城市后，市委、市政府专门做了部署。现在最要紧的是资金和人才。我们诚心欢迎包先生能对宁波的发展多提宝贵意见。"包玉刚突然端起酒杯站了起来，并郑重地拉着葛洪升的手宣布："葛书记，我决定创办宁波大学！我出钞票 2 000 万美元，你出地皮。"包玉刚的这一决定，使在座的各位皆大欢喜，大家都站起来鼓掌庆贺。

1984 年 12 月 20 日上午，刚刚参加完中英关于香港问题联合声明正式签字仪式的包玉刚，在人民大会堂福建厅受到邓小平的接见。其时，距包玉刚第一次回故乡不到两个月，话题就从包玉刚这次回故乡谈起。包玉刚："我最近去了家乡宁波，准备做点事情，您听说了吗？"邓小平："听说了。你很热心啊。"包玉刚："宁波是我的故乡，我已经 40 多年没有回家乡了，宁波有 1 万多平方公里，比香港大 10 倍，香港 550 万人口，有 4 所大学，宁波 500

万人口，没有一所大学，所以我打算在宁波办一所大学，希望得到邓主任的支持。”邓小平笑着说：“我赞成。”会见中，包玉刚提出请邓小平给宁波大学题写校名，邓小平答应一定写。10 月份的意向，12 月在北京就敲定了。

1985 年 1 月 4 日，邓小平找谷牧谈话说：“办宁波大学的问题，包玉刚讲，大学归国家办，他出钱，这是好事，我答应给题写校名。你们应该督促有关方面，把这件事情办好。不到半个月，小平同志的题字就由时任国家教委主任李鹏转到了宁波大学。在邓小平支持、关怀下，宁波大学的筹建工作非常顺利。1985 年 10 月 29 日，举行了宁波大学奠基典礼。1986 年 11 月 25 日，包玉刚出席了宁波大学开学典礼。从此结束了宁波没有综合性大学的历史，也圆了几代宁波人的大学梦。

4. 校友共建　中兴中学

在宁波，包玉刚除捐资创办宁波大学外，还与其他中兴学校校友一起恢复了中兴中学。1985 年 2 月 10 日，成立了中兴学校第四届校友会和中兴学校筹建委员会。连续三届任香港宁波同乡会会长的包从兴，听到中兴复校的消息后，主动担起联络旅港校友的义务，发起认捐复校资金工作。邵逸夫、包从兴和赵安中以其子名义各捐 100 万港元，叶谋彰捐 50 万港元，其余由包玉刚捐资 650 万凑足 1000 万港元建设中兴中学。1986 年 10 月 26 日举行了隆重的奠基典礼。由于包玉刚等中兴旅港校友的大力支持，1987 年 9 月百年中兴重新拔地而起，并由原来窄小破旧的小学扩建为一所环境幽雅、设备齐全的完全中学。在 10 月 3 日的落成典礼上，包玉刚以一个老校友的身份语重心长地对新一代中兴学子说：“希望你们好好利用这所设施完备的学校，接受各位师长的教导，刻苦学习，使自己打好基础，造就成有用的人才，为国家的现代化建设做出贡献。”

第十二节　胡嘉烈

胡嘉烈，新加坡著名华商，南洋商业巨子，立兴申庄公司的创始人。1935 年，在新加坡创办立兴企业公司，经销汽油灯，又在南洋拓展业务，并在上海设有立兴申庄，以后逐渐囊括上海各家汽灯厂产品销售。后来，在新加坡开设了五金制造厂，经营业务遍及印度尼西亚、泰国、英国、加拿大等国和中国香港地区，遂逐渐成为新加坡巨商。他热衷办学，与陈嘉庚，胡文虎三人齐名，有着“办学三贤”的美誉。

一、良好教育背景助其闯荡商界

胡嘉烈 1911 年出生于浙江省宁波市鄞县茅山乡胡家坟村一个商人世家。他的祖父胡开泰长期在邻近的慈溪经商，曾担任慈溪城里最大的酿造企业冯恒大酱园的经理达数十年之久，并一度被推选为慈溪县商会会长。胡嘉烈的两个弟弟分别在宁波、上海的商店担任协理、经理之职。胡嘉烈的父亲胡善教则跟着祖父四处经商。

胡嘉烈 8 岁的时候，进入本村文山小学读书。初小毕业后，便随着父亲寓居在慈溪，就读于上海钱业巨子秦润卿所办的慈溪普迪一小直至毕业。文山小学和普迪一小，都以办学严谨、教学质量高而远近闻名。由于教学质量高，学生毕业后还由秦润卿等校董为其介绍职业。尽管后来胡嘉烈没有继续升学，但良好的教育背景使他日后掌握了许多文化知识，这无疑为他闯荡商界打下了一定的基础。

1924年，胡嘉烈小学毕业。按例，他完全可以进入冯恒大酱园学生意，以便就近得到亲人的点拨和照应。但深谙商场之道的胡开泰却打破了这一惯例，他认为“吃得苦中苦，方为人上人”。他决定让小孙子去跑码头见世面，到外面的世界去经受锻炼。经过时任上海彩文号经理的叔祖胡三泰辗转委托，胡嘉烈离开了祖国，前往远离故乡和亲人的新加坡闯荡。当时，鄞县南乡姜山胡家坟一带，已经有人在时称南洋的新加坡一带从事洗衣、成衣、餐馆等行业，于是年仅14岁的胡嘉烈也加入当时闯南洋的行列。他从做学徒开始，积累经验，不耻下问。刚来到新加坡的时候，胡嘉烈在采章文具店学生意，三年后满师，可是后来因与师傅发生龃龉，便回到了上海。次年，胡嘉烈决心重返新加坡，很快就受聘于万兴国货公司，后来还担任司理一职。

二、靠汽油灯在新加坡起家

所谓“三把刀子闯天下”，清末民初闯荡南洋的宁波人多是以洗衣、成衣、餐饮为业，但在商场上滚爬了10年的胡嘉烈却另外发现了商机。1935年10月，他以多年的积蓄为资本，独资开设了立兴企业公司，经营汽油灯购销业务。汽油灯这一照明器具现在已是难觅踪迹，但在电灯未普及的时代却十分盛行。它以煤油为燃料，煤油注入灯池后，用人工打气，使油受压气化，经螺旋状管子喷出，然后点燃纱罩，使之发光。这种汽油灯常用于婚丧大事及戏场、店堂、学校等公共场所，是当时东南亚各地普遍需要的商品。胡嘉烈正是看中这一行业所带来的商机，于是当机立断在上海设立“立兴申庄”，作为立兴企业公司驻沪采办机构，负责向上海天光汽灯制造厂等厂家订货、采购业务，并运往新加坡销售。由于适销对路，货一运到，即被抢购一空，常常供不应求。胡嘉烈抓住了有利时机，指示“立兴申庄”，包销上海龙华、五华等几家汽灯厂的全部产品，统一标上“天光”的牌子，运往新加坡出售，此举获利颇丰。两年后，他就在新加坡独资创办起了五金制造工厂，自行生产“蝴蝶牌”“星牌”“箭牌”等各种牌子的汽油灯、煮食炉（打气炉）等，交立兴公司趸批、门售。由于胡嘉烈思维敏捷、深谋远虑，又脚踏实地，凡事都亲力亲为，立兴公司的业务蒸蒸日上。经过几年的苦心经营，胡嘉烈在事业上取得了很大成功。到20世纪40年代时，立兴公司已经在上海、香港，以及东南亚各国和英国、加拿大设立了分支机构。

事业上的成功并没有使胡嘉烈忘乎所以，当时气焰嚣张的日本侵略者已占领了大半个中国。胡嘉烈清醒地意识到新加坡不会是世外桃源，他预测到战火必然要蔓延到东南亚一带。为了防患于未然，他预先采取了应变措施，指示分支机构分散隐藏；同时又主动出击，看准时机收购贬值的外币、地产，等待时局稳定时再行抛售。由于采取了这些相应措施，当1941年年底太平洋战争爆发，日军攻入南洋各地时，胡嘉烈不但没有受到任何损失，反而大获其利，这充分显示了胡嘉烈过人的胆识与商业才能。

抗战胜利后，胡嘉烈在新加坡的业务范围不断扩大，并从单纯的贸易逐渐转向工贸结合，执新加坡国际贸易之牛耳，胡嘉烈也成了新加坡工商界的名人。

三、善于经营使他成为南洋侨领

纵观胡嘉烈的经商之路，方方面面都能体现出他的睿智。胡嘉烈善于寻找并把握机会，有着极强的环境适应能力，他常以生意为立足点，即使面对陌生的环境，也能够寻找合适的发展机会。他十分重合同、守信用，答应了别人的事情就一定要做到，签订了的买卖交易，就一定会履行，因而商家都愿意与他做生意。胡嘉烈深谙经商之道，他认为要做好生意，必须知己知彼，绝不能盲目从事。为了做到这一点，胡嘉烈除了正常的传授给员工知识外，还特别组建了一支消息小队，形式就和现在的市场信息搜集员差不多。他还规定这一小队成员必须要学会用英语交流，在新加坡有很多操流利英语的华人和外商，他们掌握大量的市场信息，如果语言不通，就等于白白地放弃了一个获得消息的良好渠道。因此，胡嘉烈要求他的这支小队的员工要会说英语，有的员工甚至掌握三国以上的语言。这样一来，要跟对方做生意，就不用担心不会使用对方的语言，不能及时地把握对方的思维趋向，也就可以迅速而准确地对生意做出正确的判断了。

胡嘉烈还别出心裁地总结出了经商九大忌，并把它作为规矩，让员工熟记于心。一忌坐门等客。经商不跑不活，商品市场瞬息万变，商品交换讲求时效性，只有跑动，才会获得市场信息，找准机会，方能赢利。二忌没胆量。胡嘉烈认为只要有七分把握便可放手去做，余下的三分把握则要靠事先计划和后期准备，有了十足的把握，就不要错失良机，要知道经商中探囊取物也是一个门道。三忌商品越贵越不卖。商品不可能只跌价不涨价，贵到一定水平，只要赚钱即售，无论赚多赚少皆要满意，若坐等高价，十有八九要吃亏。四忌把钱存起来。赚了钱后不能只顾着享乐，要让钱生钱，把钱投到利好的项目中去，扩展经营范围，让事业更上一层楼。五忌好高骛远。看不起小标小利，想一口吃个胖子，这样永远也发不了大财。只有从小到大，聚沙成塔，一步一步地走，最后才能爬上财产的高峰。六忌酒香不怕巷子深。很多人只重视产出而不留神营销，以为产品好了，自然会有人慕名而来，这是被动的销售手段。只有主动拉客，扩展影响，才能多销而赢大利。七忌人家咋干咱咋干。缺少发明精神，总跟在他人身后，被人牵着鼻子走，别人把利赚完了，你再干就获利甚少，甚至是一无所得。只有领先一步占据市场，才能获得大利。八忌热信息热处置。得了热点信息，就急急忙忙地采取行动，事前不做好充分的准备，打无把握的仗，那么则败多胜少。只有认真剖析研讨市场以后，方能上马。九忌厚利销卖。销售商品只看卖出的多少而不注重质量，利厚价高往往令人望而生畏。只有把利看得轻些，价钱公道才会有源源不断的客流量，薄利多销方能赚大钱。正是凭借这些经商门道，胡嘉烈成为南洋的华侨首领，他的成功例子也值得后代经商的人借鉴。

长期在南洋经商的胡嘉烈“秉性慷慨，热心公益”，不仅素为同乡敬仰，而且在新加坡也享有盛名。胡嘉烈对故乡倾注了无限的深情。1941 年，他在家乡设立慈善机构片云堂，兴办救贫事宜，规定凡胡家坟村生活困难者，每年给予稻谷 500 斤；在花园村，仅以 10% 的市场粮价，贱卖稻谷给贫民。这项救济善举历时 20 余年，到 1962 年才因故终止。至于对贫苦亲属的接济则一直不曾中断。至今，胡家坟、花园村老人提起此事，仍赞不绝口，称他是故乡的“及时雨”。

20 世纪 60 年代后，胡嘉烈又在中国香港以及新加坡、印尼设厂，频频往来于香港、新加坡之间。1977 年 6 月，胡嘉烈赴香港公干，突发心脏病，后经医治无效病逝于香港。

第十三节　李达三

李达三

李达三（1921—），原名贤铨，浙江省宁波市鄞县东钱湖镇人，现任声宝－乐声（香港）有限公司董事会主席，CARLTON（卡尔顿）酒店集团董事会主席。在香港，李达三多年来积极参与社会服务和公益活动，声誉日隆，曾连任两届香港九龙无线电联合会会长、香港电器商联合会永远名誉会长、宁波旅港同乡会创会会长及永远名誉会长、香港浙江同乡联合会会长、香港宁波公学校董会主席、香港宁波第二中学校董会主席。

一、创业之初

李达三7岁时离乡去上海读书，从上海澄衷中学毕业以后，进入重庆复旦大学会计系，于1945年毕业，后返沪协助父亲打理电器材料批发生意。

1949年他只身南下香港拓展海外业务。由于携带的资金不多，他抵港后先开了一家乐声（ROXY）贸易公司，经营电器材料批发，伺机发展。1955年，他在九龙区旺角开设门市部经销家用电器，生意蒸蒸日上，在业内声名鹊起，两年后取得声宝牌（SHARP）电器产品香港地区总代理权，此后，又相继成为新加坡和马来西亚的声宝牌电器总代理商。

乐声公司代理的日本声宝电器分为三大类：一是家用电器，如电视机、电冰箱、冷气机等；二是办公自动化设备，如影印机、传真机、电脑等；三是电子原器件，包括LCD液晶显示器、IC集成电路，并可根据客户要求代设计线路。以销售比例来说，声宝家用电器占总销售额的55%，写字楼用具占15%，元器件及技术设计占30%。

二、公司发展壮大

李达三和日本声宝公司合资的声宝—乐声（香港）有限公司在马来西亚建立了庞大的生产基地，生产电视机、音响器材、录像机、数码摄像机、高科技组合件等电器产品，其中彩色电视机年销售就达250万台，大部分供出口。

20世纪80年代后期，李达三在海外开辟第二战场，向酒店业进军。不到10年时间，卡尔顿酒店集团在世界各地新建、收购了7家高水平的酒店，李达三一跃成为闻名遐迩的酒店业巨子。

首间卡尔顿酒店位于新加坡，是李先生于1988年全新设计完成的酒店，属于五星级，共有470间客房。布里斯班卡尔顿大酒店是李达三于澳大利亚经济不景气时期购入的，酒店由两翼组成，一翼四星级，一翼五星级，共有438间客房。四星级墨尔本卡尔顿大酒店坐落于风景优美的ALBERT公园湖畔，有372间客房及拥有2 500个座位的大会议厅和600个车位的停车场。奥克兰卡尔顿大酒店原有286间客房，1997年进行了扩建改造，现在拥有456间一流客房的奥克兰卡尔顿成为新西兰最大的五星级酒店。当时新西兰政府总理亲自参加了该酒店扩建计划的新闻发布会。拥有251间客房的四星级悉尼卡尔顿大酒店揉合了传统与现代的建筑风格，于1996年8月6日开业。

鉴于要管理香港声宝业务，李达三将管理卡尔顿酒店集团业的责任交给了两个儿子，大儿子李立峰负责管理新加坡卡尔顿大酒店，二儿子李立莘负责管理澳大利亚、新西兰4家卡尔顿大酒店。

三、成功秘诀

李达三在事业上取得如此巨大的成就，在其创业的历史中，虽苦乐参半，但有三条原则是始终贯彻如一的：一是待人以诚，无论是对客户、对同人，都要真心忠诚，以诚立言；二是勤劳，不断努力吸收新的科技、新的管理方法；三是合理节约，将盈利大部分用于再投资。

李达三事业有成之后，不忘回馈社会、回报祖国。他常说："一个国家要富强，人才很重要，而人才的培养，教育是根本，教育是千秋万代的大业，振教兴邦，匹夫有责。"李先生的一番话说得非常真诚，令人崇敬。因此，李达三选择捐助教育、科技事业，以奉献赤子之情。

四、奉献社会

李达三近年来在浙江、上海、江苏为发展教育、科技事业的捐款，据统计已达2 300多万人民币。

上海复旦大学会计系于1952年院系调整时，划为上海财政学院（现为上海财经大学），20世纪90年代初，李达三认为，当今社会改革开放，特别是对外蓬勃的经济交往中，会计人才不可或缺，他力主复旦大学恢复设立会计系。复旦大学校务会采纳了李达三的建议，并报教育部批准，李达三即捐款500万元，在复旦大学校园内建造高10层、面积7 000平方米的复旦大学管理学院大楼——"李达三楼"。为了吸收国外最新管理理念与会计知识，李达三先生每年出资选送复旦大学会计系的教师赴美国及我国香港的一些大学深造。

李达三的夫人叶耀珍早年肄业于上海震旦大学。按历史渊源，复旦大学由震旦大学衍生出来，叶耀珍追随丈夫，也以个人名义捐款建造复旦大学学生文化活动中心，被命名为"叶耀珍楼"。复旦大学校园内先后树起了一对夫妻楼，一时传为佳话。为了表彰李达三先生对复旦大学教育事业的真诚奉献，1996年5月，上海市政府为李达三颁发了"白玉兰奖"。

饮水思源，李达三又捐款300万元重建上海澄衷中学教学楼，及捐建故乡——宁波东钱湖镇中心中学"李达三教学楼"。

李达三先生还十分关心祖国的科学事业，当他了解到中国科学院紫金山天文台提出的建造近地天体探测望远镜的计划，是预防近地天体撞击地球的全球防御体系的组成部分时，认为这是造福子孙后代的工程，深感此计划对国家科技发展大有裨益，深表赞同，便主动捐款200万元人民币予以支持。

五、回馈家乡

虽然李达三事业有成，在香港德高望重，但他始终没有忘记自己是一个宁波人，无论到哪里，他总是自豪地说"我是宁波人"。

1990 年，李达三回到故乡，看到村里没有自来水，便慷慨解囊捐款 20 万元人民币，帮助村里接通自来水，解决了村民吃水难的问题。1993 年，当得知宁波市正准备建造残疾人康复中心大楼时，他又主动捐款 50 万元人民币。1995 年，李达三在杭州参加省政协会议期间，向浙江省经济战略和社会发展研究基金会捐款 100 万元港币。2000 年，李达三捐款 200 万元港币给浙江大学，建造“李达三能源科学楼”；捐款 325 万元人民币，建造宁波大学“李达三外语楼”。李达三为我国的教育、文化和社会公益事业的发展做出了很大的贡献。

六、荣誉

李达三 1984 年获香港中文大学荣誉博士学位，1994 年担任浙江省政协委员，1998 年被选为浙江省政协常务委员会委员，1995 年获宁波市人大常委会授予的“宁波市荣誉市民”称号。为表彰李达三的重大成就，中国科学院紫金山天文台于 1996 年 10 月 19 日在南京举行“李达三星”命名仪式，将 3812 号小行星命名为“李达三星”，这是与牛顿、华盛顿、张衡、爱因斯坦、林肯、邵逸夫、王宽诚等共同享有的崇高荣誉。

第十四节　曹光彪

曹光彪（1920— ），祖籍浙江宁波鄞县，香港纺织业的著名企业家，有“香港毛纺大王”“ 世界毛纺大王”之称，现任香港永新企业有限公司董事长。

曹光彪

一、崭露头角

1920 年，曹光彪出生在上海。其父是上海一家名为鸿祥的布店老板，希望子承父业，因而对儿子要求非常严格。曹光彪 7 岁进明德小学读书，每天放学后就跟父亲学做生意。小学快毕业时，父亲对他说：“光彪，小学读完后就管店堂，这点墨水做做小生意也够用了。”但曹光彪坚持要读书，母亲也支持他，但有个条件：毕业考试必须得第一名。曹光彪果然不负众望，以优异的成绩考进了明强中学。初中毕业他又得了第一，进了高中。没想到的是，在他读高二的时候，家庭发生了变化，母亲去世，父亲多病，店里的生意也不景气，债务高达 15 000 多元。父亲希望他回家掌管商店的业务，他只得中途退学，当上了名副其实的“小老板”。那一年他仅 17 岁。

曹光彪似乎特别有商业头脑，他参与布店经营不久，就显示出经营才华。他对布店经营方式进行了一番改革，重新装潢了“鸿祥”的门面，设计了新颖别致的展示橱窗，花钱四处做广告，并在店里放音乐吸引顾客；同时，也注重提高店员伙计的服务意识和质量。这样，不出几年，“鸿祥”的生意越来越红火，可与上海滩老资格的布店“宝大祥”“协大祥”齐名，人称“三大祥”。由于经营有方，布店发展很快，但年轻的曹光彪并不满足于在上海发展，中国这么大，他立志要让“鸿祥”遍布全中国。他先是沿长江发展，在南京、重庆等地设立分店，后来又南下香港、台北等地建立分号。与此同时他还在上海建毛纺厂，所产纯毛凡立丁一时畅销全国。

二、创业香港

曹光彪于1949年举家迁往香港。初到香港，曹光彪敏锐地发现香港这个中国南部重镇竟几乎无纺织业，他意识到这是一个机会。

1954年，曹光彪投资创办了香港首家毛纺厂—— 太平毛纺厂，后发展成为永新企业有限公司。接着，在澳门开设一家分厂。他又在香港开拓了另一个新行业——针织业。20世纪60年代初，曹光彪的工厂织出了羊毛衫，这在当时是一种新潮产品，因为过去羊毛衫均是手工织成的。带着他的新产品，曹光彪来到欧洲，果然受到追求新奇的欧洲市场的欢迎。机织羊毛衫一时大行其道，订单如雪花般飞来，曹光彪的事业蒸蒸日上。

60年代是曹光彪事业快速拓展的时期。他成功地替内地在香港推出刚露头角的上海兔毛，使兔毛制品开始畅销。在为祖国出力的同时，曹光彪也壮大了自己。1964年，曹光彪和朋友创建了永新企业有限公司。20世纪70—80年代，香港地价和工资快速上涨，曹光彪及时将业务向海外拓展以降低成本。永新公司现已成为世界最大的毛衣生产商，他本人被尊为香港毛纺界的元老，并赢得了"世界毛纺大王"的称号。永新公司的业务遍及全球，先后在葡萄牙、毛里求斯、美国、法国、德国等国建立子工厂，经销商也遍布全球。曹光彪的企业发展到近万人，拥有纺织、印染、针织等全套生产企业。1987年永新公司在香港顺利上市，一举奠定了他在香港的"毛纺大王"的地位。

在纺织业创下一番事业后，曹光彪并不满足，他又投资于其他领域，仅在香港就设立了40余个机构，经营电子、电脑、精密仪器、贸易、旅游等生意。随着香港经济的发展，其作为亚洲航运中心的地位日渐显著，香港机场成了世界上最繁忙的空港之一。曹光彪早就意识到香港的航空业是个有利可图的行业。但当时香港唯一的航空公司是英资的国泰航空，由于受到香港当局或明或暗的保护，别人很难插手。1984年9月，中英关于香港问题的联合声明公布后，曹光彪大受鼓舞。他仔细研究了联合声明，对其中有关航空的规定特别感兴趣。他意识到，香港在1997年后保持原有制度50年不变，香港原有的地位不变，随着它与中国内地关系的更加密切，将继续加强其作为中国对外开放的桥梁和窗口的作用。这样，香港与世界各地的联系也愈加密切，其航空运输事业前景看好。曹光彪强烈的开拓精神促使他做出进军航空业的决定。无巧不成书，当曹光彪把这个计划告诉宁波老乡包玉刚时，正与包的想法不谋而合。于是他们决定联手成立一家航空公司。1985年4月1日，港龙航空公司正式成立了。"港龙"打破了香港航空业由英资财团垄断的历史。"港龙"成立之初，遇到很大困难，由于当局不合理的政策，"港龙"无法申请到热门航线的空运牌照，几乎月月亏本。曹光彪并未屈服，他和包玉刚一方面积极努力，揭露、抨击当局不合理的偏袒政策；一方面又广泛打通与各国的关系，争取航线。就在此时，中国政府向"港龙"伸出友好之手，明确表态支持"港龙"的业务发展，开放香港与内地的22条航线供"港龙"经营。经过不断努力，"港龙"不仅拥有了飞往中国内地的空运牌照，还取得了飞往泰国、日本、马来西亚等国际航线的牌照，业务取得进展，摆脱了亏损局面。

三、创新贸易方式

曹光彪对祖国怀有深厚的感情。早在20世纪50年代初美国对中国大陆封锁之时，他就开始与内地做生意。改革开放之初，曹光彪于1978年来到北京，他上书中央领导人，提出以补偿贸易的方式在内地投资办厂，与内地合作，这种方式后来在沿海一带遍地开花，但却没人知道，其滥觞者就是曹光彪。经过特批，1978 年，他与珠海市达成投资 740 万港元创办香洲毛纺厂的协议。工厂创办之初，由于工人技术不熟练，次品多，造成严重亏本。但曹光彪知难而进，他对工厂停业整顿，开除了一些表现不良的员工，改变了吃“大锅饭”的制度，实行多劳多得的工资制。结果，产品质量大幅提高，产量也不断上升。原定五年的还本期仅二年半就提前实现了。1984 年，曹光彪又与该市签订新协定，扩大投资规模，使该厂生产能力再提升百分之五十。曹光彪的成功极大地鼓舞了香港工商界，补偿贸易的做法为许多人所仿效，“三来一补”的加工业使中国沿海省份为后来的发展积累了宝贵的原始资金。曹光彪又在内地投资了 30 多个项目，主要是毛纺、麻纺及纱厂等。他还与经贸部合资，在香港成立永新技术发展有限公司，负责为内地引进技术；又与中国航空技术进出口公司合作，成立永新精密机械有限公司，经营电脑及精密机械；还与澳大利亚合作成立茂进有限公司，进行多项科技产品贸易。“永新”现已成为实力雄厚的多元化跨国集团公司。

1985 年他发起创办港龙航空公司，包玉刚为主要投资者而出任行政总裁，他任副总裁。1989 年包玉刚退出“港龙”，由曹光彪出任董事会主席，奠定了他在香港航空业中的地位。1980 年，曹光彪又回浙江老家投资办厂。目前，他在内地多个省市投资了几十个项目，涉及纺织、印染、制衣、化工、电子、钢铁、酒店等多个行业。

四、爱国情怀

作为一个爱国港商，曹光彪一直倾心关注着祖国的统一大业。1993 年，曹光彪被国务院委任为第二批港事顾问。为使香港顺利回归祖国怀抱，他充分利用自己的声望和影响，不辞辛苦，真可谓呕心沥血，得到了江泽民等党和国家领导人的高度赞赏。1997 年 7 月 1 日，他参加了中英香港政权交接仪式，内心无比自豪和欣慰。他认为特区政府在中央政府的支持下，完全有能力治理好香港，香港的顺利回归和发展，会成为以“一国两制”方式实现祖国统一的样板。

香港回归两年后，曹光彪又欣喜地盼到澳门于 1999 年 12 月 20 日回到了祖国的怀抱，尤其令他自豪的是，为澳门回归祖国，曹家也做出了杰出的贡献。1999 年 12 月 20 日 0 时，随着葡萄牙国旗悄然降落，中华人民共和国国旗、澳门特别行政区区旗在雄壮的国歌声中庄严升起，迎来了澳门的新生，而迎接澳门新时代的就有曹光彪的女儿曹其真。1941 年 12 月曹其真出生于上海，安徽大学物理系无线电专业毕业，后在法国巴黎完成法国语言及文学课程。1984 年至 1999 年历任澳门第三、四、五、六届立法会议员，而且是第八、九届全国政协委员。1999 年 10 月 12 日，曹其真当选为澳门特别行政区第一届立法会主席，与同是宁波人的香港特区首届立法会主席范徐丽泰堪称“双璧”。曹其真以直言、敢言、敢议、善议而享誉澳门工商界和政界。此后，曹其真连任第二、三届立法会主席，获授大莲花荣誉勋章。

从曹其真的身上，人们也看到了曹光彪教育子女的成功。与许多成功人士不同，曹光彪在 20 世纪 50 年代新中国百业待举、物质条件尚十分艰苦之时，就别具眼光地把 10 个子女统统送到内地求学。他认为，虽然内地的物质条件不如香港和海外，但内地社会风气好，教育质量高，艰苦的环境更能磨炼人的意志。同时，可从小打下中华文化的底子，对他们一生成长都有好处。因此，除长子曹其镛中学未结业即回香港外，其余都在上海完成中小学教育，有的还在内地上完大学。如今，他的子女都已事业有成，分掌着曹氏家族在海外、港澳及内地的产业。

曹光彪热心支持内地的科教事业，到目前为止，他对内地科教事业的捐赠已逾3亿人民币。曹光彪对祖国科教事业的捐赠项目，主要分布在浙江、上海和北京，形成了宁波、浙大、上海和清华四个系列。在家乡宁波，曹家捐资兴学可谓源远流长。曹光彪的父亲曹厚敦事业稍有所成，就在自己的家乡捐资创建了宽仁学校。改革开放以后，曹光彪先生继承了家族捐资兴学的优良传统，先后在祖籍地宁波鄞州区曹隘捐资200多万人民币建造幼儿园、小学和中学等，并分别命名为"宗华幼儿园""宗华小学""宗华中学"和"宗华职业中学"等。此外他还捐资300万人民币建造了宁波大学曹光彪科技大楼，其子曹其镛又出资100万港元设立"宁波大学曹光彪学生科研奖励基金"。

1995年12月，曹光彪带着自己的儿女们来到浙江大学，亲手把一张1 000万港元的支票交到了浙大校长潘云鹤的手中，用于建立一个高科技发展基金，以支持该校的基础科学研究。同时，他还决定，每年再捐出30万港币，奖励有突出贡献的青年学者。2000年5月19日，曹光彪先生捐赠1 800万港元建造的"曹光彪高科技大楼"在浙江大学百年校庆前夕落成。

"没有世界知名的科学家加盟，就不可能创造世界一流的大学。"2002年8月，曹光彪又捐资2 000万元，在浙大设立"浙江大学曹光彪高科技人才基金"，随后启动了"光彪讲座教授"计划，支持浙江大学面向海内外引进知名学者和专家的一揽子招师计划。为了吸引国际知名学者和科学家到该校工作，浙大每年至少给予其36万元的高额工作津贴，此外，他们还享受每年报销一次国际旅费的待遇，其在校工作期间安排公寓住房，而高额的人才引进经费就是由曹光彪提供的。"光彪讲座教授"吸引了包括国际数学大师丘成桐教授、著名的物理学家李政道教授等20多位杰出的学者加盟，"名师配名校"方略带动了浙大学术研究的"团队优势"。历年来曹光彪对浙大的捐赠超过5 000万元。

曹光彪对上海市教育事业的支持，主要是捐赠巨资设立"上海市教育发展基金会曹光彪基金"和捐资创办杉达学院。20世纪90年代初，由上海交大、清华大学、北京大学8名教授发起创办杉达学院，得到了宁波籍人士的大力支持，原新华社香港分社副社长李储文担任学校董事长，原清华大学副校长倪维斗担任校长，而曹光彪则是主要资助人，前后捐赠5 700余万元人民币，使杉达学院在很短的时间内成为当时全国仅有的四所民办本科高等院校之一。

1996年4月，清华大学建校85周年之际，为了支持该校高科技研究，特别是基础教学和科研的发展，促进清华向"综合型、研究型、开放式"的世界一流大学迈进，曹光彪捐资1 000万港币，建立了"清华大学高科技发展基金"，并亲任该基金理事会名誉理事长。20世纪90年代以来，远程教育悄然兴起，曹光彪出资150万美元助建了清华大学远程教育的演播系统，又捐赠人民币5 000万元助清华大学建设综合体育中心，该中心作为北京2008年奥运会的比赛场馆之一。曹光彪对清华大学的捐赠总数超过了7 000万元。

为表彰曹光彪对科教兴国的巨大贡献，经国务院学位委员会批准，浙江大学授予其名誉博士学位，并聘其为名誉教授；清华大学聘其为顾问教授。

1999年4月，经国际小行星中心和国际小行星命名委员会批准，由中国科学院紫金山天文台发现的、编号为4566号的小行星被命名为“曹光彪星”。2002年7月，在庆祝香港回归5周年之际，特区政府向曹光彪颁发了银紫荆星勋章，以表彰这位实业家为祖国内地和香港的经济繁荣所做出的重大贡献。

第十五节　张忠谋

张忠谋

张忠谋（1931—），台湾半导体行业龙头——台湾积体电路制造公司（以下简称台积电）董事长兼CEO，全球华人中最具高度的高科技创新人物，开创了半导体专业代工的先河。因其在半导体业的突出贡献，被美国媒体评为半导体业50年历史上最有贡献人士之一和全球最佳经理人之一。国际媒体称他是“一个让对手发抖的人”，而台湾人则尊他为“半导体教父”。

一、让竞争对手发抖的人

张忠谋1931年生于宁波。年幼时，一家人为避战乱辗转迁徙，先后到过南京、广州、重庆、上海、香港，在遍地烽火的年代，张忠谋的童年大部分时间都是在世外桃源般的香港度过。在银行工作的父亲张蔚观收入丰厚，三口之家生活优裕。直到1941年年底，香港也遭到日本飞机轰炸，香港、九龙相继被占领，一家的生活霎时失色。沦陷后，张蔚观携妻带子前往重庆。到达重庆后，张忠谋进入南开中学就读。校长张伯苓的风范令张忠谋印象深刻。

1949年，刚过完18岁生日的张忠谋成功申请到美国最负盛名的学府哈佛大学就读，全校1 000多位新生，他是唯一的中国人。第二年，他转学到麻省理工学院，专攻机械工程。他用了三年时间一口气读完学士和硕士，当时家中已无力负担他的学费，他开始打工赚钱。20世纪50年代，大部分在美国的中国人都以洗衣、餐馆为业，他是极少数进入企业工作的人。

24岁的张忠谋踏入半导体产业，在波士顿附近的一家电器公司Sylvania的半导体部门从小工程师做起。他工作格外努力，总是自愿值夜班，睡在工厂里。一次偶然的机会让张忠谋得知得克萨斯州仪器公司（以下简称得州仪器或得仪）正在招聘新员工，他去应聘，顺利成为得州仪器的第一个中国员工。得州仪器总部位于达拉斯，当时年营业额不到1亿美元，比Sylvania小很多，但张忠谋认为半导体行业潜力无穷，更与自己兴趣相合。1958年，27岁的张忠谋带着妻子，从人才荟萃的波士顿到达一片荒原的得克萨斯州，一待就是四分之一个世纪。

张忠谋进入得州仪器后的几次出色表现让这家公司的高层有培养他做研发主管的想法，但是，张忠谋并不是学电子出身，也只有硕士学位。于是，他决定去全美半导体研究最好的斯坦福大学读博士，他硬是凭着自己的能力考了进去，更让周围的人对他另眼相看。三年后，终于圆了博士梦的张忠谋，重回得州仪器。他回任后的第一个战功，是把一个芯片部门的营业额在一年内提升一倍多。第二年，张忠谋升任集成电路部门总经理。很快，又再升任副总裁。这时，公司的营业额和利润成倍增长，他手下已经掌管3000多名员工。那还是30多年前，如今在半导体业世界第一的英特尔在硅谷刚刚成立，营业额不过几百万美元，而得州仪器则已雄霸世界第一多年。41岁时，张忠谋升任资深副总裁，已经是得州仪器内的第三号人物，仅次于董事长和总裁，当时半导体业务占得州仪器的50%，在全世界有6万员工，其中一半归张忠谋管。“让竞争对手发抖的人”，1974年5月的美国电子杂志，这样描述当时才43岁的张忠谋。

54岁时，他放下前程似锦的美国梦，回到台湾担任“工业研究院”院长。这是一个当局扶植的科研单位，可说是台湾高科技产业的摇篮。张忠谋就任工研院长前，美国因长期负债，强迫各国各地区货币升值。不到两年，新台币兑美元的汇率已从40元上升到25元。台湾出口竞争力大失，企业纷纷出走，转战中国大陆、东南亚。台湾当局希望张忠谋能够带领工研院，以科技带动产业升级。时至今日，工研院仍是台湾产业创新的领头羊，这确实达到了当初的愿景。

二、产业先行者

1987年张忠谋创立台积电时，几乎没有人看好，张甚至很难说服和他一起创业的人。做专业晶圆代工的策略，也只有一两个高管真正信服。但张忠谋带领一班年轻员工，从平地搭起一砖一瓦，在台湾贫瘠的半导体土壤中，栽起成荫大树。作为全世界第一家专业代工半导体公司，台积电确实撼动了全球的竞争规则。

台湾半导体业曾是一片荒漠，台积电成立前，唯一的联华电子（以下简称联电）只做简单的消费性产品，如电子表和电话的芯片。台积电成立之后，带动了旺宏、德豑、南亚等数百亿大厂的投资，扮演了催化剂角色。目前台湾地区拥有263家芯片设计公司，规模、产值仅次于美国，远超过韩国；15家晶圆制造公司，拥有全世界密度最高的12英寸芯片厂（以下简称12厂）群落，仅次于韩国；32家封装厂，37家测试厂，为全球之首。台积电把台湾的半导体制造业名声推至顶峰。美国第一家芯片设计公司Altera创立时委托全球各大半导体厂制造，但是日本工厂做要12个星期，新加坡的工厂要6个星期，唯独在台积电，只要4个星期。

“他确实是一个伟大的产业领导者！”世界第二大芯片设计公司、博通总裁暨CEO麦格瑞格赞叹张忠谋的经营高度。中芯创始人、前CEO张汝京是张忠谋在得州仪器时期的旧部。

他也曾说：在这二三十年的半导体时代中，张忠谋的地位没有人能企及。

比起单纯的技术、产品创新，台积电的成功是经营模式的创新。在台积电之前，半导体产业的运作模式，是由 IDM（整合组件制造）厂一手把持，以英特尔、得州仪器来说，它们自己设计芯片后，在自有的晶圆厂生产，并且自己完成芯片测试与封装。但在张忠谋开创的晶圆代工模式中，台积电专注于中段的芯片制造。新创的芯片设计公司不再需要负担高额设厂费用，只要把设计好的芯片交由台积电生产即可。如今，除了芯片设计公司外，原本的 IDM 公司也开始把芯片交给晶圆代工厂来做。

为了抢下 IDM 大客户订单，台积电拟定了一套“群山计划”：针对五家运用先进制程的 IDM 大厂，设置专门的技术计划来支持不同需求。从 2000 年起，12 厂成为建厂主流，但一座厂的造价高达 25 亿 ~30 亿美元，不仅中小型 IDM 业者负担不起，大型 IDM 业者要投资也很吃力。“群山计划”与得仪、意法半导体、摩托罗拉顺利磨合，终于赢得 IDM 业者的芳心。目前台积电有 75% 的营收来自 IC 设计公司，25% 来自 IDM 大厂，已经有将近 1 000 亿台币的营业额，是来自 IDM 的委外订单。

张忠谋确信，长期来看 IDM 的订单只会越来越多。事实上，IDM 公司们已经开始尝试放弃自建晶圆厂，而走所谓“fab - light”（轻晶圆厂模式，即不再继续投资晶圆厂，不足产能交由晶圆代工厂）模式。AMD 就是最好的例子，它已经把晶圆厂分割出来，成立 Global Foundries（GF）。而委外已经成为得仪内部最高指导原则，不再进行比 45 纳米更先进的高阶制程，未来订单都将转移到晶圆代工业者身上。

张忠谋早在 10 年前就已预见到了这个趋势，毫无疑问的是，台积电的分工模式也将最终取代 IDM 传统的一条龙模式。

三、重掌台积电

2009 年 6 月，张忠谋决定重回台积电任 CEO，震撼了全球半导体业界。

原任 CEO 蔡力行在台积电工作 20 年，从厂长做起，是张忠谋一手训练出来的左膀右臂。治厂严谨的他，执行力非常强，可以说是世界一流的半导体行业 CEO。从 2006 年起，张忠谋放心地把棒子交给蔡力行，自己仅任董事长，不再过问日常营运。

但在金融风暴袭击下，台积电在 2009 年第一季濒临亏损，眼看就要打破近 20 年来的模范生纪录，这让台积电大小股东都非常震惊。蔡力行裁员上百人，他们上街抗议，整个台湾对台积电信任度大幅下降。还有一个关键原因，当时 40 纳米制程的产品良率相当低，客户抱怨连连。于是，张忠谋亲自换掉了自己的爱将，接班规划也回到原点。

张忠谋重掌公司不到一年，台积电营收、获利重回高点。2010 年第一季，台积电营收达 921.9 亿台币，税后盈余为 336.6 亿台币，是台湾 1 300 家上市公司中获利总额最高的。鸿海年营收是台积电的 5 倍，但利润只有 179.89 亿，是台积电的 54%。而台积电 2010 年的全年营收突破 4 000 亿台币，成长率超过 40%，市值冲上 2 兆元台币，股价涨幅达 30.65%。2011 年，营收突破 5 000 亿台币大关，成长率在 20% 以上。

“他是一位亲力亲为的经营者。”一位台积电高层主管说，“张忠谋回归后，公司决策体系更扁平，执行力也更有效率。”

张忠谋首先着手解决的是产品良率。这是最迫切的危机。在张忠谋的严格要求下，台积电营运资深副总经理刘德音天天都穿上无尘衣，待在晶圆厂督军。果然，40 纳米芯片原本良率低至30%，在短短两个月内，攀上60%的正常水平，客户抱怨的声音少了许多。为了重拾客户和投资人的信心，张忠谋在复出后的第一场法人说明会上，还特地让刘德音在晶圆厂通过视频会议方式，实时回答了十几个问题，这个新鲜创意果然很有效，台积电股价立刻反弹。

第二个是产能，张忠谋要完全拉大与竞争对手的距离。张忠谋将2010年的资本支出从48亿美元上调至59亿美元，不仅是破了台积电纪录，更是第二大晶圆代工业者联电12亿～15亿美元的资本支出计划的4倍。2011年资本支出则达78亿美元，足足可以建起42座台北101大楼。唯一可与台积电相比的，是占据整个半导体行业前两名的英特尔与三星，它们2010年的资本支出分别是53和60亿美元。台积电已经拥有9座晶圆厂，加上扩建中的几座12英寸芯片厂，除了可以满足研发需求外，在先进制程上的产能，更是远胜过竞争对手。

第三个是技术，这也是张忠谋自始至终坚持的。最关键的一步棋，是把已经退休的研发资深副总经理蒋尚义拉回台积电。台积电的先进制程开发在"蒋爸"的带领下，竞争对手已难望其项背。尤其在IDM业者纷纷放弃自行开发高阶制程的前提下，来自得州仪器、瑞萨等IDM大厂的芯片代工订单，是台积电营收获利的保证。

1987年草创时，只有台积电一家晶圆代工企业，随着加入的竞争者越来越多，张忠谋的回应却很简单：我们是想最好的策略，做最好的执行。一个关键的数字是，台积电目前在晶圆代工产业市场占有率为52%，但是仅它一家公司的利润，已囊括整个产业的90%以上。

可以说，在赢家通吃的晶圆代工行业中，已经是一场"台积电"与"非台积电"的战争。晶圆代工已是一个成熟且严苛的产业，能够脱颖而出的王者，是少数中的少数。

四、企业文化

张忠谋被称为台湾地区企业文化先行者。他指出，"一家公司光会赚钱，不能算是成功"，台积电强调永续经营的企业文化，而企业文化的三大支柱是策略、愿景、价值观。

台积电成立以来，策略因时制宜，复杂多变；愿景则因公司规模的不断扩大而一再提升；然而台积电的价值观则从来没有变化过——正直诚信、客户导向、创新、全心全力投入工作。

正直诚信是基础，客户评价跟台积电做生意，就像与正人君子来往；客户导向融入服务观念，让台积电在半导体业卓然出众，为股东带来优厚回报；创新不间断，不论是流程、思考模式还是执行，提倡人人创新；每一个员工全心全力投入工作，则是实现梦想的驱动力。

深入人心的价值观由内发散而外，则形成了笃行企业社会责任的原动力。张忠谋常常谦虚地说："该谈的，过去都谈过了，台积电该做的，也都一直在做。"

【链接】

邓小平与"宁波帮"

来源：《当代中国史研究》1998年第五期　作者：孙善根

中国改革开放的总设计师邓小平在规划国家现代化建设和祖国统一大业的进程中，十分重视发挥港澳台同胞和海外华侨、华裔的作用，认为他们"心向祖国，爱国主义觉悟不断提高，他们在实现祖国统一大业、支援祖国现代化建设和加强国际反霸斗争方面，日益发挥着重要的积极作用。”（《新时期的统一战线和人民政协的任务》，《邓小平文选》第2卷，人民出版社1994年版，第186页）期间，他对“宁波帮”寄予厚望，并为动员“宁波帮”人士参加祖国统一和现代化建设事业倾注了很大热情，成为新时期海外统一战线工作的典范。本文试就邓小平与“宁波帮”的交往以及他们一起为祖国统一大业和现代化建设所做的重大贡献作一概述，以从一个侧面展示邓小平新时期统一战线思想的深刻内涵和重大意义。

一

“宁波帮”是久居他乡的宁波人，尤其是宁波商人在开展工商活动中逐渐形成并发展起来的一个商帮群体。近代以来，“宁波帮”长期称雄于中国工商界。大批宁波人奋力开拓，向外发展，特别是20世纪中叶，由于国内政治、社会的原因，“宁波帮”企业家纷纷转向港台地区乃至世界各地创业。他们抓住战后世界经济特别是港台经济起飞的历史机遇，凭借其在内地长期从事工商业的经验和积累，历经艰辛，奋发进取，成为海外华人资本的一支重要力量。到20世纪70年代后期，居住在港台地区的“宁波帮”人士中不乏工商巨子、科技专家、社团首领和社会名流，特别是当时一批“重量级”的宁波籍经济强人活跃在港台工商界乃至世界经济舞台上，相当引人注目，其中有世界船王包玉刚、董浩云，香港中华总商会会长王宽诚，香港贸易发展局主席安子介，“影视大王”邵逸夫，“棉纱大王”陈廷骅，香港永新企业有限公司创始人、“毛纺大王”曹光彪，香港远东发展集团创办人邱德根，台湾“水泥大王”张敏钰以及全美华商总会董事长应行久等。

中国大陆由于“左”的错误特别是10年“文革”，国民经济到了崩溃的边缘，中国内地与发达国家和地区的发展差距日益扩大，“文革”结束后，当时在中央主持工作的邓小平在致力于拨乱反正的同时，积极倡导对内搞活、对外开放的基本国策，重新开始中国的现代化进程。为此他十分关心来自外界的信息，特别是港台地区经济的高速发展和海外华人的杰出成就引起了邓小平的关注，开始积极谋划动员全世界的炎黄子孙为实现国家的现代化和民族的振兴出力。与此同时，一直关注着中国前途的境外和港澳“宁波帮”人士为祖国进入长治久安的中兴时期而欢欣鼓舞。他们纷纷以各种方式向内地“投石问路”，并采取实际步骤参与祖国的现代化建设和对外开放事业。1978年初夏，正当外界对中国大陆仍充满偏见和猜疑之际，香港著名宁波籍实业家曹光彪就急切地来到北京“叙旧”，随后在珠海投资兴办香洲毛纺厂，成为香港工商界呼应邓小平对外开放政策、在内地开展“补偿贸易”的第一人。同年秋，世界船王包玉刚也致函内地要求前来“探亲”。邓小平立即授意廖承志出面邀请他，于是当年11月就有了邓小平和包玉刚在北京没有公开的会晤。包玉刚后来回忆说，邓小平“这位大陆改革开放的先行者、设计师，是这样的随和、坦诚。”（冷夏、晓笛：《世界船王包玉刚》，广东人民出版社1995年版，第181页）从此开始了他们两人长达10余年的友情，也开始了邓小平与“宁波帮”的交往。

北京之行使包玉刚对大陆的改革开放政策和香港的前途充满信心，此后他大力实施弃舟登陆战略——把经营重心从海上转到香港本土，一年多后终于爆发震动港九的“九龙仓之战”。与此同时，包玉刚开始考虑以实际行动帮助中国大陆的现代化建设。1980年3月，在包玉刚的一手撮合下，环球航运集团、香港上海汇丰银行、日本兴业银行与中国合资经营的国际联合船舶投资公司在香港宣告成立，包玉刚出任董事长。联合公司成立的消息惊动了国际造船界和金融界，使刚从封闭中走出来的中国受到了世界广泛的注目。在此后不到半年的时间内，“船王”两次出面购买中国制造的大型货轮计6艘，总值1亿美元，从而大大提高了中国船舶在国际市场上的声誉，有力地推动了中国船舶大步走向世界市场。1980年，包玉刚还以其父亲的名义向中国内地捐赠2 000万美元。邓小平对包玉刚的赤子之情深表赞许并出面接受了捐赠，他称赞包玉刚“与别人不一样”，“是一个实干家，不是只说不干的”，希望“船王”以后“常来”。此后包玉刚确实常来内地，并几乎年年都受到邓小平的接见，成为港澳同胞和海外侨胞中受到邓小平接见次数最多的人。进入20世纪80年代以来，邓小平还频频会见王宽诚、安子介、马临、应行久等其他“宁波帮”重要人士，并与他们商谈国是，相叙甚欢。1984年8月，邓小平在北戴河听取时任国务院副总理谷牧关于沿海开放城市和对外开放工作情况汇报时，高兴地说：“宁波人海外侨胞人数不多，质量较高。”提出把全世界的“宁波帮”都动员起来建设宁波。（《宁波日报》，1997年2月23日）

1991年9月22日，包玉刚不幸在香港病逝。当时已退休在家的邓小平获悉后深感震惊，为失去这样一位老朋友而不胜悲痛。他在唁电中说：“惊闻包玉刚先生病逝，深为悼念。先生热心祖国建设，为实现‘一国两制’，身体力行，功在国家，希家人节哀珍重。”（香港《文汇报》，1991年9月24日）随后，他以“生前友好”名义送来花圈，并派女儿邓榕专程赴港出席包玉刚的葬礼。1997年2月19日，一代伟人邓小平去世。噩耗传开后，曾经备受小平同志关注的“宁波帮”人士无不悲痛万分。他们纷纷以各种形式表达沉痛的哀悼和缅怀之情。香港“宁波帮”企业家赵安中2月20日得知消息后，即致电宁波市有关部门表达他的哀思，赵安中说：“是邓小平激发了海外游子支持家乡建设的巨大热情，是邓小平先生为我们漂泊海外的“宁波帮”指明了报效桑梓的方向，邓小平先生的逝世使我们海外宁波人不胜悲痛。”（《人民日报》，1997年2月25日）曾受到邓小平接见的全美华侨总商会总顾问、“宁波帮”著名企业家应行久悲痛地说：“邓小平的逝世是中国的巨大损失，海外华人、华侨痛失一位伟大导师。”（《人民日报》，1997年2月24日）1997年2月23日，已故船王包玉刚的大女儿包陪庆前往设在新华社香港分社的邓小平灵堂，代表包氏家族向他们敬爱的邓伯伯致哀，从而为其父亲和邓小平的交往，也为“宁波帮”和邓小平的交往画上了完满的句号。

二

邓小平在构思香港问题的解决方案时，十分重视香港同胞在香港回归进程中的重大作用，比较早就提出了“一国两制”“港人治港”的思想。在这个过程中，他对于以包玉刚为代表的“宁波帮”寄予较大的期望。而香港“宁波帮”人士积极投身祖国统一大业，为香港回归做出了重要的贡献。

进入20世纪80年代后，为了取得在香港问题上的发言权，邓小平十分重视调查研究工作。他频频约见香港各界人士，向他们了解香港的情况，听取他们的有关建议和意见，并向他们阐述中国政府对香港问题的基本政策。这期间，包玉刚、王宽诚、安子介、马临等一批“宁波帮”人士的频繁来访十分引人注目。特别是包玉刚仅在1981—1984年四年间就受到邓小平的七次会见。由于包玉刚在香港社会的重要地位和他与英国方面的良好关系，邓小平十分重视他在香港回归上的作用。香港问题一直是邓小平与包玉刚相识以来谈论最多的话题，邓小平多次向包玉刚阐述了中国政府关于解决香港问题的设想和方针政策。对此“船王”后来回忆说：“中国领导人对处理香港问题的办法是早有考虑的……数年前，香港问题的谈判还在酝酿期间，邓小平主任便已告诉我将来香港制度不变，实行港人治港，北京不会派人来港治理。”（庄凯勋：《环球航运家包玉刚》，海洋出版社 1986 年版，第 159 页。）包玉刚非常拥护邓小平关于“一国两制”的伟大构想并以爱国爱港的立场积极参与中英关于香港问题的谈判。为此他经常奔走于北京、伦敦和香港之间，与各方频频接触联络，表现出巨大的工作热情。特别是在中英谈判陷于僵局时，与两国领导人均有良好关系的包玉刚奔走其间，起到了他人所起不到的作用。对此，原基本法起草委员会委员邬维庸说：“中国、英国、香港三方关系以往一波三折，包玉刚是缓冲及中介角色，发挥了影响力。一句话起的作用往往超过十个人的意见。”（冷夏、晓笛：《世界船王包玉刚传》，广东人民出版社 1995 年版，第 247 页。）时任中英谈判中方代表的周南也认为包玉刚“十分关心中英关于香港问题的谈判，经常奔走于各方之间，为谈判成功做出了积极贡献”。（香港《文汇报》，1991 年 2 月 24 日）

与此同时，安子介、王宽诚等“宁波帮”著名人士也积极行动起来。他们多次率团进京访问，向中央政府反映香港的社情民意，为保持香港的稳定繁荣和回归工作尽心尽力，成为沟通北京与香港之间的重要桥梁。80 年代后，王宽诚、安子介先后当选为全国人大代表和政协常委。他们充分利用这些机会为祖国统一大业献计献策。早在 1982 年安子介应邀赴京时，他就向国家领导人直陈己见：中英谈判应以保持香港繁荣稳定为大前提，繁荣和稳定两者不可分割；并提出“一国两制”一定要落实，1997 年后香港的行政长官一定要按本地的资本主义方式办事。在 1983 年召开的全国政协六届一次会议大会发言中，安子介对香港回归后的治理提出了“港法治港”的建议。随后在次年召开的全国人大六届二次会议上，他又就香港同胞关心的问题发言。安子介建议为保持今后香港的自由港和国际金融贸易中心地位，确定英语也是法定语言，与中文并用。他还就保持香港繁荣稳定问题提出十六条建议。安子介的一系列建议受到中央的高度重视并被吸收到对香港的有关政策中。而在香港一向以“红色资本家”著称的王宽诚则在这期间利用各种场合，广泛宣传中国政府关于香港问题的方针政策，坚定人们对香港前途的信心。1984 年 12 月 19 日，中英两国政府在北京签署关于香港问题的联合声明。包玉刚、安子介、王宽诚等“宁波帮”人士都应邀出席了这一历史性的仪式。

1985 年 6 月，安子介、包玉刚被全国人大任命为香港基本法起草委员会副主任，邬维庸、马临等宁波籍人士成为成员。为了让更多的香港人有机会更广泛地参与基本法的起草，随后成立了基本法咨询委员会，同年 12 月，在香港各界人士一致举荐下，安子介、王宽诚又分别担任了基本法咨询委员会主任、副主任。“宁波帮”人士在基本法起草委员会和咨询委员会中的地位由此可见一斑。1987 年 4 月下旬，邓小平在会见包玉刚时再次向他谈到“一国两制”思想，请他转告香港人士“国家不会不讲信用，大家齐心协力把基本法搞好了，前途就更有保证”。这次“船王”北京之行被香港传媒称为“包玉刚在京三天两晤邓小平”的大新闻，使包玉刚深受鼓舞。在此期间，他以极大的热情投入香港基本法的起草工作中。对此，时任基本法起草委员会副秘书长的鲁平说：“包玉刚先生就任基本法起草委员会副主任后，一直在为起草基本法，为‘一国两制’在香港实现，为保持香港的长期繁荣稳定，出了很多主意，出了很多力，以至呕心沥血。香港基本法记载着包玉刚先生一份不可磨灭的功劳……特别是到了基本法起草工作的后期，包玉刚先生有恙在身，但是他还不辞辛劳，几次抱病参加起草工作。”（香港《文汇报》，1991 年 9 月 24 日）当时主持咨询委员会工作的安子介、王宽诚也身体力行，做了大量工作。他们广泛发动和联络咨询委员会委员在港广泛征求各方面的意见，做到“有闻必录”，然后逐条逐项地整理成书面材料，如实向起草委员会反映。据统计，咨委会共整理出400多份意见报告，客观地反映了广大港人的愿望，使基本法起草工作有了比较充分的依据和基础，受到了各方的好评。主持基本法教科文专题小组的马临，对起草工作尽心尽责。他积极联络内地成员，兼收并蓄，集思广益，认真负责，终于出色地完成了起草工作和香港特别行政区区旗、区徽的评选工作，受到了基本法起草委员会的高度评价。正是由于包括众多宁波籍人士在内的全体起草委员会委员和咨询委员会委员的共同努力，经过近五年的辛勤劳动，最后圆满地完成了基本法起草工作，为香港回归工作提供了法律保障。1990年2月17日邓小平在会见基本法起草委员会全体委员时，对基本法起草工作予以高度评价，认为基本法是“一个具有创造性的杰作”，“是一部具有历史意义和国际意义的法律”。（《香港基本法具有历史意义和国际意义》，《邓小平文选》第3卷，人民出版社1993年版，第352页）

香港进入过渡期之初，不少人出于对1997年后香港前途的担忧，纷纷撤离香港，一度导致香港社会经济的震荡。在此背景下，包玉刚、安子介、王宽诚、马临等宁波籍人士不仅始终看好香港的前途，并利用各种场合宣传“一国两制”“港人治港”的思想，坚定人们对香港前途的信心；而且包玉刚、陈廷骅、曹光彪、邱德根、邵逸夫等著名实业家纷纷加大在香港的投资力度，以实际行动为香港社会经济的稳定和繁荣贡献力量。这方面除了包玉刚出巨资收购老牌英资集团公司会德丰而震动港岛外，曹光彪与包玉刚联手创办港龙航空公司，以及陈廷骅在房地产业上的新举措和邱德根、邵逸夫在影视业方面的作为都颇受港人注目。遗憾的是“宁波帮”的杰出代表王宽诚和包玉刚未能在祖国统一大业和现代化建设上发挥更大的作用而相继于1986年、1991年溘然长逝。这对“宁波帮”的事业和香港回归工作无疑是一大损失。但旅港的其他“宁波帮”人士弘扬“宁波帮”爱国爱港的传统，继续为祖国统一大业贡献力量。为了更好地宣传香港基本法，安子介发起成立了以诗会友、联谊性质的“香草社”，名取之“香”港基本法起“草”委员会，出版了《香草诗词》；又成立了以在港的咨询委员为主干，包括中外各界人士参加的民间性的“一国两制经济研究中心”，安子介任理事会会长，致力于研究基本法，确保香港的繁荣和稳定。

1992年以后，安子介、邵逸夫、邬维庸、董建华、郑维健、曹光彪、吴光正、包陪庆、李宗德相继被中央政府聘为港事顾问。1993年、1996年香港特别行政区筹备委员会预备工作委员会和香港特别行政区筹备委员会相继成立时，乌维庸、范徐丽泰等一批宁波籍著名人士均加入其中，安子介则成为这两个委员会的副主任，董建华被任命为筹委会副主任。他们都为成立香港特区政府的筹备工作立下了汗马功劳。在1993年召开的全国政协八届一次会议上，众望所归的安子介当选为全国政协副主席，成为国家领导人。而在香港回归的最后阶段，作为香港特区政府和立法机构的最高领导人董建华和范徐丽泰不负众望，为香港回归特别是香港政权的顺利移交和香港社会的平稳过渡做出了特殊贡献。对此，已有不少文章论及，笔者不再展开。

三

在追述邓小平和“宁波帮”的交往时，不能不提到邓小平与“宁波帮”人士一起为宁波的开发开放和国家现代化建设所做的历史性贡献。

进入20世纪80年代以后，与“宁波帮”人士的频繁交往，使邓小平对1949年以后一直默默无闻的宁波倍加关注。北仑港与“宁波帮”的两大优势使一代伟人看到了宁波发展的巨大潜力。为此他在进行对外开放的战略部署时，亲自把宁波推到了改革开放的前沿地带。1984 年初，邓小平在视察广州、深圳、珠海、厦门等地后发表重要谈话，明确指出："除现在的特区之外，可以考虑再开放几个港口城市……可实行特区的某些政策。"（《办好经济特区，增加对外开放城市》，《邓小平文选》第 3 卷，第 51 页。）党中央、国务院根据小平同志的意见，于 3 月下旬召开沿海部分城市座谈会，决定开放包括宁波在内的 14 个沿海港口城市。从此宁波进入了全面改革开放的新时期。1985 年 12 月，在邓小平的亲自过问下，成立了以国务院副总理谷牧为组长的国务院宁波经济开发协调小组。邓小平亲自指定卢绪章任小组顾问，另以国务院名义聘请包玉刚担任顾问，帮助宁波搞好开发开放工作。这在当时所有对外开放城市中是绝无仅有的。随后，宁波又成为国家计划单列城市和"较大的城市"。这都为宁波的发展奠定了良好的基础。在这之后，邓小平继续关注宁波的开发开放问题。他多次听取谷牧、卢绪章、包玉刚等人关于宁波开发开放情况的汇报，并且做了许多重要指示，亲自协调解决了事关宁波发展大局的许多重大问题，从而有力地推动了宁波改革开放和现代化建设事业。邓小平还十分关心北仑港的建设。他多次听取有关北仑港建设情况的汇报。对于如何开发、利用北仑港问题，他在 1985 年 1 月 23 日同国务院一位领导谈话中做了明确指示。他说，利用好北仑港，有利于发展"金三角"（长江三角洲），如果把上海、宁波连接起来，就可以解决上海的许多问题。为了给宁波的开发开放创造良好的条件，邓小平还亲自过问宁波民航事业的发展。1985 年 1 月 5 日，当时担任中央军委主席的邓小平明确指示：宁波机场我已让军队和地方合用，又说将来经济发展了，宁波以地方为主，再建一个大一点的机场。这就为以后宁波栎社国际机场的兴建定下了基调。

邓小平不仅提出发动全世界的"宁波帮"建设宁波的号召，而且身体力行，为动员"宁波帮"做了大量工作。早在 20 世纪 80 年代初与包玉刚相识之后，他就几次劝"船王"回家乡看看。1985 年初，当他得知包玉刚捐资创办宁波大学时，非常高兴，称赞包玉刚爱国爱乡，有见识，这件事办得好。他欣然答应为宁波大学题写校名，并督促有关方面把这件事办好。由于邓小平的重视和关怀，宁波大学的创办与建设十分顺利。1992 年 12 月底，邓小平在杭州疗养。其间他在与浙江省委主要领导交谈时，仍非常关注宁波的发展。并关切地询问北仑钢厂和北仑港的情况，再次强调要发动侨居海外的"宁波帮"共同为宁波出力。

邓小平动员"宁波帮"的号召和对宁波的关怀，极大地激发了"宁波帮"爱国爱乡的巨大热情，他们纷纷行动起来，利用各种途径和方式，积极为家乡建设事业献计献策、出资出力。就在 1985 年即邓小平发出把全世界的"宁波帮"都动员起来建设宁波的号召的第二年，海外及港澳"宁波帮"人士向宁波捐赠折合人民币达 5 700 多万元，是前一年的 37 倍。（吴克强等：《饮誉四海的宁波帮》，《瞭望》1986 年第 28 期）截止到 1997 年年底，共有 400 多位海外及港澳"宁波帮"人士为家乡捐资兴办教育、文化、卫生和各种公益事业近 2 000项，计人民币 5 亿元。与此同时，海外及港澳"宁波帮"报效祖国的赤子之情并没有局限于家乡一方水土，他们把目光投向了整个内地。到 1997 年年底，海外及港澳"宁波帮"在内地捐资近 40 亿元人民币，项目遍及全国各地，其中 85% 以上都是教育项目。这对中国的教育事业无疑是一个重要的贡献。其中较有影响的有：1985 年王宽诚出资 1 亿美元，设立"王宽诚教育基金"，用以资助公派学生到国外留学，为国家培养人才。目前，已成为国内很有影响的留学生教育基金。同时，在包玉刚倡导下，由他和中英两国政府三方共同出资 2 450 万英镑创立的中英友好奖学金，到 1994 年已资助 1 330 余人赴英国留学，学成回国近 500 人，其中不少人成为学科领域的带头人。而邵逸夫向内地教育事业的慷慨捐赠更是享誉海内外，至今邵氏基金会已拨款14.7亿多港元资助内地发展教育，其中通过国家教委向内地教育事业的捐款项目已近1 500个。

“宁波帮”企业家还积极到内地投资办企业。现在全国多数省、市、自治区都有他们投资兴办的企业，其中以在上海、武汉、北京、广州和宁波最为集中。据不完全统计，在宁波现有的2 000多家三资企业中，70%以上是由“宁波帮”人士兴办或其引荐的项目。“宁波帮”已成为宁波走向世界的重要桥梁和宁波对外开放事业的重要支撑点。

邓小平海外统一战线思想是邓小平理论的有机组成部分，其核心是调动一切积极因素，团结一切可以团结的力量，为中华民族的统一和富强服务。上述邓小平关于动员“宁波帮”的思想与实践及其产生的巨大效益，充分显示了邓小平新时期统一战线思想的丰富内容和强大生命力。我们相信，在香港顺利回归后的今天，只要我们高举邓小平理论的伟大旗帜，努力贯彻党在统一战线问题上的路线、方针、政策，继续重视和发挥包括“宁波帮”人士在内的广大港澳台同胞和海外华侨华人的作用，巩固和发展包括中华民族绝大多数人在内的最广泛的爱国统一战线，就一定能实现中华民族的最终统一和全面振兴！

思考与练习

1. 简要列举叶澄衷的创业历程，并分析其成功的原因。
2. 叶澄衷对教育事业做出了哪些贡献？
3. 简要列举朱葆三生平主要事迹。
4. 分析“道台一颗印，不及朱葆三一封信”的含义。
5. 分析吴锦堂商业经营活动的特点。
6. 列举吴锦堂对家乡建设和祖国革命事业的贡献。
7. 列举宋炜臣对武汉近代经济发展的贡献。
8. 梳理提炼虞洽卿生平主要事迹，并逐条列举出来，做简单的分析。
9. 秦润卿对旧式钱庄做了哪些改革？
10. 列举项松茂在企业经营管理方面的成功经验。
11. 沈祝三对中国近代建筑业的发展做出了哪些贡献？
12. 沈祝三建武汉大学的义举体现出宁波商帮的哪些精神？
13. 王宽诚作为“杰出的商人”和“著名的社会活动家”，在经商和社会活动中分别取得哪些成就？他对新中国教育事业做出了什么样的贡献？
14. 简要列举邵逸夫在影视行业取得的成就。
15. 简要列举邵逸夫对慈善事业的贡献。
16. 简述包玉刚的成功历程。
17. 列举包玉刚报效祖国的主要举措。
18. 分析列举胡嘉烈经商的成功之道。
19. 列举李达三的成功秘诀，并举例说明。
20. 曹光彪在贸易方式上有哪些创新举措？
21. 列举曹光彪对内地教育事业的贡献。
22. 列举张忠谋在半导体行业取得的成就。
23. 分析台积电的企业文化，并简单阐述企业文化对企业发展的意义。

第四章

宁波商帮的典范人物·当代甬商

内容摘要

本章介绍在改革开放后涌现出来的宁波商帮的典范人物，包括中国最大的塑料机械生产基地——海天集团的董事长张静章，厨房领域最成功的生产厂家之一——方太集团的董事长茅理翔，集企业家、作家、慈善家于一身的宁波如意股份有限公司董事长储吉旺，中国最大的衬衫、西服生产企业——雅戈尔集团董事长李如成，亚洲最大的书写工具制造商——贝发集团董事长邱智铭，国内空调行业前四强——奥克斯空调的董事长郑坚江，以创新的商业理念和模式推动多个产业变革与发展并对社会经济发展产生了深远的影响的银泰集团董事长沈国军，世界知名互联网技术企业网易公司的创始人、与王志东和张朝阳并称“网络三剑客”的丁磊，展现他们的人生经历、主要创业历程、成功的经验和慈善义举等，以作为后人学习的借鉴。

学习目标

通过了解宁波商帮知名商人的人生经历、主要创业历程、成功的经验和慈善情怀等，反观自身，作为自身事业发展的学习和借鉴，以提高自身职业素养，增加间接经验。

关键词

宁波商帮；典范人物；当代甬商

20 世纪 80 年代以后，蜂拥而起的新生代甬商，如今大多是国内商界的佼佼者，他们与历史上的“宁波帮”有着千丝万缕的联系，一开始经商办企业就面向世界。相比浙江其他区域的商人，甬商总能以国际视野来定位自己的企业和产品。在一个日益全球化与开放的世界中，宁波企业向全世界输出家电、服装、汽配、文具、灯具、塑机模具、石化产品；甬商还参与塑造一个新宁波的形象，他们使高科技、高品质与“中国品牌之都”成为宁波的新标签；银泰集团以创新的商业理念和模式推动了中国多个产业变革与发展，并对社会经济发展产生了深远的影响；网易公司为推动中国互联网的发展做出了重要贡献，是在美国公开上市的知名互联网技术企业，他们把甬商推向了新的高度。

第一节 张静章

张静章

张静章，1937 年 1 月生，男，中共党员，大专学历，高级经济师，宁波海天集团股份有限公司董事长，兼任中国塑料机械工业协会理事长、中国塑料机械行业专家委员会主任委员，多次获得省、市优秀共产党员、劳动模范、全国优秀乡镇企业家等荣誉。

张静章 1970 年来到海天集团的前身——江南农机厂担任总经理，当时的厂房位于尼姑庵，流动资金也只有 100 元。1993 年，张静章将海天集团改制为股份制民营企业。现在，海天集团已经成为国内最大的注塑机生产企业。张静章带领海天人创造了中国塑机界一个又一个奇迹，自行设计开发并制造的注塑机跻身世界机械博览会，填补了我国大型注塑机出口空白，把一个以 100 元起家的小五金厂发展成今天堪称中国塑机行业排头兵的股份公司。目前，海天集团是国家“火炬计划”优秀高新技术企业、中国机械 500 强之一、中国民营企业自主创新 50 强之一，被联合国技术信息促进系统（TIPS）认定为中国优秀民营企业。

一、坚守实业赢利

女作家陈祖芬在《走进宁波》中这样描写张静章：“他那宁波普通话还夹杂很多外国公司或外国老板的名字，这种非常农民又非常全球化的特色语言，宁波北仑之外的中国人听不懂，中国以外的外国人听不懂，北仑的农民也听不懂……”

一天，记者做好了听他这种“时尚北仑话”的思想准备，如约来到位于北仑的海天机械制造有限公司采访。由于受全球金融危机的影响，企业订单减少，身为董事长的张静章实在太忙了。他身边的工作人员向记者介绍了张静章和海天的风雨历程。

“金融危机让我们的业务量下降不少，但董事长说，挺两年没问题。”海天集团董事长办公室主任汪晓莉说，“我们很少有贷款，所以每次国家银根紧缩时对我们基本没影响。这次的金融海啸，对我们的资金链影响不大，但对国际国内订单影响很大，公司也采取了一系列的措施。”实际上，从海天诞生开始，一直是边巩固边发展，走的是一条异常稳健的发展之路。即便是 2006 年海天在香港成功上市后，张静章也不是每天都关注公司的股价，他一直坚持有多少钱办多少事，靠办实业赢利。

2000 年以来，大企业资金运作很多，不时有人劝张静章投入房地产业或其他资金运作方便的行业，他总是摆摆手：“我不太懂的行业不去做。”

“企业最大的变化，就是过去是专业搞注塑机的，现在则制造机床和控制系统。”汪晓莉眼里的张静章创业历程就是这么简单。事实上，海天单一造注塑机时，核心技术是机电一体化；制造数控机床时，控制系统是核心技术；现在开始制造电机了，全部是控制系统，全部是核心技术。应该说，每上一个新项目，都是核心技术上了一个新台阶。

张静章有一个原则：只有自己所从事的行业做到世界第一，才能考虑向别的行业扩张。

1994年，海天的注塑机已做到了全国第一，他身边的工作人员说，该向别的行业扩张了。他说不行，世界排名还不行。2003年，海天在世界同行中被排名第四（产量世界第一，产值亚洲第一，技术国际领先），他才决定涉足数控机床行业。

2003年，海天的数控机床上市了。张静章发现不管是注塑机还是数控机床，里面的核心电机都得从国外进口，而且价格很贵，于是又决定涉足电机这个行业。知难而进，掌握核心技术能力，这便是张静章的目标。

二、给专家的年薪是自己的10倍

1992年，研制成功我国第一台电脑控制的液压注塑机；2001年，诞生了中国第一台全电动注塑机；2006年，研制开发了J5伺服节能注塑机……从海天员工的口中记者得知，海天每隔几年都要突破一项第一，有的是全国的，有的是亚洲，甚至世界的。

海天为何会有生生不息的创新能力？几个关于张静章的故事或许可以揭开谜底。

2006年1月，海天请来德国塑料与橡胶机械协会的原主席海勒姆·弗兰茨担任执行副总裁，在对他实行股权激励的同时，还给他开出了超过100万元的年薪，这个年薪是张静章本人年薪的10多倍。“要吸引人才加盟，首先就要确立人才的市场价值，没有这样宽阔的胸怀，企业就难以聘到国际上拔尖的专家！”张静章在当时接受一家媒体采访时说。果然，这位德国专家给海天带来了巨大财富。

海天长期设立年度“海天技术创新奖”。2003年，海天科技人员研发了亚洲最大的HTF3600X/1注塑机，填补了国内空白；2005年和2006年，又研发了大型二板式注塑机和全电动注塑机，给我国注塑机产业带来新的革命。为此，公司给这两个项目组颁发了技术创新特别奖，分别给予50万元的奖励。

三、职工每两年集体出游一次

“他是一个有善心、有社会责任感的企业家。”在张静章身边工作了30年的王金忠，给记者讲述了张静章的几次惠民大手笔。

1977年，张静章已经当了7年厂长了，职工由十多人增加到好几百人。企业是村集体的，村里的人都想把孩子送到厂里来当工人，因为厂里月工资8元，比挣工分合算。张静章立下了一个规矩：最穷人家的孩子先进厂。就这样，全村家境最差的王金忠幸运地成了厂里的工人。

10年后，他再次见识了张厂长与众不同的手笔。从1985年起，张静章和几位副总承包了企业，他们只拿工资，该拿的承包奖一直没拿，这笔奖金就年复一年地变大。到1994年企业开始改制时，这笔奖金已经变成了当时的一个天文数字：626万元。张静章和几位副总将这626万元奖金让利给职工，让职工作为本金入了股。“现在，通过配股等，这个股份已经变成了一个很大的数目。”王金忠笑着说。

从1985年开始，厂里每隔两年让全体职工包机或包车旅游。1997年香港回归前，全厂800人去游香港，中英街上的小贩很惊讶，怎么有这么多游客都互相认识。2001年，海天2 000人游昆明世博园，昆明世博园打出了“欢迎浙江最大的旅游团”的条幅，当地导游简直不相信他们来自同一个单位。

1996年，张静章的大手笔让王金忠再一次惊叹：建设海天新村，让职工“安居乐业”，价钱是市场价的一半。“他一直强调海天是集体企业，大家要共同富裕。”王金忠说，以人为本是张静章最大的特色。

正是张静章这个“共同富裕，安居乐业”的观点，使得海天的员工安下心来工作。海天4 000多名员工中，很大一部分已经在这里工作了二三十年。多年来，职工中跳槽的不到1%。就算因为这次金融危机而裁员，也仅仅是1%的比例。

第二节　茅理翔

茅理翔

茅理翔，1941年生，宁波人，方太厨具董事长。做过10年会计、10年供销员；1985年45岁时创办慈溪无线电厂，被誉为“点火枪大王”；1995年55岁时二次创业，和儿子茅忠群创办方太厨具，是家族企业解决好接班人的典型。2005年方太创业10周年，茅理翔从方太董事长一职卸任，转任整个集团的主席。他善于总结和创新，不仅提出了以企业文化促进企业发展的新构想，还结合中国国情及企业发展总结出一套独具方太特色的经营哲学，“淡化家族制”“口袋论”“企业发展平台论”等不仅成为经济研究及MBA教学的典型案例，还受到《经理人》《商界》《销售与市场》等知名媒体的关注。

一、方太集团

方太成立于1996年，专门从事厨房电器、集成厨房技术与产品的研究、开发、生产与销售，致力于为每一个家庭提供科技、领先、人性的家庭生活环境及专业厨房解决方案，是中国厨房领域的著名品牌，并已大举进军全球厨房市场。

目前方太正专注于集成厨房、吸油烟机、燃气灶具、电磁灶具、消毒碗柜、燃气热水器等技术开发及制造领域，目标是通过持续投入和努力创新成为厨房品牌的全球领先者。目前，该企业员工数已达4 000余人，除拥有雄厚的本土设计力量之外，还引进了大批来自德国、日本、意大利等国的国际知名设计师，以及原装进口的高端厨房生产设备和国际工业制造先进技术，经过10余年的发展，业已成为厨电领域最成功的厂商之一。

按照方太的理解，要成为受人尊敬的企业，经营只是一个层面，均衡发展、赢得社会的尊重和员工的喜爱则是更重要的一个层面。从创立至今，方太为此付出了十分的艰辛努力。“成为受人尊敬的卓越公司，让‘家’的感觉更好，让员工实现人生梦想、回馈社会”，更是方太两任掌门人的共同追求。为此，方太一直坚持“公平、公正和人文关怀”的用人理念，坚持“能力为本，绩效导向”，视员工为伙伴，致力于通过人力资源制度和体系建设落实企业文化，建立卓越的人力资源管理系统，力争成为优秀雇主，帮助每一位方太员工获得成功。方太还通过有计划、有组织、多样化的培训提高员工的岗位技能和职业素质，实现人力资本增值，建立中长期激励机制，使优秀员工分享公司成长的成果。

二、“方太模式”的交接班

茅理翔父子也为中国家族企业创造了“方太模式”的交接班范本。多年来，茅理翔一边做企业，一边研究企业，特别是家族企业的管理理论，已经出版了好几部企业管理方面的论著。他提出的“淡化家族制管理”“口袋论”以及“企业发展平台论”已经成为中国经济研究及 MBA 教学的教材。

茅理翔与茅忠群

改革开放后，经过大浪淘沙生存下来的中国第一代创业者，都先后面临着“交班”问题：家族企业如何顺利交接班？如何使老一辈辛辛苦苦几十年创下的家业能够一直维持、世世代代传下去？成为摆在许多民营企业家面前的一道难题。“富不过三代”一直是家族企业的梦魇，保持家族企业的绝对控股，固然可以保证企业的所有权，但如何打造出一个百年企业，则绝对不仅仅是一个绝对控股就能解决得了的。对此，茅理翔的观点是，要走过三代，首先就是培养接班人的问题，没有合格的接班人就是企业最大的损失；其次，强化董事会对经理人班子的考核制度与执行，从而建立一个富有执行力的团队与一个维护家族利益的董事会，形成双赢局面；强化父亲董事长、儿子总经理的职务模式，代代延续，并严格执行在经理班子中，除总经理外不得有任何家族成员参与的制度，避免形成团队离心与抢班夺权的问题。当然，也有可能出现家族某一代接班人太多的情况，这个时候如果女儿有能力也可接班，如果都不行，在保证所有权的情况下，强化董事会职能，采用经理人全权经营的思路。

从 1996 年开始第二次创业，到 1999 年注意实施淡化家族企业的制度化建设，茅理翔逐渐摸索出了这么几个运作要诀，并借助于这些要诀，为方太这个日益膨大的“蜂巢”找到了继位的新“蜂王”：

第一个要诀：家族企业交接班“三三制建设”，即“三个三年”的传承过程。第一个三年，是看三年，通过这个阶段，将企业产品的开发权放给子女，让子女逐渐熟悉企业的动作过程，并介入自己有兴趣的企业部门，从而分析子女的创新性以及与团队的亲和力，并通过产品开发获得自己组建小团队的权力，为下一步更大的进入做好铺垫，也不至于一进企业就给企业原来的团队以及领导层形成压力。第二个三年则是经销权的下放。在企业内部开发产品的时候，成败都在内部不至于形成社会性影响，也不影响产业链的组成，而经销权的获得将帮助子女组合整个产业链，并熟悉原有的合作伙伴，从而获得圈内的认可，并获得市场的认可。第三个三年则是管理权，也就是整个企业的管理在子女完成了前边两步后，最后一步也就顺理成章。

第二个要诀：家族企业的交接班要开明、开放，大胆交、彻底交是成功交班的要旨，当然这是建立在上边第一条“观察”的基础上。茅理翔认为，这个交班过程也是一个创业的过程，为什么有的企业交接班失败了，首先就在于老子不放心，造成儿子不舒心。方太通过“三三制”让茅忠群感觉到做企业的艰辛，也就有了做好企业的使命，方太在子女的眼里也就不再是财富，而是一个事业、一个使命。

第三个要诀：家族交接班要给子女一个团队，而不是单纯的财产。茅忠群现在有一个属于他自己的 MBA 高学历的执行团队。很多企业在交接班的时候受到企业的元老、恩人、亲属等各方面的掣肘，方太在 1996 年二次创业时，将原来的元老、恩人等剥离到原来的企业，继续在属于他们熟悉的岗位上工作；仅有两个人来自老团队：一个是技术总工程师，一个是做财务工作的。

茅理翔研究企业的管理理论，跟他自己的经历有很大关系。1995 年，他的儿子茅忠群硕士毕业之后，准备出国攻读博士学位，而茅理翔却希望儿子能够留在国内帮助自己打理企业。当时的茅理翔已经是个知名的企业家，但大学刚毕业的儿子却对父亲的经营之道提出了种种质疑，还要父亲答应他几个条件，他才肯留在国内继承父亲的事业。

当时茅忠群开出的条件是这样的：一是把公司从乡下搬到宁波市的经济开发区；二是坚决不经营父亲原先做的那些产品；三是父亲不能把原先公司的人马带到新公司来。

1996 年，父子俩一起创办了宁波方太厨具有限公司，专门生产厨房用具。在父子俩的共同努力下，方太厨具有限公司成长很快，创办两年之后就成为中国生产厨房用具的知名企业。2005 年，方太公司名列中国成长企业前 100 强，并获得了由中国各大财经杂志和商学院联合评选的“中国企业管理特殊贡献奖”。

但这一切来得并不容易，最难的就是企业的人事管理。在公司刚创办的时候，茅理翔父子就定下规矩，家里的亲戚一律不能在方太公司的实权部门任职。规矩是定了，不过执行起来困难重重。但是，现在方太公司的 100 多名中高层管理人员当中，除了茅理翔和茅忠群父子俩，再找不出第三位茅氏家族的人了。企业是茅家的，但管理是现代的。作为董事长的茅理翔也不插手公司的业务，一切交给担任总经理的儿子去打理。

在方太，茅理翔是董事长，茅理翔的儿子是副董事长兼总经理，夫人是监事会主席，全家拥有公司 80% 的股权，从这个意义上说，方太就是一个家族制的企业，但方太又是属于现代意义上的家族制企业。一方面，与其他家族制企业一样，由于拥有公司绝大部分股权，决定了家族在公司中的地位，企业决策高度集中在家族手中。另一方面，方太又与其他家族制企业不同。除了董事长、副董事长、总经理以外，从总经理助理到普通的管理层人员，没有一个是家族成员，而且公司 70% 的部长以上管理者是从外地引进的硕士生和本科生。与此同时，还在董事会中吸收了一些非家族成员，共同参与企业的发展，从而避免了决策的片面性和局限性，减少了企业发展的风险。

茅理翔提出，家族制企业要发展，必须克服任人唯亲，做到任人唯贤。如何克服？这就是要建立一套严格的用人制度，并坚实地去执行。如果是任人唯亲，让堂表亲族、七姑八姨都加入企业决策层，肯定是弊多利少。茅理翔在夫人进厂时就定下死规矩，双方亲戚在厂里上班可以，但不得担任车间主任以上干部，算起来茅家现在共有近30位直系亲属，但茅理翔顶住了压力，只允许8位亲戚在公司做普通员工，而将更多的亲戚或拒之门外，或在他的资助下自谋发展。

茅理翔坚信，家族制企业要发展，关键不在于形式，而在于内容。企业要抛弃原有的经营模式，建立符合市场经济条件下的现代企业制度，要处理好经营权与所有权、分权与集权、内部培训人才与外部招聘人才、一言堂决策与民主化科学化决策等方面的关系。只有这样，家族制企业才能焕发出新的活力，真正让"家"的感觉更好。

茅理翔总结出了家族企业走向兴旺发达的几大准则：家族绝对、相对控股；依靠专业化、职业化管理；时刻注重战略思路明确；严格治理，形成制度，以保证安全稳妥的科学决策；强调以价值观为核心的先进文化；关键还在接班顺畅、成功。茅理翔的做法和思想得到企业界的普遍认同，为其他家族企业解决接班人和产权治理问题提供了范例。

第三节　储吉旺

储吉旺，1942年12月生，浙江宁海人，经济师，现任宁波如意股份有限公司董事长、宁海县文联副主席，是一位集企业家、作家、慈善家于一身的传奇人物。

储吉旺

是一个作家的见识和感受成就了"世界搬运车大王"，还是一个"世界搬运车大王"的经历为作家贡献了无尽的素材与灵感；是一个慈善家的胸怀不断拓宽了他的经营视野，还是倍增的经济实力愈加提升了他的人生境界——对此，我们不得而知，但可以肯定的一点是：储吉旺精彩的创业人生、慈善人生、诗书人生，能够给因"精神世界空虚""穷得只剩下钱"而受人诟病的中国民营企业家群体，提供一些有益的启迪。

一、"商海文心"

储吉旺不仅是一个成功的商人，也是个出色的文人，他的一个身份是浙江省作家协会会员。见过储吉旺的人都知道，他身上透出一种一般企业家难以企及的文化特质，充满了一股积极向上的青春朝气。和储吉旺谈话，你很难想象他已经年近70岁。他的话语时时让人感觉他是一个激情四溢的诗人、作家。而当你进一步走近储吉旺，将会发现他的内心世界极其丰富，在不经意间，他的才情总会表露无遗。

储吉旺的文学爱好萌生于初中时代，那时他总有一些小文章见诸校报校刊。高中时，他在宁海中学担任柔石文学社首任社长。随着感受文学氛围的美好情怀日益加深，储吉旺当作家的梦想一直深深烙印在心里。

1963年，储吉旺高中毕业后，毅然应征入伍，成为孩提时代就梦寐以求的解放军战士。1968年，储吉旺退伍后，做过代课教师和仓库保管员，还做过宁海县农机二厂代书记。这时候，他追寻的依然是自己的理想——成为舞文弄墨的作家，关注鲜活的现实生活。为此，他异常勤奋地给大小报社写稿，其中很多稿件都见诸《浙江日报》。不幸的是，也正是这些稿件，使储吉旺被扣上种种莫须有的罪名，在“文革”年代饱尝了三年牢狱之灾。

20 世纪 80 年代初，储吉旺出任严重亏损的宁海县客运站负责人，同时兼局文书。当时的客运站有 200 多人，大多来自县搬运站，平时自由散漫惯了，在储吉旺的就职大会上，有人高声喧哗，有人推推搡搡，还有人竟脱下鞋子敲打桌子……储吉旺在主席台上砸了一拳，大喝一声：“如果这样开会，我看不如马上散会！大家如果想搞好客运站，就安静下来好好开会!”

由于储吉旺的精心经营，几个月后，一个原本一盘散沙的客运站就呈现出有条不紊的创业生机，并且因为开出了第一辆宁海至宁波的“招手停”公共汽车，而使宁海客运站在整个浙江都家喻户晓。原先“职工闹上访、领导感头痛”的客运站，一跃从老大难变成“顾客满意、职工满意、领导也满意”的先进单位，吸引了奉化、象山、临海等地的同行纷纷前往取经。

1985 年年初，已 43 岁的储吉旺，感觉到蒸蒸日上的宁海客运站虽然凝聚着他无数的心血和智慧，但一成不变的“铁饭碗”制度正在束缚着他的手脚。为此，他出人意料地选择离开，扔掉了在当时被很多人羡慕不已的旱涝保收的工作，两手空空地创办了宁波塑料九厂——用当时知情者的话说，就是无厂房、无设备、无资金，只是在原城北马路塘旁用油毛毡搭起了一个简陋的工棚。但不会有人想到，这样一个工棚居然奠定了一个“世界搬运车王国”的前身，并在储吉旺的创业史上留下浓墨重彩的第一笔。

但下海之初的经历并不顺利。在储吉旺回忆性的散文作品中，尽管从未提到当年遭遇的挫折和困扰，但其家里人在谈及那些最难熬的日子时，还是免不了鼻子直发酸。由于当时生产塑料水管的厂家太多，档次又低，推销就特别难。加上那两年塑料原料价格暴涨，原料通常高于产品价格，入不敷出。企业创办不到一年，便山穷水尽，职工纷纷自谋生路，请来的 5 位老同事也一走了之……储吉旺陷入前所未有的困境。

1987 年，在浙江省机械设备进出口公司的扶持下，储吉旺终于迎来了好运，开发出了国内第一套拉紧器。第一批拉紧器订单出口美国时，储吉旺一家 4 口和全厂工人一连忙了几个通宵，雇不起小工，从车间到港口，几十吨的铁家伙全靠自己打包装运，累得全身都散了架。

随后，储吉旺又很快开发出了手动液压搬运车。从此，手握两种外贸产品，企业生产逐渐趋于正常，工人也慢慢多了起来。储吉旺认为，市场永远是一只喂不饱的鸟，喜新厌旧是它的本性。因此，继拉紧器后，如意公司全面开发和提高产品的种类、质量、档次，使产品从拉紧器扩展到了搬运车、电动堆高车、电动叉车等系列共 100 多个品种。

储吉旺的观点是：“企业可以不转型，但是产品不能不创新。”为此，他们在分析历年国际博览会客户采购习惯的基础上，确定了一个“美女叉车”设计方案。设计人员研究了“美女”的四大审美要素——“臀大、腰细、眼靓、胸高”，认为这些要素完全适用于叉车外观设计。臀大，就是把叉车的承重力做大，最大限度满足叉车的吊装搬运功能；腰细，就是驾驶位的设计要符合空间要求和流线型审美需求；眼靓，就是叉车大灯要亮、要美，为此，设计人员还在两个大灯下方添加了微笑口型的红色线条；胸高，就是两个前置的叉子要结实美观。

如意公司兴旺发达后，储吉旺结合公司业务，仍不时地给报刊投稿。根据一些企业在广交会上无序竞争、低价倾销、损害国家利益等现象，储吉旺写成文章，向《国际商报》《中国贸易报》等媒体投稿，刊出后引起极大反响。针对国家外贸体制改革的实际情况，他在媒体上撰稿，提出了外贸代理与企业自营出口两条路的观点，引起了外贸主管部门的重视。

储吉旺勤奋好学，笔耕不辍，每天把自己经历的精彩故事用心记录下来。1981 年以后，他相继出版了“经商三部曲”：《我与外商打交道》《谈恋爱与谈生意》《谈文化与谈生意》，还有《长寿经验集锦》、前半生自传《风雨四十年》、传记小品《五百罗汉》以及《商旅风云》《商海心迹》，在报刊上发表的各类文章更是不胜枚举。其中商业散文集《我与外商打交道》一书还创下了 17 家报纸连载的纪录。很多读者表示，除了喜欢储吉旺作品的真情实感外，很多细节描写，还有对世界各地风土人情、历史文化的描述，无不体现出他的文化底蕴和文学修养。不管是从作品量还是总文字量来看，储吉旺都算得上是高产作家。

据悉，每当外商到访时，储吉旺经常会把他写的书作为礼品赠送给他们。而外商们看到包装精美的书籍时，都会充满敬意。他的作品，在与外商打交道中，发挥了不可忽视的作用。

尽管储吉旺在数年前就出版过 8 本书，并获得企业老板中难得的公认的作家头衔，但真正让他在行业内名声大噪的，却是那些看上去笨头笨脑的各种搬运车。由他创办经营的宁波如意股份公司生产的西林牌手动液压搬运车从 1990 年开始，出口量就连续高居全国同行首位；搬运车、平台车、堆高车、拉紧器、风动工具等五大系列产品迄今已出口 130 余个国家和地区，宁波如意成为世界上规模最大的搬运车企业。满脑子思想和故事的储吉旺也因此被人们称为“世界搬运车大王”。

典型的储吉旺商务交流方式，就是平和、真诚并善解人意，用文学和文化的方式来表达内心、表达自己坚守的商业精神。一位熟悉储吉旺的外贸专家说：“你不能拒绝一个和你一样尊重你的文化、理解你的文化背景的人，在外贸行当尤其是这样。”

二、慈善情怀

如意公司董事长储吉旺，论企业在当地并非最大，但要说投身公益事业则是第一。储吉旺多年来贡献了 7 000 多万，用于助医助残、济贫帮困、助学敬老、赈灾救难、修桥铺路等公益慈善事业，但作为企业家的储吉旺夫妇生活非常简朴。

2009 胡润浙商慈善榜发布，依照慈善家从 2004 年以来的捐款总额排序，如意股份有限公司董事长储吉旺名列第 24 位。在跻身 2009 胡润浙商慈善榜之前，储吉旺还曾荣获中华慈善奖、全国优秀退伍军人、全国优秀乡镇企业家、拥军模范、浙江省慈善之星、宁波慈善楷模等殊荣。

自 1985 年创业以来，公司先后捐建了宁海中学如意教学楼、宁海三中西林图书馆、宁海敬老院如意楼，还设立了宁波市吉旺帮困基金会、宁海第一医院如意医学奖基金会、宁海妇幼保健院如意医学奖，等等。特别是在 2003 年 11 月，储吉旺捐款 100 万元，建立全县首家冠名定向基金——吉旺助医基金，之后每年增加基金 100 万元。至 2008 年年底，该基金已达 500 万元，累计支出 86. 4 万元救助了 221 名特困病人。

储吉旺的善举不胜枚举：2004 年年底，印度洋海啸，如意有两个客户在印尼遭灾，储吉旺当晚便致电问候，并提出资助 20 万元以表心意。外商有些不好意思："大家是生意上的朋友，分分厘厘都要算清楚的。"而储吉旺说，救灾救急不分国界、不分你我。后来那两位外国朋友逢人便说："泱泱中华确是仁义之国，令人敬佩。"

2008 年发生了世界金融危机，如意也受到了波及。5 月 12 日四川汶川地区发生里氏 8.0 级大地震时，储吉旺正在美国考察，得知四川发生如此严重的地震灾情，他第一时间作出指示向灾区捐款 100 万元。"尽管公司外贸出口形势严峻，但再困难也比不上灾区的困难。"5 月 14 日，公司的首笔 100 万元捐款通过宁海县慈善总会汇向四川地震灾区。在 5 月 12—18 日在国外考察期间，储吉旺多次致电公司工会，要求尽快将灾区的灾情向全公司员工公布并发出倡议，做好全公司员工发起向灾区献爱心的前期宣传工作。于是，《情系灾区，众志成城——为四川地震募捐赈灾倡议书》于 5 月 14 日张贴于公司宣传橱窗中，并在公司的中英文网站上发布。很多登录该公司网站的国外客户，也纷纷委托如意代为他们向汶川地震灾区捐款。

储吉旺把慈善看作快乐包裹下的事业。按照他的解释，他每年拿出一笔钱帮助许多人解了燃眉之急，所以他收获的是"给予的快乐"；对于受助者来说，生活上的困难得到解决，也会享受到接受别人帮助的快乐。他坚持这样的观点："有人助人，有人受助，整个社会就会得到和谐带来的快乐。"

善有善报。如意的慈善行动也曾使它获得欧盟 200 多家客户的真诚回报：2004 年，如意公司生产的手动液压搬运车遭遇欧盟反倾销，欧盟采购商被征收 28.5% 的反倾销税，这对如意的欧盟客户而言是一个非常大的压力，相当于在产品利润中要拿出 28.5% 替如意埋单。有些同行以此判断如意将失去欧盟所有的市场。

但事实却恰恰相反，实施反倾销税三年，如意在欧盟的销售额却每年以 20% 以上的幅度递增。原因是，推崇慈善事业的欧洲企业认定如意是一家有社会责任感的公司，作为采购商有义务与如意分担暂时的困难，并希望如意能开发出其他科技含量较高的产品进入欧盟市场，欲以销售该公司非涉案产品的所得利润来弥补涉案产品的损失。一位客商的表态很有代表性："在手动液压搬运车这个行业里，至少还没发现比你捐得更多的，你做了一个非常好的事业；尽管税高了，我们承担损失，但还是愿意同你这样的人做生意。"

坚持慈善事业还为如意引来合资"金凤凰"：该公司的合资方——德国永恒力公司，是一家在世界物流行业排名第三的著名企业。其 2002 年在中国寻找合资伙伴时，走访了全国所有上规模的生产物流产品的企业，最终花落如意，也是因为如意是一家有爱心的企业。用永恒力前 CEO 皮西乐博士的话讲："慈善活动在我们德国也是很受尊重的，现在我们与中国储吉旺先生合作，更看重'如意'是一家富有爱心的公司，因为只有爱才能培养出世界上最优秀的企业。"

拥有慈善家头衔的储吉旺，还意外地赢得了许多令人称羡的机缘：2005 年 12 月，储吉旺被评为全国优秀退伍军人，在北京人民大会堂受到党和国家领导人的亲切接见。但如意公司当年的销售额仅有 5 000 多万元，在全国众多优秀退伍军人企业家队伍中，根本就排不上名次，选中他的主要原因之一，就是储吉旺不但是个企业家，同时还是个难得的慈善家。

如今，如意公司以年销售额6.5亿元的实绩，成为世界物流业巨头。企业成功靠什么？靠机遇、靠政策、靠储吉旺的勤俭干练……这些都对，但必不可少的一项是：靠全体员工同心同德！储吉旺的说法是：得人心者得天下。

因此，对待员工，储吉旺也坚持“以德治企、以德达商”的人性化理念。举例来说，如意新厂房离城远，职工生活多有不便。为了让职工安心生产，他决定先建厂房与职工宿舍，缓建办公楼。在新厂区规划中，有3幢建筑面积达1.5万平方米的职工宿舍，使职工都有集体宿舍，加夜班时不必回城，就在厂区住宿；此外，他又为科技人员建造了三室一厅的100多平方米的套房；他还改变了建造1幢6层办公楼的计划，而将一幢原来打算用作招待所的3层小楼权当办公楼，这也是他“勤俭创业，以人为本”办企业的一贯思路：生产第一位，添置的设备必须是一流的；员工宿舍又比办公楼要紧，办公楼可以简陋一些。

在如意公司，员工遇上结婚喜事，公司会安排轿车迎接新娘。如果恰巧碰到有好几个员工结婚，用车紧，储吉旺就宁可自己租车或挤公共汽车，也要让员工风光一回。员工遇到天灾人祸，储吉旺大力提倡一人有难、众人相助的良好风尚。公司除给予补助并派人慰问外，更动员全体员工解囊捐款，并将捐款人员张榜公布，让员工感受到大家庭的温暖。如今在宁波宁海，如意公司是员工社会保险覆盖面最大的企业，已为全体员工投了养老、失业、大病医疗、意外工伤事故、意外交通事故和生育险6项保险。

储吉旺表示：“今天，我已经实现了自己的理想，也可以说是个中小型企业家吧。那么，我现在的定位是什么呢？我觉得成功的人首先是要学会做人，做个诚信的商人，做个扶贫扶弱的商人，做个道德高尚的人！”

第四节　李如成

李如成，1951年生，雅戈尔集团创始人、总裁。雅戈尔集团创建于1979年，现已形成以品牌服装、地产开发、股权投资等产业为主体，多元并进、专业发展的经营格局，是中国最大的衬衫、西服生产企业和宁波最大的地产开发商。集团旗下的雅戈尔股份有限公司，于1998年在上海证券交易所上市。

李如成

1979年，宁波市鄞县石碶镇成立了一家青春服装厂。说是工厂，其实只是一个蜗居于戏台地下室的原始小作坊，几台家用缝纫机是用2万元知青安置费采购的，尺子、剪刀、凳子是职工自带的，当时主要是为别的工厂加工背心、短裤、袖套之类的小玩意。

1980年年初，从上海下放到鄞县务农15年的李如成，被安置到青春厂。一个略有几分寒意的下午，28岁的大龄知青李如成按时到青春服装厂（以下简称青春厂）报到。他一边整理着凌乱的头发，一边在办公室填完了自己的身份登记表，上班当日，他被安排的工作是拉板车运砖头当小工。

多年后，他回忆说：“那是我的第一份正式工作，让我激动了很久，我是顶着父亲右派帽子长大的，从上海下放到宁波务农了15年，那是一个没有梦想的时代，但是从那个春节后，梦想似乎又开始在无数人的脑海中苏醒了。”

李如成先是拉板车运砖头当小工，后被任命为裁剪组长。就在小厂面临断炊、岌岌可危时，李如成远赴东北揽下12吨面料的加工业务，使小厂起死回生。从那以后，李如成逐渐显露出经营才能，最终被工人推向厂长的位置。

1983年，李如成得知上海开开衬衫公司寻找加工点，怦然心动：开开是上海名牌产品，何不借梯上楼？一番艰辛努力后，双方达成协议：由“开开”有偿提供商标和相关技术，“青春”作为分厂自行生产和销售。第二年，青春厂利润从40万元猛增到上百万；第三年销售额达1 000万元，利润也翻了番。

李如成靠着为别人贴牌加工，掘到了第一桶金；但他并没有满足于“借梯上楼”，而是决心自创品牌、自己“造楼”。通过横向联营，青春厂已学到了先进的管理经验，培育了自己的队伍，还完成了一部分资本和技术的积累，有了一定的业务通道。他渐渐意识到：横向联营受制于人，发展空间较小，企业要再上台阶，就需要创立独立的品牌。

因当时正处在短缺经济的大背景下，好产品的市场需求巨大，“皇帝女儿不愁嫁”。1986年，青春厂推出第一个自有品牌——“北仑港”，甫一上市，就受到各地商家的追捧。到1989年，“北仑港”衬衫的年销量已达到300万件。

当工人们还沉浸在“北仑港”旗开得胜的喜悦中时，李如成的思想却“进城”了。他意识到“北仑港”品牌的局限性：品牌地域色彩太浓，文化含量不够，缺乏提升的空间。1990年8月，在李如成的精心运作下，一个全新的中外合资企业——雅戈尔制衣有限公司宣告成立，并申请注册了“雅戈尔（YOUNGOR）”品牌。

YOUNGOR（雅戈尔），是“青春”两个字的英文变写，李如成认为“雅戈尔”既有着“青春”厂的历史延续，又寄托着对未来的美好期待，无论是英文还是中文，均书写流畅，音节朗朗上口，并且巧妙地嵌入了李如成当过15年农民的雅渡村村名，是一个近乎完美的创意。这个“民”字号的企业脱胎换骨，还同步打出大旗：“做中国的皮尔·卡丹。”自此，雅戈尔连上台阶：1993年，改制为股份制公司，明晰产权；1998年，公司上市，涉足资本市场……很久之后，有人称这是“雅戈尔涅槃”。

由于服装是低成本、低技术、劳动密集型产业，进入门槛较低，当时与李如成处在同一起跑线上的，在宁波大大小小共计有3 000家规模以上服装企业。但30多年下来，有的企业已无声无息了，还有些企业老是“长不大”，而雅戈尔却始终处于领跑者地位，并且后劲十足。造成这一巨大反差的根源，无疑是经营者不同的观念和意识。比如，李如成坚持认为，服装是传统产业，但不是落后产业；发展中国服装的出路，在于提升其科技含量，以科技之手“后来居上”。

基于这样的观念，在1990年中外合资的雅戈尔制衣有限公司成立伊始，李如成便一次投入数百万美元，从德、日、美等国引进300余套国际先进水平的技术设备；生产的雅戈尔品牌衬衫，因品质优良，迅速获得市场青睐，在中高档服装领域开创出了一片新天地。在此后的几十年里，由其陆续开发的HP棉免熨衬衫、抗皱免熨的VP衬衫、纳米VP衬衫、DP衬衫等新品，也持续引领了行业技术进步的潮流。

1994年，已摘取“中国十大名牌衬衫”桂冠的雅戈尔，又进军西服的制造领域。他们从德、意、日等国家引进现代化西服生产线，并导入当时男装设计和生产最好的意大利一家公司的西服样板及工艺。一年后，具有意大利宽松风格的雅戈尔西服风靡市场，成为国内西服制造领域的一匹黑马。

此后，为确保西服的选料、裁剪的精度和速度，雅戈尔还相继引进国际一流的全自动预缩定型和 CAD 系统，建立了当时世界上最先进的西服板样中心。这些设备和技术既确保了西服的精度质量，更使新产品的开发周期从 1 个月缩短至 1 周，大大提高了西服在市场的竞争力。经过几年努力，雅戈尔西服走红大江南北，登上国内西服市场占有率的头把交椅。

2001 年，总投资 1 亿美元、占地近 500 亩的雅戈尔国际服装城竣工，拥有年产衬衫 1 000 万件、西服 200 万套、休闲服和西裤 2 000 万件的生产能力，成为世界上规模最大、设备最优、功能最齐全的综合性服装生产基地。以至于世界服装大师皮尔·卡丹在参观雅戈尔之后，也连声赞叹："我走遍了各大知名服装企业，你们的规模在世界上绝无仅有。"

将销售渠道掌握在自己手中，是雅戈尔拓展服装产业下游产业链的重要一环。最初，该企业也采取产销分离的传统模式，但在实际操作中，李如成深感原来的商业体制束缚太多，常常"叫不应"。为此他提出，"开枪要越接近敌人才打得越准、企业要贴近消费者才会摸得准市场的脉搏"，雅戈尔的核心竞争力应从构建自己的营销网络着手，"只有占据终端才能掌握自己的命运"，"谁和市场最接近，谁就能掌握主动权"，正是这些创新理念，使雅戈尔牢牢把握住了自己的"命运"。

雅戈尔开始边建工厂边建市场。1998 年实现上市的雅戈尔，投入 16 亿元主抓直营店建设，大量购进渠道。数量最多时，雅戈尔的渠道终端达到了 3 000 多家，其中包括店中店、自营店、特许加盟店等终端形式。截至目前，雅戈尔最新的渠道终端数是 1 700 家，其中自营专卖店 400 家，特许专卖店 550 家，窗口商场 750 家。

今天的雅戈尔，不但是生产企业，还是流通企业，其服装产品 71% 的销售都通过上述渠道完成，被业内公认为拥有中国最大的服装营销网络。其中投资 1.5 亿元的上海"雅戈尔自营旗舰店"，位于"中国商业第一街"南京路，店铺面积达 5 000 平方米，是目前国内最大的服装专卖店。

为优化管理，从 2003 年起，雅戈尔投资 5 000 万元与中国科学院合作实施数字化工程，通过现代化网络平台将海内外的生产、经营、科研等各种数据汇总到一个平台，整个运作体系如臂使指、反应灵敏。据李如成介绍，沃尔玛的信息库容量超过美国国防部，雅戈尔凭借自身独特的运行机制和高科技手段，使信息化为提升企业竞争力大幅加分：如凭借信息化技术，雅戈尔已成功推出"异地量体裁衣"创新服务。在北京、上海，甚至国外，只要将顾客数据输入电脑，经过技术合成，总部基地即可制板生产。

今天的雅戈尔，从纺织、服装到销售终端，已编织完成了一条长长的产业链，其庞大程度，令外人难以想象，雅戈尔也由此成为"全世界第一家从种棉花到织布、到物流、再到销售，覆盖全产业链的服装企业"。目前，其麾下已拥有衬衫、西服、西裤、夹克、领带和 T 恤 6 个中国名牌产品，其中雅戈尔主打产品之一的衬衫为全国衬衫行业第一个国家出口免检产品，连续 14 年获得全国市场综合占有率第一位；西服连续 9 年保持全国市场综合占有率第一位。

尽管服装被业内人士认为"赚的是一针一线的辛苦钱"，但传统制造业的稳定性仍为雅戈尔所倚重，迄今为止我国纺织服装行业最大的一起海外并购案——雅戈尔以 1.2 亿美元并购美国 Kellwood 公司持有的 Smart 100% 股权和新马服饰 100% 股权，以及雅戈尔与美国最大的西装制造商 HSM 签订 20 年的长期代理合同，将其主打品牌引入中国市场……雅戈尔近年来在服装领域的投入，被视为其回归主业的举措。

除了头顶上的国内服装企业翘楚的桂冠，雅戈尔的另外几个突出身份——A 股公司持股市值排名第二的企业、宁波最大的地产商，同样令人炫目。近年来，股权投资和房地产，为雅戈尔注入了最快的增肥因子。

据悉，雅戈尔自 1992 年开始介入房地产业，至今旗下已拥有宁波雅戈尔置业有限公司、宁波甬城房地产有限公司、苏州雅戈尔置业有限公司、宁波雅戈尔钱湖投资开发有限公司等十几家房地产公司。其中雅戈尔置业在宁波市场排名第一，连续几年位列浙江省房地产企业前三强、中国房地产企业前百强。雅戈尔置业迄今已累计开发总建筑面积达 300 万平方米，开发房地产项目超过 20 个，成就了 1 万多个家庭的居住理想。“海景花园”“钱湖比华利”被誉为宁波的顶级豪宅标杆，“东湖花园”获得 2007 年度全国房地产开发综合性大奖——“广厦奖”，“海景花园”获得 2008 年度浙江省建设工程“钱江杯奖”。从 2002 年起，雅戈尔置业走出宁波，开始实施“长三角发展战略”，先后进军台州市场、苏州市场，及杭州和绍兴市场，等等。从 2006 年起，房地产已然超过纺织，服装，成为雅戈尔增长的重要引擎。

股权投资和房地产，同为服装巨头雅戈尔最强劲的两大利润支撑。但其实，让雅戈尔“疯狂”的股权投资，大部分都源于十几年前的“机缘巧合”。后来连李如成都承认这些资本市场的收获，的确大多在意料之外：一方面是很多投资属“照顾性投资”，另一方面作为实业家没有想到资本市场巨大的短期爆发力。

此后，雅戈尔一直没有放弃它在金融投资上的努力。2007 年，雅戈尔集团成立了两家专业投资公司，针对拟上市的金融产业、资源性企业和行业龙头企业等，进行股权投资上的探索，使股权投资成为集团未来的三大产业之一。最高的时候，雅戈尔持有中国人寿、宁波银行、海通证券、中信证券等十家上市公司股权，持有上市公司股票市值达 240 亿元，取得了令人眼红的投资收益。

事实上，雅戈尔集团董事长李如成深知，30 余年沉淀下来的纺织、服装行业功底，远比其他的业务更深厚。他曾在访谈中表示：“我不认为服装行业是夕阳行业。一方面，随着人民生活水平的提高，在穿着方面的要求发展比较快；另一方面，服装行业没有污染，又是劳动密集型产业，吸引了很多劳动力，特别适合中国国情。人永远都是要穿衣的，因此，服装行业永远都是一个好的产业。”

第五节 邱智铭

邱智铭

邱智铭，1959 年 1 月出生，民建会员，研究生学历，高级经济师，贝发集团董事长，宁波市政协常委。兼任中国制笔协会副理事长、宁波市文具协会会长。

他带领企业长期致力于中国制笔工业和文具产业的发展，拥有多项专利，开发的中性墨水笔、直液式针管笔填补了国内空白；镍白铜笔头技术指标已达到国际先进水平，替代进口。企业产销规模连续 10 年居全国第一，全球行业内产销量排名第三，是亚洲最大的书写工具制造商，还是 2008 北京奥运会特许经营商、特许零售商和文具独家供应商。贝发集团积极支持公益事业，近几年，慈善捐款700余万元，赞助中国女排、奥运等公益事业近4 500万元。

一、11天“流动小贩”掘来第一桶金

1993年春节，北仑小港。在一次气氛凝重的家庭会议后，当时36岁的邱智铭从父亲手中接过只有30多名员工、摇摇欲坠的家庭作坊。“我来到余姚临山、温州龙湾和桐庐分水镇这三个圆珠笔厂家集中的地方，搜集样品，并把自己作坊生产的2支多色圆珠笔和三角形塑料圆珠笔搭配进去，上百种样品笔就装在两个木箱子里。”邱智铭回忆当时的情形。

他拎着这两个木箱子装的圆珠笔，到1993年春季广交会上去推销。没有展位，也不是正式参展商，他花了50元钱，从“黄牛”那里买了张临时参观证，站在广交会场馆外和楼梯口守候，偷偷给国外客商塞名片。

10天过去了，几乎没有一个客商正眼看过邱智铭木箱子里的“土笔”。但他仍不厌其烦地向客商递上名片，还向客商索要名片。熬到第11天，已经心灰意冷的邱智铭，终于碰上了一个奇迹。

“我记得第七天时曾向一名中东地区‘长胡子’客商塞过名片。到第11天时，这位来自也门、名叫穆罕默德·沙易特的客商，让我晚上10点去他下榻的广州白云宾馆10楼一个房间洽谈。我仿佛捞到了一根‘救命稻草’，很兴奋。晚上9点就赶到那里，但房间门口早已排起了长队，还有10多名笔类生产商同行也在等候洽谈。轮到我进房间洽谈时，时针已指向次日0点40分。穆罕默德·沙易特从我的木盒子里挑出2支笔，在我本已薄利报价的基础上再砍价30%多。”无利可图，做还是不做？邱智铭咬咬牙接了单。“这1万打圆珠笔订单，总价1.4万美元。尽管价格被砍得‘血淋淋’的，但这是我在广交会上掘来的第一桶金。从此我走上了外贸路。”

二、产品创新引来客户“滚雪球”

1994年1月8日，家庭作坊正式改名为宁波贝发文体旅游用品制造有限公司。当年，贝发外销额就达到600多万美元。到了1996年，这个数字迅速翻到了2 600多万美元，是当时上海“英雄”“丰华”“永生”和“中国铅笔一厂”四家制笔企业出口额的总和。

可还没有好好品尝胜利的味道，一封来自也门的加急电报——两个集装箱圆珠笔全部漏油，客户要求赔偿4万美元，邱智铭碰到了麻烦事。原来，装有贝发笔的轮船在经过赤道海域时，60多摄氏度的高温环境，让堆在甲板上层集装箱里的几乎所有的贝发笔芯漏了油。当时，圆珠笔内国产技术制造的油墨，根本经受不起60多摄氏度高温。查实后，邱智铭赔了订单2倍的钱给客户。

这一教训，让邱智铭下决心成立一个研发中心，改造生产线，提升产品质量。贝发开发的中性墨水笔、直液式针管笔还填补了国内空白。并且，其镍白铜笔头技术指标达到了国际先进水平，替代进口笔头……由于产品质量过硬、款式新颖、种类繁多、交货及时、价格低廉，贝发迅速被海外众多采购商列为核心供应厂家，客户群如“滚雪球”一般扩大。

三、与美国“大腕”过招

2004年，贝发记号笔以自有品牌进入美国沃尔玛超市。正当邱智铭为此而开心时，美国

第一大制笔企业 Sanford 公司一纸诉状，借“337 条款”指控贝发集团侵犯其“商业外观”。当年 11 月 29 日，他专程赴美国与 Sanford 公司高层进行谈判。最后，对方同意贝发公司可以在不改变所有涉案产品外形、尺寸的前提下，继续在包括美国在内的世界范围内销售自己的产品。贝发方面也主动提出改变部分记号笔的笔杆颜色。就此，中美最大的制笔企业握手言和。

“中国企业家尤其是第一代民营企业家，往往对知识产权法和国际游戏规则感到陌生和恐惧，事情还没搞明白就退缩了。我们公司有 800 多项专利，仅在美国就申请了 139 项专利。尊重知识产权，把它当作国际市场的通行证，遇到官司底气就足了。”事隔四年，邱智铭仍觉得恍如昨日。

四、结盟欧美巨头应对“洗牌”

目前，贝发集团已经在新加坡、澳大利亚和美国建立了专卖店和专区业务，从品牌、产品到工作人员，都属于贝发。在国内市场，贝发利用 2008 年北京奥运会“特许经营商、特许零售商和文具独家供应商”三位一体的身份，整合出一条文具产业链。奥运“福娃”贝发笔上柜以来，贝发笔在国内市场的公众知名度从原来的低于 3% 跃升到如今的 15% 以上。

最近，贝发集团还与全球最大的礼品邮购公司——美国 Myron 集团达成合作协议，按照联合开发模式组建研发团队，由 Myron 集团承担海外的市场调查、信息收集及技术支持。今后，销往欧洲与北美市场的贝发笔，其创意及设计理念将全部源自美、英、意等国家。沃尔玛、史泰博等世界 500 强企业，也将贝发集团当作核心供应商来对待，加大了采购量。

目前，“贝发”已完成了股权重组、战略投资者引进、管理规范和上市辅导验收等阶段，正排队等候上市审核。

在贝发集团所在的宁波市，曾举办“十大甬商”评比，邱智铭名列其中。评比机构给予的理由是——最佳商业模式的创新。在商机把握及自我创新方面，邱智铭和贝发的努力，确实值得称道。于此我们有理由相信，以行动总是先人一步而在业内著称的贝发集团，在企业界的“生物进化史”上，将赢得更多的生存机会。

第六节　郑坚江

郑坚江

郑坚江，1961 年生，奥克斯集团董事长、总裁，荣获“2004 年构建经济和谐十大受尊崇人物”、“2004 年度十大风云浙商”、新财富劳斯莱斯 500 富人榜第 133 名、中国 400 富人榜第 57 名，并以 45 亿元的财富荣登 2008 年胡润百富榜第 152 位。

一、创业历程

1987 年，年仅 25 岁，还是一名汽车修理工的郑坚江毛遂自荐，承包了一个只有七八个人、负债却高达二十几万元的乡办小厂，开始生产电视机天线、电能表罩壳等产品。1991 年 3 月，通过为其他企业配套生产电能表罩壳，郑坚江看到整机的市场潜力，遂斥资进入电能表整机制造领域。

1993 年 7 月，组建宁波三星集团，使三星进入国家级乡镇企业行列。1994 年 5 月，郑坚江又把目光瞄向空调，引进国外技术和设备，开始生产奥克斯空调器，年生产能力达 50 万台。1998—1999 年，三星电能表被列入国家经贸委第一批、第二批《全国城乡电网建设与改造所需主要设备产品及生产企业推荐目录》。1999 年 8 月，三星 DD20 系列长寿命电能表在国内同行中独家通过中国电科院最高使用寿命为 26.6 年的长寿命检测。2001 年 1 月，奥克斯空调首批成为免检产品和节能产品。2 月，进入变压器制造和医疗服务领域。3 月，投资 3.2 亿元、占地 250 亩的三星智能工业城建成投产，目前已具备 250 万套空调、2 500 万台电能表、320 万 KVA 变压器的产能量。2001 年 11 月，与德国 SAP 公司正式签约，以 2 500 万元引进并启动德国 SAP 公司的企业资源规划管理系统 ERP，打造浙江省首家空调企业国际化电子商务信息平台。现在的奥克斯集团是中国 500 强企业，中国大企业集团竞争力前 25 强，涉足电力、家电、通信三大制造业，以及房产、医疗等投资项目。其中三星电能表市场占有率达 30% 以上，产能居全球第一。奥克斯空调目前是国内空调行业的领导品牌，2015 年位列中国企业 500 强第 228 位。

二、成功原因

1. 坚持“以人为本、诚信立业”的企业宗旨发展壮大奥克斯集团

郑坚江秉承“以人为本、诚信立业”的企业宗旨，领导奥克斯集团经历了 20 年的历程，取得了跨越 1 000 倍的发展。集团坚持做大做强制造业的产业发展方向，目前已成为在全球电力、中国家电行业具有较高市场地位，在通信行业具有较强竞争力和广阔发展前景的大型企业集团。

2015 年，奥克斯集团营业规模 596 亿元，总资产 399 亿元，拥有职工 2 万余名，是国家重点火炬高新技术企业，并设立了博士后工作站。已形成宁波三大制造基地、南昌制造基地、沈阳制造基地国内四大生产基地，同时拟在国外建设四大生产基地。奥克斯集团的年产能，达到电能表 2 500 万只、变压器 320 万 KVA、冰箱 20 万台（OEM）、手机 500 万部（2007 年）、空调 700 万台（2008 年），其中电能表产能居全球第一，并连续 8 年产销量居中国行业第一，市场占有率达 30% 以上；奥克斯空调是中国空调行业的前四强，2006 年度销量突破 480 万台。奥克斯集团 20 年来能够保持快速、健康、高效的发展，主要动力源自奥克斯多年经营中总结积累起来的企业文化理念。奥克斯一贯坚持“以人为本、诚信立业”的企业宗旨，对企业文化理念的探索，始终抱着一种与时俱进、不断自我超越的精神，本着务实高效的原则进行创新和定位，最终形成了以经济价值规律为刚性平台，以有理服从原则为柔性理念，将严密性和开放性有机统一，并强调以效率为中心的管理特色。集团董事长郑坚江将其提炼为：“一切按经济规律办事，一切按有理服从原则办事，一个以提高效率为中心”的企业风格。这三句话是奥克斯人经营思想、文化理念最核心的内涵。

2006 年，郑坚江旗下的奥克斯集团实现销售收入 180 亿元、利润 8.6 亿元；电能表产能居全球第一，市场占有率达 30% 以上；奥克斯空调销量进入全国前四名，突破 480 万台。由奥克斯投资 7 亿元建成的明州医院，是目前中国最大的民营医院。此外，该集团近几年还加大了对房地产的开发力度。

在全体奥克斯人长期不懈的努力下，在顺利实施产业升级、资本运作、国际化三大战略

的基础上，奥克斯集团正在为成为全球制造业极具影响力的大型企业集团而奋斗。

2. 打造“中国信息化标杆企业”

奥克斯人开始造电能表时，全国最大的电表企业的产量是他们的500倍，他们用了5年时间做到全国第一；开始造空调时，全国最大的空调企业的产量是他们的1 000倍，他们用了8年的时间做到国内前四强。自2000年起，奥克斯在国内民营企业中较早迈开信息化管理探索之路，信息化建设成为奥克斯核心竞争力的重要体现。奥克斯集团从创业初期的7名员工发展到目前的15 000人，资产从负债20万元到目前的55亿元，企业规模从最初的一个牛棚到目前拥有五大制造基地，所涉及的产业从早期的外协加工到现在拥有五大制造业（电力、家电、通信、能源、汽车）、三大投资领域（医疗、房产、物流）。2004年7月，奥克斯集团被CECA国家信息化测评中心评为“中国信息化标杆企业”，“奥克斯降服ERP”与“可口可乐决胜奥运”一起被评为“2004年度八大最佳管理案例”。

奥克斯人总喜欢这样评价他们的老总，说老板有四个脑：大脑、小脑、辅助脑和无形脑。坐在郑坚江面前，人们随时可以触摸到他与这些“脑”一一对应的“虚心”“细心”“真心”和“信心”。奥克斯，一个充满着张扬的“奇迹”：在它17年的发展历程中，一次次地运用“事件营销”的武器炮轰“行业黑幕”、一次次地将市场格局推到“洗牌”边缘、一次次地在业内掀起轩然大波……由于它的张扬行事与持续“搅局”，迄今已使近1 000家杂牌空调企业退出市场，也使与其对决的中外同行夜不成寐。他不善言辞，却代表中国企业家以侃侃而谈的“中国经验”在日本中外企业高峰论坛上赢得满堂喝彩；他看淡荣誉，拒绝在美国《财富》杂志的“封面人物”中亮相，却为企业赢得了一个“中国驰名商标”，两个“中国名牌”。

第七节　沈国军

沈国军

沈国军，1962年7月出生，宁波奉化莼湖镇栖凤村人，中国银泰投资有限公司（以下简称“银泰集团”）的创始人，现任银泰集团董事长、银泰商业（集团）有限公司（01833. HK）董事局主席兼战略发展委员会主席（2007—2015年）、菜鸟网络科技有限公司董事局执行主席、银泰公益基金会创始人及荣誉理事长。

沈国军是极具创新精神的企业家、产业推动者及变革者、卓越的社会公民。凭借敏锐及前瞻的洞察力，他领导的银泰集团在商业零售、地产开发与经营、矿产资源、农业发展、产业新城、投资与金融、社会公益等多领域处于领先地位，并以创新的商业理念和模式推动着多个产业的变革与发展，对社会的经济发展产生了深远的影响。银泰集团同时积极为社会公益贡献力量，推动共享价值理念下的公益事业发展。截至2015年年底，银泰集团资产总额超过440亿元。

一、个人履历

1997年，创立中国银泰投资有限公司（即“银泰集团”），任董事长。

1998年，在杭州成立银泰百货。

2002 年，收购宁波华联，并于 2009 年更名为京投银泰股份有限公司（600683. SH）。

2006 年，收购南方科学城，并于 2013 年更名为银泰资源股份有限公司（000975. SZ）。

2007 年，银泰百货在香港联交所挂牌上市（01833. HK），任董事局主席兼战略发展委员会主席；2013 年，更名为银泰商业（集团）有限公司；2014 年 3 月，引入阿里巴巴战略投资银泰商业。

2009 年 12 月，参与投资中信产业基金。

2010 年 1 月，联合马云、虞锋等 10 多位成功企业家发起成立云锋基金。

2010 年 10 月，收购燕莎友谊商城（集团）有限公司 50% 股权。

2010 年，投资成立友宝在线。

2013 年 5 月，与阿里巴巴集团共同发起成立菜鸟网络科技有限公司，并出任 CEO ；2014 年 4 月，不再担任菜鸟网络 CEO，出任菜鸟网络董事局执行主席。

2014 年初，发起成立银泰公益基金会，并任荣誉理事长。

2014 年 9 月，联合阿里巴巴、复星、万向，成立浙江网商银行股份有限公司。

2014 年，在上海自贸区成立上海纬翰融资租赁有限公司。

二、主要贡献

1. 创造社会财富

作为银泰集团的创始人，沈国军引领银泰集团在商业零售、地产开发及矿产资源三大主力业务领域完成了一系列稳健却独具眼光的商业运作，为银泰集团的稳固发展奠定了坚实的基础。

1998 年，沈国军在杭州创立银泰百货（现更名为“银泰商业（01833. HK)”）。首家百货店即杭州武林银泰在 1998 年开业，并迅速成为浙江省的城市时尚坐标。随后数年，通过收购宁波华联、燕莎、南方科学城、杭州湖滨国际名品街等一系列商业运作，沈国军带领银泰商业团队稳扎稳打为银泰集团打造了全新的商业版图。2007 年，沈国军率领银泰百货于香港联交所上市，并刷新了 240 多倍单股超额认购的“纪录”。2009 年始，沈国军创新推动银泰商业打破传统百货模式，大力发展体验式购物中心。2014 年，在沈国军的推动下，阿里巴巴集团战略投资银泰商业，双方合作全面打通线上线下商业，并将构建一套打通线上线下商业的基础体系对全社会开放。

地产开发与经营、矿产资源是银泰集团在商业零售之外的另外两大主力业务。

银泰置地（集团）有限公司以综合性商业地产开发与经营为主营业务，致力于开发管理购物中心、酒店、写字楼、住宅等业态的大型城市综合体。由沈国军一手推动的北京地标地产项目——北京银泰中心，于 2008 年正式建成，位于北京 CBD 核心位置，是当年北京市 60 项重大工程之一，在行业内更是屡获殊荣。继北京银泰中心、合肥银泰中心之后，世界级城市综合体——成都银泰中心即将于 2016 年开业。同时，数十个“银泰城”城市综合体在全国几十个城市不断开发和运营。

银泰资源股份有限公司（000975. SZ）则致力于有色金属、稀贵金属的勘探、采选销售及矿产资源行业的投资。目前，银泰资源拥有全国储量最大、单体银品位最高的银多金属矿。2014 年，银泰资源被新浪财经评选为“2013 年度最具成长前景上市公司”。

2. 推动新商业文明

作为投资人，在主力业务稳健发展的同时，沈国军将战略眼光投向更为广阔的商业世界，以投资的方式引领银泰集团布局科技、互联网、文化、健康、旅游等产业领域。

2010 年 1 月，沈国军联合马云、虞锋、史玉柱、刘永好等 10 多位成功企业家发起成立云锋基金——中国唯一由成功创业者、企业家和行业领袖共同发起创立的私募基金。

2010 年，银泰集团注资友宝在线，涉入互联网智能销售产业，并成功将智能系统、云技术、无线支付等技术运用于传统自动售货机，开启产业变革之门，成为中国领先的售货机品牌。2013 年 5 月，由阿里巴巴集团、银泰集团共同发起，联合复星集团、富春控股、顺丰集团等众多物流、金融机构共同组建菜鸟网络科技有限公司，以“货通天下”为使命，致力于打造中国智能物流骨干网。

2014 年 9 月，银泰集团旗下的宁波市金润资产经营有限公司、浙江蚂蚁小微金融服务集团、上海复星工业技术发展有限公司、万向三农集团有限公司，共同发起设立浙江网商银行。

3. 热心公益慈善

作为社会公民，沈国军一向关注公益慈善事业，自银泰集团成立以来，他带领银泰集团累计捐资超亿元。

2014 年，沈国军发起成立银泰公益基金会，并任荣誉理事长。同年 6 月，在他的引领下，银泰公益基金会会同银泰集团，与北京大学共同发起设立中国首个社会公益管理硕士，并建立北京大学光华管理学院银泰公益管理研究中心，立志为中国公益慈善事业培养优秀、专业的高级管理人才。

同时，由沈国军与王兵、马云等企业家共同发起设立的“爱佑慈善基金会”的“爱佑童心”项目，已救助了 2 万多名先天性心脏病患儿，成为全球规模最大的孤贫先天性心脏病患儿手术治疗项目，并在北京和开封分别设立了两家孤残儿童养护中心。

2010 年 9 月，沈国军联合马云、欧亚平等知名企业家于四川成立“四川西部自然保护基金会”，先后在四川老河沟、八月林、云南草海、上海东滩等地，成立了四个“社会公益保护地”，创造了中国第一个由社会公益力量建立并管理自然保护区、统筹区内科学保护和区外社区可持续发展的创新型自然保护模式。

2015 年 4 月，沈国军联合马云、马化腾及众多企业家共同发起创立桃花源生态保护基金会，关注国内外的生态环境保护事业，同时希望能在“桃花源”的实践中融合海外经验和中国实际，探索适合中国公益事业的方法、道路和体系。

沈国军任第二、五届北京浙江企业商会会长，第三、四届名誉会长，带领在京 80 万浙商团结向上，传承浙商精神，弘扬新商业文明。

三、主要作品

1. 创立银泰集团，旗下拥有银泰商业（集团）有限公司（01833. HK）、银泰置地（集团）有限公司、银泰资源股份有限公司（000975. SZ）等多家境内外上市公司和 100 多家参控股公司。此外，还共同发起成立浙江网商银行、菜鸟网络科技有限公司、云锋基金、友宝在线等企业。

2. 发起成立银泰公益基金会，并与北京大学共同发起设立中国首个社会公益管理硕士，建立北京大学光华管理学院银泰公益管理研究中心。此外，还共同发起四川西部自然保护基金会、爱佑慈善基金会、桃花源生态保护基金会。

3. 建设北京银泰中心、杭州湖滨银泰、杭州武林银泰百货、杭州城西银泰城、成都银泰中心、宁波银泰环球城等诸多知名地标性项目。

四、主要荣誉

1. 社会职务

第十一届中国人民政治协商会议全国委员会委员；中国致公党中央委员；第二、五届北京浙江企业商会会长；第三、四届北京浙江企业商会名誉会长；桃花源生态保护基金会执行主席；银泰公益基金会荣誉理事长；湖畔大学校董；中国商业联合会副会长；浙江省工商业联合会副主席；中国企业家俱乐部理事；中国宋庆龄基金会理事；爱佑慈善基金会发起理事；致福慈善基金会副理事长；中国 TNC 理事；北大光华银泰公益管理研究院理事长；北京宁波商会名誉会长。

2. 主要荣誉

2006 年度“浙商社会责任大奖”，2006 年度中国“十大并购人物”，2007 年度“安永工商业企业家奖”，2007 中国管理 100 年会“聚人气企业家奖”，2007 年度“中国商业地产领袖人物”，2007 年度“十大风云浙商”，2008 年度“浙商社会责任大奖”，2009 年度“中国品味成功年度人物大奖”，2009 年度“新地产年度人物大奖”，2010 年度“华德奖·中国最受尊敬企业家”，2009 年度“中国商业地产领袖人物”，2010 年度“中国企业领袖年会·商业新锐奖”，2010 年度“杭州市优秀社会主义建设者”，2011 年度“世界浙商大会杰出浙商奖”，2011 年度“十大风云浙商”，2011 年度“杭州市十大商贸功勋企业家”，2011 年度“中国商业地产杰出领袖人物”，2012 年度入选“首批浙商文化博物馆知名浙商”，2013、2014 年度“中国最具影响力的 25 位企业领袖”，2014 年度世界杭商大会“杰出杭商”，2014 年度“华人经济领袖”。

第八节　丁磊

丁磊，1971 年生，网易公司创始人，网易公司为推动中国互联网的发展做出了重要贡献，是在美国公开上市的知名互联网技术企业。丁磊与王志东、张朝阳被称为“网络三剑客”。

丁磊

一、学生时代、初入社会

丁磊出生在一个高级知识分子家庭，他四五岁的时候，也很淘气，但不是像别的孩子一样整天在外面调皮捣蛋，而是喜欢待在家里摆弄他的小玩意：一些电子管件、半导体之类的东西——丁磊的父亲是宁波一个科研机构的工程师，后来丁磊迷上无线电，很大程度上是受了父亲的影响。上初一的时候，他组装了自己的第一台六管收音机，在当时，那是一种最复杂的收音机，能接受中波、短波和调频广播，这项发明在当地一时传为佳话，都说丁家出了个“神童”，长大以后一定是当科学家的料子。

1989 年进入电子科技大学的丁磊，对成都的潮湿天气十分不适应，但这丝毫没有影响到他乐观的性格。丁磊大学时代的辅导员张陈兴老师讲，丁磊总是一副笑嘻嘻的面孔，他还是班里的团支部书记，乐于助人。如果说丁磊能有后来的成就，应该归功于他经常到图书馆翻阅外文科技书籍尤其是计算机书籍，“他比别人早一步得到最新的世界科技动态，有关互联网的信息也是从那里得来的”。

在大学真正占用其大量时间的是当时方兴未艾的计算机技术和知识。他的大学导师冯林老师说："让我印象最深刻的是，1992 年冬天，是丁磊大四上学期，我搞了一个电磁场 CI 软件的成果展示。丁磊和其他几个同学下来主动找到我说，他们对此十分感兴趣，如果交给他们做，一定能把这个软件做得更好。那自信的模样让我感动。"

在课题组工作的日子，丁磊已经展示出了较强的能力，尤其是在计算机编程方面。"在当时能用计算机编程和做一些界面的设计，已经是很不错的事情。"

丁磊对计算机编程的兴趣从这里展开，他的性格也在大学时代逐渐显现出来。冯老师还说，"丁磊给我的感觉就是他不是个被人安排的人。"这样的性格被他大学时代的室友伍浩进一步演绎，他又说："他的成绩只是中上，他不张扬，但他的闯劲给人印象深刻，他的爱好就是编程。"

1993 年，在成都潮湿天气中已经习惯吃辣的 22 岁的丁磊，带着他对计算机编程的特殊爱好和特有的不服输的脾气，从被他称为中国最好的电子工业的高等学府走向社会。丁磊说他当初选择电子科技大学的一个重要原因是小时候就有做电子工程师的梦想，另外就是学校招生简章上说该校拥有数万册电子专业类藏书。如今怀揣着电子科技大学毕业文凭的丁磊被分配回自己的家乡宁波，进入令人艳羡的宁波市电信局工作。

从 1993 年到 1995 年丁磊在宁波电信局做工程师，两年中最大的收获是学会了 Unix 和电信业务。1993 年，丁磊无意间在一本杂志上得知北京开了一个名叫"火腿"的 BBS 站。当时站上的内容很少，不过丁磊立刻意识到，BBS 是以后发展的方向。第一次登录 BBS 的丁磊当晚就在中国惠多网创始人之一孟超的帮助下在宁波搭建成了自己的 BBS 站。1994 年，丁磊第一次登录 Internet。1995 年 6 月，丁磊成为北京电信前 100 个用户之一。

二、三次跳槽后自立门户

在 Internet 上"见了世面"的丁磊向自己的总工建议在本局开展信息服务业务，等了一段时间，发现没有什么进展，便决定离开。

1995 年 5 月，丁磊来到广州，加盟刚刚成立的广州 Sybase。在 Sybase 一年，丁磊感觉自己除了整天安装调试数据库外，几乎没有什么进步，于是又选择了离开。

1996 年 5 月，丁磊当上了广州一家 ISP 的总经理技术助理。在这家 ISP，他架设了 Chinanet 上第一个"火鸟"BBS，结识了很多网友。好景难长，丁磊所在的 ISP 由于面临激烈竞争和昂贵的电信收费几乎无法生存下去。1997 年 5 月，他只得再一次选择了离开。

已经三次跳槽的丁磊在 1997 年的那个 5 月对自己的前途整整思考了 5 天，最后的决定是自立门户，干一番事业。"我根本不知道自己的公司未来该靠什么赚钱，只天真地以为只要写一些软件，做一些系统集成就可以了。这种想法后来几乎使公司无法生存。"

1997 年 5 月，丁磊创办网易公司，他占有 50% 以上的股份，成为真正的老板。网易创业的 50 万元资金一部分是丁磊几年来一行一行写程序积攒下来的，另一部分是向朋友借的。

丁磊坦言自己当时只有 26 岁，没有成熟的管理经验，"当时认为只需管好两三个人就行了，哪知企业管理需要如此多的时间、经验和知识"；资金也是问题，好在当时经营 Internet 的公司很少，他大胆设想用 163 这样的一个数字来注册一个域名，因为这样做不仅易记，而且不会像英文字母那样容易混淆、难念，把拨号上网的号码和公司名称都结合在了一起。丁磊现在说起来还颇为自得：“很多时候就是这样，最简单的地方却是许多人所想不到的。”

后来网易两年的发展的确了得，创造了很多个中国互联网的第一，丁磊自豪地说，“这与决策者的眼光有关”。网易将总部移到北京，成为公司发展的一个新起点。这个新的起点也为日后登陆纳斯达克奠定了更坚实的基础。

三、声名鹊起

经营 Internet 业务最好能有一台 Internet 服务器放在电信局里，怎样能不花钱就把自己的服务器架到电信局机房里去？丁磊为此费尽了心机。最后，丁磊向广州电信局呈上了一份“丰富 Chinanet 服务，吸引上网时间”的方案，方案指出：现在 Chinanet 上的服务很少，因此无法吸引用户上网，用户即便上了网，没有好的服务，也待不住。而网易提供的 BBS 服务能够吸引大批用户上网，并且能让网民一泡就是几个小时。

广州电信局领导听了这个方案觉得有理——反正电信局又不用出资，而且这个服务也不会和电信局产生竞争，于是就给了网易一个 IP 地址，让他把服务器放到了电信局。这种做法后来被称为服务器托管业务，一个月公司要交电信局很多钱，而网易只是到后来才交给了广州电信局一些钱。

1997 年 5 月 4 日，网易公司还没有正式成立，网易 BBS 就正式开机运行了。由于丁磊是 Chinanet 上第一个安装“火鸟”BBS 的人，又经常泡 BBS，他个人的影响，加上无为而治以及宽容，网易 BBS 上的人数三个月就超过了资深的“一网情深”。

网易架在广州电信局的服务器是丁磊花 2 万元自己动手组装的一台奔腾 PRO，硬盘 18G。这样大的硬盘仅用来放网易用来宣传公司的一个主页和 BBS 未免太浪费了，于是丁磊便决定免费向网友提供每人 20 兆的个人主页空间，为此，丁磊还专门写了一个包括计数器、留言本功能在内的个人主页服务系统。

但就是没有什么人来网易申请个人空间。那个时候会做主页的人很少，网易的影响不够大也降低了网友把主页放在网易的信心。于是，丁磊便开始在网上四处寻找个人主页，发现不错的个人主页，就写 E - mail 告知网易可以提供资源更丰富的个人主页空间。其后，网易还在北京在线、瀛海威等五个当时国内主力站点上连续做了三个月广告，花了好几万元，终于使申请个人主页的人潮汹涌而来。

公司还没赚到钱，为什么还要把钱花在不赚钱的个人主页上？丁磊的回答质朴得有些不合逻辑：“如果我当初就考虑到做站点如何赚钱，可能就把路走错了。我受 Linux 影响很深，觉得服务就应该是免费的，根本没想到网站今后会有收益，我只是想硬盘闲着也是闲着，不如拿出来给大家用，我的目的大约就是想让网易变得出名一些吧，但没想到后来会这么出名。”这也是网易之所以成功的一个很重要的原因。

BBS、个人主页很热闹，可办公司图的是赚钱。比照 Yahoo! 开发的中文搜索引擎，Yeah 引擎没有成功，下一步做什么？丁磊他们不得不仔细考虑这个问题。

整天冥思苦想的丁磊在发现 Hotmail 的时候，眼睛一下亮了起来。网易准备借 10 万美元买一套 Hotmail 系统，在中国建免费邮箱站点。Hotmail 先说不卖，后来答复 280 万美元一套，另外加收每小时 2 000 美元的安装费。丁磊找来自己的伙伴陈磊华研究 Hotmail 的结构，两个人最后决定自己做。一个月下来，他们俩的知识大增。几个伙伴经常为一个技术上的突破兴奋得手舞足蹈。

一边开发免费电子邮箱，一边想域名。丁磊认定免费电子邮箱要想成功一定得有一个朗朗上口的域名才行。怎样的域名才好记？丁磊几乎天天都在想这个问题。凌晨2点，丁磊突然想到可以用数字表示域名，中国数字的发音特别干脆，而且163、169在中国已经具有了指向Chinanet和电信局以及Internet的含义，上网的人每天都要拨163，对它熟悉得不能再熟悉了。263、国中网、990、371、浙江金华188纷纷购买网易免费邮箱系统，免费邮箱一个产品就为网易挣了几百万元。

四、网易成为中国四大门户网站之一

网易想做中国的Hotmail是有心栽花，最后却是无心插柳。

1998年6月之前，丁磊根本没重视过"网络门户"这个概念。一天，一个国外大网络门户站点的老板告诉丁磊，他们一个月的广告收入高达25万美元。这句话让丁磊猛醒，他意识到网上广告将可能成为网站最有前途的收入，回来后，网易就将首页向"门户"变了个脸，心想事成，网易改版后不到一个月，访问量激增。

1998年7月，CNNIC（中国互联网信息中心）投票评选十佳中文网站，网易喜获第一。听到这个消息，丁磊简直不敢信这是真的。"因为我们一直把自己看成是搞技术的，是靠开发软件维持公司运行的公司，不是做内容的站点。"1999年1月，网易再获CNNIC十佳中文网站第一。

网易今天成为第一门户，很重要的原因是它往昔免费的回报。网易2万多个个人主页的用户首先都是网易最铁杆的支持者。网易的免费不仅对个人，而且免费为加入网易排行榜的1万~5万个站点做流量统计和技术分析。一个站点如果能给其他众多站点提供统计分析服务，那么，这个站点的地位可想而知。

继个人主页和排行榜之后，网易主推的是虚拟社区。网易虚拟社区在12天内注册了4.5万人，北京和上海的虚拟社区相继开张。时下被普遍认同的Internet理论是：现实社会中有的，Internet上同样会有。网易每天10万人的访问量让它在1998年短短四个月时间内，广告销售额就达到了10多万美元。1999年，网易广告打算做到70万美元。

当时不到40岁的丁磊在1997年5月创办的网易两年间就成了中国最著名的门户网站之一。更为难能可贵的是在全世界都认为Internet当时尚处在投入期的时候，网易在1998年的利润达到了400多万元。

2000年6月，网易股票在纳斯达克挂牌，这时候科技股已经开始崩盘，所以网易的股价从第一天开始就节节下滑。2001年，网易将被收购的传言层出不穷，最有可能的一个买家香港有线宽频终因网易财务问题放弃收购。网易没卖成，反倒让丁磊决定静下心来本分地经营网易。2001年9月，丁磊对外界说，他希望靠在线游戏《梦幻西游》和短信服务、股票点播，以及一个类似MSN Explorer的新产品来赢利。这正是网易因财务问题被纳斯达克摘牌，股价定格在64美分，最狼狈不堪的时候。不过，后来网易在短信和网络游戏上的成功，似乎不完全是一种运气。

2002年第二季度，网易首次实现净盈利，网易股票开始领涨纳斯达克。2002年，网易成为纳斯达克表现最优异的股票。2003年，网易股票继续在中国概念股中保持领跑地位。2003年10月10日，网易股价升至70.27美元的历史高点，比年初股价攀升了617%，比

2001 年 9 月 1 日的历史低点攀升了 108 倍。丁磊成为第一个靠做互联网成为富豪的国内创业者，丁磊成为首富，第一次让中国富豪的财富数字可以被清晰而准确地度量。“人生是个积累的过程，你总会有摔倒，即使跌倒了，你也要懂得抓一把沙子在手里。”

“人的一生总会面临很多机遇，但机遇是有代价的。有没有勇气迈出第一步，往往是人生的分水岭。”

一个人想要实现自己的目标，除勤奋外，就是要积极进取和创新。从创业到现在，丁磊每天都在关心新的技术，密切跟踪 Internet 新的发展，每天工作 16 个小时以上，其中有 10 个小时是在网上，他的邮箱有数十个，每天都要收到上百封电子邮件。他认为，虽然每个人的天赋有差别，但作为一个年轻人首先要有理想和目标。尤其是年轻人，无论工作单位怎么变动，重要的是要怀抱理想，而且绝不放弃努力。

五、公司上市

并非靠风险投资起家的网易最后还是将目光瞄准了风光无限的纳斯达克市场。

在网易上市前，中国概念的中华网和新浪网初登美国股市时正值纳斯达克狂炒网络之时，而 2000 年 6 月，当网易登陆纳斯达克时，网络股已经开始走下坡路。“当时主要想通过公司上市，把企业进一步做大做强。”

美国东部时间 2000 年 6 月 30 日上午 11 时，网易在纳斯达克股票交易所正式挂牌交易。截至当日收盘时，网易股价跌至 15.12 美元，跌破了 15.50 美元的发行价。网易此次共发行了 450 万份存托凭证，每份存托凭证合普通股 100 股。上市前，由于认购需求小于预期，网易将发行数量由 750 万份削减至当前规模。美林证券公司和德意志银行是网易的主承销商。

跌破发行价对于网站的经营者意味着很大的压力。因为一般的投机者都是在上市后才会介入，而以发行价买进的都是战略投资者，跌破发行价意味着这些机构的账面损失，以后他们肯定会更密切地关注公司的经营状况，从而给经营者带来较大的压力。这种压力在网络经济开始大幅回落的情况下变得日益沉重。

网易在纳斯达克的局面日益糟糕，最后是一步步走向深渊。2002 年 7 月，网易宣布因未能呈报年度报表而收到纳斯达克计划予以停牌的通知，同时网易在纳斯达克交易的股票代码也由 NTES 改称 NTESE。

2001 年初的丁磊最迫切的愿望就是想把网易卖掉，但没人敢买。到了 9 月，想卖也卖不掉了，网易因涉嫌财务欺诈，被停牌长达四个月。

面对如此危急的局面，年轻的丁磊表现出与其年龄并不十分相称的干练。丁磊表示，网易已向美国证券交易委员会和纳斯达克以 20 - F 表格呈报年度报告。网易公司同时确认：对纳斯达克以前宣布的由于公司未能在规定日期之前呈报年度报告而对网易公司股票进行停牌的决定，将审慎地进行抗辩。

丁磊的自信和努力终于得到回报，网易在停牌将近四个月后宣布，对于纳斯达克证券市场对网易的美国存托股在纳斯达克国家市场上停牌的决定，网易已经上诉成功。网易公司股票已于美国当地时间 2003 年 1 月 2 日上午恢复在纳斯达克股票交易市场的交易。网易股票在恢复交易后立即上涨了 46.33%，并以每股 0.95 美元的价格收盘。

丁磊下定决心将网易的三大业务重点锁定为在线广告、无线互联和在线娱乐。由此可见，网络游戏在丁磊的战略规划中占据着极其重要的地位。自从 2001 年年底推出《大话西游》以来，网易已经从网络游戏领域的“小人物”变成该领域的巨头之一。事实证明，尽管网络游戏市场竞争激烈，网易的投入还是获得了很好的回报。

六、财富观念

网易成功了，2002 年是中国短信“爆炸”的一年，而在遍布中国的网吧里，年轻人正尖叫着大把花钱。2002 年 8 月后，这家公司变成暴利企业。随后是网易股价连续暴涨，当年逃离网易的老员工动辄唉声叹气。

“我对财富多少已经比较淡薄，对富豪榜排第几更是麻木。”丁磊对于财富的说法很是飘忽。也许是日渐成熟的缘故，在网易股价接近高点时，丁磊先后出售166 万股网易股票，收益近 1 亿美元，虽然和他手持的网易股票的总量比，这只能算是小部分。英国《金融时报》戏称，也许他需要一点零花钱。但从另外一个角度说，现金为王的观念也许开始占据“首富”年轻的大脑，而另一方面热衷网络股炒作的人们是否应该有更清醒的头脑？

他的淡泊同样让他在纳斯达克之行时，尽管充满惊涛骇浪，但并无多少经验的丁磊都能从容应对。他说：“一会有人说我发达了，一会又有人说我栽了；评上首富赞不绝口，近日网易跳水，也有人说财富缩水……我对这一切一般是不闻不问。我认为我们应该更多地考虑股东的利益、企业的发展、员工的进步。”

熟悉丁磊的人认为他不是一个张扬的人，他的这一性格在大学时代就已经表现出来，在后来的日子里继续保存下来。一个成熟的企业家具有这样的特质有的需要塑造，而丁磊则是性格使然。他甚至不是董事长，也不兼 CEO，他就是占网易股份最多的董事，这样的富豪在中国的百富榜上可能是唯一的。

丁磊的个人财富在与网易股价一起飙升，丁磊的纸面财富也跃上了 50 亿人民币的台阶。他的创富速度在中国史无前例。

【链接】

宁波民营企业家发展现状与群体特征（节选）

改革开放 30 年来，中国的社会经济发展取得了跨越性的突破。这种突破很重要的原因是市场经济体制的建立。市场经济体制的有效运转离不开民营经济，民营企业的持续、健康发展是我国经济发展的重要保证。转型时期我国经历了制度的重大变迁，民营企业经过改革开放 30 多年的发展，其实力、规模和影响今非昔比，虽然影响民营企业壮大发展的因素很多，但在制度变迁中民营企业家的作用，依然是非常值得关注的重要因素。

宁波用不到千分之一的土地贡献了全国九十分之一的产值，可以说宁波的企业，尤其是民营企业在中国企业发展史上有着不可磨灭的重要贡献。在宁波民营企业发展壮大的过程中，诞生了很多杰出的企业家。研究宁波民营企业家及企业家群体，民营企业家的发展历程及群体特征，民营企业发展中企业家的影响力和价值取向，对中国民营企业家的发展乃至中国民营企业的发展具有现实意义。

……

本课题研究的重点为个体工商户、私营企业和混合所有制民营企业。这些企业一般通过业主制、股份公司制和股份合作制等形式实现。

一、宁波民营企业的发展状况（略）

二、宁波企业家成长发展的有利因素

（一）独有的地利之优

宁波位于我国长江发展轴和沿海发展轴的“T”字形交汇处和长三角城市群核心区，海域紧邻亚太国际主航道要冲和长江黄金水道的入海口，紧邻亚太国际主航道的要冲，是长三角地区与海峡西岸经济区的联结纽带。宁波—舟山港口一体化的顺利推进，使沿海港口物流、战略物资储运优势得到了进一步发挥。随着杭州湾跨海大桥、甬台温铁路的建成和杭甬运河通航设施不断完善，宁波由交通末端发展成为连接上海、江苏和海峡西岸地区的枢纽城市，成为浙江温台和浙西地区接轨大上海的桥头堡。

这一独特的区位优势为民营企业提供了原材料和产品的进出便利，吸引着国内外的要素资源，成为宁波最重要的比较优势。

（二）先行的开放之势

开放是宁波的城市元素。改革之初，宁波按照经济发展阶段的要求，借鉴当年亚洲四小龙的经验，大力发展外向型民营经济，借此拓展了发展民营经济的市场空间，获得了所需的资金、技术、人才和管理经验，为宁波经济社会赶超发展赢得了先机，外向型经济及其出口已成为推动宁波经济增长的主要动力。

宁波是国家开放最早的 14 个沿海城市之一。近年来通过对外部要素资源和市场的占有与利用，有效承接国际产业转移，形成了以传统优势产业和新兴产业为主导的民营经济产业体系，使开放的基因深深根植于宁波民营经济的躯体中。

（三）特色的改革之路

民营经济是宁波的特色所在、优势所在和潜力所在。改革开放 30 多年来，体制机制的先发优势使得宁波民营经济由小变大、由弱变强，有力促进了宁波的市场化、工业化和城镇化进程。

宁波民营经济的发展模式，较之于“苏南模式”和“温州模式”具有以体制改革见长的特点。宁波的民营企业大多由乡镇企业改制而来，30 多年前，发端于乡镇企业的产权制度改革，为民营经济的发展打下了良好的基础。从 1992 年起，宁波比较彻底地对国有企业以及乡镇企业进行了股份制改造，大量的乡镇集体经济转制或脱掉“红帽子”成为个体私营经济，1999 年县市一级国有、集体企业的改制基本完成，市属国有、集体企业改制也取得阶段性成果。至 2002 年年底，全市国有、集体企业改制面达到 98.9%，为宁波民营经济的发展创造了良好的制度环境。

不仅如此，宁波还利用计划单列和副省级的行政优势，通过制度体制创新，使民营企业在产权明晰的基础上，逐步具备了自我积累、自负盈亏、自我发展、自担风险和自我完善的内生动力。

（四）不息的创业之魂

自古以来，宁波素有“工商皆本”的传统，民营经济发展底蕴深厚，源远流长的商业传统的传承，通过血缘和地缘乡谊结成商业群体，形成闻名遐迩的“宁波帮”。现代宁波人继承了这一重商文化，“老板多、做生意的多”已经成为宁波城市的一大特色。2008—2010年宁波私营企业和个体企业从业人员由208.2万增加到266.33万，增长了27.92%。根据中国人力资源和社会保障部统计，截至2012年，宁波有创业实体近50万家，每万名经济活动人口中的创业者数量达到256人。在900万新老宁波人口中，按三口之家计算，平均每6个家庭就有1家以上非公企业，全市创业者人数年平均增长16%。2010年，宁波被列为“国家级创业型城市”，2012年宁波被评为“全国创业先进城市”。因此，有学者认为，“敢创业、不收摊”的创业之魂已深深地融入了宁波人的血液之中。

三、宁波民营企业家的群体特征

（一）发轫于草根，具有艰苦奋斗的创业精神

宁波大学戴光中教授说，宁波商人和温州商人有一个共同的特点，就是同样是发轫于草根。从20世纪七八十年代开始创业的包括宁波在内的第一代浙江民营企业家，其群体性特征表现为：大多是“洗脚上田”的农民。

2012年，本课题组在宁波进行的问卷调查显示，81.5%的受访企业是受访者创立的，45.4%的受访者表示其注册资金来源于小生意积累、小作坊生产积累，33.3%的受访者的资金来源于银行借贷。

宁波民营企业家大多数具有艰苦奋斗的创业精神，在创业之初，吃尽各种苦头，走尽天南地北路，想尽各种办法，说尽各种好话，在有着工商业传统的乡土环境中，练就了非同一般的经商才能，从而淘到了“第一桶金”。

（二）低调、务实，秉持敬业、诚信的处事风格

深受浙东文化“经世致用”思想的影响，宁波民营企业家普遍具有低调、务实、敬业、诚信的处事风格，讲究高调做事、低调做人，不事张扬，注重实干，把企业当作事业来干。诚信是企业家的立身之本，企业家在修炼领导艺术的所有原则中，诚信是绝对不能妥协的原则。市场经济是法制经济，更是信用经济、诚信经济。没有诚信的商业社会，将充满极大的道德风险，显著抬高交易成本，造成社会资源的巨大浪费。在调查中，宁波民营企业家在总结自己经历时都认为，诚信、务实和低调是宁波企业家的突出特色，也是宁波企业保持持续稳定健康发展的重要文化基因和精神内核。

（三）开拓、进取，传承开放、开明的甬商文化

宁波人多地少，在近代历史上，老百姓要摆脱贫困，就不得不“走出去”。宁波商帮的发展抓住了一个非常有利的时机——上海开埠。当上海逐渐成为新的经济中心之际，宁波商帮以上海为“跳板”，走向香港，走向海外。“宁波帮”在20世纪初崛起，是中国最为著名的商帮，其历史就是不断“走出去”的历史。在调查中，宁波民营企业家介绍，宁波人历来就有外出经商的传统，“宁波帮”的形成就是最好的见证。在“宁波帮”中，产生了许多杰出的企业家及企业家群体，他们在长期的国际市场打拼中所形成的开拓、进取、开放、开明的精神品质，铸就了传承至今的“甬商文化”。

（四）懂感恩、重回报，积极履行企业的社会责任

宁波是一座懂感恩、重付出的爱心城市，直接孕育了宁波民营企业家强烈的责任意识和

深厚的感恩文化。

作为宁波市人大代表的海天集团董事长张静章每年向宁波市慈善总会捐赠20万元，他所建立的“海天高校新生助学基金”已经达到几百万元，受助的大学新生已经有几百名。“创造财富是企业的责任，造福社会是企业的义务”是宁波市第十二届人大代表、宁波申洲集团总经理马建荣的座右铭。在宁波市慈善总会收到的30亿元捐款中有60%来自民营企业，民营企业为光彩事业投资50多亿元。

2012年本课题组在宁波进行的调查中，调研对象基本认同企业的社会责任，对企业社会责任比较认同的前三项是：优秀的企业家需具备强烈的社会责任感、企业的根本责任是为社会创造财富、企业的根本责任是促进国家的发展。也有人认为企业的根本责任是为股东创造利润。80.8%的调研对象认为企业的社会责任是“合法经营、依法纳税、诚实守信、关爱员工”，66%的调研对象认为企业的社会责任是“保护环境、热心公益事业”。72.5%的调研对象参与了慈善事业，58.1%的调研对象进行过光彩事业捐赠，44.2%的调研对象参与了修桥铺路等公益事业，20.9%的调研对象参与过投资兴办光彩小学，还有调研对象参与过国土绿化、到老少边穷地区办企业等其他方面的公益事业。

四、宁波民营企业家的发展特点

（一）实力强大，成为宁波经济发展生力军

经过多年的发展，宁波拥有以纺织、服装、机械为代表的传统优势工业和以石化、钢铁、电力造纸等为代表的临港型大工业，以及以电子信息机电一体化、生物医药等高新技术产业为主体的工业体系，在此基础上拥有一大批如雅戈尔、三星科技、波导、富邦、吉利控股、维科等优秀的民营企业。

实践证明，民营企业家队伍的不断强大，越来越成为宁波经济发展的不可缺少的宝贵资源。

2011年宁波有18家企业进入“全国500强民营企业”行列，占浙江省144家入围企业数的12.5%。雅戈尔集团股份有限公司、宁波金田投资控股有限公司、奥克斯集团有限公司、远大物产集团有限公司4家企业入围全国民营企业前100强。

（二）结构多元，体现出鲜明的差异性和层次性

从起源上看，宁波企业家既有改革开放后自办企业艰苦创业的，也有家族企业的传承人；既有从国有企业和乡镇企业转制而来的，也有归国创业的“海归”企业家，情况各不相同。总体而言，宁波民营企业家大致有原生型、转制型、空降型及职业型这四种类型。

2012年本课题组在宁波进行的问卷调查显示，参与调查的受访企业经营者中，60.0%的企业经营者第一个工作为离乡外出打工；10.0%的企业经营者第一个工作为党政机关、事业单位干部；15.0%的企业经营者第一个工作为国有、集体企业员工；15.0%的企业经营者第一个工作为从事其他工作。宁波民营企业经营者大部分有外出打工经历。

由此可见，宁波民营企业家原生型企业家数量最多，这部分人都具有创业经历；转制型企业家具有与官方联系渠道畅通、与银行打交道便利的优势；空降型企业家视野开阔，闯劲足；“海归”派文化层次高，管理观念兼容中西方模式，具有更大的发展潜力；职业经理人掌握较多的经营管理知识，具有一定的管理企业的经验。

来自不同社会阶层的企业家创业背景各异，思想意识多元，素质能力参差不齐，利益诉

求各不相同，体现出鲜明的差异性和层次性。

（三）坚守实业，注重产品开发和品牌建设

调查显示，与近年来某些城市热衷于虚拟经济不同，宁波民营经济大多仍坚守在实体经济中。经过多年的发展，宁波在以纺织、服装、机械为代表的传统优势工业，以石化、钢铁、电力造纸等为代表的临港型大工业，以及在电子信息机电一体化、生物医药等高新技术产业为主体的工业体系中，拥有一大批优秀的民营企业。宁波方太厨具有限公司董事长茅理翔表示，不管外面如何寒风肆虐，方太将咬住主业不放松，努力打造“百年老店”，坚守实业，就等于守住了企业的根据地。宁波民营企业家正是在坚守实业中注重开发新产品，从而涌现出一批细分行业中的“小巨人”，把小产品做出了“大品牌”，走的是从无牌、贴牌到有牌，再到享誉全国乃至世界的自主品牌发展之路。改革开放 30 余年间，宁波先后诞生了 140 余个行业“单打冠军”，诞生了 70 余个“中国名牌”、130 余个“中国驰名商标”，是“中国的文具之都”“中国的模具之都”“中国的塑机之都”“中国的服装之都”“中国的家电之都”。

（四）乘风借力，把握优惠政策与改革先机

改革开放之初，浙江省委、省政府连续三年颁布允许和鼓励个体私营经济发展的政策文件，并从税收、土地、资金等方面大力支持个体私营经济的发展。宁波正是抓住了这一难得的历史机遇，对乡镇企业的产权制度进行了改革，大力发展包括个体私营企业在内的乡镇工业，从纺织服装和轻工机械等劳动密集型加工工业起步，通过“两头在外”获取资源、扩大市场，促进产品经济向商品经济转变，促进区域经济从以农业经济为主向以工业经济为主转变，从而为宁波经济的发展和民营企业家的成长发展创造了良好的制度条件。

宁波在发展外向型经济的过程中，享受了从中央到地方的各级政府出口退税等优惠政策和对水资源、电力、成品油、土地等要素资源进行的“隐性补贴”，廉价要素和低端成本变成了发展宁波民营经济的巨大优势。

政策环境的宽松再加上国家市场化进程和对外开放格局的形成，促使民营经济开始迈入高速发展的“快车道”。

五、促进民营企业家发展的对策与建议

（一）民营企业家发展面临着转型

我国民营经济经过多年的探索与发展，逐步走上了一条协调、开放、多元、均衡的全面发展之路。但是，随着“十二五”时期我国经济转型升级的加快，民营经济也面临着发展方式的转变。依靠科技进步、提高劳动者素质、创新管理模式正在成为促进经济增长的重要方式，这在客观上对民营企业家的发展提出了新的、更高的要求。当前，特别是要按照经济快速发展的需要，积极推进自身全方位的更新转型。

1. 从传统向现代的转型

受历史传承和人文、地域、经济、政策等诸多因素的影响，我国传统民营企业家自身的特点既有创业成功的优势条件，也存在着对企业发展和企业家成长的诸多制约因素。以甬商为例，现在的宁波民营企业家与传统的“宁波帮”虽然有其内在的、深刻的文化传承，但其内涵也发生了很大的变化，如过去的“宁波帮”常常是经营以金融、运输等行业为主的

大企业，而现在则主要是经营以制造业为主的中小微企业，已不再是典型意义上的“宁波帮”。新时代的宁波民营企业家是“宁波帮”传承的代表性群体，是宁波经济腾飞的重要力量，他们不断顺应潮流的变化，把握历史的机遇，创新商业模式和拓展产业领域，正在积极向现代型企业家转变。这是宁波民营企业家，也是我国民营企业家成长发展到一定阶段的新特征。

2. 从创一代向创二代的转型

民营企业家群体或阶层的诞生、发展、壮大是改革开放的产物，是我国近 30 年经济发展的原动力和最具活力的部分。21 世纪以来，民营企业面临着诸多挑战，其中一个重要课题是代际传承，即民营企业如何从第一代传递给第二代，完成家业永续与不衰的重要使命。改革开放以来，经过 20 多年的创业，第一代民营企业家大多完成了企业的原始积累与企业初中期发展，规模以上企业开始进入资本运营与产业精细经营相结合的发展时期。在这一转型中，第一代民营企业家有相当比例已进入老年期。除了年龄大这一自然因素外，在精力、知识结构、市场判断力以及信息化手段的运用等方面都存在着力不从心的问题，因此，选择继任者，顺利交班，是摆在他们面前的急迫问题。未来的 5 年至 10 年，近 80% 的宁波民营企业家将逐步进入老一辈企业家向其子女交班的时间节点，创一代向创二代的转型问题，不仅是企业家本身关心的家事，也是社会需要研究和解决的重要课题。

3. 从本土化向国际化的转型

当前，全球经济结构进入深度调整期，世界各国特别是发达国家都在加快经济转型升级步伐，中国的民营企业面临着新一轮全球产业分工调整重组的历史性机遇，要实现在更大范围、更广领域、更高层次上参与国际经济合作与竞争，必须大力开发适应新的发展趋势要求的各类人才资源。在开放的环境下，“国内竞争国际化，国际竞争国内化”格局加快形成。一方面，随着经济全球化的发展，人才国际化和开发一体化的趋势日趋明显，民营企业的人才开发既面临着加快引进国际化高层次人才的难得机遇，也面临着高层次人才流动加快、竞争加剧的压力。另一方面，“后危机”时代孕育着重大科技创新和新一轮产业革命，新能源、新材料、空间技术和海洋经济等领域有望成为突破口，人才尤其是发展战略性新兴产业急需的高层次人才的重要性更加突出，这就要求民营企业家要有世界眼光、战略思维，自觉地不断向国际化人才的要求迈进。

（二）民营企业家发展存在的主要问题

在当前形势下，民营企业家的发展存在一些不容忽视的矛盾和问题，既有社会环境问题，也有民营企业家自身的问题。

在社会环境方面，民营的弱势地位决定了其获取生产要素和资源的能力相对较差，在经济不景气的情况下，效益下滑、流动资金趋紧、融资艰难显得更加突出。此外，民营企业家普遍反映税费负担较重。不良的发展环境不断消磨着民营企业家做大做强的信心和动力。不仅如此，社会舆论往往对少数企业主的不法不良行为进行放大，再加上社会日益加剧的“仇富”心理，使得企业家群体的社会形象往往跟“资本家”“暴发户”“黑心矿主”“血汗工厂”老板等词汇挂钩。这些错误认识损害了企业家群体的社会形象，打击了企业家的创业创新热情。同时，有的民营企业劳动关系不和谐，也牵制了民营企业家的大量精力。此类问题，在一定程度上影响到民营企业和民营企业家的发展。

就民营企业家自身而言，存在的问题主要是：

1. 能力之熵：总体素质存在差距，综合能力有待提升

2012 年本课题组在宁波进行的问卷调查显示，民营企业家首次创业时的受教育程度较低。

这些受访企业经营者，13.0%为中专或高中学历，33.3%为大专学历，37.0%为本科学历，14.8%为硕士学历，1.9%在企业经营管理方面在职进修过。宁波民营企业家学历层次主要集中在大专和本科。

这说明宁波民营企业家的文化程度与以往相比是有所提高的，但总体素质仍存在差距，综合能力还有待提升，尤其是掌握现代科学管理知识、善于捕捉市场机遇、能够凝聚各方人才的能力还不够高，缺乏长期战略眼光，经营管理理念陈旧，开拓创新能力不足，最终会造成自身发展动力缺乏。企业家的素质能力问题仍是制约民营企业发展的一个突出问题。

2. 管理之危：管理模式有待创新，亟待完善法人治理结构

我国目前的民营企业大致有如下几种形式：一种是从个体户起家，逐渐积累发展起来，或直接由家族成员投资兴办的家族式企业；一种是朋友、同事参股合资开办的合伙式企业；还有通过组建、承包、买断乡镇或国有企业转型过来的企业等。其共同特点是：企业的所有权归一个或一些主要投资者所有，尤其是家族式企业更为普遍。在我国不论是家族式，还是合伙式，许多民营企业都基本选择了家长式管理模式。在民营企业创业阶段，对企业中的重大决策问题实行个人独裁决策，的确是一种高效率的方式，但在民营企业发展起来之后，各种新问题就会层出不穷。目前我国的现状是，很多民营企业发展到一定时期，还维持家长式管理的模式，凡事一个人说了算，缺乏来自内外有效的监控、反馈和制约，使得决策的正确性和准确性大打折扣。而且在企业发展到一定阶段以后，家长式管理模式容易导致严重的独裁和集权化倾向，进而使得整个企业管理水准下降，活力减弱，效率降低，组织僵化，上下沟通受阻，市场应变缓慢，员工凝聚力和归属感下降。因此，民营企业的管理模式有待创新，亟待完善法人治理结构。

3. 人才之困：面临人才瓶颈，“招才引智”模式有待开发

一般而言，大多数民营企业在人才储备上是落后于国有企业的，面临着严重的人才瓶颈，即人才总量不足、人才素质不高和人才结构不优。原因之一在于人才观念落后，任人唯亲，激励机制不健全。

由于民营企业很多是家族式企业，大量起用自己的亲属是一大特色，这在民营企业发展的初始阶段，的确发挥了家庭成员内在的凝聚力、创造力，但企业发展壮大后，随着规模的扩大，情况日益复杂和多变，如果还是用这种关系去抢占市场份额是很难有收获的。但一些民营企业很难摆脱家庭观念，过量使用家庭成员，结果许多平庸之人充塞重要部门，严重挫伤了外来人员的积极性，使外来员工觉得在这种环境下做下去，根本无前途可言，这样企业就会损失大量的外来管理英才。一些民营企业在外部招聘人才时，往往只是以高工资吸引人才，而对于保险、福利却只字不提，使得一些人才无安全感，影响了企业的人力资源及产品的开发创新能力。还有一些民营企业用人的随意性很严重，以致浪费了大量的人才，使得民营企业多年来形不成人才优势。从宁波市民营企业的现状看，职业型企业家数量很少，职业经理人市场尚未形成，因此既有人才感叹“英雄难觅用武之地”的困惑，也有民营企业找不到德才兼备的职业经理人的苦恼。企业家职业化是市场经济趋向成熟的重要标志之一。知识经济时代，资本、原材料和机器设备等传统竞争手段的重要性正在减弱，而人才成为竞争的制高点。据调查，越是上规模的、高科技的民营企业，对职业经理人的需求就越迫切。而与此同时，如何克服职业经理人的“逆向选择”“道德风险”和“短期行为”，还缺乏激励、监督和约束的办法。可见，如何解决人才之困，是当前摆在民营企业家面前的一个十分紧迫的战略问题。

4. 接班之痛：代际传承，寻找和培养成功的二代企业家

当前民营企业家正处在代际传承的关键期，民营企业传承的主流模式是“子承父业”，这涉及企业接班人或继任者的培养问题。一方面，第一代和第二代的民营企业家在成长背景、教育程度、发展理念、职业兴趣等方面存在诸多差异，需要长期而艰难的磨合，把企业传给子女“省心而不放心”。另一方面，由于职业经理人市场尚不成熟，缺乏评价体系和约束机制，把企业交给外人“放心而不省心”。

传承问题牵涉到很多方面，家族企业创始人也有他们的苦衷。民营企业能够发展到今天是因为体制和机制优势，但民企做大以后，最大的障碍也是体制和机制。由于企业内部缺乏有效的管控体制，创始人与职业经理人无法达成充分的信任，大多数创始人在考虑接班人的时候，会优先考虑家庭或家族内部的成员。但是，这一代民营企业家有些受国家计划生育政策限制，他们的“长板凳计划”中的选择对象相当有限，如果碰上子女对父辈的事业并不热心或是缺乏足以驾驭企业的能力，那么就难免会遇上大中电器这样的“将事业交予他人”的命运。

一些民营企业家在20世纪末21世纪初开始关注、思考下一代接班的问题，有的大胆地进行“父传子”的权力更替实践。“富二代”“民企少帅”等词开始流行。到目前为止，浙江省部分规模以上，尤其是大型民营企业集团已基本上完成了新老交替，如鲁冠球之子鲁伟鼎接任万向集团总裁，徐文荣之子徐永安接任横店集团总裁，徐传化之子徐冠巨接任传化集团董事长，楼忠福之子楼明接任广厦建设集团董事长，茅理翔之子茅忠群接任方太厨具公司总经理，盛军海之子盛静生接任罗蒙集团总经理等，约占浙商的四分之一。从已接班的第二代即“少帅们”的素质看，他们大多有大学文凭（以经济与管理类居多，有的是MBA、EMBA毕业），其知识、眼界和学习能力、资本运作能力等优于父辈，从现状看，这大多是成功的，也显示了第一代民营企业家在企业经营权力交接上的智慧与稳健。当然，从实际看，也有私营企业交接班不太成功甚至是失败的，还有相当数量特别是中小型企业的接班任务还远没有完成。无疑，这更凸显了对民营企业继任者培养的重要性与紧迫性。

上述这些情况从表面看是一个选择接班人的问题，而深藏在选择背后的是一个培养问题，因为“家族企业的代际传承是一个过程，而不是一个事件。这个过程涉及对继任者的培养，对其他家庭成员、创始人和非家族经理人的影响，权杖交接手段和方法以及对企业的影响等问题。但对家族企业创始人来说，寻找和培养第二代企业家是关键”。从各方面看，企业的传承、财富的传承、精神的传承在今天的民营企业里已经变成了第一代创业者不得不面对的问题。

方太董事长茅理翔在将总经理位置让给儿子茅忠群的同时，使命般地思考着家业长青接班问题，他发现“目前家族制民营企业在权力交接过程中存在以下四方面的问题：一是创业人不愿交班；二是孩子不愿接班；三是有的孩子愿意接班但没有能力，即使是欧美的‘海归’都存在这方面问题；四是有些民营企业孩子接班了，但创始人没有放权”。不仅如此，对创二代来说，最大的压力不是如何接手企业，而是接手企业之后，如何在父辈搭好的平台上进一步创新和发展，打造在产业导向上有引领作用、产品开发上有高科技含量、经营管理上有创新理念的示范性、品牌性、规模性企业，超越“创一代”，真正把企业做大做强。宁波民营企业的“创二代”与大多数“创一代”的“草根性”不同，他们普遍接受过良好的教育，不少还有海外留学的经历，再加上父辈的社会资源，应该说在知识和从商经验上都不算缺乏，而在对事业坚持的韧性和对环境的适应性上则需要具体的创业经历来磨砺。

（三）民营企业家发展的推进措施

1. 依据标准，引导民营企业家搞好自我修炼（略）
2. 针对诉求，切实提高民营企业家社会地位（略）
3. 结合实际，营造关爱民营企业家的社会氛围（略）
4. 转变观念，发挥政府促进民营企业发展的职能作用（略）
5. 着眼未来，重视解决民营企业生存发展瓶颈问题（略）
6. 完善机制，进一步加强民营企业家队伍建设（略）
7. 加强立法，大力保障民营企业家的合法权益（略）

［本文摘自《2013 宁波人才发展报告》、中国人事科学研究院《中国民营企业家发展（宁波）案例研究》］

思考与练习

1. 张静章带领海天集团获得成功的原因有哪些？
2. 简要概括“方太”交接班模式。
3. “商海文心”的储吉旺的人生经历给你什么样的人生启示？
4. 简要概括李如成的创业历程。
5. 邱智铭事业成功的原因有哪些？
6. 概括奥克斯集团获得快速发展的原因，并做简要分析。
7. 沈国军和银泰集团对社会主要有哪些贡献？
8. 列举丁磊的创业历程，分析其成功的原因，并谈一谈给予你的启示。

第五章

宁波商帮的家族传承

内容摘要

宁波商帮始以家族血缘为核心，继以四明公所、宁波同乡会等为纽带，复以总商会为后盾，从而发展起来，家族传承对宁波商帮发展具有重要意义。本章具体介绍宁波商帮的几大知名家族集团，包括最早经商的家族集团之一，靠一代一代外出经商发迹的镇海十七房郑氏家族；曾执上海商界之牛耳，“宁波帮”家族集团中发迹最早、实力最强、影响最大、持续时间最长的家族集团——镇海柏墅方方氏家族，这个家族形成发展的过程，在一定程度上反映了宁波商帮的成长过程，也反映了中国资本主义发展的过程；典型的“宁波帮”家族集团——镇海小港李氏家族，以经营沙船业起家，而后投资于钱庄业，接着又向房地产业、垦殖业发展，然后致力于银行业和民族工业，这一发展过程是不少“宁波帮”家族都曾经历过的；还有在“宁波帮”的形成、发展过程具有开创局面意义的严信厚及严氏家族，曾创办过中国第一家银行、第一个商会和第一批工厂，其后辈人才辈出，并为中国教育、科技事业做出过杰出贡献。这些大家族在百余年的发展史中，始终执着追求，开拓进取，用自己的勤奋和智慧成就事业；始终牢记自己是中华民族的儿女，竭尽赤子之心，奉献能力所及之力，给今天的我们不少有益的启示。另外附上影响全球的十大金融家族的资料，以做对照和思维拓展。

学习目标

通过介绍宁波商帮知名家族的发展历程、传承奥秘、子女教育、社会奉献等，供今天的家族企业在企业长远发展、接班人培养、事业传承、社会责任等诸多方面作为借鉴，也让学生从中得到诸多启发。

关键词

宁波商帮；家族传承

第一节　十七房郑氏家族

镇海郑氏十七房商人是“宁波帮”最早经商的家族集团之一。十七房原有建筑面积达 6 万平方米，占地面积达 8 万平方米，由于岁月的变迁，如今仍有建筑面积 4 万多平方米，占地面积6万余平方米。有如此大规模的建筑群，不是靠做官发财，而是靠一代一代外出经商发展起来的，在“宁波帮”早期的商人中，没有一个商帮氏族集团可与之相比。

一、发展历程

据《宁波帮研究》载：“镇海十七房郑世昌（1664—1728年）承父命外出经商，康熙年间在北京东四大街开设四恒银号（即恒兴、恒利、恒和、恒源），历久不衰，地位举足轻重（钱庄、银号业影响着全国）。直至1900年庚子事变，北京火灾（八国联军抢掠所致），时任顺天府尹的陈夔龙在其《梦蕉亭杂记》中写道：‘市既被毁，炉房失业，京城内外大小钱庄、银号汇划不灵，大受影响。越日东四牌楼著名钱铺四恒首先歇业。开设京都已200余年，信用最著，流通亦广。一旦歇业，关系京城数十万人财产生计，举国惶惶。’甚至惊动了慈禧太后，下令拨库银100万两接济四恒。”这是宁波商帮萌芽时期的最早商人。

第二位外出经商者为郑光礽（1707—1780年），他在清乾隆初，“精于白圭之术”，“屡能奇中，数致千金”。在这期间，郑氏外出经商的还有郑维嘉、郑德标等人，他们经营有方，“内理琐屑，外权奇赢，蓄积余羡，以浸为蛟川（镇海旧称）巨室”。

郑德标四子郑勋、五子郑熙，郑德标弟郑德楹、侄子郑士旦，也都承长辈之业纷纷出外经商，他们“别营居积，勤慎固练，屡获倍息”，“越中贤豪长者，咸乐与订交”。

郑天治（1760—1868年），17岁时就随父到岱山，“禀承父训，筹划屡中，业日起”，“岱山暨同业者重公行，咸推为领袖”。

从康熙到光绪中期，郑氏共有6个经商集团，计40余人，形成郑氏一族的庞大商业队伍。鸦片战争以后“五口通商”，上海成为宁波商人最活跃的地方，见识过人的郑勋，借其积蓄多年的雄厚资本和有利时机，在上海开了“宁波帮”最早的钱庄，其业“筹算屡中，屡获信息，家日隆隆起”。当上海钱庄业兴起时，他却转到宁波自开钱庄，不久就成了宁波钱庄业的巨头。“盖屹然为甬江砥柱二十年”，这在当时是非常了不起的。

郑氏十七房

郑氏十七房人非常聪明，为保护其巨额资金和宏大的民宅不受侵犯，他们也采取“买官”来保护自己的利益。据《澥浦郑氏宗谱》载：以捐资公益事业或出钱买官的共有30多人，最大的是二品官衔。这样有权、有势，就不怕别人欺侮，所以十七房人数百年来，过着“太平”的生活。

二、名人辈出

十七房郑氏为浙东大族、商帮之家，历代名人辈出，现列出部分近现代名人如下：

郑景丰，1852年在甬创办全盛源记民信局，设总号于上海，在甬、绍、杭、定等地广设分局，为国内民信局中最有威望、最有影响的一家。

郑方正，1916年在沪与奉化郑源兴合办承余蛋行，以后营业发展，扩为茂昌蛋品公司、茂昌冷藏公司，规模为国内蛋业之首，后任副总经理。

郑尊法（1849—1970年），早年留学日本，1924年在沪集资创办民生墨水厂，任厂长，为我国民族墨水工业开拓者。1966年民生墨水厂更名为英雄墨水厂。

郑家骏，1925 年出生，1948 年毕业于浙江大学化学系，1949 年赴美国留学，1954 年获化学博士学位。1957 年在堪萨斯市中西研究所任高级研究员。1999 年在堪萨斯大学任癌症研究院院长，当年退休。发表论文 250 篇，获专利 13 项，设计及综合抗癌、抗疟、抗农害药物共 3 000 多种，其中米托蓖醌对乳腺癌及白血病有极佳的抑制作用，1973—1983 年多次获研究奖，并被中国及美国 20 余所大学聘为客座教授及荣誉教授。

郑毓明，郑家骏二女，现任美国 BP 阿莫科全球业务中心新兴市场集团副总裁、美英石油公司国际贸易副总裁，该企业在全球 500 强中名列前茅，近年在四川、太仓等地投资数十亿美元；在北仑大榭投资 1 亿美元，设立宁波华东 BP 液化石油气有限公司，兼任北京阿英科东方炼油公司总裁。

郑百平，1916 年出生。抗战期间于重庆复旦大学化学系毕业，返沪后从事进出口贸易与轻工产品制造。1949 年去台湾入复兴航业公司，1951 年任该公司日本分公司经理，1959 年任该公司美国及加拿大西岸代表。1965 年任万利轮船（美国）公司经理。

郑颖人，1933 年出生，早年求读于镇海澥浦启绪小学，抗美援朝时参军，1956 年毕业于北京石油学院，后分配到哈尔滨军事工程学院，又转到空军工程学院，少将军衔，教授、博士生导师，兼任中国人民解放军第一届学位委员会委员、中国土木工程学会隧道与地下工程分会常务理事、防务工程学会常务理事等职。2001 年 12 月，当选为中国工程院院士。由于他长期从事军事隧道、洞库的研究，完善了隧道力学理论，发展了岩土的应变空间塑性、多重屈服理论，在军事地下工程领域取得了卓越的成就，多次获得国家科技进步奖二等奖、三等奖，并于 1996 年获中国人民解放军总后勤部授予的“一代名师”称号。

三、惠及乡邻

这大概也是“宁波帮”之所以能获得好评和得到发展的一大原因。悲天悯人，怜贫恤孤，扶危济困，乐善好施，出田助祀，捐资兴学，睦亲谐邻，修桥铺路造凉亭，所为种种，几近十七房的族规。他们尤其重视教育，族办私塾或小学，不但学费书费全免，他姓的乡邻也可同样享受，此举堪称我国早期小范围的“义务教育”。每遇天灾人祸，十七房总能伸出援手，不但开仓赈灾，施粥救饥，还成立“敦族会”“合乡普善会”，为无力安葬死去的族人或乡邻免费提供棺材并安葬。十七房的各种义举善行，往往以一定的组织和基金会的形式出现，通过出资和捐田，动用的仅是其中的租息，这样善举就可以延续不绝了。

第二节　镇海柏墅方方氏家族

镇海柏墅方方氏家族不仅是当地的名门望族，也是近代上海商界翘楚。在其第二、三代鼎盛时期，曾执上海商界之牛耳，是“宁波帮”家族集团中发迹最早、实力最强、影响最大、持续时间最长的家族集团，直至 19 世纪 70 年代，其他“宁波帮”家族才开始对方氏家族在上海商业上的垄断地位形成挑战。这个家族的形成发展的过程，在一定程度上反映了“宁波帮”的成长过程，也反映了中国资本主义发展的过程。

一、第一代

方氏家族第一代创业者有两位，一是方亨黉（字介堂），由于他的后代在家乡建造新屋居住，因此这一系后来被称为“新方”；另一位是方亨宁，他的后代在家乡仍住老屋，因此他的这一系被称为“老方”。

方亨宁（1772—1840 年），字建康，清嘉庆年间“孑身至申江，典衣被为市廛……积数年始经营贾店”，开设方泰和糖行，兼营南北货。为方氏第一代在上海创业者。

方亨黉（1783—1846 年），字介堂，亨宁的族弟，清嘉庆年间在镇海憩桥开粮杂店，六七年间积得资金白银数百两。道光元年（1821 年）前后在沪甬间运销食糖，获利甚丰，旋在上海开设方义和糖行，并以沪为基地，向津、汉、宁、杭及长沙、宜昌等地发展，经营范围扩大至粮食、南北货、钱庄等，使镇海柏墅方方家逐渐发展成为沪上著名的金融商业家族，是镇海方氏家族集团第一代创业者和事业的奠基人。道光十一年（1831 年），方氏兄弟曾出巨资修缮四明公所。方亨黉曾任四明公所董事等职。

二、第二代

方家的第二代代表人物，新方一系有方润斋、方性斋二人；老方一系是独子方仰乔。

1. 新方。方润斋和方性斋都是方介堂的侄子，润斋是二兄，性斋是七弟（沪地同业中称他为七老板），均由介堂带领到上海，先后在方义和糖行学业，后来协助介堂管理店务。介堂死后，润斋和四弟梦香合伙在沪开设方萃和糖行。除糖业外，润斋开始经营钱庄、生丝、土布、杂货等业务。1830 年，润斋和兄仁和在南市开设履和钱庄，这是方家在沪开设的第一家钱庄，也是上海最早开设的钱庄之一，庄内兼营土布和杂货生意（后称南履和，1870 年改组为安康钱庄，取消兼营）。开始该庄规模甚小，往来的存放款仅六七万两。与此同时，润斋又和梦香开设专营生丝业务的振裕丝号。上海开埠后，北市（指南市城外的北面，即英法租界地区）市面逐渐热闹，润斋又在北市开设了履和分庄，后称北履和（1866 年改组为寿康钱庄）。和南履和不同的是，北履和一开业即专营钱庄业务，不兼他业。此后又与兄仁和、弟仁本合资开设义余钱庄，1870 年改组为汇康钱庄。

鸦片战争后，五口通商，上海开埠，洋货源源而来，生丝、茶叶出口激增，外贸商行应运而生。润斋适应形势，在上海开设方振记字号（后改名方镇记），专营进出口贸易。他组织人员直接到生丝产地湖州，向农民收购土丝；又到绍兴、嵊县等地，向茶农收购平水绿茶。这时润斋已学会一点英语，与英商李百里洋行（开设于 1851 年）发生贸易伙伴关系，将收购来的丝、茶，经过整理打包后，与该洋行交换英国进口的花色洋布。据 1851 年《北华捷报》发表的《进出上海港口船期报告》统计，该年李百里洋行进上海船只共 4 艘，其中 3 艘装的都是花色洋布等棉织品；出港船只 4 艘，装运的是生丝和绿茶，可见交易额亦非小数。方振记将进口的花色洋布，小部分在上海销售，大部分雇用甲板船运至汉口待价而沽，获取厚利。后将所积资金在汉口设立了同康钱庄，因有上海钱庄做联号，故在当地同业中声誉卓著，业务十分发达。其后，润斋及其后裔方选青、方季扬等人，又与金山富商黄公续及其子辈伯惠、仲长、季玉等合伙投资开设安裕、承裕、赓裕、复康等四家钱庄。

方润斋、方梦香死后，方萃和糖行和方振记、振裕等字号及钱庄等由善于经营、精明能干的七弟方性斋继续经营，生意更为发达。据上海《密勒氏评论报》1925 年发行的《中国名人录》（英文本）中称：“方性斋是早期租界上最早的主要商人之一，他从茶、丝生意中发了财，他的名字常出现在租界的记录中，是十分有名望的。”他又在沪增设同裕、尔康、延康、五康等多家钱庄，并买下勒南市郭仁里和北市兴仁里等很多房地产，使方家事业达到前所未有的全盛时期，奠定方家在沪事业的基础。至此，“镇海方家”不仅是上海钱业的开创者，“钱业为南北市巨擘，而起点则七老板也（时上海人称方性斋为七老板）”。性斋也懂得一点英语，与英商李百里洋行的交易更为扩展，所获巨额利润，成为方家开设钱庄资金来源的一个重要方面。此时，新方家系统在沪经营的钱庄达 17 家之多，为当时上海九大钱业家族集团之首。此外在外埠开设的钱庄，汉口有同康 1 家，杭州有慎裕 1 家，宁波有郭裕、益康、瑞康、义生、成裕等 5 家。

方家开设的这些钱庄，大多由家族成员投资创办，但也有少数与人合伙经营。创业伊始规模不大，资金一般在 2 万 ~4 万两。1908 年开设的赓裕钱庄资金 6 万两，在当时同业中已算是资力雄厚的了。平时各庄往来的存放款在数十万两。其中承裕钱庄因经理谢纶晖经营得法，信誉极好，存放款常在 100 万两以上，在各联庄中犹似鹤立鸡群，居于首位。

方家从商业起家，以商业获得的利润积累资金，投资于金融业。初时经营钱庄业本非内行，因此每创设一家钱庄，都经慎重考虑，聘请熟悉钱庄业务、老成可靠的经理人员，把经营管理权交付给他。当时所聘各庄经理，大都是钱业界著名人物。如寿康钱庄经理屠云峰，为人谨慎，办事认真，深受方家信赖倚重；承裕钱庄经理谢纶晖，后来转任中国通商银行总经理；安康钱庄经理赵文焕，后来兼任煤业银行董事；赓裕钱庄经理盛筱珊，后来兼任中和银行董事，都是钱业界中声望甚高的人物。

2. 老方。方仰乔是方建康的独子。他继承父业方泰和糖业，经营颇为得法，业务日益扩展。他也将商业利润投资开设钱庄。第一家是 1870 年在上海开设的元大亨（1911 年歇业）。其后 1904 - 1910 年又相继开设了 7 家。与此同时，在宁波开设同和、咸和、祥和、谦和、恒和、大和、元亨、元通等 8 家；在杭州开设豫和、赓和 2 家。由于发展过速，用甲庄资金开设乙庄，又以乙庄资金创办丙庄，而各庄根底不深、基础不固，在 1910 - 1911 年的钱业倒闭风潮中，各庄都遭波及。

方家（包括新、老两方）在这一时期里，除以经营钱庄业务为主外，还继续经营多种商业，计有糖业、沙船、银楼、丝绸、棉布、药材、南北货、典当、渔业、书业、房地产业等。经营的地点也有所发展，以上海为中心，散布在镇海、宁波、绍兴、杭州、湖州、南浔、南京、汉口、宜昌、长沙、沙市等地，成为名闻江南的家族巨商。

三、第三代

方性斋死后，其侄方黼臣（方润斋之子）综理方家事业，执上海商界之牛耳，曾参与领导两次“四明公所”事件，是 19 世纪末“宁波帮”的领袖人物。

方润斋死后，留下的事业由其子黼臣继承。钱庄方面除老店汇康与大房侄子方式如共同经营外，尚有安裕和宁波的瑞康，共 3 家。1894 年和 1908 年，黼臣又和黄公续在北市开设承裕和赓裕 2 家钱庄，都占大股。商业方面有：上海的方萃和糖行，与方式如共同经营管理，业务较前更为扩大，每年营业额达二三百万两，在同业中居翘楚地位；宁波的方紫金银楼，系独资经营，是宁波著名的老银楼；杭州的方裕和南货店，是方家与友人合伙经营的，每年获利颇为可观。黼臣死后，这些钱庄和商店由方黼臣的三个儿子（选青、叔陶、季扬）继承经营。

方性斋的长子芯畴，是清末举人，专心科举仕途，不幸中年早逝。因此其家业主要由性斋的次子樵苓和长孙椒伯继承。方樵苓后来又经营煤业，开设天生煤行，自任经理。辛亥革命期间，上海陈士英欲图起事响应，苦于缺少经费，经虞洽卿向方樵苓劝说，力促方赞助革命。方慨然允诺，除自输巨款外，又发起组织“革命军饷征募队”，由方樵苓和虞洽卿分任队长，率领侄子方椒伯等人，分向各商铺富贾劝募民军经费，成绩斐然。

四、第四代

方家的第四代代表人物，主要是新方二房润斋的孙子季扬和七房性斋的孙子椒伯两人。

方季扬（1884—？年）幼年家中延师就读，后在宁波钱庄学业，满师后来沪继承经营家业。其中安康钱庄几经改组，资本增至24万元，分为10股，季扬占4股，成为主要股东，由其直接掌握经营，经营状况颇佳，该庄直到新中国成立初期始告收歇。安裕钱庄在1929年曾发生客户某丝厂倒闭、巨额放款无法收回之事，所积公积金10多万两全部垫入尚不足应付，其他股东纷纷退出，由季扬独立支持，旋即改组由季扬独资经营，加上“源记”字号，资金增至70万元，重新恢复信誉，营业较前更为发展，可见季扬在经营管理上富有魄力，且胸有成竹，善于策划，该庄一直到新中国成立初期始行闭歇。赓裕钱庄也在1923年改组，加上“来记”，增资至54万元，分为12股，季扬占4股，成为大股东，直接经营该庄。以上安康、安裕、赓裕3庄都设在宁波路120弄兴仁里（分别在26号、19号、20号三处），其时季扬家住福建路，相距甚近，管理上甚为方便。

1920年，他又投资侄子方液仙所创办的中国化学工业社，占有该社股本的三分之一，当选为董事长。1923年，他和族侄稼荪及黄公续之子黄伯惠合股开设复康钱庄，1927年受战争影响，为了避免筹垫饷项、认购库券等而宣告停业。

方椒伯（1885—1968年），又名积蕃，是性斋的长孙，芯畴（字崇年）的儿子。8岁丧父，13岁随叔父赴上海继承祖业，往返沪甬间。清光绪三十一年（1905年）集资在家乡创办培玉小学，自任校长，并兼任宁波溪海公学校长、教育参事会参事。1913年又入神州法政专门学校学习，获律师证书，后从事商业。1918年任北京东陆银行上海分行经理，兼任上海总商会会董、宁波旅沪同乡会常务理事等。五四运动时，上海总商会发表媚日的“佳电”。他发起组织各公团联合会，被推为会长，通电反对“佳电”，逼使上海总商会正、副会长辞职，因而名声大振。同年他与人创办中国毛绒厂。1920年参与筹建上海证券交易所，任董事，同年任上海银行公会会董。1922年与人创办大有余榨油厂，担任董事长，同时受聘为中国通商银行南市分行经理。从该年起连任两届上海总商会副会长。1923年担任宁绍轮船公司董事长、上海公共租界纳税华人会董事长。1924年为整治上海苏州河，发起组织吴淞江水利协会，任会长。在此前后，曾任镇海参议会参议、上海复旦大学校董、中华职业教育社监理事、上海鱼市场常务理事、宁波通用长途汽车公司董事、上海鸿安轮船公司经理。1932年后，以从事律师事务为主。“一·二八”事变后，拒任市府秘书长伪职。抗战期间，担任上海难民协会副秘书长兼劝募主任，致力于难民救济工作，募捐1 000万元，赈济难民11万余人。曾投资上海庶康、福隆等钱庄。1949年后担任上海市政协委员、民革上海市委委员等职。

五、第五代

方家第五代的代表人物可列举方稼荪和方液仙两人。

方稼荪（1895—？年）是新方三房仁本的曾孙，仰峰的孙子。季扬和椒伯的族侄。方稼荪幼年时在家乡私塾就读，成年后来沪习业并继承家业。1923年与族叔季扬及黄伯惠在北市创办复康钱庄，集资10万两，分为10股（季扬4股、黄伯惠3股），聘王允中为经理，1927年因时局关系停歇。此后数年，他独资开设乾丰证券号，热衷于标金的投机买卖，遭到严重损失，后来接受族叔方式如的规劝，退出投机事业。1933年资金转入承裕钱庄，该庄改组后，加上“牲记”，增资为54万元，分为12股，稼荪独占7股共31.5万元，占半数以上，成为主要股东（其他股东方选青1股、黄仲长和友人陈友斋各2股）。他专心经营该庄，原经理谢纶晖、谢韬甫都是同业中的前辈，业务经验丰富，善于调度，因此该庄在历次金融风潮中始终保持良好声誉。1941年日军侵占上海租界，沪上专营投机、囤积的新设钱庄纷纷开业（至抗战胜利时达229家之多），成为投机商人聚集活动的场所。在此环境中，老式经营的承裕钱庄难以适应，于1943年歇业清理。他所经营的其他企业尚有永丰渔轮股份有限公司（任董事）、宁波生泰典当（是股东）以及宁波益康钱庄。益康开设于同治年间，已是数十年的老铺。1935年夏，宁波曾发生钱庄挤兑风潮，该庄略受影响，但因老店根底深、基础扎实，逐渐恢复信誉，抗战爆发后呈停顿状态。另外，由他任股东的祖传老店方萃和糖行，从20世纪30年代起每年营业额较前略降，但仍在百万元左右，抗战期间一度停业，1940年始告复业，但业务颇受影响，已不可与昔日相比了。

方液仙（1893—1940年）是新方一系二房润斋的曾孙，是小港李家的外甥，选青的长子。他是方氏家族中十分出色的一个，是我国民族资本企业家的一个典范，是中国日用化工业的奠基人。他从宁波斐迪中学毕业后入上海中西书院，受教于德国化验师窦伯烈。1912年独立筹设中国化学工业社，研制三星牌牙粉、蚊香、化妆品等系列产品。抵制日货，致使“五卅”运动时，日货野猪牌和猴牌盘形蚊香在华绝迹。同时兴办晶明玻璃厂、中国制管厂、肇新化工厂等配套企业，使中化社成为国内规模最大的日用化学品工业综合企业。1932年倡组九厂国货临时联合商场，次年担任中国国货公司董事长兼总经理。1937年与人联合创办中国国货联营公司，抵制日货。抗战爆发后，拒任日伪实业部长之职。1940年7月25日，被汪伪特务绑架杀害，年仅47岁。

方液仙之后，尚有方善珪、方善堃二人。

方善珪（1914—1999年），幼时随父方椒伯去上海，1936年毕业于上海交通大学管理系，后留学美国，获哈佛大学博士学位。毕业后去香港从事金融事业。曾任中国银行董事，中银香港分行副总经理。当选为第五、六届全国人大代表。

方善堃（1908—1968年），1927年赴日留学，曾就读于东京工业大学应用化学系预科攻读药物学。1934年去德国博城大学化学系攻读博士学位。1939年回国担任大丰工业原料公司总经理兼总工程师。还组建化学研究所，研制西药及化工产品数十项。后又筹建天丰制药厂，任经理。1941年兼任中国化工厂总经理，主持生产化工原料。1943年又兼任上海汉光电化厂总经理。此时还担任上海化工原料商业同业公会常务理事（1942年）、中华化学工业同业公会理事长（1945年）。1956年公私合营后，任上海大丰化工厂总经理。历任上海市第一、二届人大代表，上海市政协第一届常务委员等职。

第三节　李也亭与李氏家族

镇海小港李氏家族，是一典型的“宁波帮”家族集团。李氏家族有个特点，即往往倾向于在侄辈中挑选继承者而不一定非要儿子；也在亲戚、同乡中提拔后起之秀，而不计较其出身如何，如俞佐庭就是李家的表亲，从学徒提拔上来。此外，乐振葆也是李家的姻亲。

李家以经营沙船业起家，而后投资于钱庄业，接着又向房地产业、垦殖业发展，然后致力于银行业和民族工业。这一发展过程是不少“宁波帮”家族都曾经历过的，如慈溪董棣林家族也以沙船业起家；镇海庄市叶澄衷家族虽以五金业起家，但也经营沙船业；宁波秦君安家族则以经营颜料业起家。上述几大家族，莫不以钱庄业而致富，然后又不同程度地转向新兴的民族工业。宁波商帮始以家族血缘为核心，继以四明公所、宁波同乡会为纽带，复以总商会为后盾，从而发展起来。

一、赤手闯上海：李也亭沙船起家

李家在小港本非大户。李也亭 9 岁丧父。1822 年，他 15 岁只身到上海南码头曹德大糟坊当学徒。家中寡母叶氏和长兄弼安靠几亩薄田度日。弟兄俩以承字排序，他名承久，兄名承辅。按糟坊规矩，学徒任务之一是给客户送货。那时糟坊门前江滩上停着一排排大沙船，船工们个个都是好酒量，自然那是李也亭每天挑酒必去的地方。所谓沙船，长十丈余，宽二丈，深一丈五六，平底高桅，巨橹广舱，一船可载货百余吨。在洋轮未来之前，它是中国海运的主力。当时上海已是沿海贸易的中转港，“帆樯林立，舶舶蔽江”，新来乍到的李也亭不禁目瞪口呆。

春来秋去，他很快和船工们混熟了。船上老大见他人小机敏，便怂恿他：“小阿弟，可敢和我们去下海?”李也亭挠挠头，烧酒营生固然奔头不大，可一纸学徒契约却不是说废就废的。船上管上货的耆民（经理）过来搭讪了：“你若肯来，我去讨个情。”果然，凭这一句话，糟坊老板碍着老客户的面子，竟放了人。李也亭便到郁森盛船号当了船工。这年，他 19 岁。

当时，船行规矩允许每船上货，伙友可捎一些私货以补薪资过低。虽说进货好孬及销路畅堵全凭个人眼光，不过，每趟下来多少总能赚些钱。自然，船东肯让出这份利，为的是海上若遇风险，大伙能同生共死。李也亭天生是一块经商的料，他货既进得俏，交际也蛮有一套。当年由南运北多是米糖纱布，取货要现银，他哪有这么多钱? 幸亏他结识了钱庄跑街、同乡人赵立诚，他唤赵是“大阿哥”，赵喊他为“小老弟”。李遵母训，为人信义第一。一笔账讲好啥个日交清，必提前一日送到。赵很乐意为他筹款。这样几年下来，他竟攒了一笔钱。一天，他乐呵呵地去找赵立诚：“大阿哥，我想自已弄条船。”赵吓了一跳，问：“你可晓得置条船要上万两银子?”可听了李也亭九九归一的一本细账，赵不禁手拍大腿说：“好!我帮你一把，就看你命中有无财运了。”那时沿江造船商很多，只要付一半定银，保你三个月船就下水。沙船出海向来结队而行，主要是防海盗袭扰。于是，他就加入了老城厢郁家、慈溪董家的北号船队。当然谁也不曾料到，就靠这条船，李家竟后来居上，成了上海滩风流百余载的工商巨子。

说到创业，李也亭确是费了不少心血。一般船东都把船交给老大和耆民去管，他却趟趟随行，甚至年近半百时还是如此。大约是老沙船正值回光返照，朝廷也新将漕运由河运改为海运，继而中英鸦片媾兵、太平天国起事，兵连祸接，沙船承运的南北漕粮有如水火之急。时任天津漕运局总办的张友堂也是宁波人，李也亭持乡晚辈名帖求见，自然受到不少照应。因而仅仅几年工夫，他不仅开办了久大沙船号，从 1 艘船发展到了 10 余艘船，还在十六铺上游处买下一块滩地辟为久大码头。

久大沙船号筹办甫定，李也亭马上又盘算起新的生意来。和赵立诚的交往，使他深知钱庄也是一个很有讲究的行当。它开设资本虽不大，那时老城厢最叫得响的钱庄也只不过万把两银子，但关键是股东必须富有资产，能偿付得起。放贷只要对象牢靠，吸进存款运用得当，赚钱是自然的。何况，"久大"每年两季航运进货，都是向别家钱庄贷银两，如果日后改向自家钱庄贷，岂不是肥水不流外人田吗？加上"久大"沙船已独立成队，还有一些散户船跟着走，拉它们向李家钱庄贷款，更是顺理成章之事。于是，他和赵立诚商定，用经营沙船的利润合开了"慎余""崇余""立余"三家钱庄。不过，钱庄一切营业仍由赵主持，对外不声张李家也投入了巨资。因为，当时储户最忌讳钱庄放款给沙船，因航运毕竟风险太大，一旦有闪失，储户自然是本利全蚀。赵立诚是经营钱庄的一把好手，他有多年跑街结下的客户，又熟知老城厢里各种行当的底细，于是，这三家钱庄一开张就红火起来。

李也亭在上海发财了，但脑子里还是有老框框，他总认为置房买地是积攒财产的最好方式。于是，他一面将久大码头相邻的油车、竹巷两码头及周围地皮买下，一面又往乡下捎了几万两银子，让长兄弼安买了 2 000 余亩田租给人耕种。同时，在镇上盖了一处气派颇大的宅院。宅第分东西两院。东院由弼安居住，称为乾房；西院称坤房，由他和妻儿居住。自此，宁波小港李氏家族便分为乾、坤两房。家中一切均由弼安执掌，听命于老太太叶太夫人。毋庸讳言，老兄弟俩当年对跻身官宦门第的欲望都很强。李也亭同许多红顶商人一样，在同治初年花了 5 000 两银子捐了个国学生花翎盐运使、同江苏候补知府的头衔。

李也亭 60 岁那年，正在寿庆的日子，他的沙船队却在海上遭遇数十年未遇的飓风，大半沙船倾覆了。这对他恰如晴天霹雳。一并罹难的郁森盛号沙船队则更惨，据说共有数十条船被大海吞没。当年还没有电报，消息是在风暴中死里逃生的余船到港后再用快马传回来的。李也亭闻讯眼前一黑，顿时瘫倒，从此一病不起。弥留之际，家人和管事齐集榻前，他关照将所遗产业一分为二，钱庄中"崇余"归乾房，"慎余"归坤房，"立余"为两房共有。当弼安问及沙船号事，他手指大侄儿听涛，吩咐众人："日后凡属行中事，全归听涛调度。"众人愕然。因久大沙船号是李氏产业总管理机构，三家钱庄都听命于他，这等于是把全部家业都交给听涛管理。李也亭似乎也察觉到了什么，断断续续地说："不论子侄，只以能者为劳……"听涛闻言，止不住泪如雨下。1868 年，辛劳了一生的李也亭去世了。他的灵柩还未发回故土，久大船队的余船却奇迹般地回来了。因那年到达北口的船很少，所载去的货销得极畅，价亦卖得俏。同样，北口码头因船来的少，货亦积得多，进价自然廉。返回上海又是货稀价高，这一来二去，损失倒也没有预计的那么惨重。可惜李也亭什么都不晓得了。

二、任凭风浪起：李听涛稳守家业

说到李也亭立下的家训，不能不提及其兄弼安。老兄弟俩可谓手足情深。弼安虽始终未曾离乡，而对家族贡献也不小。宁波开化很早，但传统道德观念却特别深。弼安不愿离开，除忠厚寡言外，还有便是孔老夫子的古训："父母在，不远游。"他身为长子，侍奉寡母是他的职责。叶太夫人年轻守寡，独立抚养两子长大，晚年高寿，安享天伦之乐。李也亭虽多次返乡省亲及回家奔丧，而平日里嘘寒问暖、侍奉汤药，均是老大操劳。其母于 1857 年 89 岁去世。老哥俩把父母合葬在小港临海的江家山顶，建墓庐鹤麓山庄，可说独占了当地的风水之胜，以致李家后人对家族发达有一说法："是两位曾祖太公把高祖太公、太婆的茔地选得好，所以后人得发了。"

李弼安在乡中对子侄教育管束颇费心思。他请县里名塾师朱老夫子来开蒙授课。他的三个儿子听涛（名高源）、濂水（名高濂）、雨田（名高沛），也亭的独子梅塘（名高嘉），都在家塾一道读书。后来他的次子濂水由县考秀才而省试中举，继于光绪二年（1876 年）丙子恩科会试以三甲一百六十五名荣登进士金榜，至今北京孔庙的进士题名榜上还有濂水的姓名、籍贯。有趣的是那块碑上李高濂的"高"字磨损了，以致有些书上称他为"李濂"。他自醉心科举就从不再过问家中商务，高中后仅留京做了个户部主事的闲京官。不过，在旧时"万般皆下品，唯有读书高"的浓厚风气里，他毕竟给祖宗父辈脸上添了莫大光彩。小港李家府前竖起了高高的旗杆，船刚进港就能看见。而濂水此时步入仕途，恰逢神州大地面临列强宰割，各类新潮勃兴之时。虽为京中闲官，但国势的艰危、朝政的腐败、志士的喋血，这一幕幕他都亲见了。作为一个正直的读书人，他忧时伤世，子侄们和他或通函或交谈，分明能感受到那一份深深的爱国之心。这或许就为日后众多李氏子孙投入辛亥风云和抗日烽火播下了种子。

弼安对兄弟援手最有力的是"久大"刚亮出牌号时，他就把 16 岁的儿子听涛送往上海，协助叔叔经营产业。老兄弟俩那时便商定，日后凡李家子孙都须进入自家商号学徒三年，然后方可享用家族供给。听涛照这个规矩，从船上水手干起，吃苦耐劳，虚心求教，几年间将行中事务初步摸熟。也亭晚年体衰多病不再随船，便由听涛在码头调度一切。他处事周到谨慎，深为叔父满意。也亭去世前二三年，英国旗昌等洋轮已横行南北洋和内河航线，国中朝野呼吁要自办商轮。北洋大臣李鸿章曾召人密议，打算由官府一举收买沙船暂作缓冲，因当时沙船业已面临重重危机。传至李也亭耳中，他心头自有一番思量。环顾家中子侄，梅塘是他独子，但自幼体弱，不曾经过乘风踏浪生涯；濂水是求功名之人；雨田从未离乡；只有听涛能在此天旋地转之机担起这份重任。

李听涛接手家业，叔父重托自是不敢疏怠。他审时度势，深谙沙船业已如强弩之末，只有果断收缩方为上策。然而，退出的资金又该投放何处？冥思苦想之中，他想起一句俗语："船儿离不开港。"不论是洋轮或是土轮，都必须靠港，这就少不了码头。因此，他第一步先把久大等码头修整扩建，并造起两层楼新式栈房，除供自家沙船所用外，还供别家船只和华商火轮停靠。在加强码头经营同时，听涛又致力于扩展钱庄。李家钱庄原本就近开在南市，租界日益繁盛之后，设在租界内的北市钱庄逐步兴旺，不论资金还是户头都超出了老城厢。听涛便和家人商议，除将"立余"仍留南市外，"崇余""慎余"都迁往北市的江西路宁波路口，聘钱业才俊郑郎斋、袁联清等分任各庄经理，还正式加入了北市钱业会馆，成为汇划钱庄。所谓汇划钱庄，是老钱庄为适应时代发展，引进新式金融单据制度改良而成的。它由公会统一印制公单，只须手续齐备，各庄不得拒收。而汇划钱庄又必须是资本厚、信誉佳的行庄，它的一般资本银虽仅五六万两，而实际周转资金都须百万两以上。由于上海发展处处需资金调剂，若经营得法，钱庄获利甚为丰厚。大钱庄平均获利每年达 30 万两以上。1891 年北市钱业会馆购地 16 亩，集资 12 万两，在闸北塘沽路建造新馆舍。李家钱庄摊银 1 万两。新会馆门楼、檐廊、厅堂无不雕梁画栋，成为沪上一大景观。

正与也亭、听涛叔侄的预见相符，沙船在数年间果真是一落千丈。这更使李听涛下定决心将资金重点移往钱庄。

时值列强外资蜂拥侵入中华，海外冒险家和各色骗子在金融界掀起阵阵恶浪。如 1883 年的丝业囤积倒闭就是一例。先是金素记丝栈亏折银数十万两，牵扯钱庄 40 余家歇业。上海道告示严禁“闭歇潜逃”。谁料这才刚开头，紧跟着胡雪岩阜康银号也因囤丝太多而陷入绝境。随即上海钱庄便同雪融冰化一般，接二连三地倒了十之六七，街谈巷议几乎“谈钱色变”。险情如此，李氏家人岂不心惊肉跳！好在李听涛心眼“死”，年前丝行红得令人垂涎时，曾有人劝他投资。他却认准：“我家靠沙船生意，沙船做的是米糖豆麦，钱庄放的也是这宗款子。丝行是湖州钱庄做的，我们不去抢。”赖此一念，他侥幸逃过了这场劫难。

谁料事隔数年，上海又刮起一股贴票风潮。这是潮帮钱庄兴起来的。它为争夺游资，要起了一套贴票把戏。即凡以 90 元存入者，开一年期票，届时可兑 100 元，年获利息十之一。这在当时实属惊人，前去存款者踏破门槛。一些老钱庄坐不住了，也有人劝“慎余”“崇余”试一试。李听涛断然表示：“不可。”果然，1897 年冬天，一场金融风暴骤然而起。那些贴票钱庄因无法如期兑现，被储户轧坍柜台，于是，全上海为之震动。当时《申报》连篇累牍地报道风潮始末，起始曾把“慎余”列入停闭庄中，后又作更正，称为访事误录。这真可谓有惊无险。李听涛在清末实业机遇和风险并存之机，能艰难守业，这为家族以后的发展奠定了基石。

三、开创房地产业：李詠裳才识过人

李听涛生于 1834 年，满 60 岁后他就在考虑交接班之事。李家此时已成为一个大家族。乾房这边他本支号孟房，有一独子昌祥名厚益。老二濂水号仲房，有七子六女。七子以长幼排为耘清、詠裳、瀛翔、翼之、善祥、康祥、寿祥，名分别为厚培、厚垣、厚埏、厚堉、厚坊、厚埰、厚圻。女儿因还袭封建陋规，只知嫁给谁家，大名连她们的孙辈都不知晓了。老三雨四号季房，也只有一子叫北平，名厚璇。坤房那边堂弟梅塘虽为独子，但他却是多产，有七子三女，仅比进士公少养三千金。七子为云书、玉麟、如山、薇庄、征五、鸿祥、屑清，名分别为厚祐、厚祉、厚祺、厚礽、厚禧、厚祯、厚祚。三千金分别取名金娥、银娥、玉娥。这两大房子侄加起来共有 16 人，倒让李听涛为选中一人而颇为踌躇。而上辈“不论子侄只以能者为劳”的祖训又不可违背。于是他也决定传侄不传子，将大权交给濂水的次子詠裳。

李氏子侄从那一辈起，基本都不在乡间居住，多数在上海、北京读书进学。虽读的仍是四书五经，而西方的声光电化、民约人权等也渐耳濡目染。詠裳自幼随父长在京城，眼界见识更是开阔。17 岁回上海在家中钱庄学生意，循规蹈矩，没有丝毫纨绔习气，深为老经理们所赞许。后又随伯父结识了不少商界名流。30 岁上，李听涛便将久大沙船号经理一职委托给他。实际上此时的沙船号，真能撑住场面的倒是码头。久大码头这时分外兴旺。大达、宁虞等公司商轮均租此落脚，后来虞洽卿办宁绍公司也借用过久大码头。李詠裳便以码头为基业，组织了镇康新记公司，在油车码头附近的祖地上建造了吉祥弄。这是李家投资房地产之始，也是上海最早的石库门房子。二层楼砖结构，厚墙壁，小窗洞，窄长的天井，厅堂厢房还维持旧式乡居程式。李詠裳住弄内 2 号，公司也设在那里。

李詠裳接手后，又逢一次良机。1905 年前后，江浙绅商受美国虐杀我侨胞事件的刺激，兴起一股“实业救国”浪潮，不少人甚至变卖家产建厂修路。钱庄可以调剂资金，自然成为热门产业。李詠裳便和众兄弟相商，以总号名义再开一家会余钱庄。坤房那边的众兄弟也一个个按捺不住了。于是，先由老七屑清从本房“慎余”支款在年前开办了同余钱庄。紧接着，老三如山也仿效再开了崙余钱庄。可以说，李氏连续新开了三家钱庄，很大程度上依仗了家族在上海已立足70年的势力。詠裳这一辈的姐妹兄弟很多都嫁娶沪上名门望族。梅塘的长女金娥嫁给了濂水门生、中过进士点了翰林的夏启瑜。次女银娥嫁给了柏墅方家二房的方选青。长子云书又和上海酱业大王张鼎新园主逸云分别娶郑氏钱庄的大、小二位小姐，结为连襟兄弟。四子薇庄又娶方选青的妹妹为妻。这还仅是坤房部分儿女的婚姻情况。这种亲套亲的关系无疑对李家事业是一大助力。即以新钱庄开张之日来说，有交情的老钱庄都要去存上一笔款子为贺礼以厚资金，俗称“堆花银子”。方、郑几家都开有钱庄，尤其方家是“宁波帮”钱庄首户，拥有安康、瑞康、汇康等20余家。李氏三家新钱庄开张，虽说资本银都为2万两，但哪一家“堆花银子”不收到十多万至数十万两的？

李詠裳的眼光、魄力确实比他的上辈又高一筹。他在投资钱庄同时，又将重心移往房地产。当时租界中心地带南京路一段已如繁花似锦。他和坤房兄弟商议，认定下一个热点必定是偏西的静安寺四周地段。于是，由“久大”出面组织了天丰、地丰、元丰、黄丰四大地产公司，取中国古语天、地、玄（元）、黄之意先买下静安寺路（今南京西路）北一块50余亩地为天丰所有，次又将徐愚斋遗业柿子园200亩地买断为地丰公司，再东移至杨树浦路平凉路置地建元丰公司，最后又在戈登路（今江宁路）、小沙渡路（今西康路）、西摩路（今陕西北路）、新闸路、武定路一圈购地60余亩，成立黄丰公司。这着棋使李家在顺应时势上占尽了风头。不消几年，这些地块不论是售地还是建房租售，都在原价上翻了一番甚至几番。尤为世人瞩目的是，当时公共租界工部局要在柿子园和新闸路两地块筑路，竟无理地无偿征用李家土地。租界本是外国人强加给中国的耻辱，它还要如此蛮横地剥夺华人利益，李氏家族据理抗争，最后工部局只得同意李家自筑马路。于是，在租界内便有了以国人公司和堂号命名的马路。李家将北起梵皇渡路（今万航渡路）、南至徐家汇路（今华山路）穿过柿子园的这一段马路，定名为地丰路（今乌鲁木齐北路）。随即又在新闸路相近的槟榔路（今安远路）至劳勃生路（今长寿路）间自筑了李诵清堂路（今陕西北路）。李诵清堂即为李氏坤房堂号。马路筑毕，尽管租界当局百般挑剔，但也不得不承认路基、路面都达到了规定标准。马路开通，贺客盈门，这大长了国人志气。自然，马路两侧的房地产身价也攀高直上。李家坤房一支以后便长期聚居在这里。

李詠裳对奖掖后进也不遗余力。谈起他的往事，李氏80岁上下的老人都能道及一二。比如，当年房地产之战打响后，李氏钱庄便逐步收场了。因此到新中国成立时，除“同余”一家尚存外，其他五家都为历史陈迹了。实际上就是“同余”，真正股本也不为屑清子女所有了，只是拥有人借用老字号而已。但李詠裳却在花甲之年还和人合开恒巽钱庄，其动因只为看中他的表侄俞佐庭是个金融干才。俞佐庭19岁进“慎余”当学徒，一直当到钱庄和银行经理，直至宁波商会会长。这年他重返上海想干一番事业，詠裳亲自出马张罗，请他当恒巽钱庄经理。俞佐庭果然不负表叔厚望，不仅钱庄办得好，商界也有人望，不几年当上了上海总商会执委主任。更令人感佩的是，在子侄们成长起来以后，李詠裳便悄然隐退了。1953年他逾83岁高龄才溘然长逝，是同辈兄弟中享年最高的。

四、投资拓荒业，李云书堪称先驱

假如说李詠裳是把主要精力用在家族的实业发展上的话，那么他的兄弟，尤其是坤房的几位堂兄弟则已远远不满足于此了。大约因李梅塘喜爱读书结交文人，府中郑观应等人的《易言》《救时揭要》等书刊任凭子弟传阅。甲午次年，李濂水从京城护送母亲灵柩回籍，路经上海与兄弟子侄见面。其时正值《马关条约》新签，他讲起朝中西太后专权，权贵们一味忍辱求和，翁同龢虽力争却势孤力单。说着说着，他竟忍不住黯然泣下。这时，那些年轻子侄都不禁怒形于色。不久，南通状元张謇弃官南下高擎实业救国大旗，李家兄弟都成了他的拥护者。其中要数梅塘长子云书最为活跃了。

论年纪，云书不仅在坤房，即使包括乾房，他在兄弟排行中也是老大。故而当时商界人士中称云书为“李家阿大”。他是也亭公生前亲手抱过的嫡长孙，在家中的地位自是举足轻重。听涛未选这位大侄儿管理家业，倒不是因为他不能干。云书 16 岁便进慎余钱庄做学徒，写算记账样样拿得，只是他和其父一样喜欢结交文人雅士，颇有些“海派”。当时年纪相仿的王一亭在他家钱庄学生意，因心思多在学画上，柜上师傅屡加责难，这位少东家却多方庇护。风声传到听涛耳里，他很不放心。偌大的家业交给云书这样管，岂不坏事？好在詠裳对这位大阿哥倒十分尊重，凡事将就着他，所以云书是最早从家中钱庄宕款投资别项事业的。

李云书最初投资的企业是天一垦务公司，这是宁波另一巨商严信厚发起的。当时国人目睹日、俄觊觎我东北，吁请清廷开放荒地移民以固边陲。清政府同意在锦州一带招垦，每亩地价仅为银一二分。李、严集资 80 余万两雇人拓垦，然后熟地以每亩银一两余出售，获利十分丰厚。由于此举旗开得胜，他的投资欲望便愈发旺盛。他先后投资了上海绢丝、永裕垦业、大达轮步等十数家公司，还独自募股修建了杭州从江干到湖墅一段铁路。因此云书博得了“投资大王”的雅号，有关他投资的故事也流传得又多又奇。比如他和虞洽卿等人合作投资四明银行，最初发行的四明银行钞票无人肯接受，他便让李家钱庄代为发行。钱庄自然要承担较大风险，他却满不在乎。又如，李家参股大达轮步公司后，久大码头即为大达专用，不得停靠外公司商轮。虞洽卿办三北轮船公司，码头没有着落，先找公司总办刘锦藻商量，被拒后转寻协办李云书谈，李一口答应了。因码头原为李家产业，刘也只得听其做主。此外，他提携外甥方液仙办中国化学工业社一事也有口皆碑。方液仙的父亲原不赞同儿子办日用化学品厂，为此家中闹得不可开交。他母亲只得拿出 10 000 元私房钱来帮儿子，娘舅李云书便也拿出 15 000 元入股。不料后来经营大有起色，方液仙要扩大投资，打算再请叔叔方季扬入股。方季扬对李云书投资这么“滥”不放心，偏要李退出他才入股。李云书二话不说立即照办。由于李云书为人豪爽，所以他在商界人望很高。1906 年上海商务总会改选，他继曾少卿后当选为第三任总理。同时，他还兼任了上海交通银行总办、清农工商部议员等职，俨然成了上海商界头面人物。

这时的江浙绅商其实均已不甘心事事听命于清廷。张謇首先发起组织预备立宪公会，云书和四弟薇庄同为会员，他还被选为会董。当时大约李家坤房的经营中心都已迁入租界，所以在会员表上住所一栏都填“二洋径桥北大余号”。那里即是今天的延安东路四川路口，历经百年沧桑，现已无法辨寻当年遗迹了。预备立宪公会吁请清廷实行新政，实际也就是利用皇权来发展资本主义。他们为此发动了三次轰动朝野的签名大请愿，腐朽的清政府不予理睬，这就导致许多人在失望中转向了革命党。李氏兄弟即为其中活跃分子。据说介绍云书加入同盟会的是他年轻时的知交王一亭。王一亭辛亥革命前夕担任同盟会在上海的筹饷负责人，到处为起义军筹款。他鼓动说：“云书兄，眼下已是千钧一发之际，我辈商界男儿岂能作壁上观？”李云书不禁为之动容。李家兄弟大多倾向革命，于是便推他阿大出头张罗。江浙联军攻打南京时，云书还出任了兵站总监，而实际管事的是他的五弟征五。一份联军总司令徐绍桢的密电写道：“联军总兵站已分派李厚禧（即征五）。陶逊充副总监。”所以此后的催械电都称“陈英士都督、李征五总监”。这曾让很多人不解：他弟兄俩到底谁是总监？李云书又干什么去了？原来在联军起兵之时，负筹款总责任的中华银行亦一并成立。它初以黄兴为总董，孙中山回国后改孙为总董，李云书、沈缦云、王一亭等为董事。其行址就设在李家南市久大码头。不仅如此，连沈缦云的沪军都督财政长事务所也设在那里。这样一来，李云书怎么还能分身过去？在他那里，不仅代发过最早的中华民国公债票、军用钞，还代收过各界助饷捐款。因为实在忙不过来，他还请詠裳在吉祥弄镇康新记公司代设了中华银行经理发行处。可惜这段史实因辛亥之后纷乱不已而被长期湮没了。

就在国家陷于新的动荡时，李云书的投资事业也遭受了重大挫折。民国初年曾刮起一股强劲的大办实业风。孙中山要修20万里铁路，黄兴组织了拓殖协会，连章太炎也挂上了东三省筹边使的头衔。李云书心头更热。他自以为有清末在锦州垦荒发财的经验，于是，竟把巨资投向了遥远的黑龙江边陲黑河、呼玛地区，在那里组织了一家三大垦牧公司，围垦荒地，种植小麦，再建厂制成面粉，然后顺黑龙江漂流而下到海参崴，再转海轮运到天津、上海出售。这种魄力真可谓中国现代边疆拓荒的先驱。然而毕竟路程太远，运费太昂，旧中国黑势力之猖獗更使他防不胜防。他派留日学农的次子祖圣去当垦牧公司经理，而随兄长一同去游玩的九子祖聃却被当地“红胡子”绑走，索票价几十万元。消息传到上海，全家乱成一团。经人讨价还价，最后还是坏掉了一大笔钱。这一不幸事件将他的投资热情彻底扑灭了。边垦事业草草收场，欠下的债务据说是将新闸路老宅一幢白洋房（即今上海大学商学院）变卖后才偿清。1935 年李云书在上海去世，享年68 岁。

五、“借款”官钱局：李薇庄含冤早逝

就在李云书为革命奔波时，他的兄弟老四薇庄、老五征五也投身革命洪流，并在那场大波澜中各有一段“秘史”。

薇庄本是读书进学之人，由举人而放官做过候补知府、江苏糖捐总办。清朝末年，各省督抚纷纷设官钱局发行纸币敛财。正好这时，薇庄升任了江苏裕苏官钱局总办。而官钱局的病商害民，使他内心极为痛苦。一则他本钱庄世家出身，切身利害有其一份；二则清廷腐朽早使他积愤在胸，只碍于头上的顶子不便发泄。

1908 年，他奉命到日本考察银行，住在东京佐佐木寓舍里。门房通报有客来访。延见之下，不料竟是老世交赵立诚的儿子家艺。原先李、赵两家合开钱庄，李也亭去世后，赵家便在苏州等地另设庄号。家艺自幼在城内吴大徵府中读书，后娶了吴的侄女、吴湖帆的姑母为妻。但他和兄长家蕃都是一不愿做官，二不肯经商，在日本留学时竟迷上了孙中山的学说，加入了同盟会。之后他便走南闯北，不是为起义筹款，就是联络各路人马。他听说薇庄到了日本，专程前来密访。那时节，这些已经欧美之风的商家子弟，对清王朝的认识早趋向一致，只看是否狠得下心来投身一搏。经家艺一番鼓吹，薇庄便颔首应允。于是，李薇庄在起身赴日时，还是大清四品命官，回国之际却已是革命党人了。

武昌一声炮响，党人群起响应。陈其美急欲在上海下手，苦的是没有经费。他先找来虞洽卿、李征五等人，由征五出面，让老六屑清的同余钱庄作保，暂从宁波同乡会借到了湖州水灾捐款4 000 元。但这点钱顶什么用？陈其美双手一摊，那几位便都面面相觑。征五问：“你看要多少数？”陈其美报出需购枪械子弹等一长串数字，说着双手一比画，起码要先搞到10 万元。这让众人倒吸了一口冷气。征五沉思片刻，心想：“除了官钱局，谁能搬出这么

多银元？看来只有动四哥的脑筋了。”于是，便和虞洽卿、孙泉标等人一同去寻薇庄。薇庄早料到有这么一天。但这大宗款项眼下即便有，也已有了用途，即供江南制造局造枪械用。要想取出来，还须该局总办张萍初署印。他们密议后又一起去找张萍初，一说是薇庄设计诱张就范，一说是征五等人软硬兼施。总之，这笔钱是拿到了，由虞洽卿交给了李平书，成了上海起事的第一笔大宗经费。当初议定由附和起事的宁、绍、杭、湖等埠商号同出借据以为捐饷，待事定后归还官库。不料事隔几日，便有人向江苏巡抚程德全密告，说官钱局有人舞弊，程派人来查，果然空空如也。薇庄亦无法道出真相，因而被拘押于苏州知府衙署。可叹经战火涂炭，起义虽告成功，原议定认捐还款的商号却多因亏耗或歇业而无力偿付，于是有人对这笔钱的去向恶意中伤。薇庄一怒之下，便把借据全部焚毁，以示独力承担。在缧泄之中，他曾满怀忧愤作《秋夜感怀》诗二首，书于一柄纸扇之上。尽管陈其美、于右任等党国要人都明白他的冤屈。民国元年，同盟会总部上海机关部改选时，他仍当选为评议员，然而这种百口莫辩的中伤对他的精神摧残太大，不久便于民国二年去世了，年仅41岁。

李薇庄死后，长子祖韩、次子祖夔将他写在扇面上的《秋夜感怀双定诗》装裱成册，请当年战友和名流题诗作画以为纪念。先后题诗作画者有于右任、李平书、王一亭、沈曾植、袁克文等30余人。现存的尚有任重专为他辛亥被囚一事所作的《吴门谪居图》，以及林琴南为他毁据之举所画的《焚券图》等。其中，蔡元培的题诗最能道出此中真相：“家藏遗墨在，一发耀秋晖。朗抱见风月，幽怀想蕨薇。人间多可恨，尘世复何依。忍忆谪居处，龙孙几度肥？”蔡又题款曰：“辛亥岁季，薇庄先生因事中于小人之谗谪羁苏州府署……”孙中山先生了解此事后，也亲笔题赠“子孙永保”四字。可惜薇庄原诗和部分书画题作，都在“文化大革命”中散逸了。最令人痛心的是，抄家风匝地而起时，薇庄的三女秋君竟亲手将中山先生题词的上下款剪掉了。

六、沪上举义旗：李征五自为统领

比两位兄长走得更远的，恐怕要算征五了。据说，他是由老革命党人谭人凤亲自主持仪式入盟的，监誓的是居正、杨谱笙。当初同盟会领导人曾对是否吸收他颇为踌躇。征五在封建仕途上本当大有前程，清末大学士、位居中堂之尊的王文韶是他的老泰山。然而，他却恨透了腐朽不堪的清王朝，张口就骂“死老太婆”（指慈禧）。入盟后，他在邻近北火车站的爱尔近路（今安庆路）上开了一爿木行，作为秘密联络点。陈其美亦在那里隐藏过。为策动革命联络帮会，征五拜了青帮祖师爷的牌位为大字辈，当年这一辈分就算很高了。他为此还孝敬了老太爷1万两银子，所以族中长辈有人说他是“花大钱买‘强盗’当”。他和帮友袁克文等人称兄道弟。这位袁二公子据说对清朝也是一肚皮不满，他们在一起还议论过“当强盗”计划，真相如何只能由历史学家去考证了。征五来无影去无踪，因而在兄弟子侄中被戏称为“侠客”。李家有句笑话说：五阿公富起来可以敌国，只要掼一句闲话，什么事都能办得成；穷起来也真落魄，早上出门的西装晚上回来已脱给朋友当了。

辛亥上海举义，李燮和组织光复军，征五也拉起一支队伍自任统领。麾下干将还真不少，徐源泉、何成睿、张宗昌等都在他手下当过兵。尤其是张宗昌，本在海参崴做游民。先回国投山东民军胡瑛，胡看不起他，他就到了上海投奔征五。征五看他人高马大，貌似憨直，说愿收他为徒。他当下跪倒叩三个响头，征五哈哈大笑，当即委他为排长。随后命他随黎天才攻打南京。战毕编入冷御秋第九师任骑兵团长，由此而发迹。不想他后来竟投靠袁世凯，充当了刺杀陈其美的执行人。这使征五懊悔不已。李征五对陈其美十分忠诚。当时沪军都督府下共统有五军，除吴绍磷一师、黄郛二师外，征五的光复军便是最强的主力之一。与时几股势力要轰陈其美下台，他们五军将领通电给予有力回击。辛亥期间的上海政坛，可说无处不见李征五的身影。国民军北伐团的发起，中华国民共进会的组织，他都是要角之一。联军攻打南京，他也不无勋劳。因此在同盟会上海机关部改选的那次会议上，他还以多于其兄薇庄的票数当选为评议员。

然而，“革命军起，革命党消”。尤其是袁世凯篡权后，李征五在为之立下过汗马功劳的民国却没有什么正式官职。他是首任宁波旅沪同乡会会长，随后又与陈布雷等人一起办《商报》，他担任总经理。因他在革命中“陷”得太深，在李氏家族中引起了不少非议，而当年宁、绍两帮钱庄又倾轧十分激烈。有一张传单写道：“堪叹钱业无义气，居然绍帮挤宁帮。甬江望族叶与方，亦致受轧于同行。呜呼！警告各钱庄，切勿再酿大恐慌。”商界对革命虽无不拥护，诸如沪上易帜、联军攻宁及至民军遣散等都要他们出款，仅李家钱庄就已摊捐摊饷10余万元，然而革命还没有“眉目”，陈其美竟为弄钱而急红了眼。他不仅绑架了湖州钱业会长、表姑丈朱五楼，还绑架了上海中国银行大班宋汉章。这让李氏家人怎么不为前途担忧？据李祖韩说，一是各房兄弟都到钱庄宕账，有些失控；二是当时钱业风潮又起，倒闭的确实不少；三就是担心再那样弄下去风险太大。于是众弟兄议定将余字联号钱庄，除“同余”一家账目结清自担风险外，其余全部关闭。大约也就在那时，小港李家乾、坤两房开始各自独立经营。只有投入大达公司的久大码头祖业，折成股票后仍为两房家产，每年股息、红利领取后，用于祭祀祖坟、维修乡居以及各房兄弟欢聚之需。听知情老人讲，公私合营以后，李家的这笔定息领取后仍作以上用途。

当然，辛亥革命不仅给中国，也给李家带来新的气象。入民国后，乾房的耘青担任了镇海后海塘工局主任，瀛翔被选为县参议员，善祥是民元年间的镇海民政长；坤房云书、薇庄、征五三人不再复述。如山是武昌关监督，鸿祥是小港镇长，屑清是沪北工捐局长。甚至下一代祖字辈中也有几位在政、财两界崭露头角。

1919年秋冬之交，梅塘遗孀张氏太夫人享76岁高龄去世。灵堂设在那幢常为李氏后人提及的白洋房内。那里庭院宽敞，占地数亩，院内有小桥亭阁，园林风格为中西合璧。与之相邻的有清末民初要人岑春煊等人的府第。治丧期间，吊客盈门，络绎不绝。当时张太夫人是两房中辈分最高的，祖字辈的孙儿、侄孙儿已五六十人，加上女儿、侄女、孙女婚配，与之联姻的几乎遍及浙籍在沪各大家族。如云书长女文兰的夫婿是前清进士陈文瀚，如山长女瑶红嫁给了民初国会参议院议长王家襄，次女婢娟的夫家是通商银行襄理胡梅庵，等等。因此，张太夫人的出殡仪式，绝不亚于当年的盛宣怀。一路白色人流前有素车白马引导，浩浩荡荡从今陕西北路出发，经北京西路，过西藏中路、河南路，直至老北门新开河的金利源码头。沿途还有与李家素有世谊的商号、店家置白幛等致祭，一时观者如潮，途为之塞。这本是上海望族们显示家族势力的机会，自然谁也不肯轻易放过的。

七、卷入留学潮：祖字辈才俊如云

辛亥革命提高了商界人士的地位，也打开了他们向外看的眼界。因此，形成于民国初年的又一阵“留学潮”，势不可挡地卷入了李家。乾房这一支因詠裳较为传统，出外留洋的仅瀛翔长子祖椿，他进的是美国伊利诺伊大学商科。坤房这边就热闹了。去美国留学的有云书长子祖年、二子祖贤、四子祖浩，玉麟三子祖范，屑清长子祖永、三子祖燕。他们都进了大洋彼岸的耶鲁、麻省理工学院等著名大学。大约是出于家族下一步发展目标当是工业的考虑，他们对领先于世界的德国精密制造业很感兴趣。去莱茵河畔攻读的有云书六子祖芬、七子祖武、十子祖白、十一子祖冰，玉磷四子祖彝，如山四子祖薰、五子祖龄。七兄弟中同在著名的柏林大学就读的就有 4 人。其余在英国和日本留学的还有各房的祖眲、祖恩、祖帧、祖模、祖望、祖超等人。李氏后人谈起他们的这些叔公，颇为自豪地说："不要请外人，李家兄弟就可以办一个欧美同学会，而且没有一个像当年的纨绔子弟那样花钱去买文凭，都是凭真本事考出来的。"

在国外学到的先进科技和管理知识，使这批李家后生如虎添翼。许多人归国后都为家族发展打开了新的天地。祖恩在英国伦敦大学政治经济系学成归来，仅 20 来岁便被盛宣怀任为邮传部主事，后在北京财政部先后任库藏司长、印制局长、币制局参事等职，有"小财神"之称。熊希龄组织"人才内阁"时，梁启超、张謇分任财政、农商两总长。两位老先生满以为国家上轨道时机已到，组织一班人马起草了洋洋洒洒的财政、农商、实业等法令、条例数十万字。李祖恩在英国取过"真经"，此中自然少不了他的手笔。尤其是库券、国债等方面的条例，原在他职责内，更不能不贡献意见。这些法规后来因袁世凯称帝而被人讥为"纸上谈兵"。然而中国自清末"变法"之议起，又何尝有人认认真真起草过几部法规？所以近年随着国家法制健全、法学研究日盛，学术界对张、梁几位老夫子的"愚忱"又有了新说，这当然是题外话了。祖范在麻省理工学院读土木工程，回国后先在汉冶萍公司帮助建选煤厂，又到招商局当董事会秘书长。他少年时就有"神童"之誉，18 岁即毕业于清华。1930 年，表兄方液仙创办的中国化学工业社经理胡世浩去世，公司管理乏人，方邀祖范继任。祖范到公司后，产品"三星牙膏"等已取得相当成就。其后为自制原料甘油，以抵制英商卜内门的垄断，而另辟蹊径，扩大"剪刀牌"肥皂生产。经与英商"祥茂皂"几番抗衡，虽迫于压力将"剪刀"二字拆开分别重新注册，但对夺回国货皂品市场不为无功。方液仙遇害后，当时日军在上海气焰熏天，对中化社先是所谓"军管"，继又改为"征用"。祖范不负表兄重托，坚持与日伪周旋，直至国土重光。新中国成立后，他任公司顾问，为企业发展出谋划策。现在该厂产品仍为沪上"老字号"名牌之一。

祖贤归国后也大显了一番身手。他也是少年聪慧，18 岁与堂弟祖范同在清华求学。后赴美国伦赛利工程学院攻读，毕业后在美国桥梁公司实习两年。回国即靠家中少量财力支持，自办了六合建造贸易公司，时年仅 27 岁。当时国内大型建筑都迷信由洋人设计、承建，祖贤的事业一时难以打开局面。后来武汉大学建造图书馆大楼，他中标了部分工程，在审阅图纸时指出原英国设计师有错误，断定支撑柱截面不够，将会导致墙体裂缝。英国佬哪听得进一个中国毛头小伙子的意见？结果不出祖贤所料，墙体周身开裂，英国佬赔钱不说，还得请他出个补救方案。这一下他不仅为中国人争了口气，公司名声也传扬开来。经他承建或设计的国内著名建筑有上海江海关、南京故宫博物馆、中央研究院、重庆英美大使馆等。他在政治上也很开明。国共两党在重庆谈判，中共代表团一时无合适住所，他将自己上清寺三益村两栋楼房无偿借给他们。建国后，祖贤是国家一级工程师，先后在湖北、广东两省担任政协委员。

其他翩翩归来的祖字辈兄弟，自然也是各具风采。祖法对于人寿保险业，祖芬对于煤矿建设，祖薰对于化学工业，祖彝对于铁路机械，祖永对于金融证券业，都有或多或少的贡献。这些李家子弟与他们父辈的面貌大不一样了。近年史学界有称二三十年代是旧行商走向新型实业家的转型期。笔者以为，这些李氏子弟就是这一“蜕变”的典型。

八、艺坛留佳话：李秋君义结大千

李氏家族祖字辈兄弟中另有一支，即坤房四房薇庄的几个儿女，虽也曾在复旦、光华等名校接受过新式教育，但对中国传统艺术的挚爱却几乎到了痴迷的地步。老大祖韩是西医学院的医学士，又一度在英商洋行当买办，后回家中主持本房投资产业，担任过中国化学工业社和汉文正楷印刷公司的董事长。他因幼习丹青，曾随父辈故交王一亭、陆廉父等学艺，遂成为上海画坛团体中国画会的中坚分子。他动念投资“汉文”，亦由这一雅兴而起。“汉文”系书画名家郑午昌等所发起，所刻汉文正楷字模系国内印刷业第一套铅字模。特意请祖韩“屈就”董事长一席，自然是希望他能在经济上给予扶掖。祖韩本人亦擅绘事，山水花鸟均见功底。老二祖夔曾为民国年间的沪海道尹，后弃政从商，当过华安保险公司和大华火柴公司的常董、董事长，他对田黄、缂丝这类老祖宗传下来的玩意儿，却迷得神魂颠倒，有“千黄百缂”之雅号。老三祖模、老四祖桐、老五祖元、老六祖敏、老七祖莱虽都是商界忙人，有任保险公司经理的，有做火柴厂厂长的，还有当注册会计师的，但只要和那群书画界朋友碰到一起，就称兄道弟地不分你我了。照张大千说法，他在张家是老八，在李家还是老八。

沉醉于此道的更有三妹秋君。秋君名祖云，与张大千同年，仅小四个月。幼年曾为吴杏芬入室弟子，天性敏慧，所绘山水、仕女等均有灵气。她是我国最早在国际美术界获得声誉的女画家之一。1930 年，比利时布鲁塞尔举办“劳动和美术”国际大奖赛，她的《秋山读易图》以“画风优美，凸显东方神韵”之评语，荣获金牌大奖。这幅作品李秋君终生珍藏。画作系一青绿山水大中堂，画面上青松苍虬，烟云飞动，山影沉郁，给人一种朦胧浑厚的美感。由于她和张大千不同寻常的友谊，以致人们谈起“海上大风堂”，稍知艺坛逸事者都知道即是当年卡德路（今石门二路）的李府。在那里，人们曾经听到过有关两人友情的种种传说。张、李于中年时就曾互书墓碑。张为李手书了“女画家李秋君之墓”八字。李也为张书了好几种墓碑。1948 年，两人同届半百，上海画坛曾有“合庆百岁”佳话。名篆刻家陈巨来曾刻一方“百岁千秋”贺章，深为众宾客称赏。此中“千”即指大千，“秋”即为秋君。两人还商定要用此印合作 100 幅作品。

让人疑惑的是，两人既情笃如此，却为何始终未论及婚嫁之事？据高阳著书说，张大千曾讲过薇庄把他和秋君、祖韩叫到一块儿，表示愿把秋君许配给他。其实，薇庄去世时大千还是十四五岁的毛孩子，此事何从论起？比较合理的解释还是张大千所说，自己已有妻儿，李家哪有将千金小姐与人做妾的道理？而秋君又因才高目旷，一直未相中如意郎君。她和大千的交往，对经过“五四”熏陶的新女性来说，本无须避人耳目。大千有糖尿症又嗜甜食，秋君同桌时总要劝戒，这在现代男女朋友交往中已为常事，而在当年却不免要引起一些风言风语。大千直至晚年仍记得这一细节。在台北八德堂陈列的大千手书《大吉岭诗稿》，内有一首《怀祖韩兄妹》：“消渴文园一病身，偶思饕餮辄生嗔。君家兄妹天同远，从此浑无劝戒人。”

秋君和何香凝的交谊也非一般。她们相识，恐怕也源于薇庄老友蔡元培、王一亭的引荐。“九一八”事变后，何香凝在上海发起救济国难书画展览义卖会，秋君和她发起的中国女子书画会都积极参与。抗战爆发，何香凝又发起中国妇女慰劳抗战将士总会上海分会，秋君亦是理事之一。所以，何香凝曾多次亲笔作画题赠给她。1937 年 11 月，何香凝在日军占领上海后撤往香港。临行，将一箱她和廖仲恺的物品交秋君保管。新中国成立后，秋君被聘为上海画院画师，并当选为人民代表。1958 年，何香凝到上海访旧，曾与秋君亲切见面。这箱物品却不知为何廖家没有取走。直至“文化大革命”结束，它又随李家被抄物品发还回来。秋君侄儿在知道它的真正物主后，致函廖承志办公室，廖家即来人取走并深致谢意。秋君 1971 年凄然离世后，现葬于苏州的上方山麓。据说，当初噩耗传到台湾，家人尚不敢直告张大千。后无意道出，大千于“惊痛之余，精神恍惚，若有所失”。李家后人至今有一心愿，盼望能从台北取回大千当年所书秋君墓碑手迹，勒石于墓前。

谈起李家兄妹与大千的情谊，几乎每人都有一段传奇故事可讲。如老四祖桐，曾于抗战初期在香港巧遇大千，原本只为调解他和杨宛君争吵，不意竟救了他俩一命。当时，大千由北平逃出到上海，再转海轮经香港，打算直飞汉口。谁料机票刚买妥，武汉方面即告急，班机只能改航梧州；杨宛君认为既然是去梧州，不如改换香港驶出船票，那样只需花四分之一的钱。大千却说机票是托叶恭绰好不容易弄到的，又要退怎么开口？两人便耍起性子来。也是命不该绝，正巧祖桐在那儿为朋友搞机票，一听说此难题，便迎刃而解了。想不到那架飞机刚从香港起飞，就在中山石岐上空被日机击毁，机上人员全部遇难。大千听说后不禁出了一身冷汗。

九、结伴抗日行：李祖平兄妹历险

在李家祖字辈众多兄弟中，还有一支走上了更具亮色的道路。他们是乾房六房善祥的几个儿女。善祥在他那辈弟兄中，也颇见个性。辛亥前夕，他参加了反清团体新浙江同志会，后与当地同盟会会员唐爱陆一起策划了攻打县衙的起义。清帝逊位，他虽曾荣膺当地民政长，不过很快便发现，剪掉了辫子，并不意味着民主已经实现，官场依旧是黑暗。于是，他就辞官跑到了关外锦州，搞起了果木种植。

“七七”事变爆发，善祥合家回到了镇海。在家乡，他支前劳军，募捐筹饷，救护伤员，并和中共地下党员发生了联系。这就深深地影响了祖平（光言）、祖宁（志光）、又兰（幼兰）、采芝、采荷等儿女。这群儿女当时以长子祖平为首，他在浦东中学读高中时，就受到过救亡运动的洗礼。回小港后，他们自发组织了抗日宣传队，由祖平当队长。1938 年初，眼看江南国土沦陷，父亲和他作了一次恳谈：“眼下日军虽然嚣张，而从长远计，国家不论是为抗战或战后建设，都需要人才。你已读完高中，最好还是到后方去深造。”祖平恋恋不舍地告别了伙伴，远走昆明，考取了由曾昭抡当主任的西南联大化学系。然而，那里也是火热的战场。他参加了由地下党组织的外围团体群社。群社秘密学习社会科学理论，请范长江、张奚若等革命人士来演讲，还以辅导工人夜校的形式宣传革命道理。祖平是社里的骨干。1941 年 3 月，“皖南事变”发生不久，白色恐怖正笼罩边陲春城，他毅然加入了共产党。不久毕业到重庆谋职，按组织规定“转地不转党”，然而不幸的是接头关系失去了。为了找党，他竟冒着风险直接摸到了重庆红岩。当时谁都晓得，围绕红岩一圈的都是国民党特务机构，万一走错了门，那后果不堪设想。他按照同学画的一张草图，大胆谨慎地在一片山峦里寻找，总算找到了那扇令人难忘的黑漆大门。当时是“八办”的朱语今接待了他。听了陈述，朱叮嘱今后可直接到新华日报社去见他，那里安全得多。眼下先作为联系对象，等联大正式关系到后再安排工作。尽管他的关系迟迟未转来，不过他有一个信念，党绝不会忘记自己的每一个儿女。果然，1946 年春的一天下午，他回沪后正住在愚园路伯父李詠裳家里，原西南联大党的联系人王凝竞登门来找他。随后就约他一同去见周公馆的陈家康。陈、王二人听了他在重庆找党的经历，决定正式恢复关系，并仍交朱语今领导。祖平为自己回到党的怀抱而感到幸福。他曾说："我入党后没有经受过被捕或战火的考验，新中国成立后也一直在工业战线工作，平凡得很。问心无愧的是，不论发生什么情况，对党的追求都没有变。"

确实，和这位兄长相比，他的弟妹们的经历就艰险多了。当头儿的大哥走了，他麾下的队员兄弟祖宁、二妹又兰、三妹采芝自然感到寂寞。于是，他们联络了小港镇的 9 名热血青年，一道去考浙江省战时青训团。但考入受训后，感到那里的气氛太沉闷浑浊，忍不住又悄悄地商定，到延安去考抗日军政大学。他们先化装潜逃，后挤在伤兵车里和难民船上漂流到武汉。在汉口大石洋行的八路军办事处，他们竟见到了大名鼎鼎的周恩来。在周恩来的介绍下，他们赶赴南昌新四军战地服务团。在那里，他们穿上了灰色的军服。9 人中，又兰 19 岁，祖宁 17 岁，采芝才 16 岁。经过千里跋涉，辗转来到皖南的岩寺、云岭。在这支钢铁洪流里，他们各自写下了新的篇章。祖宁先考入抗大分校学习，后在作战部队任军事科长、副大队长等职，同日军鏖战于大江南北。抗战胜利，他又随黄克诚将军等奔赴东北。在白山黑水间，既当过剿匪除奸的公安局长，又在火线任师参谋长，指挥过硬仗。新中国成立后，他在中央人民广播电台主管过对台湾广播，离休前是中央党史委办公室主任。又兰到军部后被送去速记班培训，学成留在机要岗位工作，"皖南事变"中由地下交通线护送突围到上海，后又奔赴苏北根据地。在战斗中，她和新四军著名将领张爱萍结成了伉俪。

三人中接受考验最严峻的是三妹采芝。入伍后，她在军后勤机关所在地小河口一带做民运工作。事变后，她曾三入牢狱。初次突围被捕，囚在上饶集中营。她与敌人做了殊死抗争，和难友赖少其、邵宇等一同策划越狱。不幸在协助战友逃离虎口时，自己又落入魔掌。然而他们不气馁，又发起了著名的茅家岭暴动。不料她又被关入了铅山监狱。消息传到李家，善祥万分焦急。他通过种种途径设法营救。当时任木行经理的中共地下党员艾中全，是他办学校时的一个学生的兄弟。艾和著名民主人士、正任国民党第三战区司令长官部高级参议的王良仲系同乡。艾去找王，请他出面向有关方面疏通。王良仲同意由他保释，采芝终于和家人团聚了，并在治愈伤疾后又转到四明山继续抗战。新中国成立后，她曾在全国妇联任职。

他们兄妹三人奔赴皖南之后，1942 年年仅 16 岁的四妹采荷又步兄姐后尘，在新四军当上了一名女兵。离休前，她是中国唱片社办公室主任，1994 年病逝。

十、拓展新产业：祖字辈龙腾虎跃

当然，作为实业世家的李氏子弟，更多的还是在从事家族的经营活动。乾房詠裳的儿子祖华、祖恒、祖泰在老父支持下，继家族把钱庄投资转向四明、中华劝工、汇利等新式银行后，目光也开始投向工业园地，而思路仍是"更新祖业"。沙船当年大量运输的是南来北往的农副产品，因而李家和上海的米豆麦杂粮行都很熟。

清朝末年，机器榨油设备传入国中，它比起旧式力工榨油，不论产量、质量还是出油率都要高得多。食油是民生必需品，其前景自然不可小觑。民国初年，南市便有了大有余等几家机器榨油厂。1925 年，有一大德晋油厂因前景黯淡，要将机器、厂房等一并售出。詠裳和祖华前去淮安路（今康定东路）厂里看了看，见厂房陈旧不堪，机器也老掉了牙，全是一式手工木榨机和旧式方车。然而售价颇低，只开几万两银子。父子几人盘算下来，当即决定买下，组织大德新机器榨油公司，核定资本银为 10 万两，由詠裳任董事长，祖华当经理，实际掌握厂务。同时，李家又开了新丰杂粮行，除供给自家原料外，兼做零、批售买卖。果然，这步步为营的思路很见成效。1930 年，"大德新"前景更趋乐观，祖华父子便在浦东杨家渡购地 27 亩建造了新厂房。随后又添置新式螺旋榨油机 48 套，淘汰全部"老爷货"。这一设备更新被当时油粮界称为"国人首用"。从此，油厂不再单一出品豆油，还根据市面需要榨制棉籽、菜籽、花生、芝麻等油。1938 年，祖华兄弟又商定从美国安迪生公司进口螺旋压榨机一部，同时还在德国定制了四座克虏伯式大型自动螺旋压榨机。"大德新"厂房、设备当时在国内首屈一指。租界沦陷前后，公司在闸北光复路购地 15 亩拟建分厂，后因日军强化粮油统制而未能如愿。"大德新"历经几度沧桑，直至 1953 年公私合营时仍核定资本为 80 万元，是上海同行业企业中规模最大的。

詠裳的小儿子祖泰对工业投资也兴趣浓厚。高中一毕业，父亲送他到没有投资关系的浙兴银行当练习生，想让他受到一些磨炼。日军占领上海后，他离开了银行。当年国内药品、化妆品、糖果等市场充斥的都是日货薄荷产品。看着敌货猖獗，张宝年等人心忧如焚，他们对提炼薄荷脑技术颇有一番研究，苦的是没有资金。他们去找李家兄弟。祖华、祖恒、祖泰都为之动容，恰好此时祖泰尚未有谋职之处，三弟兄于是同向老父亲说，詠裳也同意了。后由李家出资，在打浦桥办起了一家小小的新华薄荷厂，由祖泰任董事兼协理参与厂务。不幸一开张，就被日机炸弹炸坍，只得再将厂迁到麦根路（今恒丰路）的"大德新"几间空屋里。好在产品倒是热销。经祖泰联系，先为德商美最时洋行包销，后改由怡和、宝隆等几家外商洋行分销。尽管日军对中国实行了经济大封锁，栖身"孤岛"的国货薄荷脑还是源源流向了欧美。为维持信誉和销路，祖泰和技术人员不仅抓产品的晶体标准纯洁，数量上确保足秤足两，装潢上也颇下了一番功夫。新华薄荷脑取名"白熊牌"，于冰天雪地中见一憨态可掬的白熊，使人顿生清凉之感，故而深受欧美人士欢迎。可惜它生不逢时，只能凭借"孤岛"环境艰难抗争。1945 年国土重光，李家立即扩大投资，在浦东南张家浜路建造新厂。新中国成立后，新华厂设立出口部，由祖泰任经理。新中国成立初期，国家急需外汇资金，新华厂立了大功。1956 年公私合营后，祖泰担任了上海国际贸易联合董事会常董。"白熊牌"薄荷脑至今仍是国家出口的名牌产品。

坤房那边，七房屑清的儿子祖永等也为家业打开了新天地，甚至在今日上海还留有足可称道的遗迹。这就是位于淮海路、雁荡路口的永业大楼（即今工商银行淮海中路营业所，已列为上海市近代优秀保护建筑）。它虽仅高六层，但以法租界的顶级黄金地段、高规格的建筑标准、典雅的欧式装潢，显示出业主的身份和气派。当年能入住这幢大楼的，多数也为欧美侨民中的中上层人物。而这幢楼的主人就是祖永兄弟。投资房地产对李家来说本是重操旧业，但能拥有这份产业，却经历了另一番资本积累的过程。屑清于民初进入银行界，曾任南京中国银行副经理和天津造币厂监督等职，对证券和纸币的印制颇有见解。祖永在美国求学期间对此也很留心。父子兄弟后来共同创办了大业印刷公司。初由屑清任总经理，祖永任厂长，后由祖永任董事长兼经理。1927 年南京政府成立后，为解决财政困境，大量发行各类证券、债票。孔祥熙本担心国内印刷技术设备欠佳，想委托美国公司印制。祖永知道后托人向孔说明，证券印制的特种制版和自动编号技术不仅全能解决，而且所获利润也可提取部分作为捐助。孔亲自派人验看后果然不差，就把这一业务交给了“大业”。没有料到此后证券印刷业务出奇的好，尤其航空债券等，总印数都高得惊人，“大业”赚到了可观利润。之后，南京政府实行法币统一，孔祥熙又将承印纸币业务交给大业公司。屑清次予祖洵、三子祖燕、侄子祖武相继入“大业”任要职。主管技术的总经理邵忻湖又娶祖永三妹佩萱为妻。公司决策层都是自家兄弟姊妹，对稳定企业发展得力甚大。于是“大业”将余资转向房地产，1932 年永业大楼开工兴建，这大约也是楼名的由来吧！抗战军兴，大业因承印法币关系，最早将企业迁往重庆。抗战后期，财政部发行黄金公债，与孔祥熙等人有关系的都因有内部消息而发了横财，祖永也趁机大赚了一笔。日本一投降，李祖永便去香港谋求发展。这时他认识的一批演艺界朋友，竭力怂恿他办电影公司。于是，他在浅水湾开了永华影业公司。“永华”拥有相当优秀的人才和设备，一心想搞大制作，就拍摄了由姚克编剧、朱石麟导演的《清宫秘史》。拍这部影片公司是赚还是赔，说法不一。“永华”最终也没能办下去。香港盛行的是粤语片，跟祖永去的一批老上海都风流云散了。

乾、坤两房祖字辈兄弟 60 余人，加之嫁出去的姐妹也有 30 余位，姻亲多为方、董、乐、葛、陈、巫等宁波工商世家。李家所投资的企业相当可观，仅笔者粗略统计就达五六十家，主要集中在银行、保险业、房地产、化工、建筑、粮油、娱乐业等几大行业。李氏后人谈及祖字辈的这批叔公都说：“那一辈可以讲是李家来到上海后的黄金时代了。”

十一、建造乾坤亭：众儿孙志在四方

当李家名字辈步入社会生活的时候，整个社会的政治、经济正发生着翻天覆地的变化。

名字辈很多兄弟继承父辈的传统，又纷纷远渡重洋到美国的耶鲁、麻省理工等著名学府深造。令人感慨的是，当年他们的父辈对德国的工业技术是何等神往；然而德国在“二战”中惨遭失败，美国在西方世界中地位迅速上升，所以李家第二代留洋者几乎是清一色的留美派。同时，由于家庭和职业的若干因素，跨过海峡定居于台湾以及留在香港的亦为数不少。他们中不少人发扬先辈创业的传统，又创造了颇为世人瞩目的成就。

祖法独子名觉，母亲原为海上名媛唐瑛。父母离异后，他曾到香港叔叔的永华影业公司画布景。因不满足于就此谋生，又远赴美国南加州大学攻读舞台美术专业。他少年时因姑母秋君关系，曾向大千学过画，东方艺术耳濡目染自有根基，以后对西方现代美术思潮悟性又极好，所以融会贯通，很快显示了自身的艺术个性。他多次获得包括百老汇“东尼奖”和国家艺术基金杰出奖等在内的美国最高奖项。美国前总统里根亲手授予他和王安两位华裔杰出人士以“青云奖”。这是美国给少数民族人士为国家做出重大贡献的最高奖励。现在名觉是美国耶鲁大学戏剧学院教授、荣誉美术博士，曾多次回国在上海戏剧学院等校讲学，被称为中美两国艺术界交流的友好使者。

和堂兄名觉一样，名仪对艺术也自幼钟情，只是追求方向集中于建筑造型一端。他是祖永的小儿子，20 世纪 50 年代由香港入美国阿姆斯赫特大学读建筑专业。30 岁时到与贝聿铭齐名的巴恩斯设计事务所供职。由于他的创意富有现代艺术气息，很快受到同行们推崇，以至巴恩斯年老时即推荐他为接班人。于是，在美国建筑界出现了一家以他为主角的“李名仪—廷丘勒事务所”。他设计的著名建筑以鲜明个性矗立在大洋彼岸，包括华盛顿联邦司法大厦和达拉斯艺术博物馆等。

乾房祖恒的长子名立则在核科技领域取得了相当成就。他在美国麻省理工学院获得博士学位，以后长期在美国最大的纽约爱迪生电力公司负责技术管理，直至任公司总工程师。他曾主持调试世界上第一台四循环大型 100 万千瓦级核电机组。他还主持了在美国首创的新型核反应堆发电机组的设计，它可将装入核燃料棒的运转周期由 12 个月延长至 18 个月。现在，他是美国这一高科技领域的权威人士之一。

留在上海的同辈兄弟姊妹，随着国家建设的发展需要，许多人走出了原先家族活动的狭小天地，在祖国的各项事业中施展了才华。现在，李氏子孙在国内已遍布 10 多个省区。有的到了边远的塞北草原上的呼和浩特，有的在艰苦的黄河上游甘肃刘家峡的化肥厂工地。他们当年告别繁华的上海，都是为了响应时代的召唤。如新中国成立初期最早支援大西北建设，将厂店一并迁往高原城市兰州的就有云书外孙女婿乐家开的泰昌木器公司，一同随迁的还有名山等人。名字辈中在国内各领域崭露头角的难以尽数，其中有中国解剖学会理事、中国工程图学会理事、沈阳纺织研究所所长、原地质矿产部地球物理部高级专家、上海民用设计院教授级高级建筑师、中国科学院研究生院博士生导师、全国记者协会国际联络部副主任等。

1996 年 4 月，由海内外小港李氏后人共同倡议，经名觉、名信、名仪、维雄、李玫、张小艾等从事美术、建筑事业的堂、表兄妹一道参与设计，一座名为“乾坤亭”的纪念性建筑，落成于宁波小港的蛟山公园。两座小亭并肩而立，寓意为两房子孙将永远相互携手，为国尽力。亭名由张爱萍将军题书。揭幕之日，李氏后代上百人从各地前往相聚瞻仰。从这个大家族近 170 年、历经六代人的发展史中，人们难道不能得到一些有益的启示吗?

（原文连载于《上海滩》1999 年第 7、8、9 期）

第四节　严信厚与严氏家族

严信厚曾创办过中国第一家银行、第一个商会和第一批工厂，在“宁波帮”的形成、发展过程中是一位开创局面的人物，他的老家在现属宁波市江北区庄桥街道的费市村，该村系由费市、跃进、严家三个自然村合并而成。村里曾有严氏家族的大本营——寿芝山庄，山庄在村东安桥之西，共有房屋 42 间。

一、“宁波帮”的领袖人物——严信厚

著名实业家、书画家严信厚（1838—1906 年），原名经邦，字筱舫，亦作小舫。其父严恒，字笠舫，号石泉居士，工诗词，善画芦雁，著有《听月楼诗钞》等。严信厚早年就读于私塾，先在宁波鼓楼前恒兴钱铺当学徒，一度在上海小东门宝成银楼供职，后去杭州胡雪岩开设的信源银楼任文书。他亦工书善画，画以芦雁沼泽著名，临摹边寿民技法，有生气；能书，其书法宗赵孟頫，笔力沉凝，纂有《小长芦馆集帖》12 卷。曾作《题画芦雁》诗云：“暂依秋水宿汀州，终共鲲鹏变化游。衔得一枝输作税，不教关吏苦羁留。”清同治初年，与“红顶商人”胡雪岩交往时，赠以自绘芦雁折扇，胡雪岩赞其“品格风雅，非市侩比也”，书荐于李鸿章。李鸿章曾保委其任候补道，加知府衔，后署天津盐务帮办。曾自设同德盐号，经营盐业，积聚大量家财。

严信厚致力于民族工商业、金融业的兴办，有过不少开创性的贡献。1887 年投资 5 万

两白银在宁波湾头创办中国第一家机器轧花厂——通久源机器轧花厂。1894 年创办宁波通久源纺织局，在国内首家使用动力机器，生产的“龙门”牌棉纱十分畅销。曾在上海投资兴办麻袋厂、面粉厂、榨油厂及内河船运业。还在天津开设物华楼金店，经营金银珠宝首饰。在上海南京路开设老九章绸缎庄，并在天津设分店，营业十分发达，盛名久著。又在上海创办过南帮票汇业中最具声望的源丰润票号，资本银 100 万两，分号遍设天津、北京及江南各省重要城市共 10 余处，形成较为新型的钱庄网络。1897 年任中国通商银行第一任总经理，并参与创办四明银行。在 1898 年的四明公所血案中，他为抵御外侮据理力争。1905 年参与创办中国第一家保险公司——华兴保险公司。1902 年，他任上海第一个商界团体——上海商业会议公所首届总理，该所为国内首创，故有“第一商会”之称。1904 年改组为上海商务总会后继任总理。他在多年的金融、工商活动中，把大批宁波籍人士吸引到自己周围，为把“宁波帮”从一个旧式商帮转化成一个举足轻重的近代企业家群体做出了重要贡献。这位宁波商帮先辈致富之后，曾对建造天津塘沽铁路、宁波铁路捐助巨款，对浙中、安徽、山东等地赈灾捐款，并捐资在家乡举办养正学堂、芝秀义塾、芝田义塾等义学，及芝生痘局等医疗机构等，发起创办储才学堂（今宁波中学前身），还捐置田 97 亩、庐舍 18 楹、银 5 000 元设立富春义塾。

严信厚有两个女儿，即严淑英和严毓珊，还有一个儿子严子均。其族侄严修（1860—1929 年），字范孙，是我国著名的教育家。历任贵州学政、直隶学校司总办、学部侍郎。曾与张伯苓一起创办南开中学、南开大学、南开女中和南开小学。著有《严氏教女法》《严修诗集》《蟫香馆日记》《自订年谱》和《严修东游日记》等，他曾资助青年周恩来旅欧，是一位杰出的改革封建教育的先驱者，对我国近代教育事业做出了许多重大贡献。

二、既承父业，又有拓展的严子均

严子均（1872—1931 年），号义彬。清光绪三十二年五月初九日（1906 年 6 月 30 日），严信厚在天津病逝。严子均继承父业经商，多财善贾，颇有父风。除主持源丰润票号外，在上海独资开设了源吉钱庄，合股开设德源钱庄，严子均在德源钱庄内拥有 20% 的股份。因与上海道蔡乃煌关系密切，还承办了源通海关官银号、源通银号及与源丰润票号的往来钱庄为上海道经手存放海关的巨额税款。当时的源丰润票号触角伸向国内许多地区，有分号 17 处，商务发达。1906 年，严子均任租界华商团体——华商公议会董事。1908 年，任源通官银号董事，并参与操办四明银行、宁绍轮船公司等，任四明银行首任董事。1909 年上海商务总会改选时，当选为协理，成为其父故知周晋镳的副手。同年，在继续经营宁波通久源纱厂等企业外，又投资龙章机器造纸公司（是当时上海唯一的造纸厂，也是全国最大的造纸厂之一）、大有榨油厂、宁波东方造纸厂等，并任龙章机器造纸公司协理、上海内地自来水厂公司董事及清政府农工商部的员外郎，其企业活动遍及北京、天津、河南、汉口、广州、福州、香港、汕头、厦门、杭州、宁波等地。在 1910 年的橡胶股票投机风潮中，源丰润票号虽未直接参与投机活动，但其往来钱庄中如源吉、德源钱庄都卷入了旋涡，致使源丰润票号受到拖累，元气大伤，不得不停止收解，清理归结，所幸尚未波及物华楼金店、老九章绸缎局等。1924 年任上海总商会特别会董，1926 年任上海总商会会董。

严子均受当时民主革新思想的影响，积极组织上海的商界同人为孙中山先生的革命大业慷慨解囊，助一臂之力。曾参与邀请孙中山先生来上海进行英文演讲，还带女儿彩韵、莲韵一起前去聆听。严子均对慈善事业、捐资办学十分热心。如著名的南开学校滥觞于严氏家馆，1907 年新校舍落成并更名为私立南开中学堂，是学校称“南开”之始。王奎章、严修、徐世昌、严子均、卢木斋等人为兴建这一南开系列学校的总发祥地集资白银 26 000 两（其中直隶提学使卢木斋从浙绅严子均捐赠直隶学务款项下拨助银 10 000 两）。

严子均先后娶有张氏和杨俪芬两位夫人，共育有 12 个子女，曾在上海虹口区乍浦路塘沽路上一条弄堂内居住，是一个有着浓厚文化气息的开明家庭。其中有五个儿子，依次为智多、智珠（留英、前永新雨衣厂总工程师）、智桐（留英、前章华毛纺厂工程师）、智实（就读于上海南洋模范中学）和智寿（曾在天津美国人办的学校就读）。今天津营口道桐寿里，当年就是由严智桐、严智寿兄弟出资建造，各取名中一字命巷名。严子均是一位开明的商人，在绘画、书法上颇有造诣，且特别重视子女的教育。其女儿严莲韵曾回忆道：“我的兄弟姐妹很多，原来都是从外面请老师回家来教的。但也不是私塾，请的两位老师都是大学里的，一位教国文，一位教英文。我的哥哥弟弟读书一般吧，倒是我们女孩子读得好。”他的 7 个女儿中就有 3 个成了中国较早接受高等教育的知识女性。

三、爱国敬业的严氏三姐妹

20 世纪 20 年代，中国的高等教育尚在起步之中。1925 年全国在校大学生总数为 3 万多人，当时能进大学的女生犹似凤毛麟角，而严子均就有三个女儿先后考入高等学府。

严彩韵（1902—1993 年），1921 年获金陵女大学士学位后自费赴美留学。1923 年 5 月获哥伦比亚大学化学硕士学位后便起程回国，任北京协和医学院生化系助教。与吴宪博士（1893—1959 年）一起参与了中国生物化学的创立，在全世界第一个提出关于蛋白质变性的合理的理论，取得了令人瞩目的学术成果。同时还在国内率先开展营养学研究，1924 年 10 月她与吴宪喜结良缘后，使家庭成为吴宪的港湾和加油站，吴宪一生发表的 160 多篇论文中，80% 以上是在婚后完成的。同时又以自己的聪明才智使子女受到良好的教育。这位国内最早从事生化研究的女学者，尔后在美国一些高校从事研究工作，撰写论著，指导研究生。1971 年正式退休后又应聘任纽约圣路加医院中心医学部营养及代谢组顾问，每周到该中心工作三天，直到年满 85 周岁为止，为该代谢中心闻名于美国做出了重要贡献。她如此长的工作年限，对科学教育事业的贡献，及其敬业精神都极为感人。她的事迹被载入《美国科学人名录》《国际文化名人录》《世界妇女名人录》《（英国）皇家蓝皮书》，美国营养协会、自然科学荣誉学会和英国皇家卫生学会等都吸收她为会员。她八十大寿时，中国著名科学家、教育家冯德培、吴贻芳等和时任美国总统里根均发去贺信，对这位在中美两国生物化学和营养领域做出重大贡献的杰出女性表示祝贺。她与长子还共同捐款先后在北京设立了“吴宪生物化学教授基金”和“吴宪图书室”。

严莲韵（1903—2004 年），1924 年毕业于金陵女大医学化学系，先到条件非常艰苦的安徽怀远女子中学执教化学及英文，后在上海中西女中任教。1932 年与曾任沪江大学教授的银行家徐振东（1902—1955 年）结婚。后因肾病卧床休养 18 年左右。1956 年在上海参加基督教女青年会和市妇联等组织，担任过基督教上海女青年会副会长、名誉会长及全国女青年会执委。她将金陵女大的校训“厚生”（奉献、从善、回报社会）作为信守的准则，并用一生实践之。她从 24 岁因甲状腺首次开刀起到 95 岁因肠梗阻做最后一次手术止，其中因为剖腹产、根除乳腺癌以及胆结石等，先后动过 7 次大手术。1955 年丈夫病逝，1987 年痛失长子，十年动乱中被扫地出门，历经磨难。但无论是遭遇病魔还是灾难，她都在所走的厚生道路上化险为夷、转危为安。1979 年她发起成立金陵女大上海校友会，还倡议成立“吴贻芳基金会”并任会长，积极联系各地基金会和上海校友，为筹建金陵女子学院教学楼募集资金。三姐妹及亲属共出资 5 万多美元，设立了“光泩图书室”“彩韵莲韵幼韵室”和“彩韵婉莲室”，使金陵女子学院的教学设施日趋完善，曾获金陵女子学院“杰出贡献”奖。在她百岁寿辰之际，接受了上海电视台“时髦外婆”节目采访，并在专题片“金陵女儿”中播放。香港语丝出版社出版了其子女献给母亲百年华诞的特殊礼物——《严莲韵蓦然回首一百年》。

严幼韵（1905—），1925 年考入沪江大学，1927 年转入复旦大学商科，是首批进入复旦的女生，也是该校第一届女毕业生。大学毕业后不久，与清华大学教授杨光泩（1902—1942 年）在上海大华饭店举行了婚礼。1930 年 9 月杨光泩任中国驻伦敦总领事时，她随行出洋，开始了外交官夫人的生活。1938 年杨光泩任中国驻菲律宾总领事时，她曾亲手设计并操办总领事官邸的装潢，陪同出席各种外交活动。“七七”事变后，她任中国妇女慰劳自卫抗战将士会菲律宾分会名誉主席，带领会员深入工厂、商店、报馆、街道等地劝募，仅 1939 年 7 月就募款数万比索，全部汇缴祖国，支援抗战。1942 年初，日军攻占马尼拉，4 月 17 日，坚贞不屈的杨光泩和留守总领事馆的另 7 位外交官为国壮烈捐躯。当时严幼韵已是 3 个女儿的母亲，她不仅克服种种困难，抚养教育女儿，还尽心尽责地照料好其他 7 位外交官的妻儿。1945 年，严幼韵到纽约任联合国礼宾官，干得异常出色，直到 1959 年 10 月正式退休。同年她与著名外交家顾维钧（1887—1985 年）结婚，百分之百地充当了“好管家、好护士、好秘书”的角色。顾维钧健康长寿，历时 17 年完成 11 000 页、长达 500 万字的口述回忆录，是与她的精心照护息息相关的。1990 年她向上海嘉定博物馆捐献了顾维钧的 155 件珍贵遗物，并为建立生平陈列室捐助 10 万美元。她还向复旦大学赠送了两张 2004 年过百岁生日（虚岁）的照片，祝福母校前途无量。

四、名扬海内外的严氏第四代

严子均先生的孙辈人数众多，有排行为“仁”字辈的孙子、孙女 31 人，其中严智多与刘承新（南浔刘氏三少爷刘梯青的女儿）生有两女：一个叫严仁美（曾任上海市徐汇区政协委员），另一个叫严仁芸，嫁杜月笙的长子杜维翰。外孙、外孙女共有 17 人，其中严氏三姐妹的子女就有 11 人。

严彩韵和吴宪共有 5 个子女，长子吴瑞博士是国际知名的分子生物学家、中美科技文化交流的使者。在癌症研究、生物化学和 DNA 分子生物学、基因工程、植物生物工程等领域里都做出了杰出的贡献。曾多次来中国从事学术演讲和合作研究，兼任北大等多所高校的名誉教授，协助中国建立了生物工程技术中心。1981 年，他发起组织实施“中美生化和分子生物学交换计划”，已招收 425 名研究生赴美留学攻读博士学位，其中有不少人已成为当今世界生命科学领域的顶尖专家。还在康奈尔大学自己的实验室先后培养了 30 余位中国访问学者、博士（后），并就发展生物工程、加大国家自然科学基金的资助强度等写信给江泽民总书记，为中国的科学发展做出了许多贡献，受到邓小平、万里等国家领导人的接见。次子吴应博士是化学家，在谷类蛋白质研究方面有大量出色的工作。长女吴婉先为理学硕士，是膳食师和中学数学教师；次女吴婉莲也是理学硕士，曾任某公共图书馆文艺与音乐科主任；

三女吴婉明获医学博士学位，是放射科专家。

严莲韵和徐振东的两子一女中，长子徐景达（1934—1987 年），又名阿达，是国际著名动画艺术家、漫画家、导演。1953 年在北京电影学院动画系毕业后进上海美术电影制片厂。1960 年他参与试验水墨动画片的创研工艺，获文化部颁发的文化科学技术成果一等奖。1978 年任导演，主要作品有《三个和尚》《蝴蝶泉》《三十六个字》等影片。其中《三个和尚》曾获金鸡奖、文化部优秀美术片奖，以及柏林、马尼拉等国际电影节奖。1983 年曾去法国担任安纳西国际动画电影节评委。1985 年参加国际动画协会并被选为该会理事。业余从事漫画、版画、水彩画、插图等创作，创作的漫画《无题》1980 年在柏林漫画展上获第二名，《擦掉一小块漆》1982 年获全国漫画展优秀作品奖。女儿徐景灿毕业于上海外国语学院，长期任教，并曾任上海市政协委员、上海市工业基金会海外部经理。现任上海亚特（美国独资）有限公司总经理、上海市静安区对外交流中心顾问、上海基督教女青年会董事。幼子徐景乾毕业于北京工业学院，现任职于上海华建进出口公司。

严幼韵与前夫杨光泩生有三个女儿。长女杨蕾孟是资深编辑，担任过美国著名的双日出版社总编，共经手出版 250 多本著作，编辑的《爱情故事》《赛尔坦》等书畅销不衰，不少有影响的书籍包括《基辛格回忆录》就出自她之手，是美国出版界为数不多的华裔成功女性。次女杨雪兰在威理斯女子学院毕业后步入广告界，在美国 Grey 广告公司任执行副总裁和市场推广战略总裁，曾协助美国福特汽车制造公司创造了轿车销售的历史新纪录，被评为美国最优秀的女企业家，还被美国广告联合会评为“年度广告风云人物”。1989 年至 2000 年任美国通用汽车公司副总裁，成为这家公司历史上唯一的华裔副总裁，领导和参与了该公司在中国投资 20 亿美元的上海通用汽车公司的“别克”轿车和沈阳的“金杯雪佛兰”卡车项目。由她全力促成的上海通用创造出当年开工当年盈利 6.1 亿元的奇迹。还发起创办了美籍杰出华人组织“百人会”，曾任该会常务理事和主席，并任“百人会文化协会”总裁，她穿梭往来于大洋两岸，致力于美中艺术和教育的交流。这位文化使者、民间大使不仅为中国带来了世界一流的艺术家，还将中国杰出的艺术家推向世界，并热荐中国京昆两剧种走向世界。现任美国通用汽车公司亚太区高级顾问和杨氏顾问公司（商务咨询公司）总裁。三女杨茜恩相夫教子，治家有方，一度致力于房产开发，卓有成绩。

活跃在世界各地的严氏第五代，有不少人已做出了骄人的业绩。如严莲韵的外孙女、徐景灿的女儿徐烨，生于上海，从小勤奋好学，锐意进取，后赴美留学，1993 年获哥伦比亚大学博士学位，在全球最大的信用卡公司之一、国际旅游业巨头———美国运通公司工作，现任该公司副总裁，负责信息中心和市场开发。每年都热心向金陵女大捐款。严幼韵的外孙、杨雪兰的三个儿子薛兆一、薛兆仁、薛兆山都是美国桥牌协会授予的终身大师。薛兆一 1981 年代表美国纽约队来上海参加国际桥牌邀请赛；薛兆山 10 岁便赢得普拉男子双人赛冠军和普拉男子团体锦标赛冠军，1981 年被美国桥牌协会授予终身大师称号时只有 11 岁，是迄今美国桥牌史上最年轻的终身大师。

严信厚先生去世已近百年，在这个大家族百余年的发展史中，一代又一代的严氏族人，始终执着追求，开拓进取，用自己的勤奋和智慧成就事业；始终牢记自己是中华民族的儿女，竭尽赤子之心，奉献能及之力，给我们以不少有益的启示。

【链接】

影响全球的十大金融家族

来源:《中国经营报》

“只要我能控制一个国家的货币发行，我不在乎谁制定法律。”——梅耶·罗斯柴尔德。

《货币战争》使大家对金融界的大亨罗斯柴尔德家族有了比较全面的了解，其实在西方国家，还有很多家族控制着经济或金融命脉，但他们同时又异常保守和低调，下面一起来看这些在美国乃至世界久负盛名的金融家族：杜邦、罗斯柴尔德、奥纳西斯、洛克菲勒、IBM沃森、高尔文、福特、马克斯和摩根家族。

一、罗斯柴尔德家族

罗斯柴尔德家族是欧洲乃至世界久负盛名的金融家族。发迹于19世纪初，其事业创始人是梅耶·罗斯柴尔德。他和他的5个儿子，即“罗氏五虎”先后在法兰克福、伦敦、巴黎、维也纳、那不勒斯等欧洲著名城市开设银行，建立了当时世界上最大的金融王国。他们建立了自己的银行产业链，而后伴随着支援威灵顿军队资金、淘金、开发苏伊士运河、资助马六甲海峡铁路、开发石油等，家族逐渐兴盛，并影响了整个欧洲乃至世界历史的发展。他们翻云覆雨的力量使欧洲的王公贵族也甘拜下风。

但是在时代的起伏中，这个家族还是不可避免地衰弱了。在“一战”和“二战”中，巨大的损失让这个家族几乎喘不过气来——英伦三岛被夷为平地，希特勒的残酷迫害，以及东欧的苏联化使罗斯柴尔德家族血本无归。他们还会错过了一个最重要的机会——美国的崛起（1865年撤销了美国分部且再也未重新设立）。如今的罗斯柴尔德家族只是一家在全球排名前20的投资银行。据Paris Orléans（罗斯柴尔德集团母公司）2010—2011年年报数据，罗斯柴尔德家族总资产为86.2亿欧元（这一数据在传播中被广为误传）。

“金钱一旦作响，坏话随之戛然而止。”“只要你们团结一致，你们就所向无敌；你们分手的那天，将是你们失去繁荣的开始。”“要坚持家族的和谐。”——罗斯柴尔德家族的家训。

二、洛克菲勒家族

洛克菲勒家族是美国最富的家族，约翰·D·洛克菲勒是这个财富家族事业的创始人，他也是人类有史以来第一位亿万富翁，号称美国“石油大王”。他开创的石油王朝在美国的垄断地位达85年之久。这个家族至今在美国还有着举足轻重的地位。

提及近现代乃至当代美国史，人们难以避开洛克菲勒这个家族的姓氏：标准石油公司、洛克菲勒基金会、大通银行、现代艺术博物馆、洛克菲勒中心、芝加哥大学、洛克菲勒大学，还有令美利坚合众国悲伤的在“9·11”中倾倒的双塔。

约翰·D·洛克菲勒（1839－1937年）最初在俄亥俄州克利夫兰的一家干货店干活，每周挣5美元。后来他创建了标准石油公司，实际上就是美国石油业的开始。

1910年，当约翰·D·洛克菲勒发现在自己名下的财富已经达到近10亿美元时，他开始考虑如何运用这笔财富。由于他对购买法国庄园或苏格兰城堡没有兴趣，又不屑于购买艺术品、游艇或中世纪韵味的西服以及所有富人们所津津乐道的东西，他就把自己收入中的很大部分投资于煤矿、铁路、保险公司、银行和各种类型的生产企业，其中最出名的是铁矿生意。

如果约翰·D·洛克菲勒还在世，他的财富折合成今天的美元约有 3 053 亿——根据 2008 年的《福布斯》亿万富翁排行榜，当时世界首富沃伦·巴菲特的财富为 460 亿美元。

如今，老洛克菲勒的遗产依然支配着世界石油产业，他本人也堪称今天无所不在、无所不能的西方石油工业的人格化象征。

三、杜邦家族

杜邦家族是美国最大的火药和炸药贩卖商，垄断了美国的工矿业，是美国最古老、最富有、最奇特、最大的财富家族。20 世纪 90 年代杜邦家族控制财富 1 500 亿美元，出了 250 个大富豪、50 个超级大富豪。其家族事业的创始人是伊雷内·杜邦，靠制造火药发财。20 世纪初杜邦家族出了杜邦“三巨头”。这个家族在第三代中，至少有 10 对堂表亲之间婚配，成为美国近亲联姻最多的大家族。

美国杜邦家族有 248 年的悠久历史，是世界 500 强企业中最长寿的公司。杜邦家族的发展，有一条清晰的变革路径：单人决策——集团式经营——多分部体制——到“三驾马车式体制”。

如今杜邦财团是美国的十大财团之一，经济实力以工矿业为主。1974 年该财团的工矿企业资产占其资产总额的 69%。工业资本又主要集中在杜邦公司和通用汽车公司。

杜邦公司是美国最大的化学公司，其所需原料 80% 是石油。自 1973 年以来，一再受到石油危机的冲击。20 世纪 80 年代以来，该公司转向发展塑料工业和大力开展科学研究，生产不以石油为原料的产品，如用微生物发酵生产合成纤维等。

杜邦财团的另一家大公司通用汽车公司（与摩根财团共同控制），是美国规模最大的汽车公司。

四、摩根家族

摩根家族是一个不折不扣的金融家族，家族主要从事投资与信贷等银行业务，好比是中国的中金公司。中石化、中国电信、中国铝业和建设银行都是在摩根士丹利的帮助下在纽约和香港两地上市。

摩根家族的祖先于 17 世纪初在新大陆的淘金浪潮中移民美国，定居在马萨诸塞州。到约翰·皮尔庞特·摩根的祖父约瑟夫·摩根的时候，卖掉了在马萨诸塞州的农场，定居哈特福。

摩根家族一直延续着赖以生存的商业传统。约瑟夫·摩根最初经营一家小咖啡馆。经过苦心经营稍有积蓄后，他先是出资经营一家很气派的大旅馆，然后又购买了运河的股票，成为汽船业和铁路业的股东。但是，真正显示其投机者和冒险家本色的当属其在保险业的投资。

五、梅隆家族

在美国有财富超过洛克菲勒、杜邦、福特这些超级巨富的财团，这就是梅隆家族。这是一个不尽知名但实力大得可怕的家族，并且在美国政治、经济中起着举足轻重的作用。

世界经济霸主——梅隆家族涉及的行业是上面四大家族的综合，包括证券服务业、银行业、石油化工、造船、炼钢，等等。

梅隆家族历史悠久，操纵着包括金融、铝、石油、煤矿、造船、炼钢等行业在内的上百个大企业。仅以梅隆银行公司为例，其资产高达300亿美元，为全美实力最强的25家银行之一。

梅隆家族事业的创始人托马斯·梅隆是与洛克菲勒等同时代的人物，到了安德鲁·梅隆时期，担任美国财政部长的他使家族大放异彩。1929年10月24日，美国爆发了资本主义历史上最大的一次经济危机。一周之内，美国人在证券交易所内失去的财富达100亿美元，农场主为了销毁“过剩”的产品，把牛奶倒进密西西比河。当时纽约流行一首儿歌：“梅隆拉响汽笛，胡佛敲起钟。华尔街发出信号，美国往地狱里冲!”可见梅隆家族当时对美国的影响力。今天，虽然由于种种原因梅隆家族呈现衰落迹象，但仍是美国经济的一大霸主。

六、奥纳西斯家族

这是一个奇特的财富家族。奥纳西斯是这个家族的创始人，他被称为世界船王。他从做烟草生意起家跃入世界航运业。他唯一的儿子不幸车祸身亡，他与自己的连襟另一位希腊船王互相斗富，并娶了美国总统肯尼迪的遗孀。他的女儿与他一样任性，他选的女婿女儿不要，非要嫁给自己钟爱的人，当他死后女儿继承财产，又数次婚变，终成一代女船王。

财富家训：“没有什么东西比成功更能导致成功。”“无论怎样也要把皮肤晒成褐色，住在漂亮的房子里（哪怕你住的只是这幢房子的地下室），经常出现在以豪华著称的餐馆（哪怕你只要一杯饮料），如果你要借钱，就借一笔大数目。”

希腊船王奥纳西斯家的女人都逃不过一则诅咒——她们坐拥几辈子都花不完的钱，却不能享受一辈子安稳幸福的爱情。雅典娜·奥纳西斯的外婆和船王离婚后不久，抑郁症发作自杀而死，他们的女儿克里斯蒂娜结婚四次，每次都被男人拐去一大笔金币外带在心里捅一刀。雅典娜3岁时，克里斯蒂娜因情绪低落吸毒过量死亡，小女孩成为“魔咒”的下一轮牺牲品。

原名茜茜莉亚·索菲亚·安娜·玛丽亚·卡罗盖洛波乌罗斯的卡拉斯生于1923年，比奥纳西斯小19岁。她的父母从希腊移民到美国，她在纽约长到14岁后返回希腊，1941年举行了她的首场歌剧演出，1950年和喜爱歌剧的商人梅内吉尼（Meneghini）结婚，在他的经营下卡拉斯得以到米兰、纽约、芝加哥和伦敦等地的著名歌剧院演出，歌唱事业走向成功。1958年是卡拉斯到达第一个辉煌顶点的幸运年，她站稳了歌剧女神的位置。

这年11月她到巴黎歌剧院演出，前来捧场的名人中便有船王奥纳西斯，此前他通过专栏作家埃尔莎·麦克斯韦（ElsaMaxwell）和卡拉斯认识，尽管各自都有家庭，但对这个女人的着迷还是让他开始了追逐行动，巴黎只是个开端。金钱打造了20世纪最放肆的求爱计划：奥纳西斯曾在1953年将一艘加拿大军舰买下改装成世界上最大的游艇，青金石栏杆、纯金浴室、名贵油画，这就是艳名远播的海上宫殿“克里斯蒂娜”。1959年7月，卡拉斯和丈夫梅内吉尼受邀登上船王游艇，和数位世界名流一起出海。她到底没能抵挡住这个男人用金钱和狂热发起的“爱情”攻势，航程未完，已经和奥纳西斯公开在一起。卡拉斯的婚姻也在这一年了结。

从 1960 年到 1962 年，卡拉斯被爱情淹没，正在事业巅峰的她完全离开了舞台，两三年间只见她陪伴奥纳西斯出席各种社交活动，为“船王女人”的身份而心醉神迷。但是 9 年后奥纳西斯那场世纪婚礼迎娶的却是美国第 35 任总统肯尼迪的遗孀杰奎琳。

1975 年奥纳西斯去世的时候，杰奎琳和卡拉斯都没有在他身边，船王亲手从家里带到医院的唯一私人物品却是卡拉斯最后送他的一件礼物：一条红色开司米毛毯。

七、IBM 沃森家族

沃森家族创建了雄霸世界的计算机硬件公司 IBM。这个财富家族事业的创始人是托马斯·约翰·沃森，他从一个一文不名的乡下人，靠推销起家，一手把 IBM 这个当初生产磅秤、屠刀和穿孔机的小公司发展为世界超一流的硬件公司。他的独生子小托马斯·沃森曾是一个经常去夜总会厮混的花花公子，老沃森教育有方，浪子回头金不换。小沃森继承了父业，把 IBM 的计算机事业推上峰巅。这个家族以培养最优秀的人才而继续着它的使命。

1974 年 1 月，年届六旬的小沃森正式离开 IBM，并对继任者加里说：“100 天以内我不会再踏进这座大楼。”小沃森没有食言；而且直到 1993 年离开人世的 20 年间，他再也没有介入过 IBM 的管理。此前，小沃森的胞弟——将 IBM 国际业务一手做大的迪克（Arthur K. Watson）由于竞争总裁职位失利，黯然离职，出任美国驻法大使，不久病逝。妹妹简（Janette Watson）也在病逝前卖掉了手中 1/3 的 IBM 股票。最小的妹妹海伦（Helen Watson）则终生与 IBM 保持距离，把全部精力放在义工和慈善事业上。自 20 世纪 70 年代起，随着小沃森的退隐和兄弟姐妹的离世，沃森家族逐渐消失在 IBM 帝国身后。

八、高尔文家族

这个财富家族在美国影响巨大。其事业创始人保罗·高尔文从卖爆米花到成为摩托罗拉公司董事长，使这个家族显赫至今。

高尔文对他的财富的接班人的培养花尽心血。他把独生儿子鲍勃·高尔文经常带在身边，并热切地希望儿子进入企业界，他耐心地回答儿子提出的企业问题。儿子长大后，保罗·高尔文任命他为摩托罗拉副总经理，放手让他去领导一个家族企业，后来又任命他为总经理，但自己不打算退休，还要培养第三代财富接班人。当鲍勃带着自己的儿子克里斯·高尔文去看望因病住院的保罗·高尔文时，保罗看到孙子的成绩激动了。

特色评说：子承父业，稳步发展，父子培养孙子。

财富家训：“人是最重要的。不要怕犯错误，放手去干吧！如果我们要做这件事，那就立即去做。”

九、福特家族

福特家族曾经是美国显赫的财富家族。亨利·福特是这个财富家族事业的创始人，他被称为“汽车大王”。但最终福特公司董事长由外人出任，开创了美国企业界将家族企业大权传给非家族人的先例。

福特汽车公司是世界最大的汽车企业之一。由亨利·福特先生创立于 1903 年，它是一个以生产汽车为主，业务范围涉及电子、航空、钢铁和军工等领域的综合性跨国垄断工业集团。它于 1901 年成立于美国的底特律，目前公司总部设在美国密执安州的迪尔伯恩市，是世界著名的超级企业。

十、马克斯家族

马克斯家族是名震英伦三岛的财富家族，主要经营服装和食品。英国前首相撒切尔夫人的服装都在他们家族的公司马克斯—斯宾塞公司购买。

创始人马克斯靠5英镑起家，刚开始他将所有货物一律定价1便士，以此招揽顾客，并把各种好的货物放在显眼的位置上，以同样的价钱出售，用开架陈列的方式让顾客任意挑选，因此生意红火。后与斯宾塞合伙开设零售商店，打出马克斯—斯宾塞的招牌，在伦敦繁华的街市也设立了百货商店。马克斯—斯宾塞公司在成立之初，依靠薄利多销、物美价廉的经营策略，逐渐赢得了客户的信赖。而且，公司只卖本国货，也渲染了商店的爱国主义色彩，但更重要的是便于同制造商取得密切的工作联系，以便能及时、准确地调运商品。公司最重要的经营原则就是一切着眼于顾客，尽量向顾客提供最有挑选余地、品种齐全、质量可靠、样式美观、价格便宜的商品。在马克斯和斯宾塞的共同经营下，公司发展很快，利润也不断增加，在英国的声誉更是与日俱增，完成了公司的创业历程。

但马克斯去世时，他的儿子西蒙才19岁，大权落在了公司董事戚文手中。为争夺家族企业，西蒙结识了犹太商人伊斯利，二人互娶对方妹妹为妻，联姻打造财富家族。二人与戚文展开了董事局的主席职位之争，最终取得胜利，又联手共创辉煌，让家族中兴，并开始着力培养第三代财富接班人。

特色评说：父辈创业，联姻固业。

财富家训：“不问价钱，每件1便士。”“倘若有数以百万计的人在你的商店川流不息，最有效的宣传方式就是口碑。只有当口碑不能快速地传达商店的动态时，才真正需要使用广告。”

思考与练习

1. 画出十七房郑氏家族发展的路线图，分析其家族兴盛的原因。
2. 列举镇海柏墅方方氏家族从第一代到第五代的代表人物及其经营的主要产业。
3. 举例分析说明小港李氏家族“以经营沙船业起家，而后投资于钱庄业，接着又向房地产业、垦殖业发展，然后致力于银行业和民族工业”这一发展过程。
4. 分析时代变迁、社会环境变化对小港李氏家族产生的影响。
5. 分析说明严信厚对近代民族工商业、金融业的开创性贡献。
6. 根据课本及网上查阅的资料，阐述归纳严氏家族在教育子女上的成功经验。
7. 课外参观方太集团等宁波商帮家族企业，分析企业成功的原因。

第六章

宁波商帮的经营谋略·创建品牌

内容摘要

商业文化一个十分重要的内容，是企业品牌的创建。要打败对手，使企业取得好的经济效益，就必须注重企业的形象，能不能树立起自己企业的形象，是企业能不能成功的重要一环。宁波商人充分懂得树立企业形象的重要性，而要树立企业形象，一个十分重要的问题是品牌。为使自己企业的品牌长盛不衰，宁波商人有许多成功的实践，并总结出不少经验。本章列举了部分“宁波帮”商人和企业创建、经营品牌的经典案例，如周祥生巧塑品牌、任士刚与鹅牌商标、方太的“厨房专业化”品牌战略、奥克斯的品牌发展、广博文具的品牌发展、贝发电子的品牌国际化之路、杉杉“多品牌、国际化”之路，以及雅戈尔与杉杉品牌发展模式比较，并链接海尔的品牌价值是如何创造的，以作进一步的参考与借鉴。

学习目标

了解宁波商帮知名企业和企业家创建、经营品牌的历程，在不同方面成功的案例，供企业在长远发展、品牌创建等诸多方面作为借鉴，也让学生从中得到诸多启发。

关键词

宁波商帮；经营谋略；创建品牌

商业文化一个十分重要的内容，是企业品牌的创建。要打败对手，使企业取得好的经济效益，就必须注重企业的形象，能不能树立起自己企业的形象，是企业能不能成功的重要一环。近代宁波商人是精明的生意人，他们懂得树立企业形象的重要性。而要树立企业形象，一个十分重要的问题是品牌。

商贸活动中良好的商誉是经营成功的前提。品质优异的商品品牌也是一种商誉，是企业形象的重要方面。品牌好，在社会上有声望，名驰远近，会招来客户，生意会兴隆，企业的生产也会蒸蒸日上。宁波有句俗话，叫“金字招牌硬黄货”。说的是企业要有质量、信誉，要注意产品的档次和品牌。品牌包括品牌名称、品牌标志和商标。企业或产品品牌发展成为名牌后，就会产生神奇的魔力，产品就会卖得贵、卖得快、卖得多。一两个名牌对企业的发展起着直接的示范、导向、辐射作用。宁波的实业家在经营活动中就重视品牌的作用。方液仙推出“三星蚊香”“三星牙膏”“三星调味品”和“剪刀牌肥皂”四大品牌产品，以及余芝卿的“双钱牌”胶鞋、黄楚九的“龙虎人丹”、孙梅堂的“亨达利”表、任士刚的“鹅牌”针织品，都受到消费者普遍欢迎，出现产销两旺、蒸蒸日上的兴旺发达景象。比如，方液仙的四大品牌的推出，使其资本迅速增殖。在1931年资产增至40万元，到了1938年已增资到200万元。柴桥（今属宁波市北仑区）人胡西园针对外商低价倾销，也在品牌上下功夫，他一面加强广告宣传，一面加强质量管理，终以品质精良的“亚浦”灯泡，在激烈的竞争中压倒外国名牌产品而取胜，产品畅销全国，遍及南洋。

为使自己企业的品牌长盛不衰，宁波商人有许多成功的实践和经验，本章重点介绍宁波近现代知名品牌的经典案例。

第一节　周祥生巧塑品牌

定海（旧属宁波府）人周祥生，13岁时背了个包袱，夹了把油纸伞，到上海学生意的时候，谁都想不到日后会有那么多人坐上他的出租车。周祥生一生创造了许多奇迹，但他从一个新礼查饭店的“西崽”（即侍应生）到拥有数百辆车子的祥生出租车公司老板，无疑是最大的传奇，而他的“4万万同胞请打4万号电话”则是奇中之奇。

在当年的上海滩，出租车行业是洋人的一统天下，祥生公司能够跻身其间已属不易，而要在激烈的竞争中站住脚，这就逼得周祥生要挖空心思想高招。那时的出租车经营方式以电话叫车最为普遍，因而各出租车公司纷纷在电话号码上做起文章，如老牌美商云飞公司搞了一个“30189”，编成谐音便是“三人一杯酒”，或者“岁临（年终之意）一杯酒”，又好记，又新鲜。

周祥生也想搞一个好号码，但电话公司是洋人当经理，哪会给你好果子吃？但禁不住他一次一次地跑电话公司，洋人经理就在一张纸片上随手画了一串“0”抛给他：“给你这个好不好？”电话号码哪有一连串“0”的？这不分明是在拿他寻开心吗！但是周祥生眼看着面前的“0000”，脑子里却闪过一道灵光：要是在0前面加一个“4”，“40000”不就成了“4万”吗？原来，那时正是“九一八”事变之后，上海滩响彻了号召4万万同胞“倡用国货，抵制日货”的呼声，所以他从那一串0马上联想到了4万万同胞。紧接着，一句“4万万同胞，请打4万号电话，中国人应坐中国车”的广告语如神助般地从脑子里跳出来，周祥生说：“好，我就要这个号码。”

很快，标有“祥生”独特徽记的出租车，连同车尾那醒目的“40000”电话号码，伴随着那句脍炙人口的广告语很快风靡上海滩，令所有的洋人出租车公司目瞪口呆。周祥生还趁热打铁，进一步扩大祥生公司的影响。当年的电话机都安装在墙壁上，电话接通了，要去叫人，苦于听筒无处放，往往一不小心就把电话挂断了。这么一个无人认真留意的小地方，又叫周祥生动出脑筋来了。他找人设计了一个漂亮的小金属架，上面不仅可搁电话，而且可以放上纸笔，又美观又实用。当然最要紧的，他自然不会忘记在那金属架最惹眼处刻上他的40000和“4万万同胞……”那句广告语。他组织了十来个人到戏馆、酒楼等热闹场所和有电话的人家，免费安装了几万个小支架。周祥生为此破费不少，但广告效益却是出奇得好。你想啊，你只要一有要车的念头，走向电话机，那“40000”又好记又有意义，就好像在无声地发出召唤：来吧，既坐了车，又爱了国，何乐而不为呢？“祥生出租”这个响当当的品牌就是这样塑造出来的。

第二节　任士刚与鹅牌商标

任士刚其人，如今识者无多。但在20世纪二三十年代的宁波、上海，甚至南洋诸国，说起“汗衫大王”，说起“鹅牌”针织内衣，那是无远弗届无人不晓。

光绪二十二年（1896年），任士刚出生于宁波慈城一个名门望族之家。幼年先后就读于其父仲莘公与诸士绅创立的中城小学堂、效实中学。其家族与应昌期家族为世交。1924年毕业于香港大学土木工程系，获硕士学位，并就职于上海英商怡和洋行建筑部任监工。任士刚素有实业救国之志，就职于怡和洋行伊始，即与罗庆藩等五人筹资2万银两创办针织厂，自兼经理之职。五人中三个是宁波同乡，其中罗庆藩还是任士刚的效实中学同窗。五位好友同心创业，和气生财，因此厂名就叫“五和”。1925年5月30日，上海发生了震惊中外的“五卅”惨案，目睹英捕房枪杀无辜中国人，任士刚出于义愤，毅然辞去洋行监工之职，于8月间成立五和织造厂两合公司，自任总经理，从此走上创造国货名牌、奋力抵制外国经济侵略之路。1928年5月成立五和织造厂服饰有限公司，宁波话“和”“鹅”同音，因此注册商标时就以“鹅牌”为名，于是一个中国著名品牌就此宣告诞生。

综观任士刚创造“鹅牌”、宣传“鹅牌”、保护“鹅牌”的过程，不但充分显示了“宁波帮”的报国情怀，而且其超前的品牌意识、卓越的宣传手段，都非常值得现在的宁波人学习与借鉴。

任士刚创造“鹅牌”，紧紧抓住两大环节：一为狠抓质量这个根本，二为极尽广告宣传之能事。任士刚深深懂得，只有抓好这两个环节，才能本固枝荣、相得益彰。

为了提高“鹅牌”的质量，任士刚委派他的效实中学同学、毕业于美国麻省理工学院的罗庆藩去日本考察，调查国际棉织业动向。罗回国后，提出了生产和改进针织内衣的意见。因罗庆藩曾于福特汽车厂实习有年，对内燃机学有专长，遂担任副经理，更新机器，引入科学管理，进行技术改造，与任士刚志同道合，协力发展工厂业务，成绩斐然。于是“五和”产品质量日进，终于成为行业中翘楚。

至于“鹅牌”的质量，这里单举一个例子：原来一直从法国进货的上海德国礼和洋行，竟然改从五和针织厂进“鹅牌”汗衫，暗地里缝上自己的商标，冒充进口洋货投入中国市场。须知，针织内衣本是舶来品，而如今洋人居然以“鹅牌”冒充洋货，说明“鹅牌”的质量已完全达到了可与洋品牌媲美的一流水平。

而在创造和宣传“鹅牌”的具体做法上，任士刚不愧是喝过洋墨水的，更是显示了非凡的才干与见识。

首先，任士刚具有超前的品牌意识、商标意识和知识产权保护意识。相比现在有些厂家对此相当淡薄，尤可见任士刚的了不起。

早在任士刚等人向民国政府农工商部商标局注册时，就考虑到预防日后被人仿冒，分别注册了有一只鹅、两只鹅和五只鹅的商标，还先后注册了“金鹅”“银鹅”“天鹅”“蓝鹅”“白鹅”等一系列与“鹅”有关的商标名称。在上述商标被核准注册之后，又申请注册了与“五和”厂名读音相似的商标名称。如“五禾”（由五棵禾苗扎在一起）、“五荷”（由五朵荷花联结在一起）和“五鹅”（由五只戏水的白鹅组成）等商标。“篱笆扎得紧，野狗钻不进。”任士刚的煞费苦心果然非常有效地保护了自己的商标。

而在宣传自己的品牌方面，任士刚的高招迭出，令人赞叹。

第一招，在有“中华商业第一街”之称的南京路成都路口的仙乐斯草坪上，用水泥浇塑了5只姿态各异、栩栩如生的大天鹅，引得来往行人驻足观看，活脱脱是一个立体的“鹅牌”商标。

第二招，在中国的书法圣地——绍兴兰亭别出心裁地悬挂“兰亭鹅池为东南第一胜景，鹅牌汗衫为东南第一佳品”的大型书法条幅，巧妙地借“书圣”王羲之书写的“鹅池”名碑、墨华亭及鹅池等风景点，大做“鹅牌”商标宣传，并且在风景清幽的鹅池旁长期认养一群美丽、洁白、多姿的白鹅，画龙点睛地成了鹅牌商标的活体广告 。

第三招，在中外闻名的杭州西湖，投放一批形态各异的白鹅形小游艇，终日荡漾在西湖湖面，为游客提供了游湖之便，当然在享受了五和厂的热情免费服务后，游客也忘不了可爱的“鹅牌”商标。

第四招，五和针织厂还经常在上海等地的报纸杂志上刊登各种有“鹅牌”商标图样的画谜征答广告，吸引了社会各界人士踊跃参与，每次均有上千人来稿应征，“五和”从中评选出30名入围奖。如一幅谜画上印有5只鹅嬉戏于有5株荷花的池塘，要求读者根据图意作短文或诗歌，其中有一首应征的五言诗这样写：“白鹅映碧荷，妙埋谐音罗；韵事追千古，商标说五和；品高差比拟，色洁胜如何？料想风行日，口碑载道多。”可见任士刚“鹅牌”宣传的多姿多彩，且富有文化韵味。

第三节 方太的“厨房专业化”品牌战略

方太集团（以下简称方太）提出品牌的核心思想是“产品、企品、人品”三者有机结合，即“三品合一”。方太对“产品”的追求是独特外观、卓越性能的精品；“企品”是企业的品位，综合了企业的管理水平、文化理念、服务质量、商场信誉等要素；“人品”就是企业家和员工的素质，特别是企业家的素质。一个具有高度社会责任感、良好公众形象、较高思想境界的老总，才能带出具有敬业精神和创新精神的管理班子和生产队伍，企业才能执着地追求先进、文明、健康的生产和生活方式，为社会提供质量可靠、性能卓越的产品和优良的服务。

“三品合一”的品牌核心理念的提出，为铸造方太的强势品牌文化提供了坚实后盾。企业提供给消费者和社会的不仅仅是简单的产品，更重要的是传达一种价值观，而这种价值观则通过企业的人表现出来。对一个企业来说，管理无疑是中枢神经。方太在经营中强调一个理念：100+1=0。意思是：一个错误或者不规范的行为都会损害公司的整个形象和品牌。

方太在发展成长的过程中，非常清晰地确定了品牌发展战略，始终坚持“三大品牌定位”，即专业化、中高档、精品化，最终“方太”成为中国中高端厨房用品第一品牌。

一、行业定位专业化——方太的聚焦战略

在国际分工日趋细化的情况下，企业应清楚地了解自身的业务边界，有所为有所不为。否则，门类太多，投资分散，竞争对手多了，会应付不了，最后什么也做不精，什么也竞争不过对手。方太在充分评估自身能力与实力的前提下制定了，走厨房专业化道路的发展战略，集中一切资源将厨房领域做专、做精、做透、做强。“不做大蛋糕，要做金刚钻”是方太专业化的理念。

方太在吸油烟机系列产品站稳脚跟后，不断实施厨房行业内相关多元化延伸，从吸油烟

机到燃气灶具、消毒碗柜、燃气热水器、电磁灶，再到集成厨房，但始终不离开厨房，始终坚持走“厨房专家”的专业化品牌之路。

二、市场定位中高档——方太的差异化战略

与中国市场上其他大家电产品不同，抽油烟机在2002年以前基本上是国货的天下，国产抽油烟机的国内市场占有率几乎达到100%。市场上一些可见到的国外品牌产品大多数定位在高档市场，价格很贵。但是到了2002年，伊莱克斯、西门子和松下等国外大家电生产企业也相继进入厨具行业，参与抽油烟机市场的角逐。而且，国内的大家电企业，如海尔、科龙、美的等也都斥巨资进入抽油烟机行业，大有不做老大誓不罢休之势。还有一些新兴民营中小企业进入抽油烟机行业，如德意、普田等。抽油烟机将在产品质量、性能、外观及服务，以及与整体厨房相匹配等方面展开全面竞争。

面对国际品牌纷纷进入中国，与国内许多企业为了避开国际大品牌的直接竞争而走低端路线不同，方太在市场细分时采取的是中高档定位策略，将目标客户群瞄向有文化素养、追求时尚、追求品位且有较高收入的消费者。方太通过不断的产品创新和营销创新，使目标消费者了解到“方太”是中高档厨房的象征，与其他品牌不一样，这是方太在透彻了解顾客需求的前提下所确定的市场定位。

三、质量定位精品化——方太的精品战略

中高档的市场定位，要求方太产品必须是精品。方太严格地实施精品战略，在“不断改进、力求完美”的质量方针指导下，对每一款产品的外观设计、性能、制作工艺及可靠性力求精益求精，让每一件方太产品都成为精品，这样久而久之顾客便可清楚地感知到：方太品牌就意味着精品和高档。

方太选择“专业定位”与“精品路线”战略之初困难重重，在当时的市场环境下，对抗国际品牌，除了劳动力价格的明显优势外，本土制造企业在品牌建设能力、产品研发能力，以及核心技术上难以与国际大品牌相抗衡。但方太始终坚持在尝试突破本土制造企业的能力瓶颈的同时，实现本土企业的质变，其围绕品牌战略打造公司未来的勇气令人钦佩，仅仅用10年时间就筑就了国内厨房用具品牌的标杆。方太的目标是在下一个10年把自己打造成世界一流的厨具品牌。

品牌战略对企业的成长有着至关重要的作用。所谓品牌战略就是公司将品牌作为核心竞争力，以获取差别利润与价值的企业经营战略。战略的本质是塑造出企业的核心专长，从而确保企业的长远发展。方太品牌战略的成功，在于其对品牌战略规划的清醒认识，在于其准确的差异化品牌定位和对“三大定位”的固守与坚持。营销学中有一个重要观点：“你不可能满足所有消费者的所有需求，你只能满足部分消费者的部分需求。”方太的“三大定位”是品牌差异化和聚焦战略的集中体现。

第四节　奥克斯的品牌发展

一、“无间道”式公关营销

2001年以前，由于空调产品高昂的价格让大部分消费者望而却步，空调在国内的普及

率还相当低。在这种背景下，奥克斯发现了市场对平价优质空调的需求，扛起了降价的大旗，取得了三年三大跨越的业绩。2001 年 2 月，刚进入中国质检总局首批 20 家空调免检产品行列的奥克斯打出“免检是爹、平价是娘”的降价宣言。3 月，借三星奥克斯智能工业城落成典礼之机，又抛出“舍江山夺美人”计划，将其 40 多款机型全线降价，降价幅度高达 30%。到了 2001 年年末，奥克斯又出新招，聘请当时被国人追捧的国家男足主教练米卢作为其产品形象代言人，通过米卢的国际知名度迅速提升了自己的品牌形象。一系列大手笔的事件营销活动为奥克斯迎来了大丰收，2001 年度，奥克斯空调销量达到 90.23 万台，完成销售额近 20 亿元，成为当年销量升幅最大的二线品牌之一。

2002 年之后，奥克斯集团通过两个“白皮书公文事件”，实现了“爹娘革命”从幕后走到了台前。奥克斯的具体做法包括：

1. 2002 年 4 月，奥克斯在宣布其主力机型降价的同时，公布了空调“成本白皮书”，列举了空调的各项成本构成，使得各大媒体争相分析各主流品牌产品价位的合理性，一时间，奥克斯产品的价格甚至成了市场上同型号空调的市场标准价，奥克斯成功地塑造了平价空调的形象。

2002 年，奥克斯除了打了一场漂亮的“价格白皮书”公关战，还运用价格战成功进入广东市场。广东是空调消费的大省，历来有得广东者得天下之说，但广东本身也是空调制造大省，不仅有美的、格力等领导者，还有和奥克斯一样擅长价格战的行业新秀格兰仕。就是在这样一个竞争激烈的市场里，奥克斯先于 2002 年 11 月下旬发动“一分钱空调”促销攻势，从强大的竞争者手中抢走了超过 8% 的份额。

2. 2003 年 3 月，奥克斯发布空调“服务白皮书”，揭露国内空调行业的售后服务还处于被动服务的阶段，因不进行“质量体检”会造成安全隐患，倡议“号召”其他空调企业也群起响应“年检”新规则。

3. 2003 年 4 月，奥克斯发布空调“技术白皮书”，措辞严厉地痛陈行业概念炒作之不诚信做法，将空调附加应用技术炒作成高科技，谋取高额利润，误导行业和消费者，并将“空调富氧”“红外传感”“温度传感”“换新风”等技术一一展现在消费者面前，揭开了所谓“高科技”虚伪的面纱。

通过这一系列的品牌公关活动，2003 年 8 月，奥克斯空调年销售突破了 250 万台，成功跻身行业前三强。

二、品牌转型

2001 年，奥克斯将 1.5P 空调价格拉低至 2 000 元以内，冲击了全行业的发展，迫使空调行业重新“洗牌”，低价策略为奥克斯赢得了市场基础。但在那段时间，低价、低端是奥克斯空调留给消费者的印象，以至于后来很长一段时间在人们的印象中，奥克斯是善打低价的“价格杀手”。

从 2005 年开始，随着宏观环境的变化以及空调市场竞争的加剧，空调行业的洗牌逐步升温，品牌集中度不断提高。20 世纪 90 年代国内有 400 多个空调品牌，经过洗牌，大部分品牌被淘汰，具有良好资金链的品牌只剩下 34 个。国内空调行业经过一轮高速发展之后，如今已经过渡到平稳发展的阶段。在这个阶段，空调品牌的影响力逐渐增强，没有品牌溢价能力的企业很难在市场上站稳脚跟。针对市场的变化，2007 年，奥克斯决定放弃打价格战的做法，着手将成本优势转化为价值优势，全面从“价格战”向“价值战”转型。那么奥克斯空调是如何实现品牌的这一“华丽转身”的呢?

质量是品牌发展的基础或者“生命”，强大的研发和创新能力成为奥克斯空调实现品牌转型的重要保障。奥克斯一向主张“产品是一切的核心”，一切工作围绕产品来进行。2007年，奥克斯花费数亿元高薪聘请海外技术专家，设立工程技术中心，引进国际领先的生产设备，通过加大产品研发和创新力度，推出一系列新款式、高性能空调，平均每个月推出2～3款新品，大步向中高档产品行列迈进。奥克斯新品的推出速度以及新品的质量，都达到了行业的领先水平，受到消费者的青睐。经过2004—2006年的战略调整，奥克斯的“价值战”初显成效。2007年已经回归到规模的突破上，销售量增幅达35%。2007年是奥克斯从“价格战”全面转向“价值战”的一年。围绕着给消费者提供更多的价值，奥克斯实施了“产品领先战略”。新型号机型在功能上，突出了Hydro自动水洗系统、高压静电除尘、随身温控感应等功能，增加实用价值；在外观上，更强调华丽性，拓展了原来没有的装饰价值。

差异化的品牌定位为奥克斯空调品牌战略取得成功奠定了基础。在空调市场，格力侧重宣传质量，美的则强调科技创新，与行业前两强不同，奥克斯则将主打产品锁定在健康空调领域。目前，奥克斯是国内空调行业中唯一从事健康空调研发与制造的企业。此外，变频空调是空调行业的发展趋势，奥克斯早在2001年就已开始进行研发，并于2002年在一些重点区域市场投放了部分高端变频产品。目前，虽然在变频领域，格力、美的、奥克斯等几大品牌空调生产企业都已经掌握了核心技术，但在总成本方面还没有做到像定速空调那样领先，因此，要应对日韩企业在变频市场“咸鱼翻身”，很关键的一点仍然是成本的控制。

奥克斯主要通过两个方面来解决成本这一难题：一方面，在一、二级市场主要推出高端产品，从而提升产品的均价；另一方面，在三、四级市场，以经济型产品为主。2007年国庆节七天销售额与上年同期相比增长了2.75倍。其中，中高端空调销量占总销量的比例超过50%。除销售总量大超预期外，国庆节市场销售机型比例的变化，也让奥克斯深切感受到“品牌转型战略”的意义和收获的喜悦。“十一”期间，奥克斯中高端空调销量占总销量的比例超过50%，即购买奥克斯空调的消费者，一半以上是冲着奥克斯中高端产品来的。这部分产品外观靓丽、功能先进、科技含量高，价位也相对较高，但消费者争购不断，意味着市场已经接受了奥克斯空调“高品质、高科技含量、值得信赖”的品牌形象。

可以说，奥克斯空调之所以能够取得不错的业绩，良好的成本控制能力是其核心竞争力。奥克斯空调是将成本控制得很好的空调生产企业之一。除了压缩机之外，奥克斯空调的其他零部件都可以自给自足，别的空调企业还需要采购奥克斯的零部件。以空调产品里的自动阀来说，从宁波运到顺德、佛山，单款产品的成本需要增加1～1.5元，而从其产业园运过来，只需要3分钟，产品成本因此大大降低。与其他品牌相比，奥克斯空调的平均成本能够领先5%～15%。正是凭借这一核心竞争力，奥克斯空调在国内市场的排名才从开始的200多位升至前4位。灵活的“渠道推广”策略，也是奥克斯品牌在短短15年间跻身中国空调前4位的重要原因。

奥克斯从最初的“先做销量再做品牌”，再到后来的“边做销量边做品牌”，以及现在的“提升品牌促进销量”，先后实施了三次重大品牌转型，而被奥克斯自誉为“品牌年”的2007年，成功备战“2008奥运年”并实现品牌转型，成为空调行业奥运营销的典范。如今，经过多年的不懈努力，奥克斯空调成功实现了品牌转型。对外，奥克斯空调摆脱了

“价格杀手”的角色定位，成功跻身一线品牌行列；对内，锁定健康空调领域，专注于细分市场，实现了品牌的升级。奥克斯已由一个低价品牌，转变为一个高品质、高科技含量的国内知名大品牌。

第五节 广博文具的品牌发展

1980年以前，文具行业是一个特殊的行业，因供给和需求的单一性，文具早期被认为是一种补给性的百货易耗品。直到20世纪80年代末至90年代初，文具行业才真正从百货业中分化出来。当时，国内生产厂家较少，产品更多依赖进口，随着需求的不断增大，文具行业逐渐从过去的简单消费转变成当前的全方位消费，企业、个人对文化用品的需求也越来越成熟。据不完全统计，中国文具市场容量已突破1 000亿元，近年文具市场年递增率均达10%以上。20世纪90年代初，眼光敏锐的东方彩印包装公司企业总经理王利平，看到了文具行业的市场潜力，毅然放弃经营业绩不凡的彩印包装业，转产文具，创立了广博品牌。

广博品牌的创立，可以说是国内文具产业寻求品牌化发展的典型案例。1994年，当以彩印包装起家的东方印业（广博集团前身）能为英国等欧洲客商加工笔记本、簿册、相册等纸制品文具而兴高采烈时，当家人王利平的一次欧洲之行彻底改变了他的观念。他意外地发现自己辛辛苦苦加工生产的笔记本、相册被贴上别人的标签时，竟然高出自己售价的3倍还多。回来后，王利平马上着手注册了“广博”这一象征着“宽广+纵深”概念的品牌，并陆续在海外30多个国家和地区注册成功。

如果仅仅把品牌看作区分产品的标签，或者代表企业本身差异化的符号，那绝对不是王利平本人的意愿。用他自己的话说，就是要给品牌一个理由，这个理由就是“品牌=质量+文化”。在国内各个行业品牌之战风起云涌的今天，唯独文具市场的品牌化却是波澜不惊，面对国外强势文具品牌的渗透，2003年7月，王利平发表的一篇题为《文具市场的品牌之战》的论文引起了全国各主流媒体的关注，在论文里他阐述了国内文具企业如何以打造品牌为龙头，走国际化市场的道路。

在文章发表后的20天内，广博接到一笔自己找上门来的大单。8月底，美国某大型采购商来到中国，就采购价值1 600多万元伊拉克学生用笔记本进行公开招标，国内的几家大型文具生产企业都参与了竞标，采购商代表团经过综合评估，最终选择了浙江广博集团。究其原因，这个操着一口流利汉语的采购商代表说：“广博这个品牌在美国是中国文具行业的代表，它生产的相册、簿册都很受美国人民的欢迎，据我们了解，广博对中东阿拉伯文化的趋向把握也很到位。再者，因为我们的交货要求时间紧、质量高，似乎只有广博集团才有这样大的生产能力。”此外，迪士尼、沃尔玛、家乐福等大型国际采购商对国内文具行业的采购，也开始逐步向品牌化方向倾斜。

广博以推行“世界品质，全球共享”为创造理念，多年来一直努力走品牌化发展的道路，先后获得“中国名牌”、“中国十大文具品牌”、“中国驰名商标”、“2008北京奥运会中国首家纸品文具经营商”、商务部“重点支持和发展的名牌出口商品”、“中国出口名牌”等荣誉。

在国内营销界，“行销”和“事件”两个关键词总是关联起来。不过，以做文化用品起家并迅速扩张的广博集团，却成功地把“行销”和“文化”两个关键词关联在一起，以品牌文化的“软实力”带动了品牌的传播。

一、广博的品牌文化

正如广博品牌名称所言，广博的企业文化理念是“广阔天地，博大情怀”。广博商标通过大线条的设计，也凸现出了其企业文化中“广”的含义和“博”的精髓。

作为文化产业的传播者和专业制造商，广博积极学习和借鉴世界著名企业的管理经验和文化内涵，不断为社会创造出更为丰富的市场价值和文化理念。广博在塑造着一种以文具为代表的文化产业，同时也在创造和传播一种更广阔、更深远的企业文化。对内，广博设立职工互助储金会、职工维权中心、职工培训学校，建设学习型企业，以及组织各种文艺晚会、篮球赛、职工技能比赛、书法比赛等丰富多彩的文化活动；对外，启动广博阳光助学工程，在贵州、福建的革命老区和贫困山区，在偏远海岛，广博援建希望小学，为帮助农民子弟做出了自己的努力。

广博积极加强与世界级企业之间的对话与合作，提升企业自主创新能力和核心竞争能力，在不断创造社会价值的进程中，也在实践着作为公众企业的社会使命，主动承担企业责任并塑造优良的企业品格。

从下面的一则故事中，我们可以看到广博作为文化营销者的“博大”情怀。

在宁波，有一个叫张乃铸的人——这个一直为福建老家穷困学生谋求赞助长达5年之久的无名英雄，引起了广博的注意，他开的两家爱心餐馆，都以类似“农夫山泉”品牌营销的方式，把利润额的15%捐献给穷困学生。5年来，张乃铸个人累计捐款达30多万元。素以文化传播为主体的广博，震撼于这样一种精神。广博集团的王利平总裁专门拨出2 000套学生用品，派专人赴福建山区进行捐助，并决定成立专门的“文化助学”基金，每年从品牌传播费用中拨出一部分资金用于文化助学。当助学团随着张乃铸先生一行到达山村时，贫瘠而沉默的山村因“广博”这样一个品牌而沸腾起来！

二、全球化品牌文化行销策略

近几年来，国内文具企业面临着诸多的压力，不仅国内文具同行低价恶性竞争，还要经受国际资本不断渗入的冲击，如OFFICEl、斯普玛等已经捷足先登并分别在上海、广州等地开设了自己的连锁分店。品牌全球化的发展趋势要求中国文具企业要从世界大分工和比较成本优势的角度选择自己在新经济格局中的位置。

要做好文具行业品牌的全球化经营，就必须做好文具品牌本身文化内涵的全球化渗透。2003年3月22日，一家叫作“广博澳洲（墨尔本）股份有限公司”的企业在澳大利亚墨尔本市挂出了招牌，这家注册资本100多万美元、看似不起眼的贸易公司，其实就是广博寻求品牌全球化的文化行销所做的布局。此前，广博先后在中国香港、美国洛杉矶、阿联酋迪拜成立了3家营销公司，还拥有在比利时、意大利等国的20多个代理机构。这些机构不仅仅是负责销售，还负责对当地专业文化习性的调研和文化趋向的分析，广博集团生产的各类符合当地文化习性的簿册、相册以及一些精美的纸制品，就是这样实现了“文化本土化”并源源不断地输入欧美、中东和南非等地。迪士尼、沃尔玛、家乐福等大型国际采购商也开始把橄榄枝伸向广博，仅2003年给广博就带来了近5 000万美元的外汇。

来自阿拉伯国家的穆罕默德·巴瓦赞说：“广博与其他的中国文具企业不同的是，他们设计的文具都很合我们的口味，他们懂得我们伊斯兰的文化，我们是被他们用文化的元素打动的。”

由此可见，要实现一个品牌的全球化，只有将企业文化的内涵放在全球经济结构调整中，使企业机制、产业结构不断得到调整，才能实现品牌的全球化。

三、品牌多元化的文化扩张

2001 年初，全国第一条纳米镍粉生产流水线在广博点火成功；2003 年 9 月，广博第一台 CCD210 万数码相机下线，这些都是广博品牌从单一文具产业向高新技术产业转移的标志。

占地 700 亩、投资 10 亿元的“广博科技园”，就是广博品牌多元化文化行销的大本营，其主体建设的数码电子、纳米材料、智能化家居等高新技术产业，是广博以科技和文化铸造品牌的重要战略布局。

从经济管理学的角度来看，文具、纳米材料、数码相机以及王利平给我们描述的智能化家居、房地产等相关产业，似乎都极不合品牌战略发展的法则。但王利平认为，文化是人的文化，人才是文化的主体，以人才来传播品牌将是以文化行销品牌的最直接途径。广博集团研究纳米材料的陈博士，毕业于加拿大麦吉尔大学化学工程专业，多年在美国、加拿大等地对纳米材料进行研究和产业化运作。1992 年以后，他用物理气相法（PVD）工艺研制出能够代替银、钯等贵金属超细粉的镍粉、铜粉等金属粉，主要用于微电子元件，质量达到国际领先水平。他加盟广博使得广博的纳米铜粉、纳米镍粉和纳米化合物都具有世界领先水平，产品已打开日本和比利时市场。广博数码技术总监张博士和副手郭博士，都是数码电子产业界的佼佼者，他们主导研发生产的数码相机、数字相框等数码产品获得消费者好评。广博还在全球邀请了包括美国、加拿大、法国、意大利和阿联酋等 20 多个国家和地区的近 50 名海外人士为广博效力，这其中不乏国际上通行的“夜光工程师”。

人对了，文化就对了，企业也就对了，广博就是通过全球各地的人，通过人才的文化行销，使得自身品牌越来越“艺术化”。

作为文化产业的传播者和文化用品的专业制造商，广博一直在实践着广博品牌文化的承诺，在内部树立“人人是品牌”的责任意识，深化产品在研发、质量、服务等方面的文化元素。通过文化营销，把“文化”和“行销”两个关键词对接，借助于品牌的全球化文化行销策略和品牌文化的多元化扩张，通过引进全球各地精英人才，以人才为载体实现了品牌的文化行销传播，建立了品牌的全球知名度。品牌创新最重要的是依靠技术创新，技术创新必然带来产品创新。在这个市场竞争以标准为王的时代，作为行业标准制定者的广博依靠技术工程获得了品牌竞争优势。这是其文化营销策略的重要保障。“先做贴牌，再打造自主品牌，然后到委托加工实现品牌化输出”，这是广博品牌从无到有，再到打造强势品牌和国际化品牌的“三部曲”。广博所经历的发展自主品牌之路，可以为宁波文具业，乃至中国文具业提供宝贵的可资借鉴的发展经验。

第六节　贝发电子的品牌国际化之路

一、品牌创立初期：“品牌让利”策略

1994 年，我国文具产业年销售额达 3 500 亿元，并以每年 15% 的速度递增。由于进入门槛较低，文具行业呈现小而散的格局，超过 10 万家企业分布在制造、分销和零售环节，

却无一家企业的市场份额达到1%，也没有一个在全国有很高知名度的文具品牌。广阔的国内市场和没有强大竞争品牌的市场格局，让贝发集团看到了快速发展品牌的机遇。

在品牌创立的初期，贝发根据企业发展的实际，选择了“以产品拓牌”的路子和“先易后难”的市场开拓路线，即自主品牌出口从发展中国家和地区拓展到发达国家和地区，从不成熟的市场发展到成熟的市场。贝发集团老总邱智铭把初期贝发的品牌策略概括为“让利创牌”，就是让利给渠道商，如果做贝发品牌，给3%～5%的折扣。邱总说：“目的就是要把贝发品牌销到我们的目标市场，让消费者通过接触、使用最后认可我们的品牌。”贝发算了一笔账，从1998年累计至今，用于“让利创牌”的让利额达到4 000多万元人民币，但也累计撬动了近10亿美元的贝发产品销往世界主要市场。“一些国外专业机构称贝发的这种做法非常聪明和有效。”邱智铭说。

二、11年外贸建立国际品牌雏形

品牌让利不等于低价倾销，一个国际化的品牌也不能简单根据产品销售可达的区域多少来评判，而必须具备国际化品牌的品质和创新能力、全球化多业态的营销网络以及在国际市场上捍卫品牌利益的能力。

自主知识产权也为贝发奠定了品牌国际化发展的基础。贝发每年投入不少于销售额4%的科研经费，并定期组织人员去美国、德国、瑞士、日本等国的研究中心开展技术学习和交流。在国内则与江西、上海、北京等地大专院校和科研院所合作运用高新技术，实施计算机集成制造系统工程和研制笔用专用墨水等。并经常组织研发人员随团参加法兰克福、美国、日本、迪拜等地的国际专业展览会，直接接触市场，搜集产品信息，拓展技术人员的视野。

贝发集团始终瞄准世界先进水平，与国外企业合作建立了贝发海外工作站，及时了解和掌握国外市场制笔业的信息和技术发展趋势。2002年年底，制笔工程技术中心完成了多项攻关课题，共开发出400多项技术含量高、功能全、结构新的产品，4年中平均每三天向国家知识产权局申报一项专利，新品占销售量的70%。

在国际化的道路上，贝发集团十分注重知识产权保护。贝发是以国际贸易起家的，欧美等目标市场对知识产权的重视对贝发有着重要的影响，尤其现在跟世界顶级的客户合作，若没有自有知识产权几乎是不可能的。所以，一方面为了有效保护好自己的产品和市场；另一方面，为了建立自有品牌和成为一个永续经营的企业，贝发一开始就从战略的高度重视自有知识产权。

如今，贝发在全球申请了570多项专利，其中450多项已经授权，并在72个国家注册了商标，贝发在世界范围内构建了拥有自主知识产权的庞大的产品体系，这在国内企业中是非常罕见的。贝发也因此避免遭遇更多的反倾销调查，在2005年年初美国国际贸易委员会（ITC）发起的337调查中，贝发成功逼平美国世孚公司，使之撤回针对贝发记号笔侵犯其“商标权”和“商业外观权”的指控，这也是建立在贝发自身对于知识产权保护的重视以及对国际贸易规则熟练运用的基础上。

2004年，贝发集团走过了10年辉煌灿烂的历程，迎来了二次创业高峰。在过去的10年，贝发创造了这个行业的奇迹，公司的生产规模连续7年居全国同行第一，成为全国制笔行业规模最大、创汇最多、发展最快的企业。“BEI—FA”品牌荣获“国家重点支持和发展的名牌出口商品”“中国制笔名牌产品”“浙江省名牌产品”“浙江省著名商标”等称号，而贝发集团也获得“中国制笔王企业”“中国大型工业企业”“中国轻工质量效益型企业”“浙江省技术进步优秀企业”“浙江省出口先进企业”“宁波市出口先进企业”“AAA 级资信企业”等荣誉称号。

2005 年，贝发终于实现了品牌的初步国际化，即已经成为全球行业内知名品牌，在一些国家和地区成为消费者认知度很高的公众品牌。经过 11 年的发展，2005 年贝发笔类产品占中国笔类产品出口的12%，约占全球总产值的1%，占全球笔类产品零售贸易额的1.3%，集团年产笔类产品的数量已进入全球前3 位，年营业额进入全球前10 位。

贝发总裁邱智铭自豪地说道：“贝发从 1997 年开始自主品牌出口，目前贝发自主品牌产品的销量占总销量的60%以上。截至2004 年年底，销往国际、国内市场的贝发品牌笔已经达到32 亿支。”如今，贝发的中性笔、圆珠笔、水性笔、荧光笔、记号笔、白板笔、铅笔、多功能笔、金属笔九大系列1 000 多个品种在全球150 多个国家和地区均有销售。公司将整个贸易区域划分为九个区域，分别为：北美、南美、中美、独联体、欧洲、中东、非洲、韩日澳、印马泰。贝发已经拥有400 多家稳定的客户，获得 20 多个国际主流和专业市场客户的供应商资格，其中有 8 家是世界 500 强企业，全球主流和专业市场占到了贝发整个出口份额的 55%以上，实现了现代化国际营销网络。

三、回归本土塑造真正国际品牌

经过第一阶段“让利创牌”，贝发凭借其产品和销售实力已经具备了一定的品牌价值，但与世界知名文具品牌相比还有很大差距，一方面是由于发展时间太短，另一方面是第一阶段的注意力都放在产品本身，没有系统的品牌规划。邱智铭说：“我的目标是让贝发在世界100 个国家和地区成为公众品牌，贝发品牌的产品在定价上能高于同行30% ~50%，但是贝发已经发展到现在那么大的量，再用让利的方法行不通了，也无法进一步提升品牌的价值。”

近几年来，随着贝发全球营销网络的建立，市场稳步发展并建立了一定信誉度，贝发开始考虑进军国内市场。贝发进军国内市场的策略总体来说，可以概括为“高位进入、多业态渗透、专业团队保障、系统标准化运作”。所谓“高位进入”，是说贝发目前的规模及技术、品牌、渠道等各个方面都与国内制笔企业不在一个竞争层面上，不会参与低端市场的价格竞争，而会选择与产品定位相符合的中高端市场。

在总结第一阶段品牌建设得失的基础上，贝发制定了详尽的品牌战略规划，做到“有规划、有目标、有步骤”。贝发的品牌目标是从行业内知名品牌发展成为全球化公众品牌，在坚持走大众化品牌路线的同时，通过收购兼并等方式控制一些专业化的高端品牌。为完成上述战略发展目标，实现企业愿景，未来 10 年内，贝发预计投入约 20 亿元资金，并拟定了“三步走”战略。

第一步：规范运作，整合资源，夯实基础，全面提升核心竞争力。力争在 3 年内，将贝发发展成为拥有国际知名品牌、具有完善的国际化营销网络，以及具有产品持续开发和工艺技术创新能力的大型文具制造集团，进入全球行业前8 强。

第二步：实施资本运营，将公司的产业经营和资本经营有机结合起来。贝发公司力争用3 年左右时间在国内主板上市。同时以公司改制、发行股票上市为契机，以全球化营销网络及贝发在文具界的影响力和号召力为依托，充分利用资本市场筹资便利、筹资成本低的优势，加大收购兼并和整合国内销售渠道的力度，以制笔业为中心，将业务向纵向和横向拓展，力争在五到六年内，将贝发发展成为国际化文具供货集团，推动宁波成为全球文具先进制造业中心。今后三至五年，将整合与贝发互补的文具产品，搭建“中国文具供货集团”，用自己的市场、资金、技术、管理、品牌等优势来带动宁波文具产业的提升，同时不断推进文具行业的规范和健康发展。

第三步：依托江浙轻工业产品的强大产业优势，与国外著名的文具连锁集团合作，5 年内在国内建设专业文具连锁店 30 家，逐步在国内建立 100 家专业文具连锁店组成的连锁集团。同世界一流文具专业物流配送集团合资建立物流配送中心，同时融入和利用欧美专业物流配送网络，依托宁波市轻工日用品的巨大产业规模，为宁波的产品销往国际、国内主流和专业市场做好物流配送的服务工作。

四、打响“奥运营销”之战

2001 年北京申奥成功时，国际舆论将此作为中国经济腾飞的一个标志性事件。“从现在到 2010 年以后，全世界的眼光都聚焦在中国。”2008 年的北京奥运会让贝发总裁邱智铭看到了机遇，他说：“我觉得提升贝发品牌的最好时机到了。”

2006 年 4 月，贝发集团斥巨资联手北京奥组委，将奥运商机引入了文具业，贝发集团投资了 1.8 亿元建起了亚洲最大的奥运商品物流、营销和供货基地；并决心在 2008 年前持续投入 2.5 亿元进行品牌推广，与文具产业里的部分制造商、分销商和零售商进行合作，组建成文具供货销售联盟。当时，贝发集团总裁邱智铭指出，在未来几年内，统一企业形象、统一产品、统一品牌的贝发奥运商品特许加盟店，在全国开出上万家才是其“奥运营销”的主要内容。为了高位进入多业态的国内文具市场，近几年来，贝发集团每年的品牌推广活动费用高达 2 亿元。2007 年 2 月，贝发集团在宁波举行了“加盟贝发奥运文具，分享 3 500 亿奥运商机品牌”招商活动，拉开了品牌特许加盟的序幕，招商活动进展非常顺利。在新开的贝发奥运文具礼品专卖店里，陈列的上百款文具都有“北京 2008”和“中国印”的标志。上百款产品中，除了笔类产品是贝发生产的之外，其余均是供应商提供的。在国内，多款贝发笔被选为上海 APEC 会议指定用笔、“鸟巢笔”被选为赠予各国政要的国礼、“‘和谐之旅’火炬接力纪念套装”成为国家博物馆的永久馆藏珍品。

借助于成为 2008 年北京奥运会文具特许经营商、特许零售商和文具独家供应商的契机，贝发首家提出了“全品类文具一站式采购服务”，并在贝发集团内部开展了一列营销创新活动：改变销售方式，建立多种赢利来源（门店销售、电话订购、网络订购、目录销售、合约客户）和多种形式加盟店（学生店、办公店、综合店）；采用自由选择加盟、直营或加盟托管方式；提供退货无忧和原值回购服务等；提供 10 000 个品种一站式采购和实现全国 267 个城市物流配送，以保证投资者收益最大化以及极低风险投资，实施独特的、量身定做的运营支持。

宁波贝发集团是奥运会历史上第一个集奥运会特许经营商、特许零售商和文具独家供应商三种资质于一身的企业。作为 2008 年北京奥运会文具独家供应商，贝发充分借助于奥运商机，创新商业模式，利用品牌创新和行业整合，打造中国的世界文具著名品牌，成为民族品牌的代言人。

与广博集团“先做贴牌，再打造自主品牌，然后到委托加工实现品牌化输出”的品牌国际化的大众化模式不同，贝发集团的品牌国际化道路实际上选择的是“以产品拓牌”的路子和先易后难的市场开拓策略。在品牌建立初期，贝发集团通过“让利创牌”实现了自主品牌从出口发展中国家和地区向欧美国家和市场成熟地区的拓展，建立了国际品牌雏形。在积累了大量的国际市场的品牌操作经验之后，再依托奥运“蓝海”策略，实现了品牌在国内市场知名度的提升，从而逐步向“使中国笔成为世界品牌，使中国由制笔大国走向制笔强国”的远大目标靠近。此外，强大的自主知识产权体系和全球化多业态的营销网络，也是贝发品牌成功打入国际市场的重要因素之一。

第七节　杉杉“多品牌、国际化”之路

作为中国名牌、中国驰名商标的“杉杉”是杉杉集团旗下的核心品牌，是首家通过绿色环保认证的服装品牌，也是中国服装行业的代表品牌，公司形成了正装、商务、休闲等系列化产品，产品线已延伸到了女式时装、内衣、童装、皮具及家纺等产品领域，其中杉杉西服和杉杉衬衫分别荣获“中国名牌产品”称号。

杉杉创造了中国服装产业的无数个第一：第一个系统提出名牌发展战略（1989 年）；第一个提出无形资产经营理念（1990 年）；第一个完成规范化的股份制改造；第一个建成完整的当时中国最大的市场网络体系（1992 年）；第一个全面导入 CIS 系统（1994 年）；第一家服装业上市公司（1996 年）；第一个建成国际一流水准的服装生产基地（1998 年）；第一个与世界顶级时装公司合作，推出具有国际水准的多品牌时装。同时，在中国服装界，杉杉创造了多项奇迹，赢得了诸多荣誉：国产商品“金桥奖”（1992—1995 年），中国十大名牌服装（1994），消费者心目中的理想品牌、实际购买品牌、购物首选品牌三项排名第一（1993—1999），走向世界的 100 家中国名牌（1997）和中国驰名商标（1999），中国名牌产品——衬衫（2001）、中国优秀特许品牌（2002）、中国名牌产品——西服（2003）等。杉杉还被世界品牌实验室和世界经济论坛列入“中国最具价值的 500 品牌”。

一、产品创新：从为人代加工到自创品牌

杉杉集团的前身是建于 1980 年的宁波甬港服装总厂。随着 20 世纪 80 年代后期国内第一波西装热开始降温，加之内部管理不善，甬港服装总厂当时出现了大幅亏损。1989 年，新厂长郑永刚上任后，转机开始出现。他通过行业考察发现，国内企业生产的西装款式过于陈旧，穿起来“厚、重、硬、皱”，消费者毫无潇洒的感觉；几乎所有的企业都埋头给别人做加工，尚未拥有自己的品牌。郑永刚认为，要想重新唤起消费者购买西装的热情，就必须从这两个方面着手创新。

1989 年，郑永刚创立“杉杉”西服品牌。采用先进面料和加工工艺、样式生产出来的第一批杉杉西服，令消费者眼前一亮。与此同时，杉杉在全国范围内掀起了一场声势浩大的品牌推广活动，加深了消费者对杉杉品牌的印象。

随后数年，一大批服装企业看到了品牌的巨大力量，中国的服装业也因此迎来一段依靠自主品牌的快速发展期。

二、渠道创新：从直营直销到特许加盟

1992 年，当许多服装企业刚刚踏上品牌经营之路时，杉杉已经开始了规范化的股份制

改造，以进一步提升内部管理水平。1996 年，杉杉集团下属的杉杉股份有限公司在上海证券交易所挂牌上市，成为服装业首个上市公司。

如果说自创品牌使杉杉由穷变富，那么，此番股份制改造则让杉杉由富变强。当时，作为消费者心目中的知名西装品牌，杉杉建立了服装业最大规模的销售网络，包括 23 家市场管理公司、2 200 多家直营专卖店（厅），还有浩浩荡荡的 6 000 人的销售队伍。然而，在一片繁荣景象中，郑永刚发现了潜在的危机。“一年账面销售 20 多亿元，库存就占了一半。表面看销售不断增长，其实是子公司买总公司的货，产品却在仓库压着。”

1999 年，杉杉大刀阔斧展开销售渠道改革，将直营直销改为特许加盟，减掉几十个分公司、办事处和上千个直营店（厅）。

杉杉在服装产业领域通过产权改制、品牌托权管理和过渡阶段的特许加盟经营，完成了由产、供、销“一条龙”传统经营模式向“订单制”模式的质变。经过结构调整的杉杉得以轻松上路，随后几年，经营绩效大为改观。杉杉服装有限公司总经理范宝富介绍说，杉杉品牌服装销售额增长 26%、利润率增长 15% 的“好收成”，就是在保持“零库存”状态下取得的。这不仅缓解了销售和资金周转的压力，而且使企业可以将主要精力放到把握时尚潮流、款式设计、内部管理等方面，对品牌价值的提升十分有益。

三、模式创新：从单一经营到多元发展

1996 年前后，蒸蒸日上的杉杉开始考虑一个新的问题：一个服装品牌究竟能做多大？一家服装企业又该如何做大？

通过对世界著名服装集团的考察，郑永刚意识到细分市场需要多品牌支撑。从 1996 年引入意大利女装品牌麦斯奇莱至今，杉杉与意大利法拉奥、法国高级时装公会等合作，先后引入了“鲁彼昂姆”“玛珂·爱萨尼”等 11 个国际品牌，并开发出“意丹奴”等自主品牌。

在实施服装品牌多元化的同时，杉杉还致力于产业多元化拓展，经多年布局，现已形成服装、科技、投资三大事业板块，成为在多元化中融汇专业化特色的综合性企业集群。目前，在新能源、新材料等领域，杉杉建立了锂电池综合材料、电解铜箔制造、热缩材料基地和辐照技术产业基地等高新科技产业优势企业；将资金投入中科英华、宁波银行、久游网、松江铜业等，使金融投资业务也取得优异成绩。

杉杉集团董事长郑永刚曾经说，杉杉正是依靠产品、营销、机制、模式上的不断创新和调整升级，从一家资不抵债的服装小厂成长为年销售过百亿元且跻身中国 500 强的企业集团，持续不断地自主创新让杉杉的发展之路越走越宽。

与国际品牌的平等合作，使得杉杉拥有其他国内企业无法比拟的优势：与国际接轨的理念认同，杉杉良好的质量信誉，高品质、低成本的制造优势和 3 000 家店面织就的渠道网络优势。当众多国际品牌想要进入中国市场时，杉杉的这种优势就转变成了双方合作的基础。事实上，与国际著名服装品牌进行跨国合作，杉杉不是第一家，但是能够真正运作国际品牌的，杉杉却是第一家。杉杉与日本伊藤忠商社、迪桑特株式会社等多家国际品牌运营公司以合资或合作的方式运作着 9 个国际品牌。其中，一些杉杉绝对控股的合资品牌因为盈利状况好，品牌持有方一再要求增持股份。

如果说杉杉在 20 世纪 80 年代靠品牌战略实现产品超越，进入新世纪靠多品牌国际化战

略不断跨越发展，那么在品牌更为丰富的今天，杉杉已开始寻求通过对每一个品牌的精耕细作，来实现第三次突破。在杉杉内部，有人称这样的阶段为“后品牌时代”。杉杉一方面将核心品牌向非西装领域延伸，通过“品牌家族”使品牌价值最大化；另一方面通过收购、合资兼并更多的品牌，打造一支国际化品牌集团军。

四、储备自主品牌

在杉杉的品牌布局中，与国际品牌的合作，只是杉杉推动自主品牌成长的催化剂，以“杉杉”服装为核心的自主品牌才是杉杉最看重的利益增长点。

杉杉旗下大大小小的自主品牌公司，主要有两种类型：一种是杉杉品牌授权的公司，一种是杉杉集团投资的公司。目前，杉杉已经拥有 13 个自主品牌。凭借自身的资本优势和资源平台，杉杉已成为自主服装品牌的孵化器。

对有发展潜力的品牌，杉杉往往会投入资金控股，但一般只对其财务进行独立的审计和监察，并不参与其经营管理和人事任免，给予其很大的自由度。同时，杉杉也为这些自主品牌提供了进入高档商场的平台，以及学习和提高设计、运作能力的机会。杉杉集团每年都组织原创品牌的负责人去日本、韩国、法国等地参观杉杉的合作企业。

上海集嘉服饰有限公司是杉杉控股的一家服装产业公司，运作引进品牌马基堡。通过杉杉提供的畅通的学习和交流渠道，如今，集嘉公司已经开始按照国际品牌的模式来定位和经营马基堡这个品牌。整个经营团队已经完成了国际化，其产品总监是有几十年从业经验的香港设计师，常务老总也是在台湾打拼多年的专业人士。目前，集嘉公司已经连续两年盈利。其销售店面已经突破60 家，单店月销售五六十万元的有 10 多家，最高的单日销售纪录是 17 万元。

2005 年，杉杉的“多品牌、国际化”的战略已经开始开花结果，杉杉拥有的 9 个国际品牌总销售额已经超过鼎盛时的杉杉，并且全部实现盈利；杉杉旗下的 13 个自主品牌的服装销售额增长了 25.8%，利润增长了 59%，部分实现了全球采购和全球下订单。无论从规模还是利润上考量，杉杉推行多年的多品牌战略，已经实现了从丰产到丰收的跨越，开始享受丰收的喜悦。

2006 年，在北京举办的中国国际服装服饰博览会上，杉杉旗下的 22 个品牌独占了北京国际展览中心的 9 号展馆。整个展馆内，杉杉自主品牌服装展位和合资品牌服装展位相对而设。从正装到户外休闲装到高尔夫专用服装，从定位为大众消费的运动休闲装到国际顶级品牌服装，杉杉旗下的品牌几乎涵盖了大部分细分服装市场。

杉杉集团在国际化的进程中，始终不忘提醒自己，与国际品牌的合作首先是一个学习的过程，重在通过国际合作带动自主品牌，把杉杉打造成一个真正的国际品牌。向国外品牌学习是一个长期的过程，从品牌设计、品牌控制、品牌发布到日常的经营管理，要学的东西太多。按照规划，杉杉将这一过程设定为 3 ~5 年。在学习能力稳定后，在 2007 年左右，杉杉加大了自主品牌的运作力度。

2007 年，杉杉品牌首次亮相米兰时装周。杉杉、名瑞、耶莉娅等中国服装自主品牌登上了 2006 米兰时装周的 T 型台。商务部副部长高虎城说，米兰时装周是世界四大著名时装周之一，在此联合发布自主品牌，标志着中国服装企业开始进入创立国际品牌的时代。“我们让国际时尚正式接受了我们。”郑永刚称此举是中国时尚品牌走向世界的破冰之旅。在

2006 米兰时装周进行的中国品牌联合发布，以现代化的方式重新开辟了中国服装品牌通往意大利及欧洲市场的道路，为中国服装企业实现品牌文化、时尚艺术、服饰风格的国际化互动和交流提供了契机。

从 2008 年下半年到 2009 年 2 月底，杉杉集团自主品牌杉杉服装的利润增长稳定在 15%，在国际金融危机的背景下，这一数字更显可贵。

“把杉杉打造成为一个真正的国际品牌，是我一生的梦想!”郑永刚说，要把杉杉打造成为一个真正的国际品牌，接下来杉杉将进一步引进国际一线品牌，学习做正装的国际品牌的运作经验，再拿过来提升核心品牌杉杉正装的品牌价值。“力争到 2011 年拥有 30 个品牌，其中 70% 是国际品牌，30% 是自创品牌。”这就是杉杉集团的下一个目标。

从工业制造到品牌运营，杉杉遵循着国际服装业的发展轨迹不断赶超。虽然杉杉的品牌经营模式并非首创，但是，我们看到了杉杉不断探索创新的勇气。尽管杉杉的品牌运营的一些做法至今仍受到众多同行和专家的质疑，但是杉杉为我国服装企业走向世界做出了有益的尝试。我国服装消费水平的不断提高和市场的不断成熟，将进一步催生国内品牌的成长和壮大。对于更多的中国企业来讲，应该向杉杉学习的是，长期保持对自身发展的清醒认识，善于把自身的优势转换成为资源，以换取更多的资源、更好的机会，从模仿的初级阶段向自主创新的高级阶段转换。

第八节　雅戈尔与杉杉品牌发展模式的比较

在国内服装界有一个非常奇特的现象：同为宁波的服装企业，杉杉和雅戈尔曾在很长时间内占据中国服装业第一和第二的位置。两个大企业在同一城市，相似的发展经历，相似的经销渠道、销售对象，使它们曾经是激烈的竞争对手。但后来双方不同的发展模式，使二者各自发展，又相互借鉴，双方在竞争中都越来越强大。

一、性格迥异的两位企业家

杉杉和雅戈尔曾经是两个非常相似的企业，它们同是宁波服装界的“龙头”，又都脱胎于老服装厂，都以生产男装起家，甚至连上市的时间都很相近，但是，因为两个企业老板迥异的性格，两个企业走上了完全不同的发展道路。

杉杉董事长郑永刚：性格豪爽，喜欢名车，追求时尚，决心将杉杉打造成为世界一流企业；雅戈尔董事长李如成：性格内敛、处事稳健，志在控制整个服装产业链，保持在国内服装行业的领先地位。

李如成是上海知青，并为自己曾经的“农民”身份而自豪，认为正是自己的“草根”特质才使他有了今天；郑永刚当过兵，喜欢人们称他为“时尚老板”，被一些人誉为“服装界的巴顿”。

李如成要建世界上最气派、最具规模的服装生产基地；郑永刚的理念是做世界顶级品牌。李如成在全国多数城市主要街道的黄金地段开店，并规划建 500 平方米以上的“旗舰”店；郑永刚则不自己搞，他让别人做特许加盟，代理杉杉的品牌。

李如成搞集中管理，有板有眼，格式化、制度化；郑永刚则主张无为而治。

稳健、谨慎，成为李如成的标准符号。郑永刚却喜欢冒险，愿做第一个“吃螃蟹”的人。他带领的杉杉在很多方面成为中国服装行业的“急先锋”：1990 年提出无形资产经营理念；1992 年构建起当时全国最大的服装市场销售体系；1994 年提出做品牌，并全面导入企业形象识别系统；率先改革体制，1996 年成为中国服装业第一家上市公司；1998 年建成国际一流水准的服装生产基地；1999 年，总部从宁波迁到上海；2000 年，进入高科技领域；2003 年起，在服装板块推出多品牌战略。叛逆、永不满足成为郑永刚的标准符号。

二、两种独特的服装品牌个性

“没有个性，就没有品牌。”品牌个性是品牌能否存活并发展的关键。一个品牌要想从众多竞争对手中引人注意又能脱颖而出，就必须有独特的鲜明的个性。消费者对品牌的记忆，是对品牌个性的记忆，对产品的选择不是因为绝对的价格因素，而是取决于人的需求偏好。

同在宁波的雅戈尔和杉杉拥有不同的品牌个性：雅戈尔以厚德载物为念，以龙马精神为事，表现的是成熟、尊贵的个性，虽然前进不快，但步履稳健；2004 年，杉杉提出的品牌宣传口号是“我有，尊贵、豪情、动感、时尚”。如果说，雅戈尔是一个成熟的男人的话，那么杉杉西服就是一个动感、理性、国际化的现代男士。

三、两种不同的品牌策略

20 世纪 90 年代中后期，两个企业资产规模和销售规模都达到一定程度，后来者纷纷进入服装领域，市场竞争加剧。处于领先角色的杉杉、雅戈尔都面临着增长变缓、市场占有率下降的态势。面对这种形势，杉杉和雅戈尔却选择了两条差异极大的道路。

在品牌发展战略方面，雅戈尔的经营哲学是：首先把一个品牌做好做强，主干粗、根深，才能枝多；主干不粗，品牌多元化后风险很大。雅戈尔定位于高端产品，立志于做一个品牌型的企业，积极拓展自主品牌产品的海外市场，在 5 ~ 10 年时间成长为一个资产过百亿的国际性服装品牌。

雅戈尔集团在充分发掘区域市场的前提下，加速品牌高相关度市场的多元化计划实施，形成核心品牌结构，采取多渠道或多形式的品牌运作方法和策略，推进品牌国际化。“雅戈尔”品牌朝着多品种、多档次、系列化、跨领域、跨行业的发展方向延伸，一是雅戈尔服装品牌延伸，开发金标、蓝标、绿标系列产品，形成不同的产品结构。二是品牌向上游领域延伸，自 2004 年以来，雅戈尔集团将品牌服装进一步延伸至棉花种植、纺织等服装上游产业，在发展服装品牌的同时，强化雅戈尔在纺织原料、服装面料和辅料的品牌。三是向非纺织服装领域延伸，在经营好主业的同时，以雅戈尔品牌介入房地产、股权投资等产业，巩固发展扩大雅戈尔品牌内涵。

与雅戈尔先把自己的品牌做强做大，然后建成跨国公司，直接进入国际市场的路线不同，杉杉则参照发达国家著名服装品牌的模式，将销售网络改革为特许加盟，将服装生产工厂外包，自己则专心致志地做品牌推广和核心设计，期待为中国服装品牌探索一条新路。正如杉杉老总郑永刚所说，杉杉发展的方向应该是成为一个围绕服装的投资产业公司，生产环节可以全部外包，去 OEM（贴牌生产），自己只做品牌管理和资本运作。

但是，杉杉和雅戈尔有一点是一致的，那就是都进行多元化扩张。然而，即使面对同样的发展需求，它们还是选择了不同的两个方向：雅戈尔选择脚踏实地，“六轮驱动”——服装、纺织、外贸、证券、房地产、基础设施；而杉杉却瞄准了高科技。

可以说，从1999年开始，杉杉和雅戈尔的品牌策略都发生了微妙的转变：雅戈尔是越做越“实”，而杉杉则越做越“虚”。雅戈尔把自己的产品定位在中高档，强调“量”，无意去做顶级品牌。杉杉则不断挖掘核心价值，专心做品牌运营和资本投资。

四、相互影响，在竞争中共同成长

杉杉和雅戈尔虽然选择了不同的发展道路，但两家企业一直是在互相竞争中又互相学习。比如，杉杉在服装行业内第一个上市，募集了一笔可观的资金，对企业发展大有好处；雅戈尔也马上申请上市。杉杉淘汰落后设备，引进世界先进设备，建成当时国内最现代化的服装加工基地，并实现了企业内部信息化，雅戈尔也及时跟上，建设了一个更大的服装城。杉杉聘请日本和西方国家的经理或总工，并与国外大企业合作，2008年雅戈尔则并购了美国KELLWOOD公司旗下核心男装业务——香港新马集团，获得了强大的设计开发能力、国际经营管理能力以及遍布美国的分销网络，形成了全球最大的纺织服装产业链之一。

李如成坚守宁波，在服装之外经营房地产，圈了大片土地，建设国内最大的纺织工业城、服装城，获利颇丰。宁波最大的房地产公司和国际贸易公司曾经都属于雅戈尔，其利润已占雅戈尔总收入的60%；而总部已迁往上海的杉杉看到这一点，觉得家乡不可放弃，于是，杀了个“回马枪”，在宁波市建设了杉杉科技园，也收购了当地一家外贸公司。雅戈尔坚持把服装做大，杉杉也从一度收缩服装，转为“绝不会放弃服装”。

当然，两个老总在相互学习、相互吸取经验教训的时候，也不忘合作。比如遇到反倾销，双方曾联手一致对外；比如双方都跟日本伊腾忠合作……从某种意义上说，这也是同城竞争的杉杉和雅戈尔能够共同成长壮大的重要因素之一。

【链接】

海尔的品牌价值是如何创造的？

新华社记者徐冰、张旭东

新华社青岛2010年8月10日电 我国一位青岛籍的资深外交官曾对记者说，在国外，海尔这一民族工业品牌几乎就是中国制造业的形象代表，为外交工作增加了不少亮色。海尔集团从1984年一家亏空147万元、濒临倒闭的小厂，到2009年发展成为世界白色家电第一品牌，成为中国民族工业品牌的佼佼者。

砸冰箱树品质　建立产品质量品牌

海尔集团的前身是青岛电冰箱总厂，创业之初是一家只有600人的资不抵债的集体所有制小厂。为给这个死气沉沉的工厂注入活力，厂里引进德国利勃海尔的冰箱制造技术。从此，海尔将产品质量作为企业的生命线。

在海尔刚刚起步的1985年，一位客户反映他买的海尔冰箱有质量问题。面对用户的诉求，时任厂长的张瑞敏立即检查并发现库房76台冰箱有缺陷，他当场宣布把这些冰箱全部砸掉，谁干的谁来砸，并抡起大锤亲手砸了第一锤！很多职工砸冰箱时都流下了眼泪。

张瑞敏告诉职工，有缺陷的产品就是废品。通过这一事件，海尔集团注重产品质量的形象牢固树立起来，得到全国消费者的认同。三年间，依靠质量创新，海尔集团捧回了我国冰箱行业的第一块国家质量金奖，也完成了从技术引进到自主创新的过渡。

在奠定质量基础后，海尔开始从出口创汇走向出口创牌，赢取世界市场上的用户资源。张瑞敏把海尔走向世界归纳为三步：走出去、走进去和走上去。走出去就是把自己的品牌产品输出到国外，进入国际主流市场；走进去就是要自己的品牌产品进入国外市场的主流销售渠道；走上去就是要让海尔品牌成为世界各国的主流品牌。

凭借自主创新技术和过硬的产品质量，海尔系列产品已经进入全球100多个国家和地区，特别是在欧洲各国、美国、日本和东南亚等地，海尔产品广受欢迎。海尔集团的品牌产品已成功地走进国外主流市场的主流渠道，曾在美国纽约著名的连锁广场创下7个小时销售7 000台海尔空调的纪录。

由制造业品牌转型为服务业品牌

海尔集团通过自身的品牌优势和整合国际市场资源，已在全球建立了29个制造基地，8个综合研发中心和19个海外贸易公司。在2009年国际金融危机背景下，海尔实现利润增幅是销售收入增幅的十多倍。

但为了在互联网时代创造更多用户资源，海尔取消了自己的仓库，推出以用户为驱动的“即需即供”模式，推动企业从制造业向制造服务业转型，海尔品牌从家电制造业品牌向制造服务业品牌转型，用服务卖产品，在第一时间满足用户第一需求。

在互联网用户需求个性化的背景下，海尔从传统企业的“生产—库存—销售”模式转变为以用户需求为驱动的从车间到消费者的“即需即供”模式。海尔探索的互联网时代创造顾客的商业模式就是“人单合一”双赢模式。“人”是员工，“单”不是狭义的订单，而是第一竞争力的市场目标。“合一”是每个人都有自己的市场目标，“双赢”是在为用户创造价值的前提下，员工和企业的价值得以实现。

海尔“人单合一”双赢模式以互联网和物流销售网相互融合为基础，初步实现零库存下的即需即供。互联网上不是促销而是相互沟通，通过网络社区形成“用户黏度”。如海尔空调把所有方案放在互联网上，用户只要输进去居住房子的面积、朝向、装修风格和颜色，就可以得到满意的解决方案，用满足用户个性化需求的服务来销售产品。

海尔基于“人单合一”双赢模式，创出了虚实网融合的核心竞争力。这一竞争能力，引起了一些国际企业巨头的关注和青睐。美国通用电器公司把冰箱、洗衣机、空调等家电产品在中国销售的代理权给了海尔，惠普公司也把部分产品在中国三四级市场的代理权给了海尔。

让海尔成为提供新型生活方式的品牌

今年年初，在美国拉斯维加斯举行的2010年国际消费电子展上，海尔推出了世界首台不用电源线、信号线和网络线的“无尾电视”，成为这届消费电子产业盛会的一大看点，而“无尾电视”只是海尔瞻望以物联网为代表的未来生活的代表作之一。

海尔集团表示，信息技术的发展不断为企业提供了新的发展机遇，下一个非常重要的机遇是物联网时代的到来，海尔U－home系列产品就是利用物联网技术实现物物相联、人机对话。目前，海尔U－home数字家庭解决方案已被国际电工委员会确定为国际标准，这是中国企业在家庭网络领域的首个国际标准。

目前，海尔已相继推出世界首台物联网冰箱、洗衣机和空调，其中物联网冰箱不仅可以储存食物，而且可以通过与网络连接，实现冰箱与冰箱里的食品、与超市的食品、与用户之间自由沟通。同时，它还带有网络可视电话功能、浏览资讯和播放视频等多功能。

在正在推进的“三网融合”试点过程中，海尔也不甘落后。青岛海尔软件有限公司总经理于忠清向记者介绍：“今年8月份，海尔的数字家庭硬件核心将上市销售，这个类似机顶盒的盒子不仅能实现电视、电话和上网功能，还是家电控制、灯光、安防、健康管理和远程看护的中心设备，预计月销量在一年内能达到1万台。”

在物联网和三网融合时代刚刚到来之际，海尔集团的目标是，让海尔成为向用户提供新型生活方式的品牌。

海尔连续14年蝉联中国品牌价值榜首

来源：新华科技 2015年9月18日

2015年9月17日，“2015（第21届）中国品牌价值100强”榜单正式揭晓，在“互联网+”的大趋势下，海尔以1 288.6亿的品牌价值连续14年蝉联榜首，不仅是本届品牌价值唯一达四位数的企业，还比榜单第2名超出387.42亿元。另外，海尔集团旗下独立子品牌“日日顺”也榜上有名，排名第24位。海尔集团是唯一一个两个品牌进入百强的公司。

思考与练习

1. 分析祥生出租车公司的广告语的内涵和所产生的作用。
2. 列举五和公司在宣传品牌方面所采取的举措，并分析其所产生的作用。
3. 简释方太集团“三品合一”的核心理念。
4. 简单概括方太集团的品牌发展战略。
5. 奥克斯空调是怎样实现品牌转型的？
6. 广博集团的品牌文化是什么？它怎样实现品牌多元化的文化扩张？
7. 简单概括广博集团发展自主品牌的历程。
8. 概括贝发电子实现品牌国际化的历程。
9. 杉杉品牌为走向国际化采取了哪些方法？
10. 雅戈尔与杉杉的发展模式有哪些区别？

第七章

宁波商帮的经营谋略·成功营销

内容摘要

市场营销是联结社会需求与企业反应的中间环节，也是企业战胜竞争者、谋求发展的重要方法。宁波商帮在国内外市场大展身手，从营销理念、经营模式到销售渠道的建立等方面，都留下了不少成功的范例。本章重点介绍天津宁波帮的经营模式、黄楚九的营销谋略、张敏钰的经营之道，以及奥克斯空调、维科家纺、雅戈尔服装和贝发文具的营销渠道建构，并链接当下知名企业阿里巴巴的营销策略，以供参考、借鉴。

学习目标

了解宁波商帮知名企业和企业家在经营销售方面的成功案例，供企业在长远发展、市场营销等诸多方面作为借鉴，也让学生从中得到诸多启发。

关键词

宁波商帮；经营谋略；成功营销

市场营销是联结社会需求与企业反应的中间环节，是企业用来把消费者需求和市场机会变成有利可图的公司机会的一种行之有效的方法，亦是企业战胜竞争者、谋求发展的重要方法。宁波商帮在国内外市场大展身手，从营销理念、经营模式到销售渠道的建立等方面，都留下了不少成功的范例。

第一节　天津“宁波帮”的经营模式

现代经济学认为，商业资本的扩大可以通过两种形式实现：吞并和联合。事实上，在中国传统商业领域，吞并并不多见，因为这种资本扩大形式不为儒家道德准则所接受。但是连锁和联合却一直是中国传统商帮采取的经营模式，通过同一字号在不同地域的发展，构成商业网络；在资金不够充足的时候也可动用个人的亲属网络，凭借同乡信任，凑齐资本经营某项事业。天津“宁波帮”的经营模式主要是连锁和联合，其前提是规模经济和资本联合，同时注重营销理念与手段的引进和创新。

一、采取连锁和联合的经营模式

前提之一：规模经济。商帮需要拥有一定的从业人员和相当的资金规模。商帮内部成员在经营各类商业时，既互相渗透，又互相促进，从而编织成一个较为庞大的贸易体系。宁波商帮具有不同于近代其他商帮的命运，原因之一就在于其善于利用人缘、地缘、业缘优势，在某个领域形成规模效应，并在不同商业领域建立起彼此支撑、互相扶持、共同发展的经营机制。早年天津“宁波帮”曾垄断北头船的商船贸易，运送南北货、药材、绸布、服装、木材、粮食、明席、草帽等物品，沟通南北，实现利润的增长。这是宁波商人主要的，也是最擅长的、赢利最多的行业。在相当长的时间里，宁波船商的活动遍及内河、沿海和外洋。清道光年间，宁波商人又打入以上海、崇明为中心的沙船业，将江苏沿海的沙船主逐渐排挤出去，进而控制了上海商船会馆的大部分业务。

虽然航运业使“宁波帮”获利甚丰，但是如果没有金融业，就难以形成一个完整的贸易体系，不能为长途贩运提供有效后援，也就难以保持商业的长期繁荣。这也是龙游商帮在清朝中叶销声匿迹的主因。传统社会，钱庄业的重要性毋庸置疑，它可为同乡提供借贷资本。近代以来，金融业优势更为明显，提供了规模经济所必需的异地资金融通的便利。

据考证，宁波商人开设钱庄始于清朝乾隆年间，这在全国来说也是起步较早的。而在钱庄业的经营活动中，颇具匠心的宁波商人又创立了“过账制度”。由于它有益于活跃市场、调剂金融，因而成为宁波钱业通行之法。同治年间，在宁波可以直接过账的大钱庄约为36家，被誉为“过账码头”。宁波帮商人把过账制度移植到上海、天津等地，发展成为汇划制度（即中国票据交换的雏形），并利用票号拆放头寸，扩展业务，仿效票号办法，联络长江及沿海各埠同业，进行异地资金汇兑。严信厚之子严义彬于光绪八年（1882）在上海设立名为票号实则钱庄的源丰润票号，并在北京、天津及江南各地设分支机构59处，经营汇兑和商业拆放业务，兼营存放款，盛极一时。王铭槐在天津估衣街开设胜豫银号，并在北京、沈阳、牛庄等地设立20余家分号。叶澄衷在天津设大庆元票号，并建起遍布南北的庞大汇兑网。19世纪末，浙江的钱庄商人敏锐地意识到组建银行乃大势所趋，于是开始兴建新式银行。中国第一家现代意义上的银行“中国通商银行”成立后，“宁波帮”巨商朱葆三、严信厚、叶澄衷等都是总董。中国通商银行确立的经营原则是“权归总董，利归贾商”。民国时期，“宁波帮”掌控的中国垦业银行在南京、宁波、天津和北京设有分行、支行。

资金固然是商帮进行商贸活动的资本，但是，信息同样是获得商业成功的要素。获取利润，是每个实业家、经营者的主要目的，因此必须寻找和把握商机。有学者提出，邮政业肇始于明朝永乐年间，得益于经济繁荣、交通便利的宁波。这主要是因为绍兴人在各地官府衙门当师爷者很多，且分散在全国各地，平时写信给家人，需要一个传递私人信件的途径，宁波人看准商机，开始涉足传统邮政业。清嘉庆、道光年间，宁波商人首创民信局专门为人们传递信件。民信局的总局设在上海，分局和代办处遍及天津等大中城市。在道光初年至光绪初年，民信局便达到鼎盛，并在邮件分类、信资、邮次和代理等方面逐渐形成制度。由于民信局是以承递银、信、包裹为主要业务的民间邮递机构，因此十分注意社会各界人士的需求，不断扩大服务范围，从沿海向内地发展。民信局的存在与发展，使在全国各地经商的宁波人受益匪浅。通过民信局，宁波商人与家人的联系变得十分方便，与商界朋友可以互通商业信息，从而使得宁波商人可以发展到全国各地乃至海外更远的地方；而走到全国乃至世界各地的宁波商人则更需要民信局传递信件、互通信息。有的民信局由于资金雄厚，善于经营，遂在全国各地设立分局。也有几家民信局联合经营，在全国范围内形成一个相对稳定的网络。

充分认识到规模经济和行业资源统一整合重要性的宁波商帮，除了在金融业、民信业善于开拓市场、形成规模经济外，还进军新的行业。像天津的木材进口业，大部分都操纵在宁波商帮的手里。如英商祥泰木行经理为顾海根，美商大来木行经理为阮渭泾，英商怡和洋行进口木材由久恒木行徐震生包销。

除纵向联合之外，宁波商帮还十分注意横向发展。有些著名商人的店铺不仅遍布全国，而且就在同一个城市，甚至同一条街道上，也有不同的分店。由此不难想见，宁波商帮的经济实力和发展规模达到何种程度。亨得利钟表店是宁波人创办的一家非常有名的钟表店，同治十三年（1874），由鄞县樟村人应启霖、王纪生、庄九泉集资开设。1915 年，在上海广东路河南中路西首开设亨得利钟表行。1928 年，成立亨得利钟表总公司，由庄鸿皋任总经理、应智鹤为经理。抗日战争爆发之前，亨得利已发展成为拥有 60 多家联营企业的大型商业集团。1933 年，史致富开设万国药房，店址初设于上海福州路世界里 8 号，后又在昆明、重庆、南京、天津等地开设分店，专营内地批发业务。成功运用规模经营使他成为西药业的重要人物。

不把鸡蛋放在同一个篮子里，是宁波商人在商场竞争中避免风险、长盛不衰的不二法则。因此，多项投资在“宁波帮”商业巨擘的经营中十分常见。同治九年（1870）以后，叶澄衷独家经销美孚火油，其分店遍及各大城市和一些村镇，美孚石油的销售网和产品也延伸到全国很多地区。随之，叶澄衷便用积累的资金投资于房地产、钱庄，经营船舶业、钱庄业等，并达到一定规模。其中，连锁钱庄最多时达 108 家，有效地保证了客户的钱款汇兑。1926 年，镇海人俞佐庭辞去中国垦业银行天津分行经理职务，改行开办了宁波慎生、正大、东升、万成四家咸鱼行，并担任宁波和丰纱厂董事长。这表明，到 20 世纪初天津“宁波帮”已经逐渐打破了初期经营商船贸易、钱庄汇兑的单一局面，开始涉足其他行业，并实现身份的转变。他们中间既有外国洋行的买办，也有投资创办新式工商业和金融业的工商资本家、金融资本家，而职务身份也变得越来越复杂。

前提之二：资本联合。宁波商帮，尤其是天津“宁波帮”利用血缘和地缘联系，完成了对地方市场的控制。他们虽然很少像徽商一样控制一个城镇的全部贸易，但是却掌控了城市中某一行业的全部或者绝大多数贸易活动，比如金融业、民信业等。而这种规模经济和行业垄断主要是通过资本联合等手段加以实现的。就资本构成而言，天津“宁波帮”在历史上实行过三种经营模式：独资、合伙和股份制。利用家族和同乡关系组合的企业是合资的经营方式，资金组合为合作、合伙。

实行传统合伙制的宁波商号，一般是利用家族或同乡关系从事经营活动的。因此在组织管理方面，最高领导权往往掌握在家长或家族长辈的手中，而商号的运作通常依靠的是商号领导借助于家族制度而树立起来的个人威信。

近代以来，采取股份制的公司逐渐增多。华北硝皮厂创办于 1915 年。是集资 30 万银元创办起来的天津第二个机器制革厂。1917 年，该厂正式投产。在其资本构成中，宁波商帮占大部分。主要投资人为仁立毛呢厂的朱继圣，大来木行的阮渭泾，天津青年会干事陈锡三，南开大学张伯苓、陈芝琴，启新水泥厂的周叔弢等。

在近代工商企业发展中，除了资金发挥着不可替代的作用之外，人力资本也是必不可少的资源。而人力资本看似简单，实际上不同的人力资源配置可能带来截然不同的结果。有学者指出，商帮归根到底是以宗族、家族为纽带的，其用人制度表现出浓厚的乡党宗亲色彩。不能否认地域性的商帮是由一个个依靠家族、宗族和乡亲等关系结合起来的经营团体组合而成，具有一定的可靠性，也可以说是人力资本实力的联合。

天津“宁波帮”的开山人物之一叶澄衷就十分信任部下。他派宋炜臣到汉口创办燮昌火柴厂，并任命其为副经理。对于叶澄衷的信任，宋炜臣自然心知肚明，遂锐意进取，很快打开局面。在天津，叶澄衷先后任命王铭槐、徐企生、陈协中为“老顺记”天津分号经理。由于叶澄衷的信任，王铭槐等人勤勉努力，业务发展很快，从而使“老顺记”成为宁波帮在天津孕育洋行买办的基地。在天津“宁波帮”开办的金店里，董事会所任命的经理，经理所任命的副经理、掌柜，都存在着一定的地缘、业缘关系。恒利金店经理周寅初是宁波慈溪人，由他物色的副理孙景福也为宁波人；头柜林樵芳虽出身于上海杨庆和银楼，但也是宁波老乡。共同投资天宝金店的天津永丰洋行买办王品南、老九章绸缎店经理冯占祥、恒利金店职员张润益、上海庆云银楼副理徐禄生等，以及延聘的副理宋廷扬，不仅均是慈溪同乡，而且彼此还有一定的亲戚关系。

形成以资本为前提、以人力资源为基础的经营联合体，更多的是着眼于对资本运作安全的考虑和对亲戚乡人的帮衬提携，从另一角度反映出宁波人做生意的精明与务实。

二、注重营销理念的引进和创新

商业的进步要依托科学技术的力量，不断创新谋发展。商业之所以能够成为一个城市最具活力和发展潜力的部分，就在于其创新、冒险和寻求新奇等内在因素。这些不仅仅是有资本、人力和机遇就能彻底解决的问题。宁波商帮在天津的存在和发展，假如不依靠科学技术的创新，是很难想象的。宁波商人接受过吴越文化的影响和浙东学派的洗礼，也承受过西方宗教、文化的冲击。然而，他们始终能够站稳脚跟，既兼容并蓄，又慎重取舍，敢于创新，使自身获得质的飞跃与升华，完成了从传统到现代的转型。勇于创造、敢冒风险是经济不断发展的精神源泉，也是商业进步的原动力。宁波商帮在天津的实践活动，对此有生动而准确的诠释。

随着西风东渐，西洋服饰逐渐影响到近代中国人的生活，中国传统精湛的服饰及制作工艺也开始发生变革。在清嘉庆、道光年间，天津就已经出现以家庭为主的服装手工作坊，尔后还有了成衣铺和成衣局，为官宦和商贾制作中式的长袍马褂。这些制作传统服饰的裁缝被后人称为“本帮裁缝”或“中帮裁缝”。第二次鸦片战争之后，天津被迫成为通商口岸，英国、法国等西方列强在天津设立租界。纷至沓来的西方人和洋行买办的出现刺激了社会对西装的需求；而留学生的归国，也将西方的服饰文化带回了天津。于是，越来越多的人脱下了长袍马褂，换上西装，善于捕捉商机的宁波人率先进军西装业。由于手工精细，制作工艺精湛，善于创新，不断进行服饰改良，以至穿着合体、美观大方而一举占领市场。他们制作的西装款式众多，做工非常地道，连十分挑剔的英国人见了他们制作的西服，也不得不连声称赞。因此，英租界工部局巡捕的制服都是请“红帮裁缝”制作。而且他们还对直筒型的传统满族旗装进行改良，成为更能展示女性曲线美的新式旗袍。“红帮裁缝”不仅占得先机，而且使自己的店号成为市民心目中体现时尚、高雅与档次的最好商标。精益求精的制作、与众不同的新颖款式，来源于他们对质量的不懈追求，对制作工艺的不断创新。首先，“红帮裁缝”用材比较考究，原料多是从欧美国家进货，从而提高了成衣的档次，丰富了其文化内涵。其次，“红帮裁缝”积极引进外国的先进设备，采用西方缝纫机生产。德国手摇缝纫机和美国脚踏缝纫机的使用，极大地加快了西装的制作速度，为西装业的发展奠定了基础。

天津的仁立实业股份有限公司是非常著名的毛纺企业，经过近30年的打拼，公司迅速发展壮大起来，成为天津民族资本企业中的佼佼者。总经理朱继圣十分注重技术的应用与市场调研，重视新产品的开发，并采用西方先进的管理制度，唯才是举，合理配置人力资源，因而仁立实业股份有限公司充满生气和活力。1932年，仁立实业股份有限公司不但自营出口，还成为洋商在中国的代理人。该公司勇于打破洋商对商品外销的垄断，积极开拓国际市场，与一些著名商家，如纽约的万纳麦克百货公司、福利兹公司和芝加哥的马绍菲公司等建立起直接的关系，逐渐取得海外销售的优势。

天津达仁堂的发展充满艰辛，从其风雨历程中更能悟出鼎力革新是企业得以新生的原动力这个道理。北京乐家老药店有一个十分严格的家规，即不允许用同仁堂的名义在外埠开设分号。随着西药的大量涌入，这种不符合时代走向的陈规陋习，成为制约同仁堂进一步发展的桎梏。作为乐家的后代，乐达仁很希望把祖传事业继承并发展下去。早年曾留学英国，后又随清政府驻德国公使吕海寰游历过德国、法国的乐达仁，就按照西方经营商业的方法改造同仁堂，进而把业务推广到全国各地，1914年将达仁堂药店迁到天津。由于继承了300余年的“家传秘制”方法和经营传统，制成的丸散膏丹等各种成药深得广大患者的欢迎。可是乐达仁并不满足，坚持不断革新，抛开了同仁堂家店合一的传统经营模式，在设备、安装、电力、用水等方面进行了一系列卓有成效的探索与改革，使达仁堂终于成为现代化产销结合的工商联合企业，使一家传统制药作坊成功转变为现代制药企业。

天津“宁波帮”善于通过大众媒体来宣传自己，在《大公报》《益世报》和《北洋画报》上刊登广告，以吸引人们的注意。恒利金店的广告是这样宣传的：

本店向在估衣街，已历百余年。自迁移日租界，又分设法租界以来，蒙惠顾诸公同声嘉许，是以营业颇称发达。故加精自炼十足条锭叶金，精造金银首饰、中外器皿、宝星徽章花样，一律翻新，成色管包十足，以及文明珠花、金丝眼镜、洋式镶嵌、包金镀金，一应全备至。收买各路沙金、荒金、精圆珍珠，无不格外放盘。新增金刚钻手镯、耳环、戒指等等，兼备圆珠项链，定价公道、物质纯正。荷蒙赐顾，无任欢迎，兼售各种古董瓷器。日租界电话：六十八号；法租界电话：一千二百五十三号。

老九章绸缎洋货庄各货贱价出售广告则为：

自欧战发生，颜料飞涨，丝价逐贵，绸业中方增价之不及，独本号存货充足。今为推销货物招徕生意，特于阴历三月初一日起，将剔庄各种时样大花、头号库缎、洋绸、宁绸、线春、熟罗、泰西缎等，特别贱价出售。务祈各界诸君及早惠顾，幸勿交臂失之也。本庄电话：八百二十三号。

解读天津“宁波帮”的商业广告，可以发现：他们一方面利用移民文化的背景，将自己的店铺塑造成舶来良品和品种繁多的形象，以迎合天津消费者渴求商品多样化的愿望；另一方面则利用名店效应，尽力拉近与天津消费者的距离。

《大公报》等媒体大量报道天津“宁波帮”经营的店铺，使人们比较熟悉和了解这些老字号，进而接受其商品。而天津“宁波帮”的经营活动，又常被《大公报》冠之以“实业救国”的光环，这就使得消费者们将其视为值得信赖和有利国民的所在，心向往之。天津“宁波帮”还利用《大公报》树立群体形象和群体意识，这从《天津恒利物华金店代募沽急赈捐款清单》中可见一斑：

同文俱乐部经募捐：洋一千六百二十五元；陈映渠：洋一千元；恒礼金店：洋五百元；物华楼：洋五百元；老九章：洋一百元；吴荫庭：洋一百元；李正卿：洋五十元；叶星海：洋五十元。

天津“宁波帮”借助于诸多媒体的报道推销和宣传自己，从而在人们的心目中树立起文明团结、关心民众疾苦的形象，更容易得到人们的好感、支持与拥护。透视媒体与天津“宁波帮”的关系，可以非常清楚地看到两者在良性互动中实现了双赢：一方面媒体通过对天津“宁波帮”的报道，更好地贯彻了自己的办报宗旨“宣传实业、服务大众”；另一方面天津“宁波帮”通过媒体的报道，树立起良好的社会形象，进一步扩大了社会影响。

第二节　黄楚九的营销谋略

黄楚九是浙江余姚人，祖辈行医，16 岁那年来上海的时候，包里就揣着祖上传下来的一本药书。

当年，在城隍庙的春风得意楼前，黄楚九摆起了药摊，按照书里的药谱卖起了药丸。城隍庙是老上海最热闹的地方，商贩云集。在这里，黄楚九的药摊生意越来越好。他爱动脑筋，渐渐就悟出了出奇制胜的经营之道。

随后，黄楚九向人借钱开了第一家中法大药房，兼卖中西药品。32 岁那年，他终于推出了第一个本牌药——艾罗补脑汁。黄楚九的高明就在于他看透了病家心理，他强调艾罗补脑汁可以长智慧、祛百病，这让很多人怦然心动。黄楚九成功的地方在于把中药西式包装。过去从中药铺买了药自己煎或者药房代煎，而艾罗补脑汁替你煎好了，用瓶子装好，用不着自己拿回来再煎了，这对于病家是很方便的。艾罗补脑汁卖得出奇的好，黄楚九的中法大药房门庭若市，销售额不断攀升，真的是日进斗金。

20 世纪初，日本在中国大量倾销商品，打击中国民族工商业，掠夺国人的钱财。1907 年，上海总商会通电全国，号召开展抵制日货的反日爱国运动，全国各地商界可谓是一呼百应。然而，只有日本产的仁丹仍然盘踞在中国城乡，到处可见翘着小胡子的仁丹招贴画。黄楚九对这小小仁丹在中国大地横行无忌愤愤不平。1909 年黄楚九得到一张“诸葛行军散”的古方，同时参考自己祖传的《七十二症方》，研制出新的方剂，做成小粒药丸，取名为“龙虎人丹”。龙虎人丹上市后，黄楚九大力宣传，凡是贴着仁丹广告的地方，都贴上醒目的龙虎人丹广告，与其展开竞销。

日本东亚公司眼看龙虎人丹对他们的仁丹构成了威胁，便控告人丹是“冒牌”“侵权”，要求中国政府勒令停产。黄楚九聘请上海著名大律师与日商打官司，直至上诉到北京最高法院。1927 年，最高法院做出终审裁决，判定“人丹”与“仁丹”两药各不相干，可以同时在市场上销售。10 年诉讼虽令黄楚九损失 10 余万元，但“人丹”的名声逐渐扩大，销路大增。史家评价：这场官司的胜诉给中国人出了一口气！

1923 年，黄楚九又推出了一款新药：百龄机。对于百龄机，他没有遵循常规的“薄利多销”原则，而是利用了顾客的“便宜无好货”的购物心理，把价格定得偏高。凶猛的广告宣传更是令人咂舌。

仿佛一切都在黄楚九的预料之中，广告宣传给他带来了巨大经济效益。特制的百龄机广告赠品走进了千家万户；巨幅的广告灯在上海彻夜闪烁。在当年的工商界，黄楚九可谓是广告宣传的大玩家和大赢家。他做广告无孔不入、一掷千金，中法大药房每年的广告费用高达总成本的28%。很快，黄楚九便拥有了本牌药100多个，成为上海民族药业的翘楚。

在这个时期，黄楚九的药业成了托拉斯，旗下有21个医药企业，凭借这个庞大的药业集团，黄楚九稳稳地坐住了上海“新药业大王”的位置，1927年，上海新药业公会成立，黄楚九当选为首任主席。

但他不满足于在新药业的成功，他要不断涉足新的领域。黄楚九在上海滩首开大众化游乐场。他选中永安公司的屋顶开设“楼外楼茶座”。逐日一档评弹一档申曲，茶客边饮茶边听戏，又能远眺外滩景色，加上装了电梯（当时电梯是新奇之物），收洋仅1角，近悦远来，人们趋之若鹜。接着黄楚九又与人合伙在跑马厅一角开设“新世界”，游艺节目更多，分处南北两部，有地道相通，收洋也只2角。岂料“新世界”正兴旺时，合伙人把黄一脚踢开。黄愤极之余，再在跑马厅一角开了“大世界”，规模超过“新世界”。

1917年7月14日，上海“大世界”游乐场开幕，门前鼓乐喧天，霓虹闪耀，鞭炮齐鸣，游客和财富如潮水般向他涌来。“大世界”游乐场上下五层，各种地方剧（扬剧、常锡滩簧、宁波滩簧）、弹词、说书、清唱、文明戏、戏法等应有尽有，收洋2角。凡游上海的外地人，都要到“大世界”来一饱眼福。在具体的项目上，黄楚九则以新奇制胜。“大世界”里有一种自动售茶机，市面买不到，是黄楚九手下的一个叫小铜匠的人自己发明和制作的。这种自动售茶机上有个投币孔，只要投进一个铜板，就会从出水口流出一杯茶水。有些东西现在看来不稀罕，但在当时，则是一种有趣的东西。据当时“大世界”在《申报》上所做的广告看，在“大世界”的动物园里，常能见到一些稀奇古怪的动物——泰山人猿、五彩大蟒、四脚花蛇、人形猫熊、西藏白猴、千年龟精、印度狸精。但如果就此把“大世界”视为一个仅仅是展示奇物的地方，那“大世界”也不可能有后来的成功。黄楚九是非常精心地把“大世界”作为一种文化来经营，也正因为这样，“大世界”的许多特色是其他游乐场不具备的。

资料显示，“大世界”经常举办中国传统文化活动和慈善公益活动，甚至有自己的每日一期的《大世界报》。报纸不仅刊有节目预告，而且还有对“大世界”里各种游乐活动的报道。这份企业报作用巨大，不仅在游人和“大世界”之间架起了一座桥梁，还用自己的声音向社会传达了“大世界”丰富的信息。它以文化的形式，使“大世界”亲近了百姓，从而走进了千家万户。

第三节 张敏钰的经营之道

张敏钰是台湾著名的实业家，他相继创办了中国悦新纺织厂、嘉和面粉厂、嘉新水泥公司、益新纺织公司等企业。张敏钰有一句名言：当一个危机来时，往往是另一个转机的开始。

由于家境清寒，张敏钰9岁才上私塾，可第二年就因交不起2块银元的学费而面临失学。家里无钱，又想上学，他决心自己来挣学费。一个9岁的孩子，你看他怎样挣钱？那年夏天，他向一位同学的父亲赊来一只西瓜，放在井水中凉透，均匀地切成16片，然后拿到路边的凉亭去叫卖，每片3个铜板。过路的商旅、挑夫，或是出海归来的打鱼人，天热难耐，纷纷买他的西瓜，居然卖得48个铜板。于是他赶快跑去付清瓜钱，所得余钱够买一个就买一个，买不起就再赊一个，一天下来，居然净赚了50个铜板。当时300个铜板等于1块银元，一个夏天的西瓜卖下来，2块银元的学费早就挣够了。说得夸张一点，这就是张敏钰平生掘得的"第一桶金"。就是这笔小得不能再小的买卖，让张敏钰自幼就懂得了"就近找机会"的道理，也让他第一次懂得了：原来"危机"的后面就是"转机"。

下文就讲述发生在张敏钰身上的几个商业故事，从中可以一窥他的经营之道。

一、"打狗理论"指导创业

张敏钰当上老板纯粹是一个"意外"。

1935年，张敏钰任职的上海义生染织厂发生了无法调和的劳资纠纷。老板勃然大怒，横下心来打算关门大吉。那时候张敏钰已经从一个普通学徒成长为跑街（相当于今天的业务员）好手，是义生厂老板的得力助手。

面临这样的变化，张敏钰和另两位中层管理者都劝说老板继续办厂。不料，老板却回答："你们既然对这份工作这样执着，干脆我把机器送给你们三人好了。"

张敏钰一听，不禁怦然心动：自己办厂当老板，那是过去梦寐以求的啊。他回忆起自己还不到10岁的时候，一次随母亲进城。突然，母亲在一家店铺前停下脚步，伫立良久……顺着她那发愣似的眼神，张敏钰看到在那排列整齐的货架上，堆满了一匹匹五颜六色的花布。

"喜欢不喜欢？"张敏钰随口问到。

"很喜欢啊！"母亲毫不犹豫地回答，"可惜我们没有钱！"

母亲黯然的神情深深地印刻在张敏钰幼小的心灵里，那一刻，他的内心萌生了一股强烈的念头——今后一定要开一家这样的棉布店，为母亲！

所以，当老板提出这个想法时，张敏钰高兴极了，他仿佛看到自己离梦想又近了一步。不过，机器由老板赠送固然很好，可万一将来厂子生意好起来，老板会不会又要收回呢？再三思忖，他对老板说："非常感谢你的美意，可是，送给我们，总觉得不太好。我想，能不能将机器定个价钱，当作遣散费，发给我们？"

老板一口答应了下来，办妥手续，将机器设备转到三人名下。张敏钰就这样成了22岁的年轻老板。

然而，20世纪二三十年代，正爆发世界性的经济危机。为了摆脱危机，西方国家把中国当作倾销棉纱、棉布的大市场，再加上国内连年自然灾害、军阀混战，以及日本帝国主义的侵害，中国本土的棉纺织业几乎停滞不前。

数据显示，到1935年5月，全国96个华商纺织厂中，有24个停产，12个逐步减少生产计划。这里面有17家是在上海。

和张敏钰一同盘下机器的另两位同事看到这样的现状，不免有些退缩。而张敏钰从小就在沉沉浮浮的命运中挣扎，意志力格外坚定，决意无论如何，都要奋力前行。

可是，三人意见不统一，又该怎么办呢？

张敏钰想起了母亲过去常说的一句话：与其两人打只虎，不如一人打条狗。意思是说有时候人多反而做不成事，往往会因意见分歧而失败。他意识到在创业初期，一定要有一个能自己说了算数的天地，才可能真正实现梦想。

于是，三人将15台机器平分。另外两人拿去变卖，获得了一笔可观的现金。而张敏钰决定以这5台机器起家，在上海滩创立自己的事业。“兆庆”厂诞生了。

二、赚钱良方 随“机”应变

张敏钰聪慧过人，会抓住一切商机。当时，上海有一家名叫纶昌洋行的印染厂，其生产的布匹不但花样新颖，而且货色齐全，因此销路非常好。可是，他们不做零售，只肯批发。每一箱有三十匹布，分五种花色，每一种花色各有六匹。当时，从全国各地到上海办货的布贩，许多人吃不下一箱三十匹布的货，有的人因为当地只接受少数花色，也不敢整箱买下。

见此情形，张敏钰灵机一动，马上想到赚钱的良方。他整箱整箱向纶昌洋行进货，而后化整为零，打散来卖。他让那些布贩随意挑选自己中意的花色，也不限制布贩购买的匹数，还协助布贩重新包装。而张敏钰只开出一个附带条件：每匹布加收5角手续费。

这笔生意就布贩而言，需防存货的风险，对张敏钰而言，却无存货的压力。道理何在呢？因为各地区的布贩需挑自己中意的花色，京线的布贩偏好红、绿等鲜艳花色的布匹，而杭线的布贩则偏好灰、褐等素净花色的布匹，张敏钰早就看准这一点，因此才会没有存货的压力。张敏钰每季可卖出纶昌洋行五百至一千箱布匹，若以一千箱计算，一箱三十匹，一匹布赚5角，一千箱赚15 000元，这相当于当时一个业务员200个月的薪水。

三、最早的“企业联合体”

张敏钰的“打狗理论”促成了他事业的起步，不过，这种理论在创业之初是很有效果，能够增加决策效率，促进企业发展；然而，事业发展到一定程度，就需要合作共赢了。

1938年到1949年，中国民族纺织业终于赢来了发展的“黄金时期”。这时候的张敏钰已跟人合伙办起了更大的“悦新纺织厂”。

衣服是人们的日常消费品，战争期间，对于纱布的需求更大。有资料说，当时的大后方“每年缺少棉纱12万件，棉布400万担，大都依赖上海供给”。同时，由于国民抵制日货，爱用国货，日商纱布在内地完全断绝销路，上海纱布则成了畅销货。

巨大的市场空间刺激着纺织厂的发展，一时间，大大小小的纺织厂在上海出现。

此时的张敏钰也经历了逃难生涯，他回到上海后，悦新厂已陷入敌区。他陆续把机器转移出来，却并不急于自己开工。他先是采用借鸡生蛋的策略，在租界内找到一家熟悉的山东帮工厂，他提供原料，让他们按自己的要求代工。这样一来，既赚到了钱，又没有风险。直到1941年，悦新厂才又重新开工。

1945年8月，抗战胜利，中国民族纺织业赢来了又一个“黄金时期”。这一时期的张敏钰，采用“联营生产，利益均沾”的模式，创造了独特的经营之道。

许多企业家，包括我们今天的企业，一旦发展成熟走上轨道，都喜欢扩大企业规模。对此，张敏钰却另有一番看法，他认为，战乱期间投资越多风险就越大。所以，他不主张扩大再生产。

但是，面对这么大的市场，悦新又怎能不牢牢把握机会趁机发展呢？

张敏钰思索良久，想起刚回上海时的代工策略，构思出“联营生产”的方式。

“联营生产”，就是寻找一些质量有保证、品质信得过的小厂，与之合作，把生产任务交其完成。那些小厂由于本身力量单薄，在竞争中已经不堪重负，有了悦新这样的大厂为后盾，无不争相合作。这样一来，既满足了扩大生产的需求，又将风险降到最低，实在是个好办法。

张敏钰是个经营奇才，聪慧过人。采用“联营生产”，他还考虑到了另一层风险——如果合作厂家学会了悦新厂的全盘技术，进而以低价偷偷外卖，那不就会扰乱悦新的正常经营吗？他又想到一个妙招：让每个厂家只生产一种颜色的布，而无法知道其他颜色的布的生产工序。

他对合作厂家说：“你只做一个颜色的话，生产工序单纯，耗料又少，成本自然会低很多。”对方一听，果然有道理，还觉得悦新的老板处处为他们小厂考虑，无不尽心尽力。他们哪里知道张敏钰的话里暗含深意呢？

这种模式在当年绝对是一大创新，甚至颇有些像这几年在温州出现的“企业联合体”。只是现在的“企业联合体”多半失败了，而悦新的模式则非常成功。归纳起来，有两点很重要，其一，“联合”一定要以大带小，不能平行联合；其二，主体企业要学会规避风险，保护自己的核心竞争力，唯有这样，才能维持自己在联合体的主导地位。

“联营生产”模式在几年时间内，为悦新的发展壮大打下了极好的基础。直到1949年张敏钰告别故土去台湾，在之后几十年，他创办了台湾著名的嘉新集团。

四、“蓬莱米”事件

尽管张敏钰在上海做纺织取得了成功，可是到了台湾以后，危机却如影随形地常常跟着他，有个人的危机，也有整个台湾的危机。国民党败退台湾后，岛内人口激增：1946年还只有624万，1949年已经增加到736万，而台湾的工业生产水平却只有1941年的六成。这么多人挤在一个海岛上，要吃要穿要住，生计问题一下子严峻起来。

1952年的一天，张敏钰应邀参加一个工业研讨会，只听台湾“工业生产管理委员会”的头头尹仲容皱着眉头说：

“最近，日本派人来台湾采购蓬莱米，真令人伤脑筋。”

原来就为这点小事呀，张敏钰不解地问：“他们向我们买蓬莱米，我们能赚取外汇，这不是好事情吗？”

尹仲容说：“你有所不知，台湾目前蓬莱米的产量刚够自己吃，所以卖不得啊！”

台湾的蓬莱米是用从日本神户引进的几个优良品种改良而成的优质米。这种米外观珠圆玉润，吃起来软糯香甜，而且一经煮熟即使冷了，饭粒也不会变硬，仍保持软糯。这正是日本人做寿司的最佳原料，所以他们才会派专人急迫地到台湾洽购，而且是志在必得。

当时台湾当局急欲紧紧拉住日本，刚刚和日本人谈判了70天，好不容易签了一个贸易协议。现在日本人乘机提出要蓬莱米，答应吧，台湾自己正在闹粮荒呢，哪来多余大米出口？不答应吧，为了区区蓬莱米扫了对方的兴也犯不着，一时弄得束手无策。主事者尹仲容进退维谷，不知如何拒绝日方，所以才在研讨会上提出问题，请大家献良策。

与会人士纷纷发言，话题自然都围着“如何婉拒日方”打转转。

张敏钰却有自己不同的看法：“我们为什么要拒绝日方呢？我主张先把蓬莱米卖给日

本人。”

有人当即发问：“我们自己不够吃，怎么办？”

张敏钰胸有成竹地说：“缺额部分，我们可以向美国买小麦来弥补啊！”

原来，当时美国的小麦过剩，美国人正在台湾谋求以“经援”的形式大量推销他们的小麦。经张敏钰一说，大家一下子开了窍：一个要买，一个要卖，这不是两边都不得罪，岂不两全其美？

不仅如此，张敏钰还列举了出口大米、进口小麦的诸多好处：

一是此举可促进台湾地区与日、美的贸易；

二是麦贱米贵，卖 1 吨蓬莱米的收入，可以买到 2 吨美国小麦，等于白白赚了 1 吨；

三是有了小麦，可以刺激台湾面粉业的发展，替代面粉进口；

四是小麦加工后剩下的麸皮，可以用于生产饲料；

五是生产出来的饲料，可以喂养猪牛鸡鸭等，又发展了养殖业。

这真是“山重水复疑无路，柳暗花明又一村”！尹仲容欣然采取了张敏钰的建议，一个死扣豁然而解。这一建议，不仅如其所愿地取得“一石三鸟”之效，而且其后台湾的面粉业果然发展起来了。台湾的面粉历来仰仗进口，到 1952 年进口面粉达到 73%，由于当局采纳了张敏钰的意见，到 1958 年已经完全可以做到自给自足了，而台湾的食品加工业在整个制造业中的比重也已达到 26%。

如果说，张敏钰这一逆向思维使“危机”有了“转机”是神来之笔，那么，他敏锐地从“转机”中看到了巨大的“商机”，更是堪称“经营奇才”。当台湾决定从美国大量进口小麦后，张敏钰立即和好友合伙开办了嘉和面粉厂，后来又独资开办了嘉新面粉厂，而且都取得了极大的成功。

五、花布面粉袋的妙用

张敏钰还有一句名言，曰：“机非常来，常来非机。”这说的是商机难得，电光石火，稍纵即逝。见微知著，独具慧眼，能从别人视而不见之处看到“商机”是一种本事，而能从商机一露头就一秒钟也不耽搁地紧紧抓住它，更是一种本事。

如前文所述，20 世纪 50 年代的台湾面临很大困难，不仅粮食紧缺，纺织业也十分落后，加之通货膨胀非常严重，人民衣食困难，甚至连面粉袋也做成衣服穿在身上。有一个经典的笑话，说是有人在街上行走，他的短裤上前面印着“小心受潮”，后面印着“净重三十斤”，惹得路人掩口而笑。

这个笑话，别人只当它是个笑话，但有人却触动了灵感，看到了一个巨大的商机，他就是张敏钰。台湾的粮食困难带来了“食”的商机，被他看到并抓住了，他不失时机地开办了好几个面粉厂，掘到了好几桶金。现在他又从“短裤笑话”中看到了另一个商机，从而产生了新的灵感。

张敏钰的思路是这样的：既然人们这样珍惜布料，甚至连印着“小心受潮”字样的白布袋都做成短裤穿在身上，那么为什么不把白布袋换成花布袋呢？张敏钰原是做纺织的，他在自己的纺织厂里生产了一些印有碎花、波浪纹等花色的布料，用来做自家生产的面粉的包装袋。他当然不会印上“净重三十斤”的字样，但为了区别不同的品种和重量，他把花布印成红、绿、蓝、黄四色，再加上由三个三角形组成的嘉新商标，使他的面粉品牌特色鲜明。当然，更妙的是人们买他的面粉，等于额外得到一块色彩鲜艳的花布，家庭妇女、大姑娘小媳妇都乐于用它来做衣裙、枕头、窗帘，于是人人争购嘉新面粉。

还有想不到的好处，由于他用来做面粉袋的花布要经过漂白和印染处理，具有防虫和杀菌作用，因此嘉新的面粉还特别耐存放，更受人欢迎。

由于张敏钰有先见之明，为花布袋申请了10年专利，因此花布袋没有被模仿，始终独领风骚。直到晚年，张敏钰对他的花布面粉袋的创意犹津津乐道："我的花布面粉袋竟成了活广告，也使我的嘉新面粉在众多品牌中脱颖而出，成了一个出众的品牌，牢牢地占有市场。"

到1994年，嘉新水泥集团40岁了。它从小到大，已成为多元化的跨国企业集团。集团拥有水泥、预拌混凝土、建筑、纺织、贸易、资讯、金融、航运等八大事业，旗下有20多家附属公司和关系企业，资产也由最初的0.24亿元累计增到90亿元。

第四节　奥克斯空调的营销渠道

2002年以前，空调专卖店曾经红火一时，全国几乎每个省会城市都出现过空调一条街，全部以专卖店为主体，老百姓都到这里来购买空调。2002年之后，国美、苏宁等大卖场迅速崛起，并在全国各大城市遍地开花。在与大卖场的竞争中，由于缺乏规模、成本等优势，专卖店被大量淘汰。从2007年开始，奥克斯空调开设专卖店，拓展网络，在战略上与大卖场形成优势互补。这些专卖店在价格上与大卖场保持一致，同时服务进一步提升，并运用BTB等策略发展独特的销售模式或服务品牌，专卖店重新成为空调销售渠道中一支重要的力量。奥克斯还非常重视区域性元素，将其视为重中之重。比如重庆的重百商社、武汉工贸等等，它们在当地都拥有较强的实力，这种具有一定规模的综合家电卖场，是一种"卖场性渠道"，在一、二级市场中这些渠道具有相当大的竞争力。在三、四级市场中，连锁卖场可以深入边远地区，这也成为奥克斯后来规模增长的一个重要突破口。因此，奥克斯空调已经初步形成了多样化的渠道销售模式。在多样化的渠道模式中，奥克斯着力扩大和强化专卖店的作用，启动了"A计划"，而高效的渠道销售则依赖有效的渠道管理模式。

一、奥克斯"A计划"

2007年6月，奥克斯"A计划"已正式启动。奥克斯计划3年时间内，在全国30多个省、市或地区共建立5 000余家专卖店，形成品牌专卖店与传统渠道之间"互为补充、和谐共赢"的局面。如果这一战略顺利实现的话，奥克斯将是国内专卖店布局最大、网点数量最多的空调企业。

面对空调专卖店曾经沦为"三八"店的窘境，奥克斯练就了四大招数，保证"三八"店全年旺销：

第一，空调淡季不淡，随着高收入人群的增多和买房、装修、结婚人群以及打工人群回家过年买空调等情况的大量出现，8月之后、3月之前的这段时间，市场仍存在巨大的消费潜力。奥克斯抓住市场这一特点推出大力度的促销活动，推动淡季销售高潮的到来。

第二，拉长专卖店的产品线。通过奥克斯品牌的户式中央空调、手机以及微波炉、电饭煲、电风扇等小家电产品的加入，奥克斯专卖店的旺季从六个月延长到全年。

第三，奥克斯专卖店的建店选址，遵循“钻空子、挖潜力”的原则，尽可能都选择在大卖场覆盖不到的地方或二、三、四级市场的中心地带。这些地带既有巨大的销售空间，又方便消费者购买，足以保证专卖店的利润来源。

第四，价格保持同步，服务更加优化。为了保证专卖店的生存能力和盈利水平，奥克斯专卖店将采取与大卖场同样的价格水平，并提供更人性化的服务。如“保姆式”营销、专业的选购咨询、针对顾客需要设计空调的 BTB 匹配方案等，使专卖店成为顾客贴心的购物伙伴。

统一的形象、统一的装修、统一的终端布置、统一的促销政策、赢利模式……这种标准化“装扮”在奥克斯发扬光大。建设专卖店，对厂家来说，统一的形象不仅吸引了更多的消费者，也为品牌加分不少。而对专卖店来说，由于受厂家直接“操控”，从而获得更多优势：最丰富的产品、最新鲜的促销活动、丰厚的礼品、专业的咨询指导和售后服务等。

过去曾有很多家电企业开设专卖店失败，主要原因是大卖场大量的广告与特价机使专卖店失去了消费者，从而失去了市场。当时的市场环境正处在大家电价格战洗牌时期，消费者关注的是价格。但现在市场环境大不一样，大家电洗牌期已过，市场进入成熟期，同时老百姓生活水平大幅提高，消费趋于成熟，选购中高档机，获得更好的服务，是消费者的需求，再加上厂方对大卖场的特价机进行特制等一系列平衡措施，使专卖店优势凸显，与大卖场形成互补。这一点，奥克斯又走在了行业的前面。

二、空调渠道管理

奥克斯建立了完善的营销组织结构，包括 37 个营销中心、16 个办事处、6 大流动总部，对全国的空调营销渠道进行管理。其高效的渠道管理，有以下特征。

1. “诚信立业”的理念

奥克斯凭借“诚信立业”的理念，在多年的发展过程中建立起了优质的渠道体系。第一，以合理的利润回报作为吸引网络经销商选择主销奥克斯，与奥克斯建立长期合作伙伴的一个重要途径。第二，和经销商以诚信合作为基础，追求长期稳定的战略合作，不是简单的买卖关系。在具体的业务往来过程当中，追求准确、快速等模式。第三，加强对销售渠道的服务，不是把产品交给经销商就算完成了销售，而是把服务工作从订单延伸到终端的推广、消化，把产品卖给消费者作为营销的最终职能。跟奥克斯合作，除了能够得到应有的经济回报以外，还可以得到安全、放心的服务。在 2009 商务大会上，奥克斯空调营销总监黄光渝代表奥克斯发布了“奥克斯营销服务承诺书”，并宣读了经销商权益保障条例，把实实在在的承诺落实到了纸上。在场的一位经销商表示：“都说信任是合作的前提，正是奥克斯的这种‘诚’，缔造了我们之间的‘信’，‘诚信立业’在这里不是一句空话，而是从所有奥克斯人身上实实在在能感受到的一种精神。与这样的企业合作，有钱赚，又放心！”

2. 严格的营销团队管理

奥克斯空调营销总经理郑宏伟对手下营销团队的管理极为严格，他经常在没有当地营销中心人员陪同的情况下，到各地查访经销商。2008 年 5 月，他曾用 10 天的时间，走访了宁波、杭州、芜湖、马鞍山、南京、镇江、常州、泰州、南通、苏州等地区部分县城及乡镇市场。他不仅走访业绩较好的经销商，更注重走访那些业绩下滑甚至被淘汰的经销商，以了解第一手情况。他曾对营销人员明确提出了两条原则：第一，所有营销人员不得对渠道做出有损奥克斯诚信形象之举。凡承诺给经销商的合理利益必须兑现，否则必严惩；第二，必须保证渠道的获利能力，若出现由于营销人员工作不力而导致的经销商业绩下滑，必严惩。正因为如此，奥克斯的营销人员无不恪守“以人为本，诚信立业”的企业宗旨，坚决杜绝欺上瞒下、损害公司诚信和经销商利益的行为。

3. 分区域管理，针对性突破

2007年，奥克斯对营销渠道采取了“分区域管理、针对性突破”的创新办法，将其在全国的分公司由46家增加到54家。针对江苏、浙江等成熟市场，奥克斯精耕细作，深入管理，提高经营水平；针对湖南、湖北、四川、河南等空调市场容量极大的地区，采取加强推广、抢占份额的策略，以扩大产品的销售途径，获取更大的市场空间；对福建、广东等一些对空调市场特别有战略意义的地区，则通过合理布局的方式，在关键城市增设营销中心，强化对这些地区的管理和运作。

4. 坚决维护市场秩序

庞大而复杂的营销系统，要真正实现合理、有序、良性的发展，其实存在着极大难度。在市场秩序的维护上，奥克斯拿出了“撒手锏”——“四坚决”，即坚决杜绝窜货、坚决杜绝乱价、坚决杜绝假工程、坚决杜绝抽卡。2007年，奥克斯多次派出市场督察队员，在全国各地抽查“窜货、乱价、假工程、抽卡”等违规行为，共查处违反“四坚决”行为10余起，肃清了市场毒瘤，消除了潜在危机，为奥克斯空调在旺季顺利销售营造了良好的环境，大大提高了各地经销商对奥克斯品牌的忠诚度。

三、奥克斯健康渠道宣言

2008年以来，由于金融危机的影响，再加上铜价下跌导致空调成本下降以及国家行将出台的能效标准，空调经销商感到了巨大的压力。一方面是高位库存、利润率下降，另一方面是厂商不断施加更大的压货及回款压力。经销商处于进退两难的尴尬境地：如继续响应一些厂商的政策、大批吃进前期生产的高成本空调，势必进一步加大后期空调降价的亏损风险；如放弃冲量并及时回款，则将丧失厂商返点等各项政策利益，导致在本区域丧失竞争力，庞大的库存更加无法消化。然而，就在他们为此犯愁之际，2009年3月8日，奥克斯空调在长沙颁布了《奥克斯空调健康渠道宣言》；3月9日，奥克斯空调在江苏打响了《奥克斯空调健康渠道宣言》发布后的第一枪，清仓、换货由此全面铺开。奥克斯空调展开健康渠道建设后，经销商库存的高成本空调以及四、五级能效空调通过“清仓换货”等形式予以优化，减少了经销商的库存量，同时大大降低了经营风险，还提高了利润。

《奥克斯空调健康渠道宣言》核心内容有三部分，第一部分，全面分析了国内空调行业渠道的生存状态，揭示了在厂商重压和消费需求下降这“两座大山”的重压下，经销商普遍存在病态或亚健康的经营状态；第二部分，奥克斯分别从经销商的库存结构、赢利能力、消化能力、与供应商的合作模式等方面制定了空调健康渠道的标准；第三部分，奥克斯针对健康渠道的标准，分别从产品策略、品牌策略、渠道策略和与经销商的合作模式等方面提出了自己的解决方案。

在2008年9月召开的奥克斯全国经销商大会上，奥克斯更是对外发布了《2009奥克斯营销服务承诺书》，提出了坚持诚信经营、坚持市场规范、坚决保障利润、强化过程服务等多项对经销商的保障措施。并加强对各级业务人员的培训，要求各级业务人员本着“平等、互利、诚信、持久”的理念，同经销商建立和谐的商务合作关系。通过近半年的实践，奥克斯已经杜绝了“口头承诺”“打白条”等行为，并把确保经销商获得合理利润作为今后工作的核心目标。

2009年4月17日，在《奥克斯空调健康渠道宣言首期数据》发布会上，奥克斯空调全国营销总经理杨军、市场总监金杰宣布了《奥克斯空调健康渠道宣言》的实施成果。在首期数据上显示，2009年3月全月，奥克斯空调共发货85 054台，同比2008年3月的79 584台增长了7%。各地经销商实际销售安装111 171台，同比2008年3月的100 951台增长了10%。在金融危机的大环境下，奥克斯空调的销售增幅明显。同时，2009年3月1日，奥克斯空调各地经销商库存的四、五级低能效空调达10万台，而通过清仓换货系列举措，截止到2009年4月1日，下降至4万台，库存量直降60%！低能效产品库存量的大大减少，降低了经销商的经营风险，同时提升了经销商今后销售高能效产品及变频新产品的能力，加快了产品更新的步伐，增加了盈利空间。这些数据充分体现出《奥克斯空调健康渠道宣言》的及时性、实用性和针对性。

在健康渠道的有力支持下，奥克斯空调的发展步伐更加迅速、稳健。2008年奥克斯在宁波、南昌两地的空调产能达到800万台；集团计划于2011年前在国内建设占地面积逾千亩的大型工业园区6处，空调产能增加至1 000万台以上，2年内跻身行业前三，10年内成为国内冠军。这样的战略眼光和专注精神，为广大经销商提供了可靠的货源保证，使双方在新一轮的市场竞争中更好地实现互利共赢。

第五节　维科家纺的营销渠道

维科集团的“维科”商标是中国驰名商标，该集团拥有“维科家纺”“维科毛毯”“维科装饰面料”三个中国名牌和“维科”“敦煌”两个国家重点培育和发展的出口品牌。在这众多的荣誉背后，有维科对市场营销渠道的精耕细作。维科不仅在中国市场形成了3 000多个销售网点，还与国际上130多个国家和地区建立了贸易合作关系，建立了以“VEKEN”产品为核心的国际营销渠道体系。

一、国内的加盟专卖店模式

维科通过在国内30多个城市精心运作，以专卖店、加盟店的运营模式，抢占北京、上海、杭州等高端市场，形成了中国市场上的3 000多个销售网点，与麦德龙、沃尔玛等国际大型零售超市建立了良好的合作关系。

1. 加盟条件

加盟维科专卖店需要具备以下条件：（1）热爱家纺行业，渴望成功，眼光独到，拥有信心与实力，诚实守信，具有勤劳、开拓的品格；（2）了解所在城市的消费结构、商圈分布、床上用品品牌及销售情况；（3）愿意接受公司总部的严格管理；（4）有一定的经济实力。

2. 加盟方式

根据其自身经验、资金实力和业务区域等具体条件，可以选择以下任意一种加盟方式：

方式一：设立省级“维科家纺专卖店”，其要求是：

（1）省会城市或人口超过150万的城市（可根据其具体经济状况而定）；（2）在商业旺区具备100平方米以上的铺位；（3）预交2万元人民币的信用保证金；（4）具备不少于40万元人民币的资金；（5）完成相应的全年销售指标。

方式二：设立市级“维科家纺专卖店”，其要求是：

（1）在商业旺区具备80平方米以上的铺位；（2）预交2万元人民币的信用保证金；（3）具备不少于30万元人民币的资金；（4）完成相应的全年销售指标。

方式三：设立县级“维科家纺专卖店”，其要求是：

（1）在商业旺铺具备60平方米以上的店铺；（2）预交2万元的信用保证金；（3）具备不少于20万元人民币的资金；（4）完成相应的全年销售指标。

3. 给加盟商的支持

一个专卖店的成功离不开公司的支持，尤其是全方位的支持。“维科”作为行业的领导品牌，在全国有几百家直营店，有一支优秀的销售团队和丰富的实战经验。维科给加盟商全方位的支持，引导加盟商快速踏上成功之路。

（1）品牌支持：唯一的家纺500强企业，上市公司，中国名牌产品，国家免检产品。可分享“维科”作为行业领导品牌及在中国各大城市统一专卖经营的商业网络所带来的知名度和美誉度。拥有“维科”快速增长的客户群。

（2）分析指导：对新加盟客户，公司派专人进行实地市场调查、专卖店地段评估、市场竞争环境分析，保证品牌的成功进入。

（3）免费形象设计：公司免费为加盟店或店中店的形象、陈列进行专业设计并派地区销售主管及市场督导到实地指导，达到统一的形象标准。

（4）培训支持：公司将提供无微不至并富有成效的前期和定期培训，如本行业经营技巧、营业员接待技巧、产品专业知识、店堂布置艺术、市场预测、财务管理等，并每年安排加盟客户进行交流培训活动。

（5）物流支持：公司提供免费的物流配送服务，保证能快捷、高效地实现商品流通，满足市场一线的要货需求。

（6）营销策划支持：加盟店开业时，公司专门的策划部门将根据当地消费群体的区域特性、消费习惯、购买力等诸多因素，有针对性地做出适合该地区营销的策划方案，同时公司每年还进行1～2次大型的促销策划。

（7）信息共享支持：公司实行互联网信息传输，保证第一时间将公司内部信息与客户共享，以便及时调整市场策略。

（8）库存、调货处理：对客户积压不良库存，公司将及时通过促销、调价等不同方式帮助客户减压，对符合公司换货条件的客户，公司将提供换货支持，保证加盟店的良性运转。

（9）定期拜访：专业营销管理人员对加盟店进行定期的拜访，对其营销运作、货品陈列、销售策略、员工管理等各方面所出现的问题给予指导性建议，协助客户进行店铺管理。

（10）督导培训：公司将提供一系列的完善培训，在开业前期，对导购员进行产品知识、色彩搭配、陈列技巧、导购礼仪、导购技能、店铺管理以及顾客异议处理等课程培训，在经营后期，还将不定期地采取加盟商派导购员到公司总部学习或督导去实地进行培训的方式提升加盟商的销售能力。

(11) 开业支持：公司资深专员将结合各区域特点，从实际情况出发，为加盟商提供科学合理的商品配置，以实现加盟商投入资源的最大化利用。可为加盟商量体裁衣制定出最佳的开业促销方案和宣传方案，包括免费设计 DM 邮报、POP、吊旗、X 展架、海报、横幅、户外广告等，并免费提供给加盟商开业促销用的产品样本、POP、吊旗、X 展架、海报、横幅等，让加盟商省钱又省心。

(12) 促销支持：公司每年都进行全国性大型促销活动来提升品牌知名度，扩大市场占有率，活动的宣传品由公司免费设计。公司也为加盟商提供有特色的符合当地消费群体情况的促销策划方案，并指派当地直属分公司业务员去实地指导促销活动的开展。

二、维科的国际营销渠道

维科家纺在全球范围寻找市场战略同盟，以自设海外分公司和收购控股等方式，与国际上 130 多个国家和地区建立了贸易合作关系，建立了以“VEKEN”产品为核心的国际营销渠道体系。其主要工作包括：

1. 在国外陆续申请注册商标。为了适应集团国际化的需求，公司在国外陆续申请注册商标，至今已在日本、澳大利亚、贝宁、西非等 17 个国家和地区进行了涉外商标注册，目前共在国内注册商标 10 件，国外注册商标 17 件。有几个国家和地区甚至产品未到、商标先行，提前进行涉外商标注册，从而在法规上保证产品销售的合法性。

2. 积极参加海外会展。维科特别注重产品展示活动的投入，把参加国内外各种大型专业展览会作为加强企业综合实力展示、扩大企业知名度、促进海内外贸易的机会。从 1998 年至今，维科每年精心组织参加国内外大型展会 20 多次，如全国针棉织品交易会、北京国际家纺展览会、广州交易会、昆明博览会等，在境外参加美国、澳大利亚、日本、德国、俄罗斯的展会，并在展会期间利用条幅、气球、画册、拱形门、宣传车、宣传单等进行广泛宣传，既抓住了贸易机会，又树立了企业形象，使“维科”商标成为海内外商家和用户心目中的家纺品牌。

3. 设立国际销售公司。为了开拓国际市场，维科在美国、日本、芬兰等国家和地区设立了国际销售公司，主要包括维科（日本）株式会社（大阪）、维科（欧洲）公司（阿姆斯特丹）、维科（中国香港）公司、维科（多哥）办事处、维科（贝宁）办事处、维科（中国香港）纺织有限公司、维科（波兰）公司、维科（巴西）公司、维科（墨西哥）公司。

4. 建立市场战略同盟。维科“借船出海”，在全球范围寻找市场战略同盟。近年来，维科相继与日本住友、美国 SPRING 公司等缔结了战略伙伴关系。通过这种互惠合作，维科收获的是源源不断的订单和国际上最流行的家纺设计理念。

5. 收购国外企业。收购国外现有的销售渠道是建立国际营销渠道的一条捷径。维科集团瞄准欧美及日本等国际化经营的前沿市场，按市盈率方法以零价格收购了在日本有相当市场规模的 KSK 公司和日本钟纺纤维，使维科集团的产品直接进入了日本市场；通过收购美国 24—7 公司，为维科产品直接进入美国市场铺平了道路；通过收购英国的一家纺织服装企业，在英国市场推广维科的家纺和服装产品。

6. 争取规模性订单。维科发挥整体资源优势争取规模性订单、知名客户的订单，与世界织造产业转移资源无缝对接，目前已与相当数量的国际服装品牌以属地生产的形式达成合作，2004 年被“LOTTO SPORT ITALIA”评为全球最佳供应商。2005 年，维科获得了英国等欧盟成员国为期 5 年的军服大单；每年以 21 亿元的服装加工贸易进入国际大型连锁商业的供应链。

通过种种手段，维科自主品牌在国际市场上的销售份额不断提升。在西非市场，“维科”牌服装面料等产品销售额每年以 30% 的速度递增；“KOYO”毛毯通过国外品牌代理，在美国市场年销售额已达到 500 万元；“敦煌”缝纫线在土耳其、非洲等国家和地区已经有了很高的知名度。

第六节　雅戈尔服装的营销渠道

根据消费市场的变化情况，雅戈尔集团的服装营销经历了以下演变过程。

一、自建渠道，三足鼎立

在改革开放初期，雅戈尔产品的销售主渠道基本上是国有和集体商业企业（百货商场）。20 世纪 80 年代，雅戈尔曾经和全国 4 000 多家百货公司都是非常好的合作伙伴。但是随着时间的推移，由于这些企业经营机制相对落后，不少百货公司退出了经营，有的甚至破产，销售方式和服务越来越不适应市场需求，也无法满足雅戈尔的高速发展需求。商业的周期性变化使得雅戈尔的销售极不稳定，一方面限制了雅戈尔品牌价值的提升空间，另一方面也有可能使雅戈尔脱离市场。

20 世纪 90 年代中期，国内服装产业生产能力迅速扩张，许多企业逐渐脱离活力不足的国有百货公司，自行开拓销售渠道。由于精力有限，加之对销售行业不熟悉，许多企业管理不善、效益不佳。一些企业又纷纷把销售剥离出去，有的还代之以全新的特许加盟模式，把目标转向产品设计和品牌推广。当时有营销专家提出警示：厂家只有淡出营销环节，才能精干主体，集中人力、财力、物力，加快培育核心竞争优势。一时间，生产企业把产品交给市场，轻装上阵主攻产品生产，成为生产企业的一条经营经验而被广泛传播。雅戈尔却唱起反调：连锁店是整条产业链的龙头，大生产是以大销售为前提的，如果工业企业不能有效控制销售过程，生产线就得不到有效利用，它的产能就无法充分发挥。如果没有畅通的商路，雅戈尔巨大的生产能力只能导致一堆堆积压的产品。在国内商业发展不成熟的情况下，掌握销售终端，就是把自己的命运掌控在自己的手中。当然，雅戈尔深知，工业与商业的分离是一个必然的结果，但不是在今天，而是在明天。在当前的情况下，国内工业企业关键是扩大自己的营销渠道，谁与市场最接近，谁就掌握主动权。

基于这样的认识，当其他服装企业纷纷从销售前沿撤军时，雅戈尔却从 1995 年起，大刀阔斧地建设营销渠道。1995 年，雅戈尔在建立起其庞大的生产基地后，敏锐地意识到现有的商业销售模式和服务方式远远落后于消费成长的需求，更难以满足雅戈尔日益膨胀的生产能力对销售网络的要求。于是抽调 300 多名精兵强将，组建雅戈尔服饰有限公司，构建自己的销售网络体系，在一些经济发达的大中城市设立了 30 多家市场部，并以中心城市为依托，向地区、县（市）乃至乡镇辐射。

为了更好地构建销售体系，雅戈尔还特意从法国聘请了奥博利·马蒂，他极为推崇大卖场理论，提出了在全国重要城市和地区建立以超大型旗舰店为核心的精干有效、完善通畅、迅速反应的销售网络的销售战略。为了进一步扩大市场占有率，雅戈尔也没有放弃与大商场的合作，同时还适当地引入特许经营店，于是形成了旗舰店（专卖店）、大商场、特许加盟店“三足鼎立”的销售模式。

1999 年，雅戈尔投入 3 亿元，在杭州、南京、武汉、成都等各大城市兴建了 100 余家大型旗舰式专卖店，抢占市场制高点。这些旗舰店的环境、形象在当地城市都堪称一流，此后逐渐增至 400 余家。2000 年 9 月，营业面积达 1 600 平方米的上海南京路雅戈尔专卖店开业，成为当时中国最大的服装专卖店。2001 年年底，更是投巨资在中国第一商业街的上海南京路开设了一家面积达 4 800 平方米的堪称中国之最的巨型旗舰专卖店，以期通过集形象、服务、信息、销售、决策为一体的大型专卖店掌握营销终端。

2002 年，雅戈尔的自营渠道销售比例已占据总销售额的一半，主打产品衬衫和西服的市场占有率双双位居第一，同被中国名牌战略推进委员会授予“中国名牌产品”称号。

二、变革渠道，主打专卖

2003 年 7 月，在雅戈尔每年一度的营销会议上，出现了经济学家魏杰、营销专家李光斗、屈云波等人的身影。几位专家以集中授课的形式召开营销会议，在雅戈尔历史上还是第一次，显示出雅戈尔对营销战略的重视。

在实施渠道变革后，雅戈尔呈现出新营销体制的初始布局：在中心城市建起 1 ~ 2 家大型中心旗舰店，向周边的销售终端提供服务。在这一体系中，旗舰店处于物流配送、信息采集、信息整理的中心位置，同时也担负着产品销售的主体和店面示范作用。雅戈尔自营旗舰店作为营销渠道的龙头，成为品牌形象中心、顾客凝聚中心、销售中心和信息中心，在经济一体化的浪潮中塑造与国际接轨的营销渠道。

渠道变革之初，雅戈尔也曾招致同行的质疑。但到了 2003 年，雅戈尔自营专卖店的销售额已达到了总销售的 40% 左右。见此情况，其他一些品牌服装企业也开始投入大量资金，完善销售终端建设，一批旗舰式专卖店如雨后春笋般登陆重点地区。2005 年年底，西班牙知名服装品牌 ZARA 在上海开设了一家 2 000 平方米的专卖店，开创了国外单个品牌开设大型服装专卖店的先例，此后，GAP 和 H&M 也积极跟进。随着市场网络的迅速扩大，雅戈尔服装产品在国内的销量每年以 20% 以上速度递增，雅戈尔服装产品 60% 以上的销售量由雅戈尔的各个专卖店完成。

三、整合渠道，适时瘦身

从制定了“自主渠道”的经营战略之后，雅戈尔开始在全国铺设营销渠道，在顶峰时期零售终端多达 5 000 家零售终端，其中包括在商场的店中店、旗舰店（专卖店）和大量的特许经营店等多种终端形式。庞大的零售终端体系导致管理透支，与终端的信息互动受阻，库存积压也没实现根本好转，管理成本上升，收入、利润止步不前，渠道精减势在必行。同时，过低的终端也损伤了雅戈尔的品牌形象。为此，雅戈尔将品牌定位进一步明确，将目标消费群进一步细化：有稳定职业和收入的中国都市成功中年男性，具体包括公务人员、企业中高层人员和大中学校教师、医生等知识人群。明确了品牌定位后，雅戈尔开始在渠道上“有所为，有所不为”，专心经营与品牌相符的终端体系。于是，当竞争对手还在大肆扩张之时，雅戈尔则逆行其道开始了“瘦身运动”。

首先是管理体系扁平化。将原总公司－地区市场主管－地区分公司的三级管理体系，压缩为两级，成立东、南、西、北四大区，各区域中心直接归总公司管理，下设物流部门和区域配送中心，并去除了地级市配送点，由区域中心统一配货。

其次是压缩终端数量。因为业绩不佳，采用特许经营方式的零售终端，最终大多数被削减，只有近200家绩效很好的特许经营店被保留了下来。另外，从区域分布看，雅戈尔坚决放弃了大量设在农村市场的终端。瘦身以后，雅戈尔仅在江苏和浙江这两个区域保留了县级市场的零售终端。而在华北、东北，零售终端只放到地级市。公司终端数量压缩至不到2 000家，但销售额却自2005年开始明显回升。

再次是扩大直营比例，实行直营专卖店与窗口商场并重的原则。目前公司直营专卖店350多家，占销售总额的45%，商场专柜900家，占销售总额的35%。公司在上海南京东路步行街花巨资新设立的上海雅戈尔商业广场全国旗舰店于2005年年底开业，标志着公司对渠道的强力整合进展到了最关键阶段。

最后是销售模式直营化加速了终端信息工程建设。公司于2005年下半年初步完善DRP物流管理系统，并发挥出跟踪销售状况、反馈市场信息、提高管理效率的功能。

雅戈尔花费数年时间，对服装销售渠道进行大幅度整合，将5 000多家零售终端精减到1 500多家，并借此实现了渠道门店向国内核心商圈集中。目前，雅戈尔保有350多家直营店，约900家商场专柜以及约200家特许加盟店。雅戈尔还在继续“瘦身”，拟将零售终端精减到1 000家以内。

通过整合营销渠道、人员调整、建设系统，雅戈尔加大了可控的促销力度，有效地清理和压缩了库存商品，并积极推进渠道和终端的数字化进程，使内销市场得到明显的稳定和回升。以品牌最难进入的上海地区为例，2004年以前销售一直没有超过3 500万元，而且一直处于亏损状态，经过调整后，2005年销售达5 000万元，增幅42.86%。

四、网络营销，应对挑战

2007年电子商务领域最火的公司是PPG。依靠效仿个人电脑巨头戴尔的直销模式，衬衫直销企业PPG在短短两年内一举成名并获得近5 000万美元的风险投资。如今，它已成为众多竞争对手的效仿对象。国内多个网络直销公司面市或正在创办，“BONO”、“BBS”、“51衬衫”、当当网等不约而同地加快了跟进的脚步。

但与当当网和“BBS”“51衬衫”等不同的是，传统的衬衫生产厂家更看重的是自己的优势所在。虽然它们也开始仿效PPG，但电子商务营销只是其销售的一种手段而已，传统的店面销售渠道没有根本改变。更为重要的是，由PPG引发的衬衫电子商务之潮正在蔓延开来，传统的服装厂商正在迅速变身。报喜鸟集团下属的宝鸟服饰有限公司将品牌名称由宝鸟BAONIAO变更为BONO，同时开展男装衬衫网络直销业务。而作为衬衫业老大的雅戈尔在争夺市场中也不甘落人之后，在上海组建网络直销团队，以应对PPG带来的冲击。

据统计数据显示，PPG 2007年第四季度的单日销售量多次达到3万件，超过了国内市场占有率第一的雅戈尔衬衫每天1.3万件的销量。而雅戈尔衬衫销量全国第一的宝座此前稳坐了12年。此时的PPG没有任何形式的门店、厂房和流水线，只有3个小仓库；而雅戈尔的零售网点超过 1 500 个。经营了 29 年才积累到今天规模的衬衫巨头就这样败给了一个刚刚成立两年零一个月的 PPG。更为关键的是和拥有几十亿资产的传统服装企业相比，PPG 手中什么也没有——除了 200 个座席的呼叫中心和一个网站。当然还有 5 000 万美元的风险投资。所以对于雅戈尔这样的企业来说，如何运用电子商务拓展市场才是关键所在。

由于线下销售的衬衫与网上直销的衬衫目标客户重合，所以，雅戈尔的电子商务模式只是建立一种网上销售渠道而已。在建立电子商务网站的同时，雅戈尔将更多的精力放在了传统销售渠道的精细化管理和产品研发上。

对于雅戈尔来说，更看重的是产品的品质。“在一些勃兴的市场卖衬衫，门槛并不高，但要把衬衫做好，做出品质来，却并不容易。”雅戈尔集团股份有限公司副总经理陈志高在谈到 PPG 模式大受追捧、对传统衬衫业形成挑战时这样认为。在他看来，服装行业的市场分散度高，中国还存在大量的衬衫市场空白，对于另辟蹊径的挑战者，再找到一块发展的市场不足为奇。

第七节　贝发文具的营销渠道

贝发在短短 15 年间迅速发展成为国内制笔行业中规模最大、实力最强、出口创汇最多的企业。全球化的销售与营销策略使得贝发文具远销世界 150 多个国家和地区，拥有 400 多家稳定的客户群，和沃尔玛、Sta－pies 等世界 500 强企业建立了战略合作伙伴关系；还借成为 2008 年北京奥运会文具独家供应商的东风转战国内，掀起过“个十百千万工程”的浩大声势。

一、进入国际主流市场

2000 年后，贝发集团的国际市场开拓获得了飞速的发展，出口额度由 2001 年的 4 228 万美元增加到 2003 年的近 7 000 万美元。2002 年贝发对市场进行重新组合，根据业态配置了营销、生产，并从以前依赖广交会等形式的被动营销变为主动营销，特别是针对主流、专业市场，开始了自己确定目标、主动联系的营销策略。

贝发把开发国际客户当作企业发展的核心问题。客户多、业务人员多（发展到近百人）、订单多（年订单数多达 3 700 多份），形成了贝发人引以为傲的“三多”现象。经过 10 年的经营，贝发国际化营销取得了令人瞩目的成绩。产品销售到世界 150 多个国家和地区，贸易额以每年 50% 以上的幅度增长，在国外建立了 5 个分公司，全球稳定客户发展到 150 多家。

主流市场开拓取得了巨大的成功，目前贝发已经获得包括沃尔玛在内的 22 个国际主流和专业市场客户的供应商资格，其中有 6 家是世界 500 强企业，主流和专业市场占到了贝发整个出口的 55% 以上。它们不但和贝发确定了笔类业务合作伙伴的关系，而且有的还接受了贝发品牌。这就使贝发摆脱了 OEM 加工的生产车间地位，以独立的生产、贸易资格获得与世界知名企业的平等合作关系。

贝发不仅凭着自身实力挤入跨国公司的全球采购链，而且双方的合作已经从最初的产品合作上升到了理念交融，贝发提出“系统理解、超值服务、轻松合作、互为伙伴”的合作理念得到对方企业的赞赏。贝发提供的样品都有测试标准，以及与同类产品的对比数据，依此提供超值服务。

二、开拓国内市场

贸易壁垒、出口退税下调、利润空间下降、国内市场的迅速增长……无不吸引着原有的外向型企业纷纷把眼光瞄准国内市场，外销转内销成为外贸行业的一大热点。中国文具行业市场前景非常广阔，2006 年的市场容量达 3 500 亿，且消费总量每年以 15% 以上的速度递增。面对巨大的市场，90% 的产品外销的贝发集团也加紧了开拓国内市场的步伐。

在渠道方面，贝发的网络覆盖不健全，以无锡为例，无锡文具代理商的下线网络约 1 500家，而经销贝发产品的仅有 40 家，大部分都为空白市场。在终端，贝发无论是在产品的陈列还是在人员促销环节都不如晨光等竞争对手，终端销售能力不足。同时，传统的文具行业经销渠道狭长、冗杂，导致产品流通速度较慢、毛利率下降，限制行业的发展速度，不利于企业的快速成长。因此，贝发确立了“以终端文具超市为载体，以集成供应链为手段，成为中国文具行业价值链的管理者”的战略目标，以及建立起“经营一个文具产业、打造十个知名品牌、搭建百强企业平台、建设千家连锁分点、整合万家销售终端”的名为“个十百千万工程”的实务操作模式。

贝发通过在传统文具渠道构建专销贝发系列产品的“分销一体化联盟”——联销体，创造新型的文具分销业态与合作方式；通过第三方合作物流的扁平化设置与信息化配合，达成二级到终端、一级到终端的超扁平化、高效率化的渠道网络建设层级；通过电子商务平台的建立与应用，迅速在中国一、二、三级市场普及与导入新操作方式；以办公市场为主要方向，通过各类型虚拟化、小型化、密集化连锁加盟网络的扩展，创新奥运系列终端模式与服务业态，不断发展与扩大以公司会员制为主体的忠诚客户群，建立全面的“一站式”供货与服务体系。

在建立分销渠道后，有选择地进入合适的终端并促进终端的动销才是贝发能否成功转型的关键。贝发的终端策略是：以产品集群展示为举措，以重点形象终端为驱动，以核心销售终端为重点，以加盟专卖店为核心，以创新性终端为补充。在终端的开发和管理上，贝发从“销量占比”“形象优劣”“利润贡献”“贝发新模式的感兴趣程度”这四个维度对 29 个终端类型进行综合评判，形成 5 个终端等级，确定其重点主攻终端。并以此制定了终端五大级别分策略进入和管理：

1. 优质终端。在批发市场中选择最好的档口、最大的店面进行陈列展示。在全国及地方 KA 中，主要以店中店和专区的形式进行展现。奥运专卖店，完全以加盟店形式进行形象展示。文具连锁，主要以专区、专柜、专位形式进行展示。文具小店，主要以专柜、专位形式进行展示。文具大卖场，主要以专区、专柜展现。奥运特许店，部分特许店中贝发产品以店中店、专区形式进行展示。批零兼营店，主要以专区、专柜进行展示。

2. 次优终端。选择合适的 B2B 公司，全面进入礼品公司和教育系统超市，选择几家结成战略合作伙伴联盟，建立大客户直营店。

3. 一般终端。在企业单位采购/学校团购方面，抓住大中型企业、学校。选择性进入广告公司。选择具有全国影响力的网站进入电子商务平台。选择少数重点城市进入商场。抓住时机成为政府采购指定供应商。

4. 可关注终端。选择连锁性礼品饰品店，进入礼品、饰品店。选择性进入中小超市、便利店（连锁）。选择性进入杂货店（非连锁）。联合地方经销商力量共同操作“自建电子商务网络”。在旅游景点以礼品销售为主。

5. 低关注终端。极少投入连锁服饰店，暂不进入火车站及火车上、票务公司、办公家具市场和3C市场。

这种主次分明的终端策略，使贝发集团的终端系统得到了全面的提升。同时，针对不同的终端类型，给予在终端形象展示、促销活动、促销人员、物料、宣传推广等方面不同力度的支持，帮助终端动销，从而保证了贝发千家万店渠道体系的稳定。

【链接】

阿里巴巴的营销策略

（摘自百度文库，作者不详）

阿里巴巴是由马云在1999年一手创立的企业对企业的网上贸易市场平台，是全球著名的B2B电子商务服务公司、中国最大的网络公司和世界第二大网络公司。

目前阿里巴巴融合了B2B、B2C、C2C市场、搜索引擎和门户等多种交易模式以及网络搜索技术，以其独特的经营模式，在电子商务道路上步步为赢。阿里巴巴集团公司已经有13家旗下公司，分别是：阿里巴巴B2B、淘宝、天猫、支付宝、阿里软件、阿里妈妈、口碑网、阿里云、中国雅虎、一淘网、中国万网、聚划算、CNZZ。

阿里巴巴的成功与它的5P营销策略有很大关系，即Product（产品）、Price（价格）、Promotion（促销）、Place（渠道）、Personification（个性化）策略。

首先是产品战略：企业和商户可自由进入卖家数据库查看信息，直接联络海外卖家；同时开发了完善的后台管理功能；设计了具有中国特色的支付工具“支付宝”，以解决中国信用体系不完善制约电子商务的发展的瓶颈问题。此外，阿里巴巴拥有一套完善的评估体系，交易双方在完成交易后给对方做出评价，该评价会显示在对方的页面上，为下一次交易的双方提供参考，约束了双方失信行为的发生。

其次是价格战略：阿里巴巴成立之初，为会员提供免费注册与免费获取信息的服务，迅速抢先占领市场；客户数量到达一定规模后才开始收取会员费。

第三是促销战略：准确确定了目标客户，即中小企业和个人创业者。中小企业是国民经济中的活跃因素，但由于其经营行为不稳定，导致生意零散，急需通过电子手段寻找商机，而阿里巴巴正好满足了他们的需求；阿里巴巴成立之初，利用网络论坛发布站点链接，增加站点点击率；随着不断发展，阿里巴巴充分利用网络进行广告宣传，其促销策略更丰富多彩。

第四是渠道战略：阿里巴巴诞生于杭州，发展于浙江，壮大在长江三角洲，成功于世界，究其原因，浙江高度市场化的经济、高比例的中小民营企业以及集约式、外向型的产业环境都为阿里巴巴的发展壮大提供了良好的生态环境；同时阿里巴巴定位于全球市场，面对全球不同语言、文化和传统的市场推出了不同的网站；阿里巴巴还为非英文国家网站设立了非英语版的阿里巴巴，如韩文版、日文版和西班牙文版等。

第五是个性化策略：在网页设计方面，阿里巴巴站和淘宝站网页设计简洁，操作简单；客户可以自己设计网页，上载信息图片，自主更新产品信息，对每一位会员发布的每一条信息，都有行业专职信息编辑对其进行加工和处理；像一个永不闭幕的交易会，一年四季每天24小时展示，而且有问必答，有困必解，提供文字翻译、贸易知识、市场行情、产品认证等信息服务。

另外，阿里巴巴还有以下一些营销策略：

1. SO战略：从国内外两方面积极拓展B2B市场，因地制宜加快国际化进程；加强营销力度，引导人们的观念，建设市场资讯数据库；提供有价值的创业信息；完善网上创业相关服务，打造阿里物流；与政府合作开拓电子商务市场；积极建设行业规范；开展农村项目支持活动。

2. WT战略：扬长避短，建立一体化优势；增强数据筛选质量及时效性，密切反映国际需求变化；多渠道帮助中小企业过冬，改善企业社会形象。

3. WO战略：结合我国历史推出特色的搜索服务；推出专业化的搜索服务，提高搜索命中率；多方位开展公共关系活动；严把数据筛选口径，提高数据质量；利用B2B、C2C市场平台推广搜索服务。

4. ST战略：加大产品创新力度，开展多样化的营销；加大投资力度，持续开展帮助中小企业过冬的计划；有选择地组建战略联盟；开展网上创业培训课程；建立诚信积分制度以及实名认证体系；推动电子商务立法。

5. 营销策略：加强与政府的交流，促进与政府的合作，共同努力共同开创中国商务市场；利用阿里巴巴现有资源优势，扩大业务范围，如积极介入资金流、物流等；继续加大品牌影响力，将业务深入世界的各个角落；引领电子商务潮流，做电子商务界的弄潮儿。

此外，阿里巴巴以诚信为本，与客户切实架好沟通的桥梁；专做信息流，汇聚大量的市场供求信息；采用本土化的网站建设方式，针对不同国家采用当地的语言，简易可读，这种便利性和亲和力将各国市场有机地融为一体。

当然，并不是只要营销策略好，企业就不会出现问题。纵使有如此优秀的营销策略，阿里巴巴仍然出现了一些问题：首先，阿里只介入交易机会中的交易信息，对交易过程一概不管，这给后入者留下很大的空间；其次，阿里的会员信息量大，这是其优势，也是其劣势，劣势就是信息质量不高。大家可能看到阿里的海量交易信息，但是其信息质量不高将成为制约其发展的最大障碍。

阿里巴巴可能面临无法跨越的增长瓶颈。首先B2B是阿里巴巴集团唯一赢利的部分，其商业模式主要是靠会员销售。B2B的爆发性增长时期已经过去，阿里巴巴的利润增长将变得缓慢。其次，阿里巴巴将受到人民币升值大环境的影响。因为阿里巴巴依赖中国的外贸产业，也就是说它是在帮中国的制造商找出口的机会。随着人民币的日益升值，整个中国制造将面临很大的危机。

总的来说，阿里巴巴目前真的是一家很不错的B2B电子商务服务公司，营销策略很优秀，希望以后能够发展得更加好。

思考与练习

1. 简单列举天津“宁波帮”所采取的经营模式。

2. 结合课本和课外查阅资料，分析天津达仁堂是怎样从传统制药作坊成功转变成现代制药企业的。

3. 举例说明天津“宁波帮”所采取的广告宣传策略。

4. 分条概括黄初九所采取的营销谋略。

5. 怎样理解张敏钰的名言“当一个危机来时，往往是另一转机的开始”，请举例说明。

6. 奥克斯的空调渠道管理具有哪些特征？

7. 简单解释《奥克斯空调健康渠道宣言》。

8. 简单概括维科家纺的加盟专卖店模式。

9. 维科家纺通过哪些方法建立它的国际营销渠道？

10. 简单概括雅戈尔服装的营销方式演变过程。

11. 简单概括贝发文具开拓国内外市场的主要营销策略。

第八章

宁波商帮的经营谋略·经营管理

内容摘要

企业的经营管理理念是企业文化的核心，“宁波帮”商人对这个问题是十分清醒的，他们在企业经营管理中有许多成功的做法和宝贵的经验，可供当下企业界参考。本章主要介绍传统甬商的人本管理、早期商务印书馆的经营管理、虞洽卿的经营理念与经营谋略、秦润卿对钱业的改革、包玉刚的经营管理思想、网易的互联网思维、银泰百货的电子商务战略，并链接最新资料：“23 年前联想是华为的 17 倍，23 年后华为是联想的 5 倍，差距在哪里?”引发读者做进一步的深入思考。

学习目标

了解宁波商帮知名企业和企业家在经营管理方面的成功经验，在企业的长远谋划、树立先进的经营管理理念，处理人与人之间的关系和实现人的价值，培养和形成职工的归属感和整体感，发挥行业的整体作用，紧跟时代潮流，把握经济发展大势，实现业界与金融界的紧密合作、互惠互利，以及在互联网时代企业的成功转型等诸多方面作为借鉴，让学生从中得到诸多启发。

关键词

宁波商帮；经营谋略；经营管理

企业的管理理念是企业文化的核心。本章所列举的传统甬商的人本管理、早期商务印书馆的经营管理、虞洽卿的经营理念与经营谋略、秦润卿对钱业的改革、包玉刚的经营管理思想、网易的互联网思维、银泰百货的电子商务战略，从不同角度展现了各自的管理思想，在处理人与人之间的关系和实现人的价值，培养和形成职工的归属感和整体感，发挥行业的整体作用，紧跟时代潮流，把握经济发展大势，实现业界与金融界的紧密合作、互惠互利，以及在互联网时代企业的成功转型等方面，都提供了许多有益的借鉴。

第一节　传统甬商的人本管理

传统甬商把西方的先进管理方法引入企业经营活动中，注重人本管理，实施“感情投资”，给我们提供了有益的借鉴。

一、与员工建立互相信任的关系

上级对下级的信任是十分重要的。因为信任是使用的前提，只有信任才能放手让下面干，充分发挥其聪明才智，调动下属的积极性。宁波商人的成功经验表明，一个受上级信任、能放手做事的人，都有较强的责任感，无论上司交代什么事，他都全力以赴。叶澄衷十分信任部下，他派宋炜臣到汉口创办燮昌火柴厂，任命其为副经理，宋鼎立运筹，锐意进取，很快打开局面。在天津他先后任命王铭槐、徐企生、陈协中为老顺记天津分号经理，由于叶的信任，业务发展很快，从而使老顺记成为宁波商人在天津孕育洋行买办的基地。

二、关心职工生活，保护职工权益

支配人的前提是体贴人和关心人。企业经营者只有关心职工，给职工合理的利益，才能得到职工的感激之心，从而满腔热情地支持经营者的事业。镇海人丁佐成十分关心职工的疾苦。1937 年“八一三”前夕，大华船舶无线电通讯公司在上海四平路的分厂地处前线，作为企业负责人丁佐成十分担心职工的安危，亲自去四平路带领分厂全体职工绕道虹口香烟桥，经二白渡桥回到虎丘路老厂暂避。上海沦陷后，“大华”职工都避难在虎丘老厂，人数众多，经济很困难。丁佐成想方设法维持职工生活，对留在厂里的工人，每人每月照旧发给工资；对部分高级职员则发生活费。丁佐成对本厂职工的福利待遇很关心，不仅负责供应午餐，菜肴很丰富，而且逢年过节向工人馈赠精美的应时食品；到年终发给双倍工资，得到职工的好评。

中国银行上海分行经理宋汉章也很关心职工生活。有一次，一位姓冯的职员因病去世，宋汉章亲往其家吊唁，看到这一家几口人同处一室，房间十分拥挤，每晚得在过道搭铺，生活艰辛。由此而想到中行行员大多住房狭小，便在沪西极司菲尔路购地建造职工宿舍，取名中行别业，并配以专车，早晚接送职工上下班，还在附近自设小学，以方便职工子弟入学。职工安居乐业，感铭于心，勤奋工作。

天厨味精厂创立者、镇海衙前人张逸云给予职工的福利待遇为当时国内工商界所罕见。他建“崇德堂”，立去世职工名位，春秋祭祀；设基金会，对生活困难及死亡职工家庭给予救济补助，对患病的职工支付医药费，深受职工赞誉。

五洲药房创办人项松茂，平素待人诚恳，关心职工。1932 年“一·二八”事变后，为营救店中被日寇掳去的 11 位职工，两次深入虎穴，冒死营救。他得知店中职工被捕，当即表示：“我国人居高位者多贪生怕死，凡有危险的地方就叫别人向前，自己退后。我最看不起这种人。我身为五洲总经理，岂能不入虎穴亲往营救?”当场有人提醒他：“你是抗日救国会委员，这时候还不避避风头？”项氏肃然作答：“事关 11 位同事性命，我岂能贪生苟安。我不去营救怎能算对全店负责?”于是冒险前往，终遭日寇杀害。项松茂遇害后，其子项绳武继任五洲药房总经理。店内职工深为项氏冒死营救职工的舍身精神所感动，无不感恩于怀，视店如家，誓死效力。

陈万运自称是“股东的经理人”，职工的“头头”，“与职工站在同一方面”，而且“处处为职工着想”。他经常吃住在厂里，同职工同甘共苦，关心职工的生活福利。20 世纪 20 年代，上海大中型工商业职工月薪一般仅 5 元，烟杂店仅 3 元，但“三友”职工的月薪已达 20 元，远远高出其他企业，年终送红股，而且建造职工宿舍、浴室、医疗处，还设立俱乐部、图书室、文化技术补习班，每天实行早操制，以提高员工业务素质和身体素质。特别是三友十分重视发挥职工在企业生产和管理中的作用，每逢星期六，企业召开星期恳谈会。会上职工自由发言，各抒己见。对广大职工在会上所提的意见和建议，企业领导都能认真研究，从而企业上下沟通，齐心协力，形成强大的凝聚力。

商务印书馆创办人鲍咸昌将职工福利待遇制度化：对职工发花红，送俸金、子女教育扶助金；女工休产假照发两个月工资；每个职工每年有事假 20 天，如不用，年终照发工资。还举办印刷技工艺徒学校，对艺徒提供食宿，每月还发 2 元零用钱，年终可与高级员工一样享受同等比例的花红待遇等。从 1922 年起还推行“股息公积”办法，企业遇有盈余、股息超过 10% 时，可酌量提存部分股息作为公积金，待企业扩充股额时改作股份。根据商务印书馆的史料记载：鲍咸昌平时对“工人生计体贴备至”，对生活有困难的职工常予救济，因此颇得全馆职工敬重，以致“工厂同仁三五千数，无论男女老少，爱之如己”。

三、运用激励手段，调动职工积极性

宁波商人在企业经营管理中普遍运用激励手段来实施人本管理。一般采用的方法是工作激励、成果激励、目标激励和培养教育，从而增强了职工对企业的认同感和凝聚力、向心力。

刘鸿生在章华毛纺厂管理中善于运用奖惩激励手段来聚集人才。章华毛纺织厂初创期间，出现了产品质量低劣、连年亏损的局面，刘鸿生通过分析原因，认为经理能力的强弱，对企业的生存和发展起着十分重要的作用。因此，他对管理不力的经理进行调整。1932 年一年之内就四次更换经理，直至聘请程年彭为总经理后，才开始扭亏为盈。为此他奖励程年彭股金 20 万元，又重金聘请英国里士毛纺织学院毕业生张训恭出任总工程师。同时派一批学生去日本学习培训，回厂后到各车间负责生产管理和技术指导。由于刘鸿生正确运用激励手段，使职工积极性得到发挥。刘鸿生给科技人员林天骥每月 1 000 元左右的工资，这是一个极高的薪俸，作为经理的刘鸿生也不过是近 1 000 元的月薪。林天骥得到刘鸿生如此赏识，非常感动，迸发出极大的积极性投入企业的技术研究，通过潜心钻研，终于攻克了当时企业面临的难题，用美国晒胶解决了火药头受潮脱落和磷边磨损的两个主要问题，极大地推进了企业的顺利发展。

民华、丰华两厂的管理者金润庠在管理中则采用反馈激励手段，及时把职工的工作成果反馈给本人，同时做出客观的评价，实行奖金和职工股制度，采用多产多奖，把职工的个人收入和工厂利润紧密联系起来。公司章程还规定，职工也可以分得一定比例的职工股形式的红利，许多职工都持有两厂的股票，这对职工的积极性是很大的激励，使职工们认识到“厂盛我兴”“厂毁我亡”，有一种强烈的归属感。抗战胜利后，金润庠被推为两厂总公司的总经理，他除了继续采用反馈激励手段，还运用目标激励手段，设置适当的目标，激发职工的干劲，达到调动职工积极性的目的。

四、培养人才，重用人才

宋汉章为开拓中国银行的外汇业务，诚聘熟悉外汇业务的专家，研究开拓上海外汇市场，并派员到国外学习有关知识。他一贯主张不拘一格，量才录用；凡有真才实学者，都委以重任。钱庄出身、精通算盘的史久鳌，擅长鉴别银圆成色的潘久芬，都是他招聘入行的。后经他提携，任上海分行副经理，成为他的左右手。程慕灏、经润石等人，也因各有所长而受到重用。后来，宋氏担任中国保险公司董事长，为提升保险业务，又聘请国内外保险专家担任顾问。并且对职工无论职位高低，都一一亲自接见，推心置腹与他们交谈，告诉他们保险事业草创时期难免会有困难，然而前途无量。保险公司经营初期盈亏难卜，职工待遇一般较低，宋氏本人未领一文津贴，职工对此都能理解，同心同德，安心工作。所以，宋氏经营的中国银行和中国保险公司都能厚积资金，稳步发展。

五、管人用人，以心服人

美国“西湖投资管理公司”（WESTLAKE GROUP）董事长张济民先生，拥有北加州 11 座办公大楼、14 座公寓住宅楼、5 处大型商业购物中心、6 座高级老人公寓，以及赌城雷诺的旅馆等，在华人中号称“房地产大王”，在旧金山公布的“北美地区 20 位亿万身价华裔富翁排行榜”上，张济民先生名列第四，此后几年，也一直名列前茅。张济民在海外经商数十年，他的成功秘诀，首先在于以人为本的经营思想。他特别强调，企业管理的关键就是人的管理，与物资投入相比，劳动力是生产过程所有投入要素中最具主动性的，所以要把做人的工作放在比做生意更重要的位置。具体而言，第一是管人的问题。企业要建立系统、完善的制度和纪律，并使之成为员工的行动准则；用标准来管人、约束人，是企业领导者的一项重要工作。第二是用人的问题。用人主要就是用好领导干部。企业如同一部机器，它有很多齿轮需要咬合，而领导干部就是核心齿轮，通过自己的工作让离自己最近的那些齿轮与自己一起转动，并逐级带动其他齿轮一起运转，使企业顺利前进。因此，干部应强化三个意识：一是责任意识，将自身命运与企业的兴衰及职工利益融为一体，树立强烈的使命感、责任感和紧迫感；二是廉洁意识，严于律己，清正廉洁，秉公办事，以巨大的人格力量影响和带动员工；三是学习意识，在竞争激烈的社会中不断充实自己，不仅学习新的管理知识，还要礼贤下士，虚心向员工学习。

张济民的经营方针是“以心服人，不是以力服人”，他本人曾说：我对于员工的工作环境非常重视，为使员工发挥更大的能力，提高工作效率，我希望我的同事对于所担当的工作任务能够充分理解，这样可以激发工作人员的兴趣及责任感，使这个任务的成功完成具有更大的可能性；我对于每项建议的实施，倘若这个任务不能成功，便首先检讨失败的原因，同时与负责实施任务的同事共同承担责任。我认为，如果光是责备工作人员，实际上只是满足了自己，对于企业的改进却没有帮助。我所希望的，是接受这次没有成功的教训，并引以为戒，下次或许就有成功的可能性；因为我没有受过高等教育，所以只能在工作中不断获得经验。我汇集这些经验，建立了各项规章制度与理论，并用以经营企业。

六、严以律己，以身作则

一个企业经营者如果光说不干，或者说话不算数，不严于律己，那么，就不可能得到职工的信任，企业也难以形成凝聚力。宁波商人深深懂得这一点，在管理中十分注意自身的形象，使员工信任，心悦诚服地接受管理。丁佐成以身作则坚持勤俭节约，带头在员工中树立良好的风气。刘鸿生的工资也没有特殊，仅跟科技人员林天骥一样每月 1 000 元。俞佐宸见到和丰纱厂的工资制度不合理，女工辛辛苦苦，每月工资收入不到10元，而管理人员每月工资600元，相当于普通工人的50~60倍，女工很有意见。俞佐宸就以身作则，主动把自己的工资减到260元，其他管理人员工资相应降低。俞佐宸的表率作用缓和了劳资矛盾，调动了女工的积极性，增强了企业凝聚力。

"宁波帮"商人奉行的"以人为本"的管理思想，正是儒家所推崇的以德待人、和睦相处的伦理思想与西方人文主义者所提倡的尊重人权、平等博爱的人文精神的有机融合。

第二节 早期商务印书馆的经营管理

商务印书馆创建时，资金3 750元（银元，下同）。三年后，张元济、印有模（锡璋）入股，连同原有股本升值，计有资金5万元，开始成立有限公司。光绪二十九年（1903年），商务与日本金港堂印刷公司合资，资本20万元。民国三年（1914年），合资终止时为150万元。后逐年递增，民国十一年（1922年），达500万元。民国二十一年（1932年）"一·二八"淞沪抗战后，减至300万元。

夏瑞芳为第一任经理，后任总经理。引入日资后，于光绪三十一年（1905年）改为股份有限公司。清宣统元年（1909年），股东会选举郑孝胥、张元济、高梦旦、鲍咸昌、夏瑞芳、高凤池、印有模为董事。民国三年，夏瑞芳总经理遇刺逝世后，总经理先后由印有模、高凤池、鲍咸昌、王云五等人担任。民国十五年前董事会主席先后由张元济、郑孝胥、伍廷芳、陈叔通担任，民国十五年后为张元济担任。

光绪二十八年（1902年）起，商务印书馆形成编译、印刷、发行三所并列体制。编译所长先后为蔡元培、张元济、高梦旦、王云五、何炳松。民国四年，设立总务处，协调三所工作，由陈叔通、盛同孙主持，并建立总务处会议制度。股东会、董事会、总经理及一处三所（总务处、编译所、印刷所、发行所）体制沿用至民国十九年（1930年）。王云五任总经理后，改总务处为总管理处，设立研究所。

早期的商务印书馆在经营管理方面，主要采取过以下几项举措。

一、引进外资、人才

光绪二十九年冬，日本金港堂印刷公司主人原亮三郎、山本条太郎携资来沪，欲投资印刷业，经与商务印书馆商谈后决定合资20万元，双方各半，正式成立股份有限公司。

与金港堂合资后，聘请对编辑教科书有丰富经验的日本人长尾积太郎、加藤驹二等参与编辑《最新教科书》，促使其早日完成。日方派技师来沪传授照相石印、图版雕刻、五色彩印技术，使商务印书馆成为中国第一家从事五彩石印和运用三色版的印刷厂商。商务印书馆还不断派送技术人员赴日学习。中日合资使商务印书馆进入新的发展阶段。民国元年后，因舆论不利于中日合资，董事会决定终止合资。夏瑞芳多次赴日谈判，民国三年初，全数将日股收回买断。

二、重视采用先进印刷技术

夏瑞芳、张元济、鲍咸昌、王云五等曾先后赴外国考察。

光绪二十八年，北福建路厂房建成后，安装一批新式印刷机，使商务印书馆成为当时上海最大的印刷厂。以后，不断购置新式印刷机械。民国四年（1915 年），购入海立司胶版印刷机，为中国胶版印刷之始。民国八年起，始用米利印刷机。民国十一年，购入德国爱尔白脱公司滚筒印刷机和英国乔治门双色胶版机。

商务印书馆的印刷品质量上乘，多次在世界博览会上获奖。在民国四年南洋新加坡华人制造品展览会、民国十五年伦敦万国印刷出品第七次展览会上，分别获得优等奖、银牌奖、大奖和最优等奖。在国内展览会上获奖则更多。

三、建立教育实验基地

商务印书馆开办多处教育机构，普及教育，试验推广本版教材。光绪三十一年（1905 年）至民国七年（1918 年），开办小学师范讲习所二期、师范讲习社三届，毕业学生 2 000 人。光绪三十二年，成立尚公小学。民国三年，开设函授学社英文科，以后增设算术、国文、国语、商业等科。此外，还有商业补习学校和推广“四角号码检字法”讲习班等。民国十九年，学生（包括幼稚班和夜校）达千人。民国二十一年，“一·二八”事变中学校毁于日军飞机的轰炸。

四、开办发行机构

商务印书馆为向各地推销本版图书，光绪二十九年，在汉口设立第一个分馆。光绪三十一年，盘入直隶官书局，建立北京京华印书局，设北京分馆。光绪三十二至三十三年，先后在天津、奉天、福州、开封、安庆、重庆、广州、长沙、成都、济南、太原、潮州设立分馆。民国三年和民国五年，分别在香港和新加坡开设分馆。为向南方拓展业务，于民国十三年，建立香港印刷厂。

五、经营商业广告

光绪二十九年，商务印书馆编印的《出版周刊》刊登本馆出版的各类书刊广告及外商的外文商品广告，招徕广告业务。清末，商务印书馆制作本公司信封广告，介绍出版经营业务。民国元年，商务印书馆向上海市政厅登记经营广告业务，被批准。民国八年，商务印书馆设立中国商务广告公司。此后，编写出版商业丛书《实用广告学》及商业小丛书《广告学概论》、《广告须知》、英文本《新广告学》等书；还制作电影艺术广告，设橱窗艺术广告。上海部分娱乐场所皆有商务印书馆的广告。民国十五（1926）年，以商务印书馆的为主体的 6 家广告公司组建中华广告公会，进一步开拓广告业务，此属国内第一家民间广告协调机构。此外，商务印书馆在有关书刊中刊登商务印书馆的出版、印刷的书刊内容、信息及客户广告，广告成为商务印书馆借以开拓业务、进入市场的重要媒介。

第三节 虞洽卿的经营理念与经营谋略

虞洽卿是中国近代史上一位颇有影响的实业家。他一生创办了一系列的近代企业 ，进行了许多实业活动，在实践中形成了自己一套独特的经营谋略和经营理念 。因此，他奠定了自己在近代中国工商界的重要地位。虞洽卿作为近代上海工商界的重要人物，中国民营资本家的一位典型，他的一生在一定程度上可以反映出中国近代资本主义发展的轨迹。

一、交通是振兴实业的枢纽

近代经济的发展有一个很重要的前提，那就是要有发达的交通运输业，因为“交通运输业的变革，是夺取外国市场的武器”。虞洽卿很早就形成了一个重要的经营理念，即要把自己投资的重点放在轮船航运业上。正如他所说的：“商务之发达端赖交通便利，而航运业盛衰尤关国势。”航运业一旦兴盛，可以便利商货的运输，实在是振兴中国实业的枢纽。况且，投资航运业可以获得高额利润，这又符合虞洽卿作为一个商人追求最高利润的原则。

虞洽卿从事轮船航运业，其过程是艰难曲折的。我国的航运事业不是从原有的帆船航运业的基础上发展起来的，而是作为外国轮船航运业的附庸出现的。自1898年美商旗昌轮船公司开辟沪甬定期航线起，沪甬线成为中国轮船航运业主要定期航线之一。至1908年，上海至宁波的沪甬线上的定期班轮有：英国太古洋行的北京轮、中法东方公司的立大轮和招商局的江天轮。这三家公司垄断了沪甬线，并私下协商肆意抬高票价，引起了甬人的极大不满。为此，虞洽卿等甬籍绅商与上述三家公司进行谈判，要求降低票价，永久定为5角，但遭失败。于是，虞洽卿等甬人奋起设立宁绍商轮股份有限公司（以下简称宁绍公司）。

1908年5月，宁绍公司开始筹备，额定资本为100万元，每股银元5元，计20万股，总行设在上海，于宁波设分行。又在上海、宁波等15个国内主要商埠及日本横滨设立代收股款处。其中股份最多的就是虞洽卿，他被推选为总经理。1909年5月，公司经邮传部、农工商部批准立案。1909年7月9日，宁绍公司的宁绍轮、甬兴轮行试船礼。从此，两艘轮船来往于沪甬间，与太古等公司展开竞争。宁绍商轮公司正式营业后，原来沪甬线上的几家航运公司采取降价手段，以此来扼杀新生的宁绍公司。面对如此危境，虞洽卿等一方面呼吁宁绍同乡竭力支持公司的营业，另一方面倡议设立宁绍航运维持会。通过“宁波帮”的支持，宁绍公司顶住了多方的压力，在沪甬线上坚持下来，成为取得胜利的第一家民族海上航运企业。

为了便利家乡物产的输出，虞洽卿还购置了“镇北”号小轮船，行驶于龙山、镇北、宁波、舟山之间。1915年6月正式创办三北轮埠股份有限公司（以下简称三北公司），总公司设于上海，在宁波、镇海、龙山、舟山、沈家门设分公司。在20万元的创业资本中，虞洽卿（和以他的三个儿子的名义）拥有的股份占95.5%，由此可见，三北公司基本上是虞氏独资企业。

三北公司创立之初，正值第一次世界大战爆发，这次战争也为中国民族工商业的发展提供了一个契机，中国的民族工业进入了一个“黄金时期”。虞洽卿抓住契机，努力扩展航运业。三北公司在创立之时，仅有“镇北”“慈北”两轮。1916年，三北公司又购进了“姚北”木轮。是年，又向荷商购进了1 320吨的“升浮”轮，租于开滦煤矿局，并投资30万元创办鸿安商轮公司。1917年，虞洽卿脱离宁绍公司，全身心地投入三北公司。同年，虞洽卿由其子顺恩出面，开设宁兴轮船公司。开办时，资本20万元，后来增加到100万元，连续购置载重1 500吨的“升有”“敏顺”等轮船。1918年，他又变卖早年购进的大量房地产，扩大投资。一方面扩大三北公司的资本，另一方面又有利于盘下英资鸿安轮船公司。到1919年，三北公司资本已经增至200万元。此时，三北公司的航线已经包括南北洋各主要航线。除了扩展沿海航线外，虞洽卿又把视线扫向长江航线。1918年12月，虞洽卿等将英商股份悉数收回，成立鸿安商轮公司，虞洽卿占公司股份的42%。因此，顺利地扩展了沪汉线。

虞洽卿陆续创办的三北公司、宁绍公司、鸿安商轮公司，至 1919 年已经拥有资本 320 万元，拥有轮船 12 艘，总吨位 14000 余吨，在沪甬、沪汉及南北洋都有定期或不定期航线，在长江及沿海一些商埠都设有码头、栈房等。由以上三家公司组成的三北航业集团在当时具有相当的实力，到抗日战争前，他共拥有大小船只 65 条，计 9 万多吨位，行驶于国内外航线，华南及长江沿线都有码头、仓库。虞洽卿一生经济活动的核心就是经营轮船航运业，对中国近代轮船航运业做出了巨大贡献。

二、多元化的经营方式

虞洽卿在创办企业的过程中充分认识到，近代实业的各个行业之间是相互关联的，因此必须采取多元化的经营方式来保证自己事业的发展。这是虞洽卿又一个重要的经营理念。

他首先考虑到，工商业与金融业是相辅相成的。一方面，金融业无论是旧式的钱庄、票号还是新式的银行等，都是工商业发展到一定阶段的产物，其存在和发展有赖于工商业的发展；另一方面，金融业一旦产生就能给工商业的发展以很大的影响。对此，虞洽卿曾深有体会地说：银行的人最势利，你有钱时他们拼命巴结你，想方设法把你的钱存到他们那里，而你缺钱或没有钱时，他们或者极力提高利率，把你办工商业赚的一些钱都赚到他们的手里，或者干脆不借给你钱。因此，他在自己的经营实践中并不孤立经营轮船航运业，而是把轮船航运业和金融业密切联系在一起，进行二元化经营。

在三北公司创办之前，虞洽卿就参与创办四明银行并任理事，以后一直是这家公司董事。四明银行的创办得到虞洽卿的帮助，虞洽卿也从中得到了不少好处（尤其是他的轮船航运业）。除了四明银行外，1915 年虞洽卿与杭州人施肇曾及皖人孙多森等集资 500 万元开办通惠银行。后来，虞洽卿又创办了劝业银行、中国商业信托公司、华盛信托公司等。据统计，虞洽卿先后创办投资的银行共有 11 家。由于有这些银行对他的工商业（尤其是他的轮船航运业）的支持、给予他资金上的通融，他的事业才发展顺畅。虞洽卿的航运公司同金融业关系密切。他还设立了许多与轮船航运业发展相关的企业。1922 年，虞洽卿盘购了肇成机器厂，后又将其改名为三北机器制造厂，主要从事轮船修理业务，为轮船航运业的发展提供服务。

三、独特的经营谋略

在虞洽卿的经营理念中还有很重要的一点，就是要有自己的经营谋略，唯此才能使企业在激烈的市场竞争中站住脚。在虞洽卿的经营实践中，这种谋略主要表现在以下几个方面：

一是经营方法灵活。购置旧船是虞洽卿成功经营航运业的一大秘诀。从 1914 年至 1936 年，他先后为三北公司购入旧船 36 艘。首先，购置旧船成本比较低。当时买一艘旧船在 5 万元到 10 万元，比新船要便宜很多。其次，便利资金周转。按当时惯例，船到埠后只需先付 30% 的现款，随即可以向银行押借 70% 的贷款，这样光从账面上看就有 40 % 的差额。而且一艘旧船以低价购入后，经过修配、油漆，可向银行押借 15 万 ~20 万元。这样就可以缩短资金周转，扩充船队。再者，他有时将旧货轮改成客轮或者客货轮，在客轮上他可以招收很多的茶房。按他的规定，每位茶房上船必须缴纳 300 ~ 500 元不等的押金。这种押柜制为虞洽卿解决了不少资金问题。

二是为便利资金周转进行负债经营。他一开始经营航运业就与银行发生关系，尤其是四明银行，它是虞洽卿的借债源泉。三北公司大多数船只的买进都是向四明银行抵押借款的。三北公司以低价购进旧船，整修后向四明银行进行抵押借款，然后又去购买旧船。这样周而复始，他的航运业日益壮大，没有被外轮所压垮，同时他自身的债务也越积越高了。至1937年，他的资债达300万元以上。所以，人们对虞洽卿有“借债大王”“越穷越买船”的说法。

三是紧紧抓住地缘关系开展经济活动，以营造良好的经营环境。所谓地缘关系，主要是指同乡关系。宁波同乡对虞洽卿企业的支持，对于虞洽卿来说具有特殊的意义。同时，虞洽卿对自己家乡的建设也是有突出贡献的。在上海，宁波籍商人的势力较大，也有一定的组织（如四明公所）。在虞洽卿创办经营的企业中，即有同宁波商人集资合办的四明银行、宁绍公司等。四明银行创办伊始就受到外商的倾轧、发生挤兑，后来就是在宁波同乡的共同支持下渡过了难关。四明银行的发展，在很大程度上得力于“宁波帮”的商业支持（尤其是与钱庄关系密切，以此为后盾）。四明银行投放于这些钱庄，同时也利用钱庄的工商业关系开展信贷业务。虞洽卿参与经营的宁绍公司与四明银行也有类似的情形。宁绍公司受到外资轮船公司的排挤，于是虞洽卿等宁波商人组成轮船航运业维持会，共同维持其经营。所以，宁波同乡及其组织对他的支持与援助，在他的经商生涯中无疑起了决定性的作用。

四、敢于冒险勇于开拓的精神

在经济活动中，既能审时度势把握商机，又敢于冒险勇于开拓，这既是虞洽卿的一种经营风格、经营理念，也是虞洽卿作为成功的近代实业家所体现的一种企业家精神。

在近代中国许多拥有巨资的富豪中，他们有的购置田产、有的放债出贷，但是很少有人投资于工商企业。因为前者可以坐享稳定的地租和利息收入，而后者是盈是亏一时难以预测。这种思想是受中国几千年自给自足的封建自然经济影响的结果。即使是那些投资于工商企业的资本家，也有不少人并不直接参与企业生产经营，只是按期领取股息。再者，即使是那些参与生产经营的，也并不将盈利用来扩大再生产。而虞洽卿并不是这样的资本家，他把创办和经营新式企业作为他毕生的追求。

虞洽卿在做买办期间，已经拥有一定的资本。但他一不投资田产收租，二不依附外商企业，而是利用自己的资本和精明的经营谋略参与实业，集资创办四明银行、宁绍公司，后又独资创办三北公司，实现由买办到资本家的转化。而这一转化带有相当大的挑战性，带有极强的冒险精神，表明他对近代实业的经营已不再因循守旧、墨守成规。在当时中国，轮船航运业被西方帝国主义所垄断（主要是英国和美国）。而虞洽卿将资本投资于轮船航运业，的确是一种不畏风险、敢于进取的行为，具有相当大的气魄和胆识。在创办四明银行之初，正是这种精神推动着他，使他的银行在外商或官商合办银行的共同压力下得以冲出重围。

当然，作为一个企业家，仅仅富有这种冒险精神还是不够的。虞洽卿在做各项投资之前，都进行充分的审时度势。他认为，在商场上要想让投资得到回报，必须密切注意市场信息、必须善于把握时机，必须根据商情的变化来做出决策。比如“一战”时，虞洽卿看准外轮纷纷回国必然导致“船舶日少，货脚日贵”的商机，便极力扩展三北公司，一方面向北京政府申请要求承担奥国轮船（总计达2万余吨）业务以发展国外航线，另一方面盘下了英商鸿安轮船公司，扩大了经营规模。

虞洽卿作为一个成功的近代实业家，在其一生的经济实践中所形成的近代经营理念、经营谋略和经营风格，确实值得后人加以研究 。

第四节 秦润卿对钱业的改革

秦润卿在主持钱业公会期间，积极推动钱庄业的团结与合作，为谋求行业的发展与进步做出了诸多努力，特别是统一钱业市场与现金公库以及联合准备库和钱业业务研究会的建立，为钱业应对金融风险与外部世界的挑战奠定了重要基础。

一、统一钱业市场

为评定银拆洋厘，上海钱业很早就设有钱业市场（俗称钱行）。原分为南北两个市场，南市设在豆市街济阳里，北市设在天津路阜成里，后迁至宁波路兴仁里。“因北市市面较大，各业大都以北市场的洋厘为准则。”1922 年上海钱业公会新会所建成。次年，在秦润卿主持下，南北两市合而为一，迁至新会所一楼，由钱业公会组织“市场委员会”进行管理。每日各钱庄均派“钱行”到场会议行市，凡头寸的拆进拆出、现洋的买进卖出以及划头的划进划出，都在市场成交。这个市场虽为钱业市场，但银行、信托公司和其他金融机构均可派员到场交洽，委托钱庄代为在场交易。在 20 世纪 40 年代之前的长时期内，事实上钱业市场的交易也就是上海金融界的全部交易。由于钱业公会掌握了上海金融市场的行市，因而在市场上有极大的发言权。

二、建立现金公库与联合准备库

钱庄汇划制度是信用制度的一种，以汇划票据代替现银交易，是为了省去现银收解之繁杂。19 世纪下半叶，应当时需要产生了一项简陋的公单清算制度。此制度开始实行于上海北市同行间。当时各钱庄划账的人时常挟着“总划簿”在路上寻划或在弄堂口等候，以便寻到或等到别家“划银子”的进行轧划，所以，如果没遇到某家划账的人，则无法和该家相划。到了实行公单以后，大家需要一个集中轧公单的地方，于是，光绪十六年（1890 年）前后，上海钱业同业组织于钱业市场中附设一“汇划总会”，作为公单集中交换清算的场所。1924 年，上海发生钱庄栈司润生被劫之事，加之找零数变现实有不便，所以，钱业公会在秦润卿的支持下，决定自 1925 年起，每会员庄交纳现银 1 万两存于公会作为表现基金，以资担保。当时共 87 家，计银 87 万两，建造公库储藏。如此以后各庄有应解他庄的余额时，不必解送现款，可借此项基金而在总会用滚存办法滚存至次日再计。后来此项基金又相继增加至每家 2 万两、3 万两。

为避免大量资金闲置，1928 年 5 月，钱业公会通过决议，各庄可以利用表现基金出借。“公决倘遇必要时，拟将同业公存之表现基金出借，以维市面……每庄得借银 1 万两，息照市折减一钱。”

进入 20 世纪 30 年代以后，工商疲滞，金融风潮频仍，小规模的钱业联合已经无法应付金融危机。秦润卿意识到必须组织大规模资金准备机构。特别是 1932 年“一·二八”事变发生后，上海一度发生金融恐慌，“金融界有糜烂之虑”。为防患于未然，秦润卿建议组织财产特别保管委员会，将各庄财产由公会保管，“就各庄之能力集合，每家至少 20 万，多多益善。结果，成绩甚佳，截至（3 月）5 日止，已有 70 家划进共计银额有 2 583 万两。决定现款集中，维护全沪金融，故此次虽有重大危险，而金融（指钱庄）已履险如夷云”。同时，上海银行业也仿效钱庄，成立上海市银行业同业公会联合准备委员会。5 月 1 日，战事平息后，银钱两个委员会取消。但它们的成立有效地阻止了现银外流，对稳定上海金融起到积极作用。钱业同人更从中看到了钱业联合起来的力量，从而为钱业联合准备库的成立创造了条件。

1932 年 7 月 18 日，钱业同业公会临时会员代表大会决定将钱业特别财产保管委员会改组为钱业联合准备库，并请秦润卿胞弟秦禊卿拟订章程，加紧筹备工作。秦禊卿为钱业公会秘书长，早年留学国外，回国后任汉口中孚银行经理 10 余年，对金融业务颇有造诣。秦润卿对他相当器重，并要他一手负责联合准备库的筹备工作。8 月 2 日，钱业同业公会第十次代表大会举行。会议通过《钱业联合准备库章程》，并决定联合准备库执行委员由钱业同业公会执行委员兼任，经理则由秦禊卿担任。10 月 1 日，位于宁波路上的钱业联合准备库低调开业。

联合准备库成立后，上海各汇划庄全体加入为基本会员。规定各会员必须缴纳 20 万元的财产，由公会保管。联合准备库的主要作用在于代理同业收解及办理同业拆放。每日由准备库代各庄集中转账，当日公单决算后，加入各庄拆放款项，以轧平不足。这不仅简化了汇划的手续，而且有效地调剂了各庄的资金，对上海钱庄裨益甚大。钱业联合准备库成立以后，上海钱庄拥有了正式的集中准备金，其应付金融恐慌能力随之加强。

钱业联合准备库深受同业欢迎，成立后营业日见发达。1933 年 1 月 22 日《申报》报道说：钱业联合准备库“自去年十月一日开幕后，事业日益发达，会员钱庄对于外滩银行（指外商银行）收解，完全委托准备库办理，由准备库公领各会员钱庄中央银行钞票总额已达三千万元，办事人员增至三十二名，办公时间每日延长至下午九时为止。现金准备自三百万元增至三千万元，连财产准备（五千万），共在八千万以上”。

三、革新钱业业务

作为钱业行家，秦润卿深刻意识到钱庄由于其先天局限而潜伏的风险，为此他十分重视钱业业务革新问题。特别是进入 20 世纪 30 年代后，由于工商业凋敝，金融业经营环境趋于恶化，秦润卿力主改进钱庄业务，不仅组织相关机构研究改善业务的方法，而且利用钱业公会相关会议，反复告诫同业，防患于未然，推广有关革新方法。

1930 年 7 月 2 日，针对当时钱庄大量倒闭，而且“考厥原由，虽有多端，而以受股东牵累为其主因”，秦润卿在钱业公会第十三期常会上提出议案五项，以借供采择：

“1. 股东在本庄往来，应有存无欠，即其联号往来，如有欠款，其总额亦不得超过该东所占股份。各业运用全赖股本，吾业既为无限组织，则股东在其所认股本以外，尤须负相当之责任，是股东不能任意欠银，至可明了。至于联号，虽因同一股东关系，与各庄往来，然其限额亦不能超过该股东所占股份。万一有不幸事件发生，则旁人亦易于援手，不致有牵动全局之虞。

“2. 各庄如不幸而遇倒账、呆账时，除盈余公积外，其总额如超过股本半数以上，须即添加资本。倒账、呆账为同业不可免之事，其受损如果不大，则盈亏相抵，适得其平，不致使资本呆滞，失其运用力。若其总额超过在其股本半数以上时，则其所损之数，即无异使股本缩小，易致摇动，是以各庄倘发生以上事项时，各经理人断不能隐讳，必须将其原因详告股东，请其加足股本，以固基础。

“3. 经协理应以身作则，绝对禁止投机。经协理负股东重托之重任，当专心一致，力图发展，如其兼营投机事业，则用心分歧，终至偾事，且投机因眼光不同，常有意外损失，或因此而有不规则行为，损及各庄资金，尤须切戒。至各伙友，承继协理之意旨，如在上者兼营投机，必至上行下效，弊窦滋生，防渐杜微当以经协理为则。

“4. 存放款项须通盘计划，万勿迁就滥放。各庄放款须视资本总额及存款数目，并估计实力，通盘计划，方可定放款之标准，其巨额信用放款，更须慎重考虑，万不可专注重一门，庶几进可以取，退可以守，不致失其运用之能力。

“5. 年终决算须登钱庄月报，俾众周知，以为改革之第一步。迨后尤须请人查账，与银行界互相提携，共策进行，庶不至贻落伍之讥。”

以上提案，“提付公决结果，一至四各款通过无异，唯第五款，暂为保留”。

1933 年，由秦润卿发起，钱业公会创设钱业研究社，公会会员均为成员。该社以“提倡改革与钱庄业务之扩展”为宗旨，积极探索钱庄业务改革，以适应外在环境的变化，加强与新式银行的竞争力。俞佐廷、傅松年、王怀廉等具有革新思想的钱业领袖都是研究社的骨干分子。他们关于钱业改革的经验与主张，经有关报刊宣传后，产生了广泛的影响，并为许多钱庄所采纳或仿效，从而有力地推动了上海钱庄业的革新步伐。

1935 年起，钱业公会成立改善业务委员会，决定每年分春夏秋冬四季，举行各庄经理会议，“集议”业务改进办法。

期间，秦润卿领导的钱业公会还努力向外开拓，协调与有关方面的关系，从而为钱业的发展赢得了空间。如上海银行公会是上海重要的金融业同业组织，宁波同乡盛竹书长期担任银行公会会长，后秦润卿也担任上海银行公会候补执行委员，两者关系非同一般。秦润卿十分重视与银行公会的关系，努力加强双方在金融重大问题上的协调与联络。早在 1920 年 11 月，针对地方当局有关“庄票支票庄摺均须贴用印花”的规定，两会“公同集议”，一起向当局提出贴用印花税的几个先决问题。进入南京政府时代，金融业与政府的关系趋于密切。为保障同业利益，对外协调行动，在处理重大或紧急事务时，两会设有银钱业联席会议机制。联席会议通常在银行公会举行，钱业方面多由秦润卿出席。召开会议时，由双方各派一名代表共同担任会议主席。两业代表就需要讨论的问题发表意见，议决办法，最后由两会分别通知各自会员行庄知照。联席会议讨论的问题涉及政府经济金融政策、特殊形势下金融业的互助与合作，以及社会赈灾与救济、金融业务等问题。

1923 年 11 月，沪埠银根奇紧，银行公会与钱业公会经协商，采取了协调行动。1924 年 10 月，银钱两公会再度携手，致电北京财政整理会及总税务司，要求维护内债信用。1927 年以后，上海银钱两业是国民政府内债的主要承销对象，两业有着共同的利益。从 1927 年 5 月银钱两业商洽如何承销政府内债起，到 1931 年联合反对政府停付内债本息风潮，再到 1932 年与政府相互妥协，使公债整理得以出台，上海银钱两公会均采取召开联席会议的形式来商定办法，协调行动，并以两公会的名义对外联络，为维护自身利益进行积极的努力。1931 年长江大水灾后，上海银钱两业为救灾募捐起见，曾组织“银钱业各地水灾临时集捐会”，协商募集捐款及如何分配款项。1932 年“一·二八”事变后，两业为停市及停市期间如何维持金融，开市及如何预备开市等问题，多次举行联席会议以求协调行动。显然，银钱业联席会议的举行有助于两业及时沟通意见，协同对外方针和行动，在维护金融业利益、协助政府相关政策的实行以及进行，社会救济方面发挥了重要作用，有利于整个社会经济的稳定。

四、增强钱业资力，扩充业务范围

资本雄厚不仅是金融企业实力的象征，而且能增强其业务运作能力，抵御金融风险。长期以来，钱庄资本都相当有限，与新式银行相差甚远。故增强钱庄资力，扩大业务范围，成为钱庄近代化的重要途径。对此，1909 年秦润卿担任豫源钱庄经理后即着意于此。1920 年担任钱业公会会长后，秦润卿领导上海钱业界在这方面做出了卓有成效的努力。当时钱业公会极力推动钱庄业增资合并，使各钱庄资本迅速得到增加。在钱业公会成立的 1917 年，上海的 49 家钱庄中，资本在 10 万两以上的钱庄仅占 3 家。到 1926 年时，上海钱庄共 87 家，资本 10 万两以上的共 80 家，其余 7 家资本也在 4 万两以上。在 80 家 10 万两以上资本的钱庄中，又有 37 家在 20 万两以上。1935 年时，上海钱庄共 55 家，资本在 50 万元以上的已有 12 家，而 55 家钱庄的平均资本额则高达 35 万余元，为清末民初钱庄平均资本额的 10 倍。其中最大钱庄资本额达 80 万元，高于不少地方银行之上，可以进行大规模的工商业放款。

在增强钱庄资力的同时，在钱业公会的倡导与推动下，20 世纪 20 年代后，上海钱庄积极扩大业务范围，增加业务品种，在钱庄银行化道路上迈出了坚实的步伐。如有些钱庄仿效银行添设储蓄存款、抵押放款、工厂放款、信托、汇兑等部门。除存放款主要业务外，钱庄还模仿新式银行开展连带业务，如保管贵重物品、代客买卖有价证券等。据统计，到 1936 年，在上海钱庄中仿效银行业务的钱庄，已占总数的 2/3 以上。

在此值得指出的是，上海钱业公会是由传统的公所会馆演变而来。长期以来，受传统习惯影响，钱业同业组织领导权都垄断在个人手中。秦润卿主持钱业公会后，身体力行，力图改变大权独揽的局面，扩大会员特别是全体会董参与公会事务的权力，并使之制度化。如 1923 年 1 月修正的《上海钱业公会章程》规定，钱业公会每月举行常会两次，总董认为必要时随时召集之；公会会议须会员 2/3 到会，得到会会员 2/3 以上同意，方可决议。还规定：公会设总董事 1 人，总揽会务，对外为全体代表，公会函牍均由总董盖章签名；设副董 1 人，辅助总董，襄理会务，如总董请假或不能执行会务时，由副董代之；选董事 10 人，总董、副董由董事互选。1928 年 1 月初，钱业公会在秦润卿主持下，改为委员制并议定暂行章程十条。其中规定：①本公会设执行委员 15 人，皆名誉职。②执行委员由会员中选举组织委员会，执行会务之责，对外无单独代表本公会全体之权。③委员选举用单记名投票法，任期 2 年，连举得连任。④委员会为便于执行会务，按月轮推常务委员 2 人，主持一切，凡公会函牍均由常务委员签名盖章。⑤会务分重要、次要、寻常三种，寻常会务由常务委员随时处理，次要者召集委员会合议执行，重要者由常务委员提出召开会员常会或特会公决之，会员特会由委员会提出或全体委员十分之一以上之请求均得召集。⑥召开会议时，主席由常务委员中一人充任之。这些制度建设，不仅有力地推动了钱业公会发展成为现代同业组织，从而为其良性运行奠定了重要基础，也有效地增强了钱业的凝聚力。

综上所述，秦润卿带领钱业，顺应时代要求，借鉴银行业的经营管理方式，革除钱业弊端，走银行化的道路。在秦润卿的积极领导下，上海钱业的凝聚力与向心力大大增强，钱业公会在钱庄业中的地位大为提高，其功能也大大扩张，日益成为钱业应变措施的组织领导者，从而在上海钱庄中具有极大的权威，甚至有学者喻之为“上海钱庄业的灵魂，在上海有很大的势力”。显然钱业公会在20世纪二三十年代上海钱业的发展与进步中发挥了举足轻重的作用，其影响已超出上海，实际上已经成为全国钱业界的风向标。秦润卿这个立足传统又与时俱进、开拓创新的本土企业家至今仍值得人们回味。

第五节　包玉刚的经营管理思想

包玉刚是国际上著名的航运家和企业家、世界知名船王，被称为“称霸海上的中国旱鸭子”。美国著名的《新闻周刊》和《幸福》杂志都曾多次报道包玉刚的经营状况。包玉刚于1955年开始经营航运业，当时他只有一条价值不到100万美元、吨位不足1万吨、已有28年船龄的烧煤旧货轮；仅仅用了10年左右的时间，包玉刚就建成了一支几百万吨位并具有良好信誉的商船队；到1975年，他已经成为世界上最大的独立船东，登上了“世界船王”的宝座。

1981年，包玉刚的船队在鼎盛时期拥有船只210艘，总载重量达2 100万吨。20世纪80年代以来，包玉刚实行多元化经营，将业务转向金融业、地产业、商业、航空业等，建起了一个业跨海、陆、空的国际商业王国。包玉刚从事经营管理活动数十年，形成了一整套符合当时当地社会历史条件的独特经营方针，在他许多对经济问题的分析和阐述中包含了一些非常精辟的经济观点，这些共同构成了他的经济管理思想。可以说，包玉刚集团的庞大企业系统的形成和发展是与包玉刚的经营管理思想密切相联的。包玉刚的经营管理思想是我国华裔企业家经营管理思想的一座高峰，可以为当下企业界和企业家们提供诸多借鉴。

一、稳健求存——独特的银行家经营哲学

一般说来，大家都认为包玉刚是银行家出身的企业家，长期的银行工作对他的经营管理思想和经营活动影响极深。他说，“我们总是把金融的原则应用于航运业”，关于未来的确切情况，“我相信没有任何人可以肯定地告诉我。因此唯一生存的方法是稳健行事”。正是基于这一经营思想，包玉刚把银行家的稳健经营作风带进了航运业，形成了他独特的银行家经营哲学，其主要内容有：

1. 以追求长期、稳定的发展为根本宗旨。包玉刚说：“我的宗旨一向是逐步稳健发展，既不要耸人听闻的利润数字，也不要在市场不景气时，突然有资金周转不灵的威胁。航运市场瞬息万变，船东随时会遭遇到许多诱惑，应该冷静，不可被这种诱惑所动。”他提出要特别警惕经济的兴衰波动，注意所经营行业的变化发展。他说，“航运业与其他行业并无不同，是有盛衰循环的。如果一定要说有所不同，航运业的盛衰循环也许更为变化多端”，“但奇怪的是，大家仍然时常忘记盛衰循环不可避免的道理，却忘记这种循环对业内人士难免发生重大影响”。包玉刚始终注意保持冷静的头脑，不为短期的厚利所动，以长远的眼光去谋求稳步、持续的发展。

2. 坚持最小风险经营。坚持最小风险经营是包玉刚稳健求存经营思想的基本内核。他坚定地提出：“我的座右铭是宁可少赚，也要尽量少冒险。”他坚决反对有些船东从事投机，一心要成为“想赢大钱的赌客”，“他们幻想认为航运市场永久不变上升”。包玉刚明确指

出，“我是个银行家，不是赌徒”，“我不希望尝试濒临破产边缘的滋味，所以我的策略是尽可能减低风险、佣务和亏损，避免导致破产的情况出现”。他采取了“防患于未然”的方针，力图避免市场波动所产生的种种风险。越是在萧条时期，他所制定的经营策略越显露其稳定性。

3. 开创现代化新式船务经营。20 世纪 50 年代包玉刚开始从事航运事业的时候，香港和国际上的船东大都采用把自己大部分的船单程租用或“散租”的经营方式，视航运需求率而定租金。当经济兴旺时，从短期的眼光来看，这一经营方法容易获取较高的利润。包玉刚舍弃了富于诱惑力、然而风险极大的“现货现租”业务，采取了完全不同于传统航运经营的长期租赁法。他把船只以中长期合约方式定期租予用户，租期可为三五年至十年，租户按月交纳租金。包玉刚的长期租赁经营不但保证了利润收入的稳定性，而且还直接促成了一条筹措资金的渠道。

始终坚持长期稳定的薄利经营，着眼于长远的发展，不贪图一时的高利润，他正是借此经受住了石油危机的考验，最终成为一个雄视环球的世界船王，引起了全世界航运界、金融界、造船界的重视。此后，包玉刚的现代新式船务经营便成为航业界人士竞相采用的经营方式。

二、集中控制关键要素的经营策略

现代企业的经营仅有正确的经营管理思想还远远不够，还需要有一系列与之相联系的管理制度与具体措施。包玉刚在经营管理过程中注意集中控制筹措资金，并建立起控制成本、加强业务管理等一系列日常管理措施，其中不乏经营管理的新思想。

1. 船务经营中的资金运筹

在现代经济生活中，资金的作用已显得越来越突出。资本已成为推动经济发展的重要力量，是经济发展的杠杆。包玉刚把资金积累与筹措看成是经营商务的关键环节，他说：“建立一支相当庞大的船队需要极雄厚的资金，因此资金成本在航运业方面自然是重要的一环。”他提出，“事实上，航运业与财务事业，现在比过去更是息息相关。如果说船东单凭经营船务做生意，不必兼理财务，我认为完全是幼稚夸张之说”，强调指出“轮船公司获致成功的两大真正重要先决条件，就是获得信用贷款和够资格的人才”。

包玉刚选择长期租赁经营，一个重要的原因是这样有利于筹集资金。他自己解释说：“经营计程租赁船只，收入不能固定（有时甚至没有收入），银行极难预测及控制收回货款。为求安全起见，银行往往漠视船只的赢利能力，只注意船只本身的价值（一直算到拼为废铁的价值），这种情形是不切实际的，需要改变过来，所以我一开始不但选择定期租赁办法，而且更注意租约保障，以确保固定收入，使自己和银行都能满意。”按照惯例，定期租船都是每月预付租金，包玉刚打破了传统惯例，实行运用信用状来付船租的新方法。租户可用银行开出的信用状来代替定额付款。船东则可以凭信用状从银行贴现资金。“信用状付船租”新法一经采用，既方便了租户，也更有利于船东申请贷款，同时，银行对船只的赢利能力也有了充分认识。包玉刚是在航运企业中第一个开创性地实行“信用状付船租”新法的人，他对航运业中的资金运筹可谓尽悉其妙，无懈可击。

包玉刚还主张经营者应与银行界、商界保持良好关系。他说：“和债务人与投资者、金融机构及股票的关系对一个船东至为重要。”在香港，众所周知，包玉刚与汇丰银行关系极为密切，这家实力雄厚的银行是他最主要的财政支持者。包玉刚以其稳扎稳打的作风受到了银行界的赞赏，汇丰银行根据船价加上租赁价，贷款对他予以支持。他还成为汇丰银行的第一位华籍董事，而在此以前，该银行甚至从来不考虑贷款给华籍船东。他还注意发展公司与银行的联合，他提出："让银行以贷方身份加入公司为股东是个好办法，这不仅能使银行因为有机会分享利润而乐于资助我们，银行也因此会对经营航运业可能遭遇的风险有更清楚的认识。"银行与公司合作经营，不仅彼此利益一致，共同承担风险，利于企业生产，而且企业发展的资金问题可不再成为事业扩展的障碍。包玉刚是非常注意银行作用的企业家 。

2. 始终维持和追求最低成本

成本管理是航运经营的一个重要环节。包玉刚对此作了不少精辟的阐述，他概括指出："船东的经营原则，根本上就是经常要维持最低成本。"这是包玉刚经营管理思想中一个很精辟、很深刻的方面。他力主从成本管理着手，提高经济竞争能力，他认为，"商业机构如欲成功，必须控制成本"，"在航运业方面，船东控制开支的能力直接关系到他的竞争能力，因此，节省船只开支费用极为重要"。包玉刚还提出："每一位船东和航运业同人要做到有效地调度分配现有资源，进而谋求把运输成本减至最低。"对成本开支控制不严，会影响预期收入，进而影响经营活动。包玉刚在始终维持和追求最低成本的同时，又提出要适度控制成本。用他的话来说："我必须说明我虽然注重控制成本，但并不是说为求樽节而削足就履。"他还说："不可盲目节省，否则结果会得不偿失。"坚持最小成本与成本控制适度是他成本管理思想的核心。

3. 建立严密、有效的日常管理制度

包玉刚认为：成本控制得法，一定要制度健全。因为过于依赖个人能力，总不免会有疏忽之虞，为了加强管理，就必须健全严密、有效的日常管理制度。"航运业有内在的种种困难，又极易受其本身所不能控制的外在因素影响，日常处理的又是数目庞大的资产"，因此要把各种危险性减至最低限度，必须建立得力的管理制度。包玉刚创建了独特的"复查制"，按照这一制度，"决定船上的开支一概需要岸上公司人员核准，而且权限应该操在不与开支直接有关者手中"，促使开支权力与核准权力二者明确分开。"复查制的要点是鼓励所有人员培养出必须研究与说明开支理由的观念，并尽可能想出更节省的办法。"至今，包玉刚的经营机构仍一直沿用这一制度。在加强安全管理方面，包玉刚建有安全事务会议制度，由专人负责对安全事务统筹管理，包先生介绍说："我们散布于世界各地的公司和所有船只上，都经常举行安全事务会议，讨论、估计并纠正船只航行中能引起大小意外事件的种种人事及设备缺点。"包玉刚在经营方式上还对船只进行分权管理，一条船成为一家公司，以节省管理成本，这样一家公司亏损不致影响别的船公司。在分权管理的基础上，各船公司秘书和会计业务则集中由管理公司办理，管理公司向各船公司收取管理费用。由此可知，健全而又严密的管理制度无疑是执行长期稳定的经营方针的必要条件，这是包玉刚实现航运奇迹的决定性因素。

三 、人才是企业获致成功的先决条件

包玉刚非常重视人才在企业发展中的作用，把关心属员的福利、前途看作是事业获致成功的一个重要条件。他提出要努力建立一个良好的用人制度以发挥人才的作用。在包玉刚看来，人才是企业发展的根本，是提高企业效率的关键。他认为人才的作用是事业取得成功的

先决条件。包玉刚认为："依我看来，船公司获致成功的两大真正重要先决条件，就是获得使用贷款和够资格的人才。""近代船只技术日益复杂精进，甚至低级船只，也越来越需要具有较高深的知识"，科学技术的进步使人才的重要作用日趋突出。包玉刚没有把人事管理当作如何控制人才，而更强调尊重人、关心人、为人的成长与发展创造条件。包玉刚表示："我和所有属员都经常保持个人接触，关心他们的福利、安全及前途，我想这即使不是所有主管人员最主要的一个成功条件，至少也是船东最重要的一个成功条件。"

包玉刚的这种人才管理思想是中国传统伦理文化与现代生产管理相结合的产物，是西方激励理论在东方社会生产中的创造性运用。包先生把集中控制关键性要素的经营策略运用于人事管理，他说："必须探究公司未能达成业务指标，或经营失败，乃至于政府机构国民经济收入欠佳的原因何在。如果有此一日，请先将调查手下主管人员的能力及态度列为要务之一。"

重视企业主管人员的工作，这是包玉刚人事管理思想中的重要一环。他在从事船务经营过程中，着眼各国的经济发展，他阐述道："现在全世界并不缺乏有远见卓识、能力高超的人才，但他们的才干必须应用于高度生产而以成就为主的事业里面。要达到这个目的，我们必须努力建立一个能激发工作动力和提供适当酬报的制度组织，因为全世界无论何处，人类的本性唯有对这种条件才能做出积极的反应。"这是包玉刚人事管理思想的一个最精彩的部分。他实际上是主张重构一个用人制度，破除旧的僵化的工作组织形式，以充分调动社会劳动者的积极性和工作激情。包玉刚把一个成功的用人制度看作是创造经济奇迹的关键，他认为，香港经济繁荣的原因固然有许多，但是"其中最大的关键在于，香港的居民知道自己付出一分努力便有一分酬报，越是勤奋工作，酬报也越多，他们也知道要是他们在工作上没有良好的表现，他们所遭受的经济或社会后果将是痛苦和深刻的"。包氏的上述人事管理思想，对于我们改革人事管理制度具有非常重要的现实意义。

作为一个富有远见的企业家，包玉刚十分关注人才培养问题，大力支持教育事业的发展。他多次捐款赞助香港大学的建设，还以他父亲包兆龙的名义设立了"包兆龙中国留学奖学金"，鼓励香港的学生出国深造。由于包先生对教育事业大力支持，香港大学授予他荣誉法学博士学位。包玉刚自己也创办教育事业，1966 年他开设了香港第一所由独立的船主自办自营的训练学校——环球海运训练学校。包玉刚还非常关心大陆的教育事业，针对内地的建设发展，他提出了"要现代化，教育是最重要的"思想。在这里，包玉刚把发展教育放到了现代化建设的首要位置上。在内地，他捐款筹办宁波大学，资助上海交通大学建立包兆龙图书馆。可以看出包玉刚众多深刻而有远见的见解，非一般的企业家可比。

四 、必须充分保证企业的自由决策

包玉刚的经营管理思想中一个重要的方面，就是对政府的经济管理职能提出了自己的见解。针对政府在经济发展中的作用，包玉刚认为政府干预经济是当今世界经济发展中的一个重要特征，他说："实际上各个国家政府着手干预本国的经济事务，已被视为该国高度发展的重要因素。"但是，政府对于经济生活中不合理的干预也导致了许多严重阻碍经济发展的恶果。政府对于经济活动的各项管理不可避免地会导致政府工作人员增多、政府机构不断扩张、行政开支上升，从而导致增加企业的负担。包玉刚分析指出：政府对经济的大量干预，"必然后果便是国家开支激增、税率升高、管理的办法日趋复杂，从而导致政府各部门的资源浪费”。包玉刚强调：一个国家必须把工作重点放到发展生产、创造社会财富上来。他说：“国家决不能将分配财富放在首要位置，而将创造财富认为次要”，必须深刻认清和明确政府经济管理的职能：“以前十数年来，各国用横征暴敛的办法来达到分配财富的目的，还施行所谓‘安全网’的制度和法令使私人或公司得到福利的保障。其后果，使得人人都失去对工作的进取心，使生产数字低落，而最坏的是使人对‘失败’二字及其后果完全失去恐惧心。”事实上，一些政府不适当的工业生产保护措施和各种福利制度，影响了竞争机制发挥正常作用，制约了社会生产的发展。包先生对这一问题作了大量的阐述，他说：“我们普遍见到的是很多毫无成绩和成就的公司机构受到盲目的支持。另一方面，因为缺乏把资金转到新产品及新事业的计划，已经落伍的工业机构变成了工人的职业庇护所。斯堪的纳维亚的一位商业领袖说得很对：‘我们简直是在延长一个垂死病人的痛苦，眼看着很多工业趋于衰退死亡，但却阻止着新兴工业的生产。’”同时，由于政治因素的作用，政府对经济的不合理干预给企业发展带来的严重破坏。包玉刚对此尖锐地指出：“政府对商业市场有所干预，往往是由争取选票与短期的政治因素所造成，但所导致的混乱后果及做必要调整所需的时间却不是短暂的。我们现在才发觉，数年前因为政治因素带来的突然转变，现在还影响着或损害了各种企业的中期前瞻。”从以上论述可以看到，政府管理经济必须适度、合理，一方面要正确发挥政府机构管理经济的职能，处理好公平与效率之间的关系，另一方面政府必须为企业的发展创造一个稳定的、良好的环境，处理好政府与企业的关系。政府在经济管理上的中心工作就是要大力发展生产，为社会创造更多财富，增加社会总供给。

包玉刚提出必须保证企业享有较大的经营自主权。企业有较大的经营自主权，这是促进社会生产、充分发挥企业的生命活力的重要条件。包先生认为香港在较短时期内成为航运业内的一股强大力量，是因为香港的航运企业有较大的自由决策权。他论证说，“香港船东同日本的航运公司不同，不必受政府规例的诸多管制，可以自由行动，可以争取市场的一切机会，能够在最佳时机，以最好的方法进行投资，以求获得最大收益。他们可以同国际银行或其他资金来源合作，不受外汇管制的约束，取得长期资本，而且可以在他们认为对业务最适宜的地方注册轮船，可以根据供求情况，自由聘用不同国籍背景的船员，同时可以随时随地视需要购入、租用或售出任何船只。充分的自由决策权使企业有了广阔的发展余地，进而也带动了一个行业或地区的经济发展。相比较之下，日本的轮船公司却不能享有类似的业务自由，处处受到法例规定及行政管理的牵制”，结果整个行业的发展受到了很大影响。包玉刚驳斥了那种反对自由决策、主张严格管制的论调，他指出，“我们经常听到一项议论，认为某一行业如果不受约束，任令其自由发展，结果其经营、人员及设备的水准，都会因陋就简，降至最低限度”，客观情况正好与此恰恰相反，照此情况，结果必然是企业在竞争中失败，根本不可能长期生存下来。

在反对政府过度干预经济的同时，包玉刚提出了反对贸易保护主义的思想。他说：“我们很担心各地的保护主义日趋严重，也必须对这些主义做出坚决反抗，无论他们的出发点如何动人，如何合理。因为任何保护主义方式只能减低甚至消除必要的竞争性，使就业机会减少和严重阻碍经济增长，我们必须面对我们所遭受的问题，不能逃避，不能采取‘鸵鸟政策’。我们决不能再树立更多的贸易或工业障碍……”他认为保护主义往往弄巧成拙，并指出它“是违背整个世界经济利益的”。他以事实来说明“香港船东发展到今日的成就，并没有依赖任何由保护主义而获得的市场或政府的特别资助”。这里应该指出的是，适当的国家扶助政策和保护措施在一定时期还是必要的。但是，在市场竞争中必须制定发展战略，逐步壮大经济、技术实力，不能一味逃避，安于国家的政策保障。任何一个企业或行业应该大胆参与国内、国际竞争，在竞争中寻求生存和发展，而不应该长期在安全网中生存。

五、包玉刚经营管理思想的特点

作为一个世界著名的企业家，包玉刚不仅在企业经营上有突出的建树，而且其丰富的经营管理思想也是非常深刻而精辟的。细究起来，包玉刚的经营管理思想有以下几个特点：

1. 全部经营管理思想中突出一个基本的经营哲学思想——即稳健求存的银行家哲学。正是基于稳健求存、长期发展的经营方针，包玉刚才坚持进行最小风险经营，在竞争中立于不败之地。他认为，他所遵循的经营原则“对于一般行业都能适用”。

2. 包玉刚的经营管理思想具有明显的经济自由主义特征。任何经营管理思想都是与经济发展的环境分不开的。由于香港实行的是全方位的开放和自由经济政策，各种经济力量在最少束缚下可以得到充分开展。在此影响下，经济自由主义成为包玉刚经营管理思想的一个内在倾向。

3. 包玉刚的经营管理思想具有复合性、实践性和鲜明的时代特征。在包先生看来，宏观与微观不是孤立存在或可以被完全割裂开的，只是观察和分析问题的不同层面而已。在他的经营管理思想中，二者彼此交叉、互相联系。思想跨度大，涉及面广，这是其复合性的一面。他的思想明显具有实践性、针对性，能够直接应用于社会生产与组织管理，为解决现实问题提供可行措施，有现实应用价值和可操作性。包先生提出的许多问题在今天仍不同程度地影响着社会经济的发展。他所提出的如重视发挥人的作用、反对贸易保护主义等，都是当今世界经济发展中的热门课题，具有一定的时代意义。

第六节　网易的互联网思维

2014 年丁磊提到了自己对互联网思维的看法：“我的互联网思维中，‘快’不是特别重要，精益求精、极佳的用户体验，这两个是非常重要的。我认为‘专注’也是对的，但是这本来就是传统行业的定义，不是互联网行业专有的。我的产品每一个版本都要精益求精，你根本不要看竞争对手怎么样，竞争对手犯错误的时间是大把的，不要因为快，把自己搞死了。”由此看来，在网易发展的过程中，丁磊是按照自己对互联网的理解来布局网易平台战略的。下面就网易的门户网站建设这个话题，来探讨互联网思维在网易这个媒介中的运用。

一、网易概况

网易是中国互联网诸多第一的缔造者，从邮箱起家，经过一系列更新迭代，确立了以游戏为主要赢利方式的版图。10 多年的发展历程，网易经过互联网的寒冬，遭遇过停牌的危机，最终成为如今“有态度”的四大门户网站之一。目前，网易已经发展成为一个集网络游戏、电子邮件、新闻、博客、搜索引擎、论坛、虚拟社区等于一身的互联网公司。网易最大的成功也正在于它的“更新迭代”，换句话说，就是它能辨别时代发展的方向，跟上时代的脚步，它各个板块的变革和发展也一直是互联网思维的范例。

二、网易的互联网思维

一般说来，互联网思维是指用户思维、大数据思维、跨界思维、迭代思维、极致思维、简约思维、平台思维、社会化思维以及流量思维这九大思维。前三个思维是基于产业层面，贯穿整个价值链的始终；迭代、极致和简约思维则主要是针对产品研发、生产和服务环节；而平台、社会化和流量思维则是基于战略、商业模式和组织形态层面，针对销售和服务环节。

1. 网易新闻——极致与迭代

如今各大网站都信奉"天下武功，唯快不破"，为几秒钟的领先打得头破血流，但丁磊看法是，"精益求精、极佳的用户体验"比"快"更重要，"移动阅读要有节奏，从早上8点，就像吃早餐，早餐是什么，午餐是什么，晚餐是什么，晚上睡觉的时候看什么，我要把这个节奏把握好"。

网易新闻客户端实现了不同类型内容的全方位覆盖，内容形态也呈现出多样化。这就使得用户可以对自己的地域和喜好进行选择关注，从而享受相关的内容推送，满足了用户想要了解更多自己周边信息和自己感兴趣信息的隐性需求。而把 UGC 内容和传统新闻资讯有机结合，把天涯、猫扑、百度贴吧和新浪微博的质朴内容进行原创策划，比如"轻松一刻""今日之声"，这种做法满足了用户了解更多的社交媒体中更多信息的内隐需求。此外，网易新闻的用户"跟帖"也是一大特色，用户对网易新闻客户端的评论是——"无跟帖，不新闻"，从而帮助大家实现"你关注的才是头条"的愿望。

网易新闻客户端也是迭代思维的范本。迭代思维的要义是既微又快。从 2011 年到 2014 年，"这三年，网易新闻已经更新了 56 个版本，平均每 22 天更新一次"。1.0 版本标志着，网易新闻诞生。到了 2.0，网易新闻大规模推出特色的手机端原创栏目的应用。到了 3.0，则是第一个推出用户积分系统和活动广场的资讯应用。而到了 4.0，成为一款为用户而生的全新版本，通过对这些大的用户数据的挖掘，来得到网易新闻典型用户的画像，更好地为用户服务。正是有了极致思维和迭代思维，网易的新闻客户端才会成功地给用户以惊喜，从而成为无数人手机里的必备资讯软件。

2. 网易云服务——社交化

网易的云服务目前包括：云音乐、云课堂、云笔记、云阅读等。这些分支中有共同点也有各自的特点，目前做得最为成功的是网易云音乐。

云音乐更多体现的是社交化思维。音乐软件向来只算是个人应用，它是为满足个人听音乐的单项需求而诞生的，它不是像微信、微博这样与生俱来的社交软件。所以很长一段时间以来，像酷狗这样专门做音乐软件的只想把它做到各方面极致再极致，解决用户所有可能的音乐需求。不同于别的软件的"好音质、高品质"，网易云音乐主打的是"发现与分享"。网易云音乐让用户通过绑定手机通讯录、微博、人人网等发现已有用户，关注对方后，可以看到朋友的音乐行为。同时，可以通过添加地理位置功能，查看身边在使用网易云音乐听歌的人和他在听的歌曲，也可以添加关注。这是真正意义上的社交化思维——用社交思维去思考，用社交语言去交流，用社交法则来运营。

3. 网易数读——简约

数据新闻又被称作数据驱动新闻，即通过对数据进行分析过滤而创作出的新闻报道。网易数读是网易近年来新开的一个栏目，该栏目设计主旨是用数据说话，提供轻量化的阅读体验。与其他网页新闻不同的是，在该栏目板块中可视化的信息图表和说明文字相结合构成一篇新闻报道，其中信息图表占据了重要一部分。改变了传统的以文字见长的新闻报道方式。

而网易数读中表现最突出的互联网思维是简约思维。所谓的简约，就是简单而有品位，在产品和品牌的定位中，力求专注和简单。首先是界面，数读整个页面没有一丝一毫的广告，连文字都非常少，所有内容都是最精简的。不论是主页还是分级页面，都整齐划一，让人无比舒适。界面如此简约，给人良好的感官印象，用户自然喜欢。其次是新闻内容，数据新闻因为是用数据说话，所以一般图多文少。网易数读的图表一直受到学界和业界的赞誉，它的图表中数据清晰，信息明确。简单而有品位，网易数读对简约思维的把握，为它赢得了许多同样有品位、高质量的用户。

4. 网易学习类服务——跨界

网易的学习类服务主要包括网易公开课、网易云课堂、网易云笔记和有道词典等服务。其中云课堂和云笔记虽然和之前的云服务有所重叠，但分析和思考的角度不同，也会有不同的发现。

2007 年起，网易先后推出有道词典、网易公开课、网易云课堂和中国大学 MOOC 等产品，分别在英语学习、名校公开课、实用技能学习等几个方向做了尝试，网易在线教育领域的布局和思考已经相当成熟。而在线教育也是对丁磊跨界思维的一个最好的展示。

跨界就是要求具有放眼世界的大眼光，多视野、多角度地看待问题，能够并且敢于从多个领域“借智”。丁磊说，“我们的目的不是赚钱”。而“不赚钱”的视野和眼光，更为大气和睿智。网易对中国在线教育做出的尝试和探索，其成就如果称第二则没人敢称第一。

事实证明，这种跨界思维的确为网易带来了诸多好处，学界、业界对网易一致好评，使得其在教育界的布局深得民心和“教育部的心”，之后网易更有可能在这方面得到来自政府的支持。

作为最早的门户网站，网易虽然没有像腾讯一样异军突起，但却一直稳扎稳打，丝毫不落后于时代。网易从整体布局到细枝末节都是可以用它的品牌理念来形容——“有态度”，“有态度”不仅体现在有自己的立场、观点和特色，更体现在对用户真诚而细致的服务上。互联网思维也在网易“有态度”的门户网站建设中落到了实处。

第七节　银泰百货的电子商务战略

电子商务的崛起，对以百货业为代表的传统零售业冲击很大，百货企业在现阶段面临新的市场环境，是否应该开展电子商务？以及要克服什么样的困难，如何发展？银泰百货能给大家一些启示。

一、银泰百货的电子商务战略

银泰百货的“触网”走在百货业的前列，自 2010 年开展电子商务以来，其行进的步伐越来越快，而且在发展模式上也越来越多元化，具体可以概括为“三步走”：

1. 在移动端布局电子商务

2010 年 2 月，银泰投资有限公司与银泰百货投资成立银泰电子商务分公司，正式涉足电子商务。银泰网是自营 B2C 平台，在运营上与银泰百货相互独立，却共享银泰百货 2 000 家时尚品牌的供应商和 VIP 会员资源。因此，相对于其他传统自营 B2C 电商网站，银泰网具有很强的供应链优势，招商议价实力较强。但是，这些优势未能弥补银泰网初期定位不清、粗放运营的弱点，2011 年年底其用户获取的成本越来越高，而用户黏性却越来越低。

随后，银泰网调整战略，明确网站用户群——18 至 35 岁，平均单笔消费在 500 元以上的中高端用户。2012 年，银泰网销售额达 5. 6 亿元，占集团总营业额的 3. 6% 。2011 年年底，银泰网推出“手机银泰”。手机银泰并没有将 PC 端的内容全部复制过来，而是根据移动端用户特征和购买喜好进行差异化布局。移动端用户相对年轻，活动参与度较高，且对商品折扣的敏感度也较高。因此，手机银泰设置秒杀折扣、限时尊抢等几大频道，以求满足年轻消费群体的需求。

2. 组建线上商城

从严格意义上来讲，银泰 O2O 真正实现落地应是从 2012 年推出 I'M 名品集合店开始。银泰网在杭州、金华和义乌三地尝试开设实体名品店，这是国内首家名品百货电子商务线下体验店，所有产品都是专业买手采购自意大利、瑞士、美国等国家的最新当季热款，店内配有最专业的 LEO 显示屏。消费者进入店内可先体验商品，然后通过店内提供的 iPad 进行选购。据悉，I'M 名品店推出后，其销售额不仅在百货商场中排名靠前，而且难能可贵的是 I'M 名品集合店内商品全部由银泰网独家买断，商品的独一无二性吸引了很多消费者。

3. 与天猫合作对顾客进行精准营销

2013 年 11 月 11 日，银泰百货携手天猫商城，展开 O2O 布局。顾客在银泰店内体验商品后，扫描商品二维码，进入天猫旗舰店下单购买。其中，高德地图和新浪微博担当了路线导航和分享宣传的任务，促使“指引、体验、购物、晒单分享”闭环形成。据银泰商业集团宣布，天猫银泰百货精品旗舰店当天总销售额为 3 704 万元，是上年同期的 6 倍。与此同时，银泰百货也正加紧铺设 WiFi。完成后，顾客可通过实名注册免费连接 WiFi。同时用户通信 ID 会传至后台，后台参考此用户的网购数据反馈用户属性，然后推送相关产品优惠券或活动信息。

从 2013 年的银泰集团财报可以看出，整个银泰网销售额为 8 亿元，占整个集团的 5%，相当于一个中等门店的销售额。2013 年 3 月，银泰集团在香港更名，将原来的银泰百货更名为银泰商业集团，并将置地、百货、银泰网并称为银泰“三驾马车”。

二、银泰百货单店过亿背后的大数据分析

1. 数据背后挖掘潜在顾客

对于零售企业而言，成功的关键是对消费者需求的洞察和满足，及对供应链的优化。因此大数据处理就变得至关重要。银泰网的电子商务为什么会被放在这么高的位置？一直以来，传统百货业的“二房东”身份使得货品和库存都不可控。百货公司既不清楚门店销售哪些产品，对用户也无法识别，不能做到通达和交互。银泰集团将银泰百货和银泰网做融合，是为了将零售数据化，实现商品和库存的可视化，并达到与用户之间的沟通，最终，零售要做到数据匹配。银泰获取消费者的需求在哪里，然后在给消费者匹配相应货品的过程中成为主导，这就实现了精准营销。

2. 建立大数据分析

银泰商业目前共经营 36 家门店，包括 28 家百货店及 8 家购物中心，拥有近 1 000 万

个商品数据库体系，10 多年积累了 150 万会员。通过数据库信息共享，实现零售商对线上线下商品价格、库存、供货的统筹，为消费者提供了更多消费方式的选择，使消费者可以更方便地在各个渠道买到银泰的商品，使顾客时时感受到银泰的存在。银泰的理念是追求“把实体店做没”，就是让各个渠道都介于有形无形之间，让消费者觉得消费渠道不再重要，信赖的是银泰。到 2013 年年底，银泰已在所有门店铺设 WiFi。每一位走进门店的消费者，都可以直接搜索银泰的 WiFi 并免费连接。银泰可以识别消费者身份，以此对消费者的行为进行分析，直至匹配到消费者在银泰网的消费，牢牢抓住核心用户。此外，银泰集团将银泰百货和银泰网融合，使得消费者决策方式和流程在不同渠道之间顺畅地漂移。

在整个银泰集团的定义中，百货门店、银泰网，以及银泰手机端，最终都会成为让用户交互和交易的界面。在未来，不管消费者是在门店产生的行为，还是在银泰网购买了商品，其数据都可以打通。

3. 信息技术提升品类管理

传统百货商品信息品种多、库存数据与系统不连通、内部的价格体系复杂、商品季节性强。商品的快速更新也使得商品资料的采集，成为一个工作量巨大的任务。传统零售商库存周转率是 40 天至 50 天，以电子商务网站京东为例，库存周转率是 20 天至 30 天；传统零售商给供应商的账期大多在 100 天左右，京东是 40 天内。而京东的 SKU（商品品类）是传统零售企业的 10 倍。从百货商店颠覆集贸市场，到连锁店颠覆百货业这一过往的零售业革命来看，每一种新的商业模式都是在围绕“供应链效率和成本”展开的。即使目前百货企业已经开展线上线下一体化的模式，也无法解决从门店转换到网站的价格规则和物流部署协调。为了解决这些关键问题，银泰已经开始部署移动终端，用于专柜管理终端系统和电子开票设备，由营业员维护商品信息，甚至还能与供应商自身的进销存系统自动同步数据。移动 PDA 将商品信息的维护工作分散到各个专柜，解决了数据采集工作量巨大的难题，既节省了人力成本，又提高了数据更新的效率。

三、“顾客为先”全方位提升顾客满意度

银泰不仅通过“数据”满足顾客的商品需求，同时也将新技术应用到顾客消费的各个环节，为消费者提供全方位的服务。

1. “无形”购物卡吸引有形会员

银泰百货与阿里巴巴公司合作，在全国的商场铺设了商用级别最高的 WiFi 系统，继而和支付宝联手推出了虚拟会员卡“银泰宝”，在 35 家银泰百货推出手机支付宝钱包“当面付”服务。该服务是消费者在银泰购物，到收银台付款时，可以通过手机上的“支付宝钱包”选择“当面付”。手机支付可以选择扫码支付或声波支付两种方式。其中声波支付还可以在没有网络的情况下通畅使用；扫码支付只需扫描收银机上的二维码，输入支付宝密码即可完成支付。客户利用支付宝钱包付款后，网络终端会自动加该消费者成为银泰的电子会员卡会员。

2013 年 11 月，银泰百货举行 15 周年店庆，人流量高达 35 万人次，创造了全国单日单店历史纪录，单日单店销售额更是首次突破 1 亿元，成为业界新高。这次店庆和往年比，虽然人流量大幅上涨，但是顾客收银排队等待时间却明显减少，基本上每人次排队时长比往年

减少 40% 以上，大大提升了商场经营效率和消费者满意度。这背后的技术支撑就是来自银泰百货部署的关键设备——无线手持 PDA。通过选择手持移动终端解决方案，银泰百货为顾客提供了可靠度高、安全性高、稳定度高的 WLAN 支撑网络，商场随时可以根据客流情况增加临时款台，实现无线收银。移动收银比有线收银的优势在于灵活移动、补点便利，不破坏原有装修，不占据固定位置。这种特性高度契合了对空间利用率非常高的大型百货商场。银泰百货商场人流量集中，商铺位置每隔半年就有较大变动，手持终端收银的移动性和 WLAN 的结合很重要，凭借良好的接收信号和稳定性，拍档的安卓手持终端可以很好地和银泰百货现有的 WLAN 紧密结合，让移动收银没有任何死角，保证了商场的运营。

2. 全方位 O2O 服务

2014 年“3·8 手机淘宝生活节”，银泰又与手机淘宝及支付宝钱包合作，推出虚拟购物卡。消费者只需安装手机淘宝客户端、使用支付宝付款就可以参与活动。消费者可以提前登录手机淘宝客户端，进入活动专属页面，领取银泰优惠券、现金抵用红包或品牌折扣券。在活动期间，用户在线下商城选好想要的商品，可以通过支付宝账户付款，并在支付时自动使用优惠券。

消费者购物将是一个跨渠道的决策过程。消费者会在银泰网上看对商品的评价，选择最近的门店试穿，再通过电子方式支付。消费者也可以在实体银泰百货看到商品，用手机上银泰网看对商品的评价，然后既可以直接线上下单，也可以在门店购买。不仅如此，受传统百货店评效的影响，不少品牌的时尚款式，每个门店只有一两件。在未来，银泰会在实体店设置触摸屏帮助消费者决策，如果门店没有所需的尺码或者消费者觉得其他配色更好看，可以直接在触摸屏下单，后台会有整套逻辑来完成银泰的电子和数据各项业务。如果消费者不愿意自提回家，还可以实现同城配送，定点一小时送货上门，这就是广义银泰网的概念，可以跨时间、跨地域为消费者提供更加便捷的服务。

四、“企划云”统一营销策略

2013 年银泰加强集团营销部门内部整合，撤销区域企划部，相关人员和工作职能并入集团营销企划部和各门店企划部，并提出了“企划云”的概念。从整个集团几百位营销企划人中抽出几十人，通过互联网平台的各种沟通方式，集中更多营销人“脑”的智慧，解放“手”；把营销企划工作按照互联网思维分成几大板块，自组织、自规划、自创新、自创业、自 CXO 等，由板块经理进行专业管理，充分发挥专业闭环中每一个人的创新和综合能力。

银泰集团将旗下所有的银泰百货、银泰城、银泰网等不同业态品牌的单店活动转向集团统一活动，并通过娱乐视角来做整合营销。此项策略既能使传播过程本身成为话题，同时又增强了传播与互动的力度。银泰集团 15 周年庆就是一个成功的案例，银泰营销企划部门打破商业庆典传统思路，采用集团统一整合的方式推出了“Hi，小怪兽”集团庆活动，既满足了顾客体验，又提升了公司业绩。最突出的是银泰百货杭州武林店销售破 1.5 亿元。

在互联网思维的冲击下，百货行业面临前所未有的困惑和机遇。银泰通过努力使企业成为“大数据驱动下的消费解决方案提供商”，坚守“以客为先”理念，积极实践“发现需求、引领需求”。下一阶段银泰商业集团将加强集团层面的营销投放，从传统的强调门店个性，向强调银泰个性转变。基于娱乐化购物、社交化购物、消费者主权、粉丝营销、手机端发展，融合互联网思维、大数据和泛渠道展开营销工作。

新的零售时代推动零售行业在升级和变革中不断调整创新经营模式。传统百货店长期以来以联营扣点为主导模式，导致自身经营能力弱化，盈利空间狭小。传统零售企业要发展就有必要补足互联网化，使其贯穿整个零售价值链，进行多触点沟通，以信息技术优化供应链，采用虚实结合的销售渠道和服务，建立大数据挖掘和分析。

电子商务的发展既是对传统零售行业的冲击，又带来了新的机遇与挑战。打破传统，将会使零售行业未来的营销模式突破线上线下的界限，通过后台技术支撑，整合一切资源，形成大渠道平台，为顾客提供更便利的消费，真正做到“以顾客为先”。

【链接】

23 年前联想是华为的 17 倍，23 年后华为是联想的 5 倍，差距在哪里?

来源：影子金融微信号　作者：于建民

联想、华为两个同为优秀的中国企业，同为中国企业国际化的代表，却在发展上有不同结果，在 23 年时间里，发生了业绩、实力的惊天大逆转!

联想成立较早，在早明显比华为具有更强的先发优势。联想成立于 1984 年，在 1992 年销售达到 17.67 亿人民币，1993 年销售额就超过 30 亿人民币。

而华为成立于 1987 年，在 1992 年销售额才超过 1 个亿，甚至于因为销售突破 1 个亿，任正非在年终大会上，哽咽着说“我们终于活下来了”，这其中所承受的难言压力我们后面会提到。

很明显，在早期华为实力远逊于联想，联想成立比华为早，早期的发展规模也远大于华为，1992 年联想的销售额是华为的 17 倍还要多。

但是在 2014 年，两者销售规模已站在了同一位置，华为业绩为 465 亿美元（2 889 亿人民币），联想为 463 亿美元（2 877 亿人民币），但是前者的净利润是 45 亿美元（约 279 亿人民币），后者的净利润是 8.29 亿美元（51.4 亿人民币），华为的净利润是联想的 5.42 倍，即使加上由联想分拆出的神州数码 2014 年的净利润 7.01 亿港元，华为的净利润仍是两者总和的 4.8 倍左右. 很明显，在商业的马拉松上，华为在后半程超越了联想。

而 2015 年，在市场环境整体不容乐观的情况下，华为再次强势增长 35%，达到 3 900 亿人民币，两者的差距正逐渐拉大。

两者开始时，联想十几倍于华为，但商业是场马拉松，华为在后半程明显赶超了。

为什么在 23 年时间里，联想从华为销售额的 17 倍，变成了净利润不到华为的五分之一，这背后究竟是什么原因?

两者命运背后，实际上代表了两种模式

华为、联想中国两家成功的国际化企业，也是两种发展模式的代表。华为走的是以技术派路线为主，联想走的是贸易派路线（更侧重于营销推广和渠道），以运营驱动为主。这也就是常说的技工贸和贸工技两种模式的区别。

虽说华为是以“技术派”为主，走技术驱动的路线，联想是以“贸易派”为主，走运营推广和渠道驱动的路线，但并不是说华为的营销推广做得弱，应该说，华为的推广做得同样犀利，在B2B的运营商领域，华为的销售铁军是非常厉害的，而且当华为在手机领域成功地从B2B模式转型为B2C模式之后，推广做得同样犀利，说明华为在运营上，有一支能征善战的“铁军”。

但是，很明显在华为的竞争力中，技术驱动还是大于运营驱动，华为是目前国内技术派企业的代表，华为在技术上投入的比重一直超越国内同行科技企业。2014年华为收入2 800亿人民币，研发投入405亿人民币，研发支出占比14.46%；2015年华为收入3 900亿人民币，研发投入500亿人民币，研发支出占比12.8%。而过去10年，联想研发支出占收入的比重从未超过2%，累计投入研发成本44.05亿美元，相当于华为2014年的研发支出的一半。

华为的技术派、联想的贸易派，这两种模式没有绝对的孰对孰错，不能说华为做得比联想好，就意味着联想错了，只能说都是优秀的企业，毕竟两者都实现了国际化，年销售额都超过了2 500亿人民币，区别就是净利润不同，而且联想年销售额超过2 500亿人民币，年净利润在50亿人民币，也不是一个小数字，国内没有多少企业做到。

所以，没必要因此说联想走错了，只能说两者都是优秀的企业，但华为明显是更高一个层次的优秀，能力更全面，综合实力更强，超越了联想。

两种模式背后是胆量和气魄的不同

最初，华为实际上走的是相似的路线，都是贸工技的路线，但是到后面，因为任正非的超人胆量和气魄，做了大胆的决定，让华为走上了技术驱动的路线，也注定了两者的区别。

柳传志曾说：“像任正非，像华为，确实走出一条非常独特的道路，这点我觉得我们做不了，这点是他的长项。”“联想走的路，比如把高科技成果产业化的路，是走十里就安营扎寨休息，看好了再走，这是时间比较长的道路。而华为确实把技术铺在前头，敢于用大量的投入去走，确实在全国获得了成功，他的胆量和气魄是我所没有的。”

一开始，两者发展之路相似，但任正非的自主研发注定了两者结果不同。

华为不是一开始就走技术派路线的，在1987年成立时，它和联想是类似的，也是走的贸工技路线。

这其中的原因很简单，当时中国的技术与发达国家普遍存在太大差距，是很难一开始就走技术研发路线的，而且走技术研发路线要承受很大的风险，一是做技术研发需要技术积累，另一方面需要资金积累，毕竟研发是需要大量资金的，而且研发不一定意味着投入就一定能成功，有着巨大的风险。

因此，贸工技路线对于初期资金实力不够强、研发实力较弱的企业很合理，也是很必要的路径，毕竟一开始，企业的生存是首要问题，而研发对资金、人才的要求比较高，特别是高科技行业，所花费的资金更多，因此开始先通过贸易生存下来，具备一定基础之后，再做研发是对的，所以华为一开始也是走了贸工技的路线，先通过代理贸易生存下来。

但是它们之间的分界点在1990年就开始出现了。

1990年，联想的年销售额已经达到4亿，这一年，华为年销售额还没有破亿，华为年销售额破亿还是两年以后的事情，联想对华为还是十几倍的量级。

经过两年时间华为已经在全国形成了自己的经销网络，这一年任正非像他后来时刻敲响华为内部的危机警钟一样，思考华为的未来怎么走。

1990 年，任正非突然做了大胆的决定，自主研发小交换机。

任正非为了自主研发承受了前所未有的压力，做好了破产、跳楼的准备。

任正非当年的这个决定，犹如一个大胆的赌局，问题远比想的复杂，所承受的压力也比想的要大。研发需要大量资金，华为基本上把当时所有的利润，以及能调动的资金都投了进去，意味着一旦失败，华为所面临就是危险的结局——破产。

特别是这个时候，任正非刚从上一次挫折中走出，就给自己设定了这么大的压力选择！

1987 年，任正非遭遇了人生重大挫折，在从部队转业到国企后，因为在与客户的生意中被骗损失 200 万，而被单位除名，同时又遭遇离婚。在这一年，他 44 岁，在无奈之中开始了创业。1990 年，刚刚有了两年多积累、境遇有所扭转的时候，任正非再次让自己处于巨大压力之中。

幸好在华为和任正非都扛着巨大压力很长一段时间之后，他们研发的交换机成功了，而且市场反应不错，华为大胆的赌注成功了，华为可以继续生存下去，而不是面对破产结局。

1992 年华为年销售额突破 1 亿元，在年终总结大会上，任正非第一个发言，这位堪称铁汉的企业领导人，哽咽着说“我们活下来了”，就掩面而泣。

在华为的发展中，任正非多次让自己处于巨大的压力中，也逐渐把华为推向了国际通信领导企业

华为创业初期研发小交换机的过程中，任正非所承受的压力之大超乎想象，而任正非在之后华为的发展中，多次将自己置于这种巨大压力的煎熬中。

通信行业是一个技术竞争非常激烈的行业，对技术的前瞻要求非常高，每隔几年就是一次新的技术浪潮，如果没有提前布局，或者没有把握住，很可能就会在下一次浪潮中落伍，甚至是衰落，而如果对下一次浪潮的前瞻不够准，也会把企业带到一个错误的领域。

如同之前力主自主研发一样，在是否要研发小灵通和 TD 布局的问题上，任正非力排众议的决定，再次赌对了，但是也一连抑郁了近 10 年，因为技术布局是提前开始的，未来究竟如何，几年后才能看到，充满了巨大的风险！而这煎熬的几年中任正非承受了巨大的压力，这就是企业领导者面对企业命运所承受的压力！

这些前瞻性的布局也逐渐让华为走向了浪潮之巅、行业之巅，实现了从跟随者向引领者的转型。

任正非说：“我们在追赶的时候是容易的，但在领队的时候不容易，因为不知道路在哪儿。我当年精神抑郁，就是为了一个小灵通，为了一个 TD，我痛苦了 8 至 10 年。我并不怕来自外部的压力，而是怕来自内部的压力。我不让做，会不会使公司走向错误，崩溃了？做了，是否会损失我争夺战略高地的资源？内心是恐惧的。TD 市场刚来的时候，因为我们没有足够的投入，所以没有机会，第一轮招标我们就输了。第二轮我们投入了，翻上来了；第三轮开始我们就逐步领先了，我们这叫后发制人战略。但那 8 年是怎么过来的？要我担负华为垮了的责任，我觉得压力很大呀，这么多人的饭碗要敲掉了。因为不知道，所以很害怕，才很抑郁。”

这些大胆的“赌”，让任正非和华为都感受到了自主研发的好处，华为一下子从代理商变成了生产企业，利润与以往也大不相同。华为也从此走上了技术派的路线，直至成为国际通信行业的领军企业之一。

时刻保有的危机感和强大的企业文化

任正非在对企业的危机时刻保有清醒认识：“历史上多少大公司是在非常成功之后走向大衰弱。20世纪70年代日本电子工业很成功，钱多到可以把美国买下了。日本的在模拟电子很成功，但在数字转型的时候保守了，让美国超越了。美国CT领域也保守了，被华为超越了。但后来，美国又从IT领域重新打回CT领域，今天甚至可能颠覆CT领域。”

任正非在华为公司2013年年报的CEO致辞中，更是表示：“我们只可能在针尖大的领域里领先于美国公司，如果扩展到火柴头或小木棒那么大，就绝不可能实现这种超越。”

这种清醒认识也促使华为更加积极地努力，一是有强大的营销“铁军”，敢于四处拼搏；二是有强大的技术研发，提供好的武器；三是有良好的机制文化，“力出一孔，利出一孔”“胜则举杯同庆，败则拼死相救”。一个中国企业开始在国际市场不断征战，并成为中国科技的代表。

两者都是优秀的企业，但华为无疑更优秀、更领先

华为与联想对比，华为已经领先于联想，但不能因此就否定联想，说联想是一个非常差的企业，联想的路不对。实际上，两个公司都是优秀的企业，华为与联想的PK，不存在对错，都属于优秀，属于优秀与更优秀的区别。

联想也属于业内顶级企业，毕竟联想在企业运作上，也曾在很多方面开国内企业先河，它的一些商业运营管理也堪称中国商业的教科书，在很多方面也值得国内同行学习；而且，国内能做到联想规模的企业没几个，能像联想一年营收超过2 500亿、净利润超过50亿的企业还是不多的，没多少做到了这个规模。

做到行业领先的企业，无疑都是优秀的！

但是很明显，即使优秀的企业，也有不同的层次，如同同为围棋高手，也分不同的段位，有一流高手、超一流高手的区别。在企业中，除了非常优秀的，还有伟大的企业，华为明显属于超一流的伟大的企业。

华为、联想的对比也说明了一个趋势：未来竞争的赢家从营销优势转向技术、营销综合实力更优的企业。

在综合实力的比拼中，在都具备运营优势的情况下，技术领先在占据技术制高点的同时，也获得了利润的制高点，成为行业最大的赢家。

如同苹果与中国手机企业相比，中国手机企业的总销量=苹果+三星的销量，但是所获得的利润相差甚远。苹果一家占据了手机行业92%以上的净利润，苹果手机2015年净利润就超过2 000亿元人民币，没有别的，就是因为苹果在技术上处于手机行业领先的地位。

就如同技术派的华为相比贸易派的联想，虽然2014年的规模相差无几，但是净利润华为却是联想的5倍以上。再如格力，也是一家综合实力占优的企业，从产品技术到推广、渠道都占优势，因为技术优势，而获得了较高利润。格力这家专业化经营空调的企业，净利润相当于多元化的海尔+TCL净利润的总和，甚至一度相当于国内多家家电大佬净利润之和。

而未来技术在竞争中的优势越来越明显，不仅华为过去的战绩证明了这一点，而且这两年华为终端业务（手机业务）的突飞猛进与联想的反差，也证明了这一点。华为之所以能后来居上，超越小米和所谓的互联网思维，就在于华为过去积累了从技术资源、人才资源，在完成 B2B 到 B2C 营销打法的成功转型之后，凭借技术优势，迅速超越小米，成为中国手机行业的新领军，毕竟产品力（技术力）和品牌力是商业竞争的本质，也是核心要素。华为成为全球第三家年销售智能手机过亿的公司——5 年时间业绩增长 30 倍，从 300 多万增长到 1.08 亿，而 2015 年仅手机业务净利润就超过 100 亿。

未来市场的最大赢家，一定是产品力（技术力）、运营力、品牌力都优秀的企业。苹果、三星、华为、格力等都充分说明了这一点。这也是值得所有企业都认真思索的。

思考与练习

1. 概括传统甬商人本管理的方法，并举例说明。
2. 早期商务印书馆在经营管理方面的举措对促进该企业的发展产生了哪些作用？
3. 概括虞洽卿在轮船航运业所取得的成就。
4. 虞洽卿是怎样实施多元化经营的？
5. 分条列举虞洽卿的经营谋略，并做简单分析。
6. 秦润卿对钱业做了哪些改革？改革的意义是什么？
7. 概括包玉刚的银行家经营哲学。
8. 概括包玉刚的经营策略，并做简单分析。
9. 概括包玉刚的人才管理思想，并联系现实做简单阐述。
10. 概括分析网易的互联网思维。
11. 概括分析银泰百货的电子商务战略。
12. 大数据对银泰百货的销售和服务产生了哪些影响？
13. 互联网对传统零售业产生了什么样的冲击？零售行业应该如何应对？请举例说明。
14. 你认为联想和华为最主要的差距在哪里？请列举你的观点，并加以分析说明。

第九章

宁波商帮的人文精神

内容摘要

人文精神是一个人克服重重困难获得成功的内在精神支柱，共同的地理环境和密切的地缘、业缘乃至血缘关系，共同的奋斗历程，使“宁波帮”商人逐渐形成了共性的人文精神，也可以称之为宁波商帮精神，那就是开拓创新、恪守诚信、团结互助、扶困济世，正是因为具备了这些精神，宁波商帮近代以来走向了辉煌。本章列举宁波商帮在冒险创业、开拓创新、抢占先机、诚实经商、恪守信用、重视乡谊、相互扶持、共渡险境、崇尚俭朴、施仁布泽、造福社会等方面的诸多实例，以为佐证。最后，链接“古今商帮——精神的传承与进步”，以开阔视野、拓展思维。

学习目标

通过学习了解宁波商帮在冒险创业、开拓创新、抢占先机、诚实经商、恪守信用、重视乡谊、相互扶持、共渡险境、崇尚俭朴、施仁布泽、造福社会等方面的诸多实例，深入体会开拓创新、恪守诚信、团结互助、扶困济世的宁波商帮精神，充实自己的人生观和价值观。

关键词

宁波商帮；人文精神

一方水土养一方人，宁波独特的地域文化积淀铸就了宁波商帮群体的人文精神。即使移居外地，历经数代，这种文化天性也不会轻易改变。本章列举宁波商帮在冒险创业、开拓创新、抢占先机、诚实经商、恪守信用、重视乡谊、相互扶持、共渡险境、崇尚俭朴、施仁布泽、造福社会等方面的诸多实例，来提炼宁波商帮所具有的人文精神，揭示宁波商帮辉煌背后的深层原因。

第一节　开拓创新，赢得未来

海洋文化的长期积淀和外来文化的影响，造成宁波商帮实业家胆识过人、敢于冒险、开拓创新的精神，并因此在发展中抢占先机，赢得未来。

一、冒险创业，独具胆识

人称“企业大王”的“宁波帮”巨商刘鸿生有句名言：“做大事，一定要敢于冒大险。”冒险创业，趋时求新，是“宁波帮”商人最突出的性格特征。前面已讲到，“宁波帮”商人善于把握机遇，顺应时代潮流，大胆开拓活动地域，及时调整经营项目，抢先投资新兴行业。经营沙船业，遭遇海险是常事。民谣说：“三寸板内是娘房，三寸板外见阎王。”“宁波帮”商人却不畏鲸波，从事海上贩运贸易，创设南北号；又率先筹措巨资，置办轮船，经营航运业。背井离乡，远渡重洋，有人望而生畏，却步不前，而“宁波帮”商人成群结队，三次大规模迁徙海外。这些都表现出“宁波帮”商人的冒险天性。

宁波有谚语：“若要富，走险路。”如虞洽卿自幼胆识过人，15 岁到上海瑞康颜料号当学徒。进店不久，店主命他到一家洋行看货，他见有一批听装颜料外壳在海运途中被海浪泼湿生锈，洋行准备交公证行鲁伊斯马拍卖。虞洽卿眼光敏锐，仔细察看后，断定听装外壳虽有锈斑，但不影响颜料质量，便大胆吃进，结果使瑞康发了一笔大财。后来，虞洽卿还担任上海证券物品交易所理事长，这也是一种带有冒险性的行业。虞洽卿晚年到昆明开设三北运输公司，购置 300 辆道奇卡车，往来于滇缅、川滇公路上，并不避瘴疠，冒着遭受日军飞机轰炸的危险，亲自随车去缅甸等地洽谈商务。

镇海人俞佐宸，早年家境清贫，学徒出身，其所以能成为腰缠万贯的富商，这同他善于把握机遇很有关系。国民党政府在南京建都后，曾强令购买公债。当时政局不稳，人心浮动，那些迫不得已买下公债的人，无不视债券如废纸，都巴不得尽快脱手。俞氏见机大量购进这些债券。后来，时局渐趋稳定，债券价值猛涨，俞氏由此获利四五万元。

定海人董浩云，凭着“大胆创业，敢为人先”的精神，从天津轮船航运公司的小职员起步，“竭力奋斗，挣扎图存”（董浩云语），数十年间成为拥有巨轮百艘、载重量超过上千万吨的“世界船王”，并创办了一个包括银行业、保险业、房地产业、造船业、石油及天然气开采业的综合性大集团——董氏企业集团。第二次世界大战结束后，他移居香港，环视全球，满目疮痍，便决心复兴航运，大胆收购慈航、昌黎、唐山、慈云、凌云、天龙等多艘万吨级货轮，组成庞大船队，并冒着风险，创下两项中华民族航运史上的新纪录：一是由“天龙号”首航太平洋、印度洋、大西洋，完成从上海到法国的航行；二是由“通平号”完成从上海驶往美国旧金山的航行，首开中美航线、欧洲航线、中南美航线，从而赢得“现代郑和”的美誉。

“宁波帮”巨商王宽诚也是个机敏果断、敢冒风险的人。凡是他认为有把握赢利的生意，不但把自有资金全部投放进去，还想方设法以抵押贷款等方式筹集资金，作孤注一掷。他经营的进口木材、建筑材料、面粉、房地产、轮船业等生意，本大利大，都赚大钱。他创办的维大洋行，1947 年 7 月迁往香港。那时，香港经济萧条，有些企业家离港而去，另觅出路，地价低廉。他预料几年后香港必定繁荣，果断地在新界购进大片地皮，建造几十幢名为海园公寓的高楼住宅。由于经济不景气，建筑商人上门薄利承包，海园公寓造价很低。1949 年，大批达官阔佬蜂拥香港，海园公寓待价而沽，获利甚丰。这时人民解放军南下，所向披靡，有人担心香港的地位不保，引起港币大幅度贬值。王宽诚审时度势，大量买进港币。随后，新中国政府从长远考虑，决定暂不收回香港，保持其现状，香港局势趋于稳定，港币币值迅速回升。他从港币的低价购进、高价抛售中，又得到诸多好处。

二、开拓创新，赢得未来

开拓创新精神是企业家的灵魂。“宁波帮”企业家，极富开拓创新精神，从而能顺应时代，赢得未来。早在咸丰年间，“宁波帮”商人即创设庆成轮船局，这是华商最早创办的轮船局。光绪十五年（1889年），英商设立鸿安轮船公司，“宁波帮”巨商叶澄衷为该公司大股东。“宁波帮”商人早就认识到“钱庄之生死操之于外国银行”。我国第一家华商银行中国通商银行筹建时，“宁波帮”巨商严信厚即主动要求将自己所设的票号和各埠分支店改组加入该行。“宁波帮”商人自设的四明银行，是我国最早创办的华商银行之一。在我国最早开设的一批洋布店中，有“宁波帮”商人于清咸丰年间在上海开设的恒兴洋布店、大丰洋布店、增泰洋布店、协泰洋布店、时和洋布店等。五金大王叶澄衷于同治元年（1862年）开设的顺记五金洋杂货号，是我国最早开设的五金商号之一。光绪九年（1883年），国人仍习惯于以油盏灯和土制蜡烛照明，叶澄衷即大胆独家订约包销美孚火油公司的火油、矿烛。光绪十四年（1888年），国人仍习惯于服用中药，“宁波帮”商人顾松泉即开设中西药房，此为上海第一家华商开设的西药店。清宣统二年（1910年），国人仍习惯于穿长袍马褂，奉化籍红帮裁缝王才运，即在上海开设荣昌祥呢绒西服号，人称王氏为上海西服业鼻祖。定海人王启宇于1913年创办达丰丝光线漂炼染色工场，后根据市场需求，不断改进工艺技术，于20世纪20年代末发展成为我国创办最早、规模最大的自纺、自织、自染、自漂、自印花、自整理的纺织印染联合企业，所产棉直贡、绉纹呢、人字呢、中山呢行销全国，远销南洋各地。镇海人方液仙是中国日用化学工业的奠基人，他于1912年筹设中国化学工业社，研制的三星牙膏是我国第一款国产牙膏。

“宁波帮”商人顺应时代、开拓创新的事例不胜枚举。他们还善于吸收西方企业文化，融合中西商业文化，不断更新经营理念。进入20世纪后，具有近代经营意识和管理知识的“宁波帮”企业家，纷纷效法西方近代企业的组织形式，将企业改组为股份公司制。如光绪三十二年（1906年），中西药房即改组为股份有限公司。1913年五洲药房，1916年三友实业社，也相继改组为股份公司。

海外及香港、台湾的“宁波帮”商人更是如此。如“影视大王”邵逸夫，面对20世纪30年代有声影片全是好莱坞和西方生产的洋货，而华人影片公司和自己公司生产的仍然是无声片的情况，他决意生产自己的有声影片。1934年，由邵醉翁执导，“天一”在香港的创业之作、邵氏兄弟联袂拍摄的第一部有声国产片《白金龙》问世。《白金龙》先声夺人，同时在香港和上海隆重推出，场场爆满，格外走俏，连续数月公演，持久不衰，为“天一”带来巨额收入，利润突破100万大关。这个100万，在当时可是个天文数字。20世纪30年代，香港百姓的月薪才二三十元，那年头买一栋房子也只需上万元。有100万元在香港可算是大富翁了，在当时也是为数不多的。一部《白金龙》不仅为邵氏创造了票房奇迹，也使中国电影从无声片进入有声片的新时代。

香港永新企业有限公司董事长曹光彪“敢为天下先”，积极响应国家改革开放的政策，率先来内地投资，开补偿贸易之先河。1949年后在内地私人投资设厂，在当年是石破天惊的事。曹光彪曾经回忆道：“1978年年初，中国刚计划实施改革开放，十一届三中全会还未开，我已经在珠海投资建了第一个私人工厂，当时叫香洲毛纺厂。当时我写了一封信给中央，写了一个计划，投资几百万美元，主要目的不是赚钱，我只想打破在内地不能开办私人企业的限制。生意由我先做起来，国家政策就会慢慢改变。”有记者问当时是谁批的，曹光彪说：“没人敢批！邓小平是同意的，但没有批，我们只是在没有人反对的情况下做下去，做出了‘三来一补’（来料加工、来样加工、来件装配和补偿贸易），国家后来才立法（1979 年 9 月 3 日生效的（《国务院关于开展对外加工装配和中小型补偿贸易办法》），我不会说是我发明了‘三来一补’，但是我们做了。当时我们只有 4 套机器，现在厂房还在，已改名为珠海永新毛纺厂，现有 60 套机器。”香洲毛纺厂从动工之日起，就受到海内外各界人士的关注，特别是港澳台商人尤为注意，他们通过多种途径了解情况，但又不好意思（更多的是不敢）亲自来看一下，当曹光彪知道这些情况后，认为让他们来看一看极有必要，这对国家吸引外资扩大影响有益，于是他借香洲毛纺厂落成投产之际，邀请了许多外国商务参赞及银行界代表、港澳台人士来珠海参加酒会。曹光彪用自己的行动向他的同人、朋友们证明投资国内，不但能收回来，而且前景看好！曹光彪当时创办的香洲毛纺厂，厂不大，但影响极大，波及面极广，后来小平同志实地参观考察了香洲毛纺厂后，直接肯定了曹光彪和香洲毛纺厂的作用及其历史性功绩。

三、技术创新，抢占先机

技术是企业生存与发展的基础。作为企业家，必须具有不断追求技术创新的精神，善于发明新的技术，勇于引入新的技术和工艺，不断创造新的生产方式，以此来推动企业技术的升级和生产方式的变革，在市场上赢得先机。

（一）传统甬商的技术创新

宁波商人一贯重视技术创新。当年工商巨子项松茂为了开拓上海滩的肥皂市场，一方面重金聘用技术人才，如把毕业于德国柏林大学的化学博士叶汉函聘为五洲固本皂药厂厂长，把留美归来的化学专家徐佩璜聘为制皂部主任兼总技师，聘经验丰富的技术工人担任要职，为技术创新提供人才保证，并鼓励他们进行技术革新，终于制造出了品质优良的五洲肥皂，深受顾客的欢迎。鲍国昌接办信谊化学制药厂以后，为使技术创新，一方面派人到国外学习有关专业知识，一面聘请从国外学成归来的专职人才潘正涛、林世瑾等人设立化学研究所，研究药物原料和开发新产品。为了争取市场，与对手竞争，刘鸿生加大科技投入，不惜重金聘请专家、技工，研究解决火柴生产的关键性问题——药头化学配方问题。刘鸿生后来在上海《新闻日报》发表谈话说：“我的第一个企业是鸿生火柴厂。鸿生火柴出来以后，推销工作立刻受到阻碍。因为市面上竞销‘凤凰牌’的瑞典火柴和‘猴牌’的日本火柴。为了要和外国火柴竞争市场，我用高价请了化学工程师来改进技术，提高质量，压低价格。”鸿生火柴厂经过科技人员的协同攻关和半年的试制，解决了火柴头脱药的问题，并购置磨磷机，提高了赤磷边的质量。由于加强了科技投入，创新了火柴生产技术，致使火柴成本降低，质量提高，从而在市场上打开了销路，火柴售价也随之提高，1930 年 8 月 1 日每箱涨 1.5 元，11 月 5 日每箱涨 2.5 元，次年元旦每箱涨 10 元，从而使火柴厂不断赢利，仅 1930 年下半年就获得纯利 125 535 元。

为创新技术，宁波商人还注意从国外引进先进的技术和设备。20 世纪 30 年代，方液仙引进的德国全套精炼甘油设备，就是当时世界上最先进的。又如近代中国最早创办机器轧花厂的严信厚，不仅从日本引进了蒸汽发动机和锅炉、新式轧花机，还引进了纺织机器，使通久源轧花厂从单一轧花向纺纱、织布拓展，形成了一个综合型的纺织企业，获利丰厚。竺梅先在接办民丰造纸厂后，也重视先进设备引进，从美国、英国、德国引进造纸机、纸板车、卷烟纸车等先进造纸设备和技术。余芝卿为了发展我国民族橡胶工业，注意引进日本的先进技术和设备。他命薛仰清到神户的共立橡胶厂学习熬油技术，聘请日本熟练工人来华传授操作技术。由于建厂之初所雇用的工人技术不过硬，尽管日产胶鞋千余双，但质量较差。引进日本技术后，再由日本的技术人员指导，改进了涂油烘烤的技术，提高了质量，光泽好，不粘不裂，销路逐渐打开，仅在1936年就生产汽车轮胎2.6万套、人力车胎34万条。

（二）当代甬企的技术创新

宁波博威集团专业从事各类有色合金线、棒材的生产和研究开发以及矿山的开采，是一家集团型高新技术企业，是中国合金棒材、线材质量最优、品种最全的制造集团。在博威人的努力下，公司荣获了“国家级企业技术中心”“国家级重点高新技术企业”“国家首批93家创新型企业”“中国优秀民营科技企业”和“信息化示范企业”等多项称号，现拥有2项国际发明专利、14项国家发明专利及4项其他专利；承担国家级的科技项目7项、地方级科研项目18项，组织起草国家和行业标准4项，引领了行业的科技进步；公司连续16年被评为银行资信AAA级企业；负责制定和修订国家合金线材及高精度铜棒标准，在同行业中居于领先地位。此外，公司研发的科技项目中包括国家“十一五”技术支撑项目。博威始终坚持以“科技创新，引领未来”为指导，坚持“面向市场，面向未来，面向高端”的创新研发策略，以“环保材料、功能材料和替代材料”为创新主题，不断满足客户及社会对合金材料的需求，实现了产品的结构优化和企业的可持续发展。宁波博威集团通过实践反复证明，只有不断掌握关键领域的核心技术，具备更强大的自主创新能力，才能在激烈的市场竞争中拥有主动权。

宁波海伦乐器制品有限公司是目前国内钢琴行业唯一一个高新技术企业。公司从生产钢琴零配件的小厂创办成如今规模的高新技术文化产业企业，原因在哪里？正如公司董事长陈海伦所说的，一个企业的快速发展、民族自主品牌的打造，更需要科技和技术创新。宁波海伦的战略为阶梯型、渐进式的“三步走”。第一步，研制钢琴的核心部件码克，掌握钢琴核心技术。在原钢琴零配件生产的基础上，2002年公司投资4 000多万元，引进日本五轴联动CNC加工中心等专用设备，自行研制红外线双工位数控钻孔设备，组建了国际领先水平的码克生产流水线，实现了全程数据化管理，从而创造性地以现代化生产模式取代了传统的手工工艺。同时，从美国、欧洲、日本高薪聘请了四位钢琴设计制作大师，前来公司进行现场设计技术指导，挑选国内外优质材料，成功地研制了高品质“码克”。在2003年的德国法兰克福国际乐器展览会上，其音质得到欧洲、美国、日本等国家许多客商的好评，并分批带资料、派专家前来公司协商合作事宜。第二步，依靠科技力量，成功研制钢琴成品，并成功打入欧洲主流市场。为进一步加强企业的技术力量，公司成立了钢琴制造工程技术中心，引进国内外设计、调律等技术人才，以及生产、测试等先进专业设备。2003年，公司又投资3 500万元进行成品钢琴项目的研制与开发，聘请维也纳百年制作钢琴大师彼特来公司指导组装工艺，从而实现了日本高科技数控加工模式与欧洲先进组装工艺的完美结合。第三步，进一步拓展国内外市场网络，打造民族自主知识品牌。2003年，公司开始为欧洲、日本定牌生产钢琴，产品的质量已得到广大消费者的认可。同时，企业也深刻地认识到品牌的重要性，注册了“海伦”商标，并逐步推广“海伦”，打造民族自主品牌。目前，海伦钢琴一直供不应求。海伦钢琴能有今天的发展，主要是依靠科技，不断创新，创造出了一个高品质的中国民族品牌，在世界上成为中国人的骄傲。

帅康集团首创的深型吸油烟机，引发了一场“吸油烟机革命”，也使帅康集团自身从仅有几万元资产、以加工二次配套件为主的小型作坊式乡镇小厂迅速发展成为拥有资产 6 亿元、年产值 10 亿元、利税超亿元的大型企业集团，连续几年市场综合占有率、市场销售份额、市场覆盖面居全国同行第一位。帅康集团能取得高速、高效发展的一个重要原因就是坚持技术创新，不断推出新产品，并且在技术上始终居同行领先水平，从而也确保了在市场竞争中一直立于不败之地。当中国家电业因为一个个“专利门”而在经济全球化中整体举步维艰的时候，帅康高扬起一面“中国标准”的大旗，有力地捍卫了“中国制造”的荣耀。从 1993 年踏入厨电领域起，多年来，帅康在专利技术上下苦功，先后推出国内首台深型吸油烟机、真正免拆洗烟机、中国芯欧式烟机、防回火灶具等适合中国国情的一系列备受消费者欢迎的行业精品，弥补了洋品牌水土不服的“缺陷”，为民族厨电品牌崛起树立了良好的榜样。如今，帅康大到产品的外观小到一颗螺钉都有自己的专利，例如一个普通的燃烧器就有三个专利。通过多年研发，帅康电热水器实现了多项核心技术的突破，当无接地线、地线带电等外部环境发生不安全问题时，帅康电热水器智能防电墙不仅可以做到自动切断电源，而且还发出声光报警，从而构筑起一个全方位的安全体系，全面保障用户洗浴安全，是防电墙技术的重大升级。帅康电热水器在防地线带电功能上的率先达标，既显示了其一直以来所追求的卓越品质的信念，也反映了其构筑“中国芯”的坚定追求。正是因为对消费者需求的正确理解和把握，帅康总能持续不断地创新研发，产品深得市场和民心，一步领先，步步领先。

第二节　恪守诚信，信誉卓著

小到一个成功的企业，大到一个百年不衰的商帮，依靠的都是思想文化的支撑，仅靠商业手段是不可能维持长久的。宁波商帮的成功，在很大程度上归因于其注重维护良好的社会信誉、遵守重义轻利的商业伦理。

一、诚实经商，弃取有道

“宁波帮”商人信奉“诚招天下客，义聚八方财”，诚信笃实，弃取有道。据传，包玉刚的太祖父包奎祉初为裁缝，一次路过台州，投宿客栈。第二天，别的客商都已上路，他也起身赶路。途中，挑夫觉得行李沉重，他仔细一看，不是自己的行李，里面有 200 多两纹银，还有 5 000 两银票。他即叫挑夫把行李挑回客栈，等失主来认领。等了两天，没有人来。他便在客栈留下自家地址，把这担行李挑回老家镇海庄市保管。第二年，失主果然按客栈里所留的地址寻到他家，他归还原物，分文不少。失主是福建木材商人，十分感激，取出 200 两银子作为酬金，他坚拒不收。两人成为莫逆之交，一道做木材生意，互相扶助。太祖父贩运木材发了财，建造了五间二弄一堂的新屋。包玉刚的父亲包兆龙，经常以太祖父的这件事教育子女，说诚实比黄金更珍贵，做人处事要诚实守信。诚信，成为包氏家族的祖传家训。包玉刚严遵祖训，恪守信用。美国《新闻周刊》曾评说：“包玉刚传奇般的勤奋和极好的经营信誉是他最大的商业财富。”

宁波北仑人张梓林早年在江南渡口摆热酒摊。一日清晨，有江姓老者来摊饮酒，饮毕匆匆赶路，将所携布包遗忘桌上，布包内有银饼二百。翌日寻来，张梓林原物奉还。老者为上海江万兴酱园店主，深感张梓林纯厚笃诚，便带他到自己的酱园中习业，不久升任掌柜。江氏无后，临终将江万兴酱园遗赠给张梓林。张梓林悉心擘画，全力经营，业务日隆，进而增设老同兴、张鼎新两家酱园。其子张梅仙继承父业，更向租界发展，又创张振兴、张崇新两家酱园。其孙张逸云，光大祖业，又增设万源新、万源慎、万康成、万康宏四家酱园。三世诚实经营，历百余年不衰。这九大酱园，每号下设油酱门售店数家乃至十多家，总共达百家，职工逾千人，张家成为上海酱园业巨擘。

据传，"五金大王"叶澄衷早年也有一段拾金不昧的故事。那时，他到上海不久，在黄浦江摇舢板卖食品罐头和日用杂货。一天，一位英国洋行大班雇他的舢板从小东门摆渡到浦东杨家渡。船靠岸后，洋人急事在身，匆匆离去，将一只公文包遗忘在舢板上。他发现后，打开皮包一看，包内装有美金数千元和钻石戒指、金表等物，还有支票簿。他意识到失主遗失贵重物品一定心急如焚，就不开船，在原处等候。一直等到夕阳西下，那位洋人才急步赶来。他急忙将公文包交还本人。洋人打开皮包查看，分文不少。一个中国苦力竟如此诚实，对不属于自己的钱财毫不动心，使这位洋人深受感动，立即抽出一叠美钞塞到叶澄衷手里，以表谢意。叶澄衷拒不肯收，说这是理应做的，说完就想开船离去。这位洋人却不走，跳上船，叫他往外滩摇。舢板在苏州河口一靠岸，便硬拉他走，很诚恳地叫他帮忙，一起做五金生意。俞樾《春在堂全书》和《上海县续志》中说，叶氏经商，"诺必诚，人皆乐就之"，"不数年，大昌其业"。

甬商深信，顾客的心是秤砣，自会掂量。出售货色，品质优良，以信孚人。三友实业社精心研制国货，以三角牌毛巾将日商铁锚牌毛巾挤出中国市场，又以自由布和透凉罗纱分别取代英商的阴丹士林和珠罗纱，声名鹊起。正当三角牌毛巾以其质地柔软、吸水性强、经久耐用而畅销全国时，有人建议把毛巾原料改用国产的 20 支纱，这样每年可节省成本 30 万元。在董事会上，该社创办人之一沈九成坚决反对这项建议，认为名牌产品偷工减料，等于自我毁灭，坚持原料仍用日本进口的 42 支纱，并要求坚决杜绝不合格毛巾出厂。

杭州同春坊孩儿巷口占地 1 400 多平方米的张同泰国药号，是慈溪人张梅创办的。前店后厂，品种齐全，以经销各省地道的药材，自制丸散膏丹而出名。自制的疗肺羊胆丸、全鹿丸、补心丹、苏合藿香丸、乌鸡白凤丸、大补膏等成药畅销不衰。该店严遵"地道药材，遵古炮制"的古训，不惜重金，精心采运各省地道药材。药材产新旺季，经理亲赴产地，看样订货，择优选购。枸杞须宁夏或甘肃出产，择其味甘、肉厚、色红、质柔的极品。川贝须产于阿坝松贝，拣肉质紧实、颗粒均匀、顶端不开裂、色白粉性足的正品。党参须山西潞党，选独枝不分叉、甜性肥壮的上等货。龙骨、龙齿须产于河南、河北的五化龙骨和排齿。各种鲜活芦根、毛姜、生地、菖蒲等，四季供应不断。配伍常用的龙眼、核桃、红枣、黑枣、金橘饼、莲子、香榧、白果等南北杂货，通称药引，也一应俱全。中药饮片上柜，以真诚谨慎、存心利济取信于市。原药进店验收后，选派良工，细心挑拣，分档净选。去芯、刷毛、刮皮、斩根、剔梗各有所依，一丝不苟。中药材通过炮制可以引药入经，增强疗效，消除或降低毒副作用。药物炮制，贵在适中，不及则功效难求，太过则气味反失。张同泰各种饮片都依法炮制，修制合度。按不同药性规范，务尽其良，不敢妄加增减。如炒黄两面黄亮，炒焦不能成炭，炒炭定要存性；蜜炙要捏之成团，抛之即散；大黄要九制等。对切片大小厚薄都有严格的制作规范，师傅按技术高低分头刀、二刀、三刀、四刀四级，切制工艺十分考究。桔梗、前胡切顶头片，苦参、地榆切厚片，生黄芪切竹叶片，黄柏切蛾眉片，制厚朴切斜刀片，象贝切腰刀厚片，附子、生白芍切亮光薄片，羚羊角、犀牛角、玳瑁要镑片。不上规格的小片、碎片、尾屑一概不准上柜，剔出做拆兑或配料使用。中药饮片贮藏，极为重视封闭、隔热、通风。一到梅雨季节，轮番烘晒。对近期不用饮片，经干燥后，按药性要求，分别装入缸、甏、箱之中，上灰密封，不使透气吸潮。

杭州清河坊的宓大昌烟号，是慈溪人宓尚林在乾隆年间开设的。他的孙子宓章孝接过店务后，从烟叶的收购、储藏、刨制、包装，到成品销售，各个环节严格把关。成品旱烟分四级，即一级贡奇、二级白奇、三级元奇、四级呈奇。分级包装，绝不以次充好。旱烟制作时，为使烟叶柔软易刨，需适量洒水。这样，原料 10 斤，成品会变成 13 斤。为防燥后短两，包装时 1 斤装的旱烟，每包实重 1 斤 5 两。这样，即使用火烘燥，仍然足量。他们一再声明，发现以次充好、短斤缺两，不仅可以调换，而且加倍赔偿。正因为这样，宓大昌旱烟深受客户信赖，销路极广，畅销省内外，远销越南、法国。一些达官显贵出国，临行前特意来宓大昌采办旱烟，带到国外馈赠亲友。

二、恪守信用，信誉卓著

“宁波帮”商人都重视恪守信用。在甬商心目中，讲了算数，是值得尊重的上等人；写了算数，只能算中等人；写了不算数，便是受人鄙视的下等人了。甬商经营钱庄者甚多。“宁波帮”商人，“重然诺，尚信义，施之于钱业，而其效乃益彰”。钱业领袖秦润卿在《五十年来上海钱庄业之回顾》一文中说，钱庄“资本多寡，无关宏旨，全恃合伙人之身家信誉为断”。甬商开设的钱庄，所出庄票通行上海，“虽一纸万金，西人皆乐受之，视为无限信托”。快活老叟在《宁波闲话》中说，宁波人“以其恪守信用，未敢轻于然诺。一经言出齿外，决不后悔，免致自误误人。古人季布一诺千金，宁波人视为秘诀。故能以少数资本，做多数营业也”。宁波商人视为楷模的季布，是汉朝初年楚地人，以信昭人，时称“得黄金百斤，不如得季布一诺”。甬商开设的钱庄，难免有停业收歇者，但所有存款都一一清理，从无吞蚀之事，因而得到各地商人的信赖。

宁波人经营的钱庄，1844 后实行过账制度，这是一种金融信用制度，钱庄对客户的经济往来不支现款，采取划账的办法，类似后来新式银行的票据交换制度。信用放款，既无物保，也无人保，全凭个人信用。宁波商人从事商业活动历来以信为本，注重信用，交易以当事人的人格为担保，相互信赖，向有“信用经商”“信义经商”的说法。各业商人将能否从钱庄取得信用融资，作为衡量地位、声誉的标准。如果贷款需要抵押品，无异于不被钱庄所信任，这是商人的大忌。这种心态在宁波商人中十分普遍。

世界船王包玉刚将恪守信用视为企业经营的根本。他说，签订在纸上的合同可以撕毁，签订在心上的合同是撕不毁的，人与人之间的友谊应该建立在相互信任的基础上。他的成功之道，就是“与信誉成交，借信誉发展”。他言必信，行必果，赢得香港汇丰银行的信任。一次，日本航运公司急欲租用船只。包玉刚告诉汇丰银行高级职员桑达士，说他有机会以 100 万美元购入一艘 7 200 吨级的轮船，然后将这艘船租给日本航运公司，并说该公司愿意由其往来银行开具一张 75 万美元的信用状，资助他购买这艘船。他打算拿这张信用状向汇丰银行抵押，借款去买船。桑达士听后，觉得这是不可能的事，便满口答应：如果包玉刚真的能拿到 75 万美元的信用状，就同意借款。后来，包玉刚果真拿来信用状，桑达士为之折服。不久，还聘包玉刚为汇丰银行首位华人董事。

宋汉章任董事长兼总经理的中国保险公司开业不久，汉口申新四厂突遭大火。这是一家大厂，由中国银行予以巨额贷款，全部财产概由汉口中国银行交中国保险公司（以下称中保）汉口经理处承保。这次失火，火势很猛，延烧面广，是我国保险业从未遇到过的特大赔偿案。工厂遭灾停产，工人失业，生计无着，翘首以待保险公司能及早赔偿受灾损失。这家工厂的全部损失折合银元达200余万元，而中保实有资本只有250万元，等于得赔付全部资本的十之八九。社会人士都为中保担忧，特别是那些投保中保的工商企业更是惴惴不安，深恐中保无力履行赔偿责任。宋汉章焦虑万分，他首先考虑的是维护公司信誉，消除人们“十赔九不足”的疑虑，决意快赔、赔足。中保经营稳健，曾与一些殷实的保险公司，包括英商太阳保险公司，订有固定的溢额分保契约，在大赔案中共同分担责任。这些分保公司素仰宋氏恪守信用，都自觉遵守契约规定，筹足应负款项，使中保得以及时足额赔偿申新四厂受灾损失。为此，申新四厂特意在上海《申报》和《新闻报》以整版篇幅刊登鸣谢启事。按当时同业公会规定，保险公司不得自登广告，自我宣传。申新四厂的鸣谢，以事实为中保做有力宣传，使中保声名鹊起、业务倍增。

秦润卿掌管钱庄也经营稳健，珍视信誉。他只做“多单”，不做“缺单”，庄内资金留有余地，并规定本庄不做投机买卖，也不允许职员私下从事投机经营。如有违者，一经查出，立即除名，决不姑息。这样，使福源钱庄几次遭遇金融风潮，都应付裕如，安然无恙，信誉卓著，工商户放心来存款，业务规模逐步扩大，雄踞上海钱业界魁首。

达仁堂在生产过程中严格遵循传统工艺，始终恪守选料只求真实地道，不惜重资；药品炮制只求精细，绝不嫌烦求简；人参、鹿茸、麝香、犀角、牛黄、虎骨等贵重细料必经经理亲自检点，严把质量关；选购药材每包必开，绝不马虎；每一件药品都有经手人员的标志，明确当事人责任；配方按家传秘制方法炮制，务求其精不图外表；加工药材，保证剂量准确，产品销售以“宁求善价，决不售次货”为目标。如此精益求精、追求一流的达仁堂产品，自然闻名遐迩，畅销不衰，远销南洋各国。这其中透出的信息是：信誉是企业的生命，顾客是企业的“饭碗”，要在商海中游刃有余，只能唯信誉是瞻。

天津“宁波帮”开设的金店被称为“南帮”金店，以门市出售金银首饰、器皿及珠宝、翡翠、钻石等为主要业务，对于走私贩运、投机倒把的生意一概不做。天津消费者对宁波人开办的物华、天宝、恒利等南帮三家金店出售的金条非常信任，因其金条为砂金所提炼，质地精纯。为了保证商业信誉，物华、天宝、恒利等店出售的赤金首饰成色均保持在99.8%。因此，同业间收兑南帮金店的赤金首饰，除项链在制造过程中用过焊药的品种外，其余一律按实际重量收兑，概不去水。

天津亨得利的经营方针是：以经营钟表、眼镜为主，维修为辅，勤俭治店，热情待客，货真价实，品种繁多，人无我有，人有我好。亨得利在经营上突出高、精、全，重合同，守信誉，深得国外厂商和国内用户的信任。如向瑞士表行订货有时可货到再付款，这就是宁波商帮“诚信至上”在国际商贸交往中的反映。

仁立实业股份有限公司也是以质量为第一生命的著名国货企业。当时虽然波斯（现名伊朗）、土耳其、印度、日本等国都向欧美出口地毯，但是中国出口的地毯始终长盛不衰，这除了产品的主要原料是西北正宗羊毛质地优良外，还在于公司对出口地毯的质量把关很严，无论是图案设计还是色泽搭配等从不马虎。每批地毯出口，总经理朱继圣都亲自过目，经他认可后方可报关。朱继圣自己也说：“仁立所以直接出口地毯，是因为受了南开大学校长张伯苓的影响。”张伯苓曾对朱继圣说：“要抢金饭碗，不要抢银饭碗！”这句话对朱继圣以及仁立实业股份有限公司的影响是深远的，仁立的发展靠的是质量。

维护良好的社会信誉是“宁波帮”的成功之道，又是其留给后人的宝贵财富。而隐含其后的则是讲求诚信，这才是“宁波帮”所坚持的商道之本，也是企业之魂。

第三节　团结互助，共克时艰

近代宁波商帮是一个以血缘家族为核心，以地缘关系为纽带，范围广泛、组织松散的商人和企业家群体。在外经商谋生的宁波商人重乡谊、讲团结，互相支持，风雨同舟，表现出强烈的团结互助精神，成为抵御险阻危难的精神支柱。

一、重视乡谊，同舟共济

“宁波帮”商人敦重乡谊，明清时期在全国各地遍设会馆、公所，民国时期又在全国各地遍设同乡会，“以集合同乡力量，推进社会建设，发挥自治精神，共谋同乡福利”为宗旨，为同乡排忧解难，维护同乡正当权益。在当时的上海，宁波同乡的团结是很出名的。清光绪三十年（1904 年），在上海谋生的宁波籍人力车夫周生有，被坐车不付车费的俄国水兵亚其夫乱斧砍伤，不治而亡。旅沪宁波同乡在四明公所的组织领导下，奋起抗争，经过一个多月的据理力争，终于使凶手得到惩办，亚其夫被判处监禁 8 年。1930 年，以在黄浦江摇舢板为生的宁波人忻丁香，被法国水兵殴打落水溺死。宁波旅沪同乡会闻讯后，即出面与法国领事馆交涉，迫使法方惩凶、道歉、赔偿抚恤金。而两次“四明公所事件”都在上海滩轰动一时。在上海的宁波同乡齐心协力、奋起反抗，最后迫使法国人屈服，承认四明公所的所有权。有人称这是“中国近代史上对抗外国势力的第一次政治罢工”，充分显示了宁波人团结的威力。

“宁波帮”商人引荐同乡、提携同乡、资助同乡，都不遗余力。不少后来成为“宁波帮”巨子的人物，其立业之初都曾得到同乡的大力帮助。“五金大王”叶澄衷 15 岁那年，他母亲托族叔叶启信带他到上海，又经乡人引荐，到一爿杂货店学艺。后受同乡王镇昌（上海洋务局提督）的“识拔”，“卒以成名起业”。定海人朱葆三 14 岁那年，他母亲方氏托乡人带他去上海，在协记吃食五金店当学徒。后自设慎裕五金号，结识在上海虹口开设老顺记五金号的叶澄衷。叶澄衷对这位同乡甚为照顾，两人成为挚友。朱葆三得到叶澄衷慨允，将慎裕五金号迁到叶澄衷产业福州路四川路口 13 号大厦营业，除继续经营大五金外，兼营机械进口业务。13 号大厦位于闹市区，且店面恢宏气派，朱氏由此声誉日隆，成为上海滩足以叱咤风云的人物，为中外人士所推崇。英商平和洋行为了利用朱葆三与上海道袁树勋非同一般的交情，特意聘他为只领干薪不办实事的挂名买办。洋行盛气凌人，而对朱氏优礼有加。宁波籍买办多半出于他的引荐，在各洋行任职。宁波同乡称他是“买办中的买办”。慈溪人虞洽卿 14 岁那年由同村族人虞鹏九引荐，进上海瑞康颜料行当学徒，后又经族人虞芗山保荐，进德商鲁麟洋行，由此开始发迹。沙船业巨擘李也亭当初经营沙船业，得益于同乡赵朴斋的特殊照顾。赵时任钱庄跑街，经常贷给李氏巨额款项。李氏营运资金充裕，沙船货运规模越来越大，遂致巨富。

"宁波帮"商人同乡扶助的事情难以一一尽述。如天津的宁波巨商王铭槐，因为与李鸿章关系密切，经营军火生意而发迹。王铭槐对于宁波同乡到天津谋职的，均竭力介绍到天津各大洋行去充当买办，对愿意经商的则资助资金，他对天津"宁波帮"的形成起了关键作用。名赫一时的"企业大王"刘鸿生，大学二年级辍学后能成为美商开平矿务局的跑街，也是得益于同乡周仰山的鼎力相荐。"宁波帮"商人在上海经营轮船航运业和机器制造业的很多，因而轮船航运业中的海员和机器制造业中的工匠几乎都是宁波人。徐雪筠等译编的《上海近代社会经济发展概况》中称，"在上海的中国人中有许多是外地人"，"买办、仆役、船员、木匠、裁缝、洗衣工、店员则主要来自宁波"。五洲药房总经理项松茂是鄞县人，他每年都回宁波招工，挑选五官端正、口齿伶俐、有一定文化基础的同乡子弟进厂习业。镇海人方液仙创办的中国化学工业社，重要职务都由自己家族成员或亲戚担任，如董事长为方季扬，董事兼总经理为方液仙，董事兼经理为方家姻亲李祖范，而且厂内职工也大都是亲朋介绍的宁波同乡子弟，使中国化学工业社几乎成为宁波同乡会。叶澄衷创办的顺记五金号，也基本上使用宁波同乡。叶澄衷还设立怀德堂，《清史稿》称："佣于所肆者死，育其孤，恤其嫠，困乏者岁时存问，毋俾冰馁，乡人为之谚日：依澄衷，不受穷。凡佣于叶氏，皆为尽力。"

二、相互扶持，共渡险境

在创业过程中，尤其是在企业陷入困境时，宁波商人都能联手相帮，共渡险境。沙船航运业是"宁波帮"的传统行业，近代以来，不少宁波商人转而投资轮船航运业，相继集资创办宁绍、三北、鸿安、永利、永安等轮船公司。但其开业伊始都曾遭到外国轮船公司的排挤和打击。只是由于得到上海及沿海、内河各埠宁波商人的大力支持，才顶住了风险并进一步发展，成为近代中国民族航运业的一支重要力量。例如宁绍轮船公司成立后，曾经遭到英商太古公司和法商东方公司的降价排挤，"宁波帮"组织同乡成立宁绍公司航业维持会，募集现金 10 余万元，补贴公司损失。宁波商人还约定凡有商货先交宁绍公司装运。一般宁波人也愿意多出 1 角钱搭乘宁绍公司客轮。经过两年的竞争，宁绍公司不仅坚持了下来，而且添置了一艘新轮船。由宁波商人集资兴办的四明商业储蓄银行于 1908 年在上海开业后，曾受外国银行和同行的倾轧，一遇风潮，便拿四明银行发行的钞票来挤兑现洋。四明银行实力并不雄厚，而在挤兑风潮中能多次化险为夷，其原因就在于宁波同乡的团结互助之力，宁波人开设的各大商店、钱庄、银号，往往在挤兑风潮袭来时，家家代为收兑四明银行的钞票，使风潮得以平息。民国《上海县志》说："辛亥光复，国内银行兑现、提存，几时一辙，而该行赖以平定者，甬商之力。"所以，有人说，近代宁波商人"能如此活跃，他们的团结力亦是一大原因，表现他们团结力的，就是四明公所"。这种以宗族、同乡为纽带形成的同乡团结力量，对于宁波商人企业的发展有着重大的意义，大大增加了企业的竞争力。

其实，宁波同乡会的章程也强调了这一点。在 1928 年的宁波同乡会的章程中就明确规定："本会以团结同乡，发挥自治精神为宗旨。"1945 年的章程又提到："集合同乡力量，推进社会建设，发挥自治精神并谋同乡之福利。"章程中的"团结同乡""集合同乡力量"，正是宁波商人团结互帮精神的体现。在工商活动中，精明强干的宁波商人充分利用各地的同乡组织，凭着团结互帮精神，建立了许多推销商品、获取原材料和经济往来的商业网。这对于在一个风险大、交通不便和以一种特殊信用关系为基础的区域之间贸易来说是非常必要的，这也是宁波商人在与其他商帮的竞争中所处的优势。至于对同乡的济贫帮困的事例更多，诸如救济同乡失业，解决遭遇灾害的宁波同乡的各种困难等。比如，1948 年，江亚轮发生海难，宁波同乡会就拨款建立善后委员会，不仅进行艰难的营救，而且尽力做好抚恤工作。

日本学者根岸佶在《上海的行会》中曾说，宁波商帮是乡党观念异常强烈的乡帮。在激烈的商业竞争，特别是与洋商竞争中，足以看出“宁波帮”商人的同乡扶助精神。

第四节 扶困济世，造福社会

宁波旅港同乡会创始会长李达三对宁波人的性格，有一段十分中肯的评述。他说：宁波人的特点是吃苦耐劳，克勤克俭，办事认真，家乡观念重。宁波人的节俭在世界上是出名的，尽管有钱，仍然自奉极俭。但省自己不省别人，一旦他人遇有困难、碰上灾害，出手毫不犹豫。他们在香港创业，历尽辛苦，事业稍有成就，就纷纷回乡资助建设学校，至于在社会公益、慈善事业、救灾赈济等方面，更不落于人后。

一、崇尚俭朴，志趣儒雅

“宁波帮”商人早年大多家境贫寒。被后人称为现代“宁波帮”鼻祖的严信厚，幼时只读过几年私塾，即到宁波鼓楼前恒业小钱肆当学徒。然而他为人风雅，擅长书画，常在扇上作画，持赠同好。曾凭一把自画芦雁折扇，结识红顶商人胡雪岩。经胡氏引荐，得到李鸿章赏识。严信厚还精于篆书，曾为《宁波府城隍庙重建大殿碑记》作篆额。他字画收藏丰富，并且“鉴藏书画类多精品”。晚年慨捐巨款，资助宁波铁路建设，并在家乡慈溪购置大片土地，辟为庄园，以收租所得设立义学和医院。

金融巨子秦润卿，其父秦九龄曾任上海新康洋行账房，然不久失业，生活困窘。他 15 岁那年，由表叔林韶斋保荐，进上海协源钱庄学业。17 岁丧父，他便担负起了一家的生活重担。秦润卿不吸烟，不饮酒，不玩牌，不赌钱，衣服也不常添置。有位富商送给他一位年轻貌美的女郎为妾，被他婉言谢绝了。他的弟子孙受百回忆说：“师生平自奉俭约，生活严肃，不习烟酒。自师母去世，每日宿店，而仅于周末一返其寓。自微及显，未营华屋大厦，更无妾媵之侍。每日高朋满座，应酬特繁，而其必先饭而后应酬，一夕数餐，未尝有胃病。”这种生活习惯，他终身不曾改变。秦氏平时唯独喜好博览群书。晚年自号抹云老人，在家乡宁波慈城建造藏书楼，取名“抹云楼”，购藏冯氏醉经阁图书，并悉心搜求古今中外各种书籍和名人字画。日军侵占宁波期间，天一阁部分藏书被盗卖到上海，秦氏想方设法重予购回，贮于抹云楼。1947 年，抹云楼对外开放，任人阅览。1952 年他又将全部藏书和抹云楼资产捐献给浙江省人民政府。

叶澄衷祖上世代务农，他幼年丧父，靠母洪氏耕种祠田和勤于纺织勉强度日。9 岁上了不到半年私塾，因付不起学费而辍学，11 岁到一家豆腐坊当学徒。14 岁跟乡人去上海学生意，母洪氏以秋收稻谷做抵押，向人借债，凑足盘缠，才得以成行。虞洽卿的父亲是老实厚道的乡间裁缝，年轻时贫穷无力成家，中年才娶妻方氏。虞洽卿 7 岁丧父，靠母亲勤劳纺织维持一家生计。

正因为这些“宁波帮”商人出身贫寒，发迹后往往生活俭朴，不事奢靡。余姚人宋汉章任银行要职数十年，一生廉洁奉公，公私分明，公物分毫不取，仅以薪金度日。宋氏早年携眷寄宿汉口路中国银行（以下称中行）三楼一个小间内，后中行为他购置一幢西式住房，他坚拒不受。经同事再三恳劝始允入住，然每月房租照付，中行不收，他立户存储。他习惯于步行上下班，中行特意为他置备的马车、汽车，他非有急事，不肯乘坐，让给职工作运送要件之用。他同沪上政界、商界人士多有交往，同外商也很熟悉，然克己律身，不为俗流所染。担任中国保险公司董事长近20年间，未取分文报酬，应酬交往所费，往往自掏腰包。1935年，他曾在幼子陪同下回乡祭扫祖墓，地方上得悉，准备隆重接待，被他婉言谢绝。他轻车简从，就宿于其父生前住过的老将坛旧屋，扫墓后即悄然离去。他社会兼职甚多，曾任中国红十字会董事、上海银行公会会长、上海妇孺救济会董事、浙江会馆董事、上海中华职业学校董事、华洋义赈会会长等社会公职，他恪尽职守，而致奉的车马费、酬谢费，一概谢绝，廉洁秉公，两袖清风。晚年居住在香港，生活简朴，坚辞各方馈赠，港报赞誉他"清操励俗"。

世界船王包玉刚是一位主张"一双鞋穿破为止"的富商。王宽诚践行"温饱即足"的母训，不嗜烟酒，不摆阔气。在宁波设家宴，一再交代要经济实惠，只求新鲜可口，不求珍馔佳肴。即便像虞洽卿这样的大亨闻人，平日饮食衣着也很随便。晚年入蜀，在重庆感念时世艰难，生活更为俭朴。

"宁波帮"商人中儒雅之士很多，除了上文提及的严信厚、秦润卿外，"金子大王"王伯元的客厅、卧室、书房里，到处挂满当代书法名家的落款屏条。他自己也握管练字，并能鉴别字画的优劣真伪，家中所藏多系精品。宁波慈城人应昌期是台湾屈指可数的工商巨子。他爱好围棋，嗜棋如命，曾出资3 000万美元，后又增加到5亿人民币，创设世界唯一的围棋教育基金会，独资举办11届世界青少年围棋大赛。还捐资1 800万元人民币创建上海市应昌期围棋学校，并邀请宁波少年棋手赴台比赛和组织台北少年棋手来宁波比赛。饮誉美国海运界的复康轮船公司总裁、奉化人魏重庆，对桥牌有特殊的爱好，1965年，首创桥牌精确制叫牌法，并撰写和出版有关桥牌的书籍。

二、施仁布泽，造福社会

"宁波帮"商人功成名就后，富而尚俭，富而崇德，往往施仁布泽，造福社会。

慈溪《余氏宗规》订立的宗规族法中，有"睦邻以念同宗，赈济以活贫乏"等语。镇海人陈祖诏在《慈溪鸿门章氏宗谱》卷首《义田记》中称，"慈（溪）、镇（海）两邑，大姓义庄林立"。镇海方氏家族在家乡置田1 200亩，设立宝善堂义庄，有屋宇57楹。镇海李氏家族，置田2000亩，设立养正义庄。慈溪叶氏家族，捐银63 000余两，置田1400余亩设立义庄。

虞洽卿创办三北轮埠公司的初衷，是便利故乡交通。1913年，虞洽卿耗资20多万元，在家乡龙山筑海滩、建码头，购置小轮3艘，以慈北、姚北二轮往来于穿山、舟山、沈家门等埠，以"镇北"轮行驶于甬江，与沪甬航线相衔接。后又耗资200多万元陆续在故乡铺设电话线，修筑轻便铁道、公路，开辟公园，兴办学校、教养院，并在镇海开辟内地码头，使三北棉类出口豁免转口税。

秦润卿抱着"取之于社会，用之于社会"的宗旨，自奉俭约而倾心公益。1915年，秦氏在家乡慈城创办普迪小学，专收乡里贫寒子弟，免收学费，还供给纸张文具，学生多时逾千人。日寇侵陷慈城，校舍遭炮火毁损。秦氏向中国垦业银行要求提前拨付他应得的身后恤金，将之移作修复校舍经费，使校舍得以修复。抗战胜利后，他又竭力资助慈溪中学和宁波效实中学。他是效实中学校董会主席，20 世纪 40 年代末物价飞涨，教职工薪水难以为继，秦氏解囊相助。他还举办钱业公学，供钱业员工子弟入学；并尽力为慈溪保黎医院筹集资金，建造院所，使之成为当时浙江一所颇有名气的医院。

叶澄衷幼年家贫废读，经商致富后，便于同治十年（1871 年）斥资 3 万两，建忠孝堂义庄，附设义塾，供族内子弟启蒙，叫叶氏义塾。晚年，进而认识到“中国之积弱由于积贫，积贫由于无知，无知由于不学”，“以为兴天下之利，莫大于兴学”，慨然在上海虹口张家湾捐地 30 亩、捐银 10 万两，创办澄衷蒙学堂。这是上海第一所中国人创办的新式学堂，蔡元培受聘为总教习，著名学者竺可桢、胡适、丰子恺、钱君匋等都曾先后在该校就读或任教。光绪三十二年（1906 年），叶氏义塾改名为叶氏中兴学堂。这所学校校风正，德智并重，中西兼融，远道慕名前来就读者遍及镇海和沪甬各地。旅港巨商包玉刚、邵逸夫、包从兴、叶谋彰、赵安中等，都是中兴学堂校友。

20 世纪 30 年代，慈溪人王伯元曾在上海设立王伯元奖学金，资助成绩优异而家境贫寒的有志青年继续深造。这是我国个人设立奖学金的首创，对品学兼优的中学毕业生，有志升入大学而无力承担学费者，颁给学费，直至大学修业期满。初定名额每年 20 名，后增加到 60 名。

“宁波帮”商人为扶贫济困，抚孤恤寡而慷慨解囊者，不胜枚举。蒉延芳历任四明医院、济民医院董事长，为慈善事业热心奔走，捐募垫款。他主持的四明医院，对同乡中贫病无告者施诊给药；赤贫病重者进院治疗，免费供给医药、膳食；病故在医院者，还施给棺木，觅地埋葬。曹莘畊在上海发迹后，在家乡柴桥创办美丰杂粮行，以杂粮行盈利接济乡邻。民国二十九年（1940 年）秋，家乡大旱，瘟疫流行。曹氏为灾民舍棺承殓，并出资抚养孤儿。这一年晚稻无收，米价暴涨，他又命美丰杂粮行从上海、山东等地运来高粱、红枣、洋米，赈济和平粜给乡邻。抗日战争期间，家乡遭日军飞机轰炸，颓垣断壁，满目疮痍。他倡议组织柴桥人民建设协会，向各界名流募集资金，并自任会长，捐助巨资，修复家乡桥梁、街道和学校。创办镇海同义医院，也是旅沪甬商惠泽乡里的义举。

民国初年，军阀混战，叶雨庵目睹家乡父老贫病交迫，求诊无医，治病无钱，立志在家乡创办医院，普济梓里贫病者。他向在沪商界、慈善界同邑仁人募捐，得到叶子衡、虞洽卿、宋炜臣、董杏生等 100 多位殷实商人鼎力支持，于民国八年（1919 年）建成同义医院。同义医院重金延聘名医，服务态度良好，来就诊者甚多。医院多方照顾贫苦乡民，规定每星期一、四为贫民诊期，号金只收铜钿六枚，药资一律酌收；对十里内赤贫、难产且得到当地士绅证明者，可免收医药费、手术费和住院费。鉴于农村时疫流行，乡民呻吟，医院还经常为大家免费注射各种疫苗，乡里深受其惠。

“宁波帮”商人眷恋故土，桑梓情深，常说“走遍天下，不如宁波江厦”，对家乡有一种特别的情感。宁波旅沪同乡会，曾筹募 40 多万银元，改建宁波灵桥。灵桥在宁波人心目中如同城徽，成为宁波的标志。这座桥原是浮桥，古称东津浮梁。灵桥初建于唐长庆三年（823 年）。当时明州刺史应彪看到东渡门外贸易往来频繁，而商旅涉江不便，便在这里用 16 只船排成一列，上铺 6 尺宽的木板，两端维系篾索，造起一座横跨奉化江的浮桥。据说，建桥时天上适有虹霓显现云表，以为瑞兆，于是给桥取名灵现桥，后又叫灵桥。1 000 多年来，灵桥风侵雨袭，人行马驰，到民国年间，多年失修，已险象环生。1926 年 8 月，奉化江上游山洪暴发，东堍西堍桥船上的铁链被冲断，桥上30余人落水溺毙。1931年，宁波旅沪同乡会成立改建老江桥筹备委员会，延请上海租界工部局的英籍工程师茄姆生，会同新仁记营造厂工程师竺泉通来甬勘测设计。新桥1936年5月完工，长97.6长，宽11米，是当时国内最长的独孔大环桥。

1940年，宁波及各属县大旱，旅居重庆各界甬人以宁波旅渝同乡会为依托，设立甬属米荒救济专门委员会，公推刘鸿生为主任，发动宁波籍人士，主要是甬商，积极捐助。至4月底，筹到米款18.6万元。经申请购米护照，按比例购置米粮运送家乡各灾区。

身居异国他乡，心系父母之邦。旅居海外的“宁波帮”商人，桑梓之情更为深切。

吴锦堂早年旅日经商，身在日本，心怀家乡慈溪。清光绪三十一年（1905年）秋，他从日本回故乡慈溪扫墓，适逢暴雨连旬，山洪暴发。洪水倾泻杜湖和白洋湖，而这两座湖，湖堤溃坏，以致数十万亩水稻和棉花受淹。他触目伤怀，决心尽自己积蓄，修浚两湖，并不顾安危，冒着大雨，日夜督视施工，几次跌进浊浪，险遭灭顶，幸获救出水。他重修杜白二湖、四浦、十五闸、二十一桥，捐助银元7万元，使慈溪一带20余万亩农田受益。吴锦堂与陈嘉庚、聂云台齐名，并称全国办学三贤。光绪三十三年（1907年），他再次回慈溪老家，捐资20多万元，辟田百余亩，创办锦堂学校。这所学校有西式楼房52间、平屋15间，校舍四周凿渠数里，导引清流，景色秀丽。吴锦堂不惜重金延聘名师，并从海外购置先进教学设备，教学质量名重浙东。学校对贫苦学生不仅减免学费，还赠送文具书籍；成绩优异者，发给奖学金；特优者，资助去日本深造。吴锦堂思深虑远，为学校购买债券3万元、铁路股票6.6万元、汉冶萍煤铁公司股票5万元，以此生息，作为学校常年经费，并立下遗言：校内产业，后世子孙，不得干预。

新加坡甬籍巨商胡嘉烈，也赈贫济苦，乐善好施。民国二十六年（1937年）抗战爆发，陈嘉庚倡议成立马来亚新加坡华侨筹赈祖国伤兵难民大会委员会（即筹赈会），胡嘉烈为委员之一，曾积极募捐，承购救国公债，捐赠寒衣、药品。民国三十年（1941年）日寇侵占浙东，尽搜粮食以供军需，家乡父老难得温饱。他得悉后，委托家乡亲友，在故乡胡家坟村设立片云堂，赈济贫户。“片云”暗寓自己愿化为一片云霓，聊以缓解家乡在“暴日”（日寇）烈焰下受煎熬的乡亲疾苦。片云堂规定，胡家坟村和花园村（其夫人徐庆月故乡）生活困苦无依者，每人每年发给稻谷500斤。乡间习俗，只有孤寡无后者才受人布施，吃舍米，穿舍衣，死后躺舍材。为使受惠者不致以为是“吃舍米”，还用心良苦，规定这些稻谷按市价百分之十收费。这一善举，持续了20年之久。

20世纪后半期，追随世界潮流，海外及港澳宁波人的心态有所变化，从落叶归根的传统乡土观念，逐渐转化为落地生根的现代移民意识。可是，海外及港澳宁波人眷恋故土的情愫并未淡化。在宇宙中，飞行着四颗以“宁波帮”巨商命名的小行星，即邵逸夫星、李达三星、王宽诚星、曹光彪星。这四颗小行星，是四颗爱国心，他们都为祖国的教育和科技发展做出了杰出贡献。他们的事迹在前面已有阐述，这里不再重复。

海外及港澳捐资兴学的“宁波帮”商人，远远不止上述四人。如镇海人包玉刚，20世纪80年代捐资200万美元设立“包兆龙包玉刚中国留学生奖学金”，资助中国留学生和研究人员出国学习世界先进科学技术；又捐资5 000万人民币，创办宁波大学。鄞县人陈廷骅、镇海人赵安中，扶贫济困，为希望工程捐赠巨额资金。

更难能可贵的是，捐资兴学的并非都是富商。镇海贵驷中学林华实验楼的捐资人葛林华先生就是一位在日本东京摆面食摊的小商贩。他出身贫寒，祖辈以出海捕鱼为业。父母早亡，胞妹从小给人家做童养媳，生活非常贫苦。为生活所迫，他 17 岁时背井离乡东渡日本谋生。50 来岁才有些积蓄，在东京买了一小块地皮，开设面食摊。战后日本经济渐趋繁荣，他夫妇俩早开店晚打烊，生意日益兴隆。他积劳成疾，临终之际，嘱咐家属为故乡教育事业出力。1980 年，其家属专程从日本来到故乡镇海，捐资建造实验楼和添置教学设备。

新时期的宁波商帮人士也秉承商帮的优良传统，勇于承担社会责任，乐善好施，惠泽乡里。

据 2005 年《福布斯》中国慈善榜公布的资料，宁波的民营企业在该榜中又占了四席之地。这 2005 年《福布斯》中国慈善榜是《福布斯》根据其所了解的 2004 年中国内地民营企业向公益事业捐款的总体情况排定的。宁波四家民营企业分别为浙江天安集团、培罗成集团、雅戈尔股份有限公司和宁波方太厨具股份有限公司，它们分别以捐款 222 万元、210 万元、200 万元和 112 万元总额，分别排在第 43 位、第 45 位、第 46 位和第 71 位。根据《福布斯》透露，这些企业 2004 年曾做的善事包括：资助象山教育基金 100 万元（天安）、资助冯骥才民间文化抢救基金 150 万元（培罗成）、资助野生动物保护协会 200 万元（雅戈尔）、资助家乡绿化事业 90 万元（方太），等等。

雅戈尔集团在企业发展的同时，把财富大笔地捐赠给社会。据不完全统计，至 2009 年 6 月，雅戈尔累计捐献达 3 亿余元，多次荣登《福布斯》慈善榜。雅戈尔分别于 2007 年、2009 年连续两次被中华慈善总会授予“中华慈善事业突出贡献奖”。2008 年 1 月，李如成被授予“浙江省十大慈善之星”荣誉称号；4 月，雅戈尔集团入选胡润百富榜“2007 企业社会责任 50 强”榜单；12 月，雅戈尔荣获民政部颁发的“中华慈善奖”。

以董事长储吉旺为首的宁波如意股份有限公司创业 22 年来，向社会各界捐款近 6 000 万元，公司董事长储吉旺 2005 年度获得民政部授予的“中华慈善奖”。“慈善是一项快乐包裹的事业”，这是董事长储吉旺对慈善的理解。2008 年公司虽然受金融危机影响较大，但不改反哺社会的执着，当年向社会捐款 356 万元，其中向汶川灾区捐款 200 万元。

宁波申洲针织有限责任公司累计向社会慈善事业捐赠 2 000 万元。常务副总经理陈忠静说，企业的财富来源于社会，理应回报给社会，这是一个富有社会责任感的企业的选择。“一个成功的企业，必须是具有‘企业公民’理念的企业，不但注重经济效益，更要注重承担社会责任。”宁波海天集团股份有限公司副总经理钱耀恩说出了许多企业家的心声。

2014 年年初，银泰集团董事长沈国军发起成立银泰公益基金会，并任荣誉理事长。同年 6 月，在他的引领下，银泰公益基金会会同银泰集团，与北京大学共同发起设立中国首个社会公益管理硕士，并建立北京大学光华管理学院银泰公益管理研究中心，立志为中国公益慈善事业培养优秀、专业的高级管理人才。同时，由沈国军与王兵、马云等企业家共同发起成立的“爱佑慈善基金会”的“爱佑童心”项目，已救助 2 万多名先天性心脏病患儿，成为全球规模最大的孤贫先天性心脏病患儿手术治疗项目，并在北京和开封分别设立了两家孤残儿童养护中心。

多年来，“宁波帮”企业家热心于慈善事业，有些向各地慈善组织捐款捐物，支持社会慈善事业的发展；有些成立各种基金会，对企业内部和社会有特殊需要的人进行定向帮助；有些致富后对家乡父老进行反哺报恩……林林总总，使“宁波帮”企业成为各级慈善组织筹集善款的重要来源，“宁波帮”企业家成为慈善事业的重要支持者。

【链接】

古今商帮——精神的传承与进取

（摘自百度文库，作者不详，有删改）

无论是古代商帮，还是现代商人，都肩负着民族发达与振兴的重任。形成于明代并兴旺于清代的十大商帮书写了“中国商人”的形象，这种以地域划分为基础、以共同精神为纽带的商人群体，曾经在中国历史上风光一时。进入现代商业社会以来，古代商帮逐渐被淡忘。然而，当我们纵观如今大大小小的企业后发现，它们的地域性、文化趋同性，还延续着古代商帮的色彩，而地区性的经济发展更是带有浓重的商帮痕迹。也许现代中国所需要的商人精神，正是在继承传统商人精神的基础上与新时代商业社会的融合。

一、灿烂隽永的商帮精神

历史像是一位不知怠倦的行者，总是毫不踌躇地前行。那些尘封于历史中声名显赫的地方商帮因跟不上历史前进的步伐而衰败，然而他们就像陨落的流星，曾经的辉煌历历在目，其规模之大、实力之雄厚、影响之深远，无一不向我们传递着丰富的文化信息，引发我们对中国商人精神的思考与探索。

1. 好儒之道擎领商帮传奇

古代商帮能发达到如此地步，绝非仅仅是靠着勇气与机遇等一二因素所为，我认为好儒是商帮发达并绵延几百年的重要因素，或许可以说是决定因素。

儒道经商以创造传奇，徽商那根植于独特的社会文化土壤中“贾而好儒”的精神也是再好不过的例子。徽州是南宋大儒朱熹的故里，有其他地方不可比拟的儒学传统。徽人广建书院，崇儒重道，形成了“儒风独茂”的地方文风。在这种文化氛围中，徽商或“先贾后儒”，或“先儒后贾”，或亦贾亦儒，在贾与儒之间“迭相为用”，因此以儒道经商就成为徽商精神的精髓。16 世纪时，徽州出身于士商家族的汪凤龄教育后来成为商人的儿子做事“不愧于儒术”，正是徽人精神的一个例证。

经济史上有一种耐人寻味的现象，即“资本总是在最短缺的地方发挥最大的效用”。知识是一种资本，知识能够创造价值，这种观念今天已被我们所公认。晋商“学而优则贾”的精神是同样的道理。他们是从先天和后天的条件出发，把获得的知识这种“资本”用来经商，“在最短缺的地方发挥最大的效用”。从这个意义上看，晋商对于如何使商业持久高效地发展运转甚至有些先知先觉的味道。我们在古代商人身上看到了那些被当今经济学家视为有助于资本主义发展的“勤”“俭”等伦理训条，而“诚信”更是各个商帮共有的文化精神气质。这些来源于儒家的伦理训条并不是为资本主义量身打造的，而是中国的文化传统，它不仅造就了昔日商帮的辉煌，就是在发展市场经济的今天，仍具有重要意义。

2. 海纳百川的地域性商帮文化

有着儒家根深蒂固的文化根基，商帮文化又在其独有的地域中丰富、发展、壮大、延续，每一处商帮文化都有其独有的特色与决胜的精神。从晋商与徽商这两个最大的商帮群体表现出的商业气质和他们的创富秘诀中，不难发现齐商文化的影子。晋商的理财智慧位于商帮之首，“学而优则贾”的宗族传统也让晋商的文化程度相对于其他商帮较高，他们的经营模式也是最先进的，其中股份制、资本运作等现代经营方式，已经在他们那里萌芽。而徽商善于分析和判断经济形势，在买贱卖贵的不等价交换中谋取厚利。诚、信、义的商业道德之本，为他们在商界拼搏中赢得了信誉，这是他们经商成功的奥秘所在。这些重商道、善理财、勤于风险预估和投资分析的商业特质，以及诚信、包容、开拓的精神，正是齐商文化的精髓所在。

明清时代的广东商帮，之所以能在晋商、徽商衰落之后继续发展并成长为新一代粤商的根本原因，就在于其冒险开拓、独立进取的商业精神，在参与国际商业贸易过程中的开放心态，以及对传统文化与近代商业文化的有效结合与融合的特质，即广东商帮开放的胸怀与勇气。

山东经济被商界誉为“群象经济”，正如今日我们熟知的山东企业——海尔、海信、双星、张裕等大企业历久不衰。山东商帮质朴单纯，豪爽诚实，团队协作精神独一无二，喜欢“大兵团作战”远征世界，屡创商业奇迹。山东商帮另一个突出表现是全民经商，即经济好的地区的人要经商，条件不好的地区的人也要经商的进取精神。

其他诸如福建商帮的大无畏进取开拓精神，宁波商帮因时制宜的实用主义经营特色，龙游商帮敢为天下先的精神和海纳百川的肚量，深受陶朱公事业影响的洞庭商帮善于审时度势、把握时机的商业智慧，江西商帮诚信、真实、灵活的为商之本，陕西商帮广纳百川的生财之道，均不同程度地体现出地域性的风物文化造就出来的丰富的商业精神之经典特色。

古有晋商、徽商的500年辉煌，今有浙商、苏商、粤商的叱咤风云，又有鲁商、京商、豫商等称雄崛起，中国历代商帮虽几经更迭演进，但从他们身上表现出的基因特质，我们不难看到一种融溶共通的特质——一个省份的人在相似的经商动机和条件下，形象地诠释了中国十大商帮的综合缩影，这在中国是仅见的，生长于斯、流传于斯的千年商帮文化与精神。

二、商帮精神在当下传承

1. 商道之精粹的传承

中国商帮文明传承数百年，中国商人以别具地域特征的商业文化和决策风格屹立于世。在如今，新商帮继承先人的文化因子，采纳与全球接轨的先进企业管理理念与模式。一个个中国新商业代表人物已经成为一个行业和一个时代的标志。

多年以来，成长不息、纠错不止的中国商帮群体，怀抱多元化、国际化的宏图大志追逐梦想，当仁不让，渐行渐远，义无反顾。商帮的存续与嬗变、进化与推演，充斥着极为显著而彻底的中国元素与中国特色。那些可贵的商帮精神递进，催化、激活了中国商业的更迭与跃迁。而在对于精神传承的选择时，回望与前瞻，思考与纪念，争鸣与思辨，追访与建言，当是必然且必需的。而今，建基于全球化的视野与思维，我们重新梳理、回望、观瞻、审视、度量中国十大商帮的历史与前景，透过历史的辉煌与现实的困惑，探讨解构，力图对中国商帮之未来进行观照与解读。

纵观我国商帮的发展历史，“天时、地利”固然是重要因素，但其以“诚信、开放、创新、协作”称著天下、独树一帜的典型形象，集中体现了国人“知义、尚礼、讲求和谐、务实淳朴”的文明和商道“豪放、坚韧、不甘现状、敢为人先”的霸气。这种双重性格和处世理念是历史的传承，其久盛不衰的经营思想凝炼为可贵的四大精神。

其一，严守承诺、“以义制利”的诚信精神。基于传统儒家文化的教化与敬仰，自古商人们把严守信誉作为商业道德，代代相传。他们讲求“以义制利”，并将其演变为经商处世的准则——“平则人易近，信则公道著，到处树根基，无往而不利”，凡事一丝不苟，受一事诺一言，终身不渝。诚信理念的确立，匡正了商业秩序，稳定了市场，促进了商业企业之间的良性竞争，也使商人信奉“经营信为本，买卖礼为本”的观念。“诚信”不仅是商帮贯穿商业活动的信守原则，也是为商之魂的内在本质。

其二，不远万里、贸迁中外的开放精神。古时商人们秉承前人敢于走出去的精神，为改变自己的命运而走出家乡，他们采取“人弃我取、人无我有”的策略，不论远近，只要有利可图，就及时把茶、丝绸、棉布、陶瓷、盐、粮食等商品贩运于四方。与此同时，我国商人的势力也伸向了国外，俄国、日本、朝鲜、印度等国，南洋、阿拉伯地区以及欧非两大洲都遍布他们的足迹，这样的境况堪称开世界开放之先河。

其三，高屋建瓴、远见卓识的创新精神。各大商帮力避墨守成规、坐井观天，能够根据时势的变化不断改进经营方式。从粮盐运销到茶叶贩运，从冶铁挖煤到开店设栈，从日用杂货到丝绸皮缎，只要有商机，就有他们的身影。在经营管理的方略上，通过长时段、大范围的经营实践，各地商帮创造了一套套其自有的管理理念、运营机制和制度章程，如所有权与经营权的分离、原始的股份制形式、严格的号规制度、选拔人才的用人机制，等等，其科学性、严密性可以与现今任何一家跨国公司相媲美。

其四，彼此联结、互相提携的协作精神。在清代随着资本主义萌芽的增长，国内外商业竞争日渐加剧，商人们为维护既得利益，巩固阵地和某些行业的垄断地位，彼此联合起来，互相帮助，形成了一个纵横联结、网络贯通的地域性商业集团。同时，在稳妥经商的原则下，各商帮对“相与”慎结慎解，既经来往，没有特殊情况，不中途绝交，力求善始善终；对已建立起“相与”关系的商号，均给予多方支持和业务方便，对方发生经营困难，则及时伸手相助，这种“相与”关系与现在的联营协作有很大的相似之处，集中反映了“天人合一”“以人为本”、崇尚和谐的价值观念。

直到今天，回首来看，时代造就了商帮，也毁灭了他们。但毁灭的只是古代商帮的形式存在，留下的则是对当今发展取之不尽、用之不竭的精神财富。盛极一时的商帮给后人留下的，不仅仅是几所空荡荡的宅院、几叠沉甸甸的谱牒，更有其文化所在、精神所在，商帮精神不仅是古代商人的精神支柱，更是当代为商者须臾不可远离的灵魂。

2. 决策中国，商道品鉴

退尽浮华，沉淀理性，当下，全球化日益凸显为商业追随的趋势航标。世纪趋势，如何把握？观察全球经济板块的位移、评估国家势力消长、思考企业战略部署、参与财富重新分配，而商业才俊无人能置身于这场世界巨变之外。如此，该如何顺应？如何把握？如何成就？如何回馈？胆识与魄力正日益凸显成为商业全球化中最基本的素质。

胆识把握机会，魄力创造未来。中国、中国人、中国企业、中国品牌、中国产品……世所瞩目的程度超越以往，中国的力量正在变得日益凝重、日益鲜明。如何在这个日益清晰的新世界中取胜，是每一个企业、每一位企业家殚精竭虑的难题，而决策力在这样极速演进的年代显得尤其重要，因为今天的胆识和魄力决定着明天的收获和成功。这是一个需要用胆识和魄力表达思考、实施决策的时代：中国企业需要与世界对话，需要在全球化赋予它们的崭新舞台上登高望远，学会用国际化的思维理解世界；而国际企业需要与中国对话，在炽热而富有活力的东方，刷新自身的本地方略，助益全球战略的成功。

品鉴中国商道，这些新商帮在传承的同时开始了“决策世界”的征途。基准于全球化视野，新旧事物的碰撞与融合，需要胆识和魄力贯穿始终。在“看不见的新大陆”——全球化的形成过程中，企业家是新大陆的探险家和拓荒者。而中国企业家应关注“明道”与“取势”，超越“经济”，超越科技与利润至上，关注商业与人文。中国企业家应具有全球视野和思维，以世界眼光应对全球竞争，从而打造出世界级的民族企业和企业家。我们可通过联盟、收购、以强制强的方式，也可通过吸引外资，还可通过市场换股权、提高研发能力、创建品牌、拓展渠道等方式提高战斗力。中国商业文化的路径是“以道育术”，中国的强项是道，西方泊来的强项是术。故我们中国商人在世界商业战场上打拼的时候，不能忘记根本，不能丢失老祖宗遗留下来的商道精神，要有国人应有的商道气质与风范。

中国需要与世界对话，如同世界需要与中国对话。在这里，中国商帮的智慧和西方领导力史无前例地碰撞与交融，激发出所有潜在力量，在全面分享中创生最具胆识和魄力的新领导力和管理思潮。

抚古思今，我国商帮自强不息、仁厚豁达的人文性格早已沉淀于今天勇于开拓的商人们的血液之中。我们要从商帮千百年的辉煌历史中再次汲取丰富的营养和宝贵的精神财富，获得诚信、和谐的灵魂和精神，获得开放、创新的气魄和血性，积极应对历史和时代赋予我们的重任和机遇，解放思想，与时俱进，开拓创新，加快发展，使我国的锦绣江山不只是存在于史书典籍的美好故事，不只是停留于我们记忆之中的繁华旧梦，而是将其变为现实，并与我们永远同在。

思考与练习

1. 举例分析宁波商帮所具有的开拓创新精神，不少于五例。
2. 举例分析宁波商帮所具有的诚信精神，不少于五例。
3. 举例分析宁波商帮所具有的团结互助精神，不少于五例。
4. 举例分析宁波商帮所具有的扶困济世精神，不少于五例。
5. 概括古今商帮精神的共性，并谈谈怎样让它在今天发挥现实功用。

附录一

宁波商帮的百年之最

在近代我国主要的经济发达地区，乃至全国、全世界，宁波商帮都创造了众多称王、称第一的业绩，其行业几乎涵盖了工商领域的绝大部分。1934 年，浙江兴业银行在一份调查报告中说："全国商业资本以上海为首位，上海商业资本以银行居首位，银行资本以宁波人居首位。"可见当时宁波商帮的实力和在中国经济发展中的地位。现将宁波商帮主要人物所创办的能在当时称为第一的事业汇编如下，供大家研究参考；遗漏和错讹之处，希望共同补充和修正。

○1830 年，方性斋（镇海）与兄弟方润斋、方仁和在上海南市开设南履和钱庄。1870 年，其后人方黼臣、方季扬将南履和钱庄改组为安康钱庄，盈利为当时钱业之冠，直至 1950 年收歇，是上海影响最大、营业时间最长的著名钱庄。19 世纪末、20 世纪初，镇海方家以先后开办 43 家钱庄列为上海九大钱业集团之首，"执上海商界之牛耳"。

○1840 年鸦片战争以后，方润斋（镇海）和四弟方梦香合伙在上海咸瓜街开设方萃和糖行，每年营业额达二三百万两，为同业之翘楚。

○1853 年前后，翁景和（宁波）在上海开办大丰洋布店，专营英、美进口洋布批发，为清末国内最早的进口棉布批发字号。

○1854 年，费纶志（慈溪）、李也亭（镇海）及盛植管集银 7 万两，通过上海怡和洋行买办杨坊向英国购买了中国第一艘轮船——"宝顺"号，并配备武器为商船护航，此为中国用轮船之始。

○1862 年，叶澄衷（镇海）在上海开设顺记五金洋杂货店，这是上海第一家华人开设的五金号，后发展到全国各地设立分号 38 家、联号 108 家，被称为"五金大王""火油大亨"，总资产达 800 万两白银以上（当时山西晋帮最大的财团蕖家总资产据统计为 400 万两白银）。

○1867 年，许春荣（原籍宁波，后迁至湖州）与宁波翁氏在上海合伙开设大丰洋货号，这是当时上海最大的经营进口洋布的华人商号。

○1870 年，叶澄衷（镇海）在上海盘下德商可炽煤铁号，专营进口煤和铁，这是上海最早专营煤铁的商店。

○1878 年，张尊三（鄞县）开设元记东洋庄，是上海经营日本海产品贸易的创始人。在第一次世界大战期间，发展成为上海首屈一指的进口鲨鱼翅的大商行，被称为"鱼翅大王"。

○1881 年，方仰峰（镇海）在杭州设立方裕和南北货商店，年销售金华火腿 5 万余只，该店以质量和信誉成为当时杭州南北货业魁首。

○1882年，董秋根（宁波）在上海创办了中国第一家机器制造厂——永昌机器厂，修造小火轮，后又制造缫丝车，为此业之肇始。

○1885年，吴锦堂（慈溪）东渡日本经商，后成为日本“关西财阀”。

○1887年，严信厚（慈溪）集银5万两，在宁波北郊湾头开设中国第一家机器轧花厂——通久源轧花厂。

○1888年，顾松泉（宁波）在上海创办中西药房，为上海第一家华人开办的西药房。

○1889年，叶澄衷（镇海）在上海创办鸿安轮船公司，这是我国在甲午战争前仅有的民营华资轮船公司。

○1890年，黄楚九（余姚）在沪创办中法药房。1907年又与夏瑞芳等人创办五洲大药房（1911年鄞县人项松茂任总经理）。黄楚九与项松茂皆为新药业中翘楚。

○1891年，戴嗣源（镇海）在上海成立戴生昌内河官轮局，行驶于苏、杭、沪、嘉、湖各埠，以后又扩充航路，轮船多至20艘，是我国最早的内河轮船公司。

○1896年，江良通（奉化）在上海四川路8号开设和昌洋服店，是中国第一家西服店。

○1896年，鲍咸昌（鄞县）与其兄鲍咸恩、妹夫夏瑞芳等亲友创办商务印书馆，后发展成为我国近代规模最大、贡献卓越、影响深远的大型出版企业，在全国乃至东南亚一度雄居翘楚地位。

○1897年，由盛宣怀委派严信厚（慈溪）筹建的中国第一家银行——中国通商银行在上海成立，严为第一任总经理，严与叶澄衷（镇海）、朱葆三（定海）参与投资并列九个总董之内。

○1902年，由盛宣怀委派严信厚（慈溪）在上海联合商业名流，筹建上海第一个商界团体——上海商务会议公所，严任第一任所长。1904年，改为上海商务总会，严任总董。1912年改为上海总商会，会长、副会长基本上都由宁波籍人士担任。

○1905年，朱葆三（定海），严信厚（慈溪）等创办了中国第一家保险公司——华兴保险公司。

○1905年，孙梅堂（鄞县）在宁波创办制钟工场，首创国产时钟。1917年，孙梅堂在上海盘进了原由法国人创办于1860年的亨达利钟表行，先后在11个大城市开设了25家分店。1919年，庄鸿皋（鄞县）开设了亨得利钟表行，在全国各地也有60多家分店，这两家钟表行执20世纪初国内钟表业之牛耳。

○1905年，张正安（宁波）在杭州创办张顺记洋服店，从事西服制作与销售，为杭州西服店之鼻祖。

○1906年，何积藩（鄞县）在上海开设的列丰行商号，是上海开设最早的一家华商百货西洋庄。

○1906年，赵孝林（宁波）在沪创办万昌钢铁机器厂，以冷气压缩机及冷气安装工程为主要业务，是上海最早经营冷气安装的企业。

○1906年，宋炜臣（镇海）在汉口投资既济水电公司，是当时国内最大的由华人投资的水电公司。宋先后在汉口等地兴办火柴厂、扬子机器厂、官池口铜煤矿等，被誉为“汉口头号商人”。

○1908年，叶又新（镇海，叶澄衷之子）与樊时勋（镇海）创办了上海第一家毛纺织厂——上海日晖织呢厂。

○1910年，王才运（奉化）在上海南京路繁华地段创设荣昌祥呢绒西服号，为上海当时最大的西服企业。

○1911年，红帮裁缝张方诚为孙中山先生创制了第一件“中山装”。

○1912年，王万荣（鄞县）到上海广告社当学徒，后任上海荣昌祥广告公司经理，因设计电影《夜半歌声》、“鹅牌”商标的路牌广告而出名，被誉为“广告大王”。

○辛亥革命后，唐爱陆（镇海，现为北仑区）在汉口创办国货公司，这是中国第一家国货公司。

○1912年，陈万运（慈溪）、沈启涌（慈溪）、沈九成（慈溪）创办了中国第一家毛巾厂——三友实业社，所生产的三角牌毛巾畅销全国。

○1912年，柴宝怀、丁丕山（宁波）等人在上海创办协大祥绸布店，这是上海绸布业中最早开设的一家大型绸布商店。

○1912年，张同孚（鄞县）在上海创办上海协成裕记银箱厂，制造保险箱，1916年购入文仪洋行的全部设备，成为全国规模最大、品种最齐、产量最大的保险箱专业企业。

○1912年，方液仙（镇海）在上海创办中国化学工业社，兴办了我国第一家牙膏厂，生产三星牙粉、三星牙膏、三星蚊香、三星观音粉、三星酱油精、“箭刀”牌肥皂等产品，被誉为中国日用化工的奠基人。

○1913年，张石川（镇海）与郑正秋联合执导了中国第一部无声短故事片《难夫难妻》。1922年再次与郑正秋合作创办明星影片股份有限公司，任经理。1922年拍摄了中国第一部有声故事片《歌女红牡丹》。张石川被称为中国电影之鼻祖。

○1913年，王生岳（鄞县）在沪创建王岳记机器厂（现上海减速机械厂前身之一），专门代客加工齿轮，是上海最早加工齿轮的工厂。

○1914年，乐汝成（镇海）在济南创办泰康罐头食品有限公司，1923年迁址至上海。是当时国内首屈一指的产销联营大型食品企业。

○1915年由虞洽卿（镇海）创办的三北航业集团，是当时我国航运业中最大的商办航业集团，其总吨位9.1万多吨，约占全国民族航运业总吨位的七分之一。

○1916年，张石川（镇海）、管海峰在上海创办幻仙影片公司，是中国第一家在经济上摆脱外国商人的自立影片公司。

○1916年，林信昭（镇海）在上海北京路设立上海第一家医疗器械厂——林德兴五金工场。1921年，钟章耀（镇海）与表兄胡永年（镇海）在上海创办耀昌医疗器械号（后改为耀昌医疗器械公司），并长期任经理。这两家企业为当时民族医疗器械业的开拓者。

○1917年，宋汉章（余姚）、盛竹书（镇海）及张公权等人在上海创办《银行周报》，是我国发行最早、发行时间最长的经济专业刊物。

○1917年，上海成立钱业公会，朱五楼（镇海，陈果夫岳父）曾任第一、二届会长。1920年公会改造后，由秦润卿（慈溪）担任会长，时间长达20余年（除第五届任副会长外）。秦被公认为是上海钱业界领袖。

○1917年，余华龙（奉化）在上海南京东路创办中华皮鞋股份有限公司，这是上海第一家由华人开设的皮鞋店。

○1918年宋汉章（慈溪）担任上海银行公会首任会长。

○1918 年李组绅、李组才（镇海，天津巨商叶星海外甥）在天津与曹汝霖、陆宗舆共同创办利济贸易公司，推叶星海（镇海）为董事长，李组才自任经理，为天津华商对外贸易行之首创。

○1919 年，王宝信（奉化）在上海创办益泰信记厂，为国内制造铝质日用器皿之首创。

○1919 年李安绥（鄞县）在上海创办中国最早的毛绒纺织厂，方椒伯（镇海）任董事长。

○1919 年，姚德甫（镇海）在上海创办华通电业机器厂（今华通开关厂），被称为中国低压电器工业的奠基人。

○1920 年，虞洽卿（镇海）、盛丕华（镇海）、闻兰亭等人在沪创办上海证券物品交易所，为上海第一家华商交易所，也是当时远东最大的证券交易所。

○1920 年，郑源兴（奉化）、郑方正（镇海）创办了上海最大蛋制品出口企业——茂昌蛋厂，开国人兴办冷冻业之先声，后每年营业额约占全国出口额的五分之一。

○20 世纪 30 年代，郑源兴曾任中国蛋业公会会长、世界蛋业公会理事长。

○1921 年，朱葆三、严信厚（慈溪）等创办中国第一家信托公司——中易信托公司。

○1921 年，胡西园（镇海）研制出中国第一只白炽灯泡，1923 年创办了中国第一家灯泡制造厂，是中国电灯泡工业的开拓者。

○1921 年，王伯元（慈溪）在沪开设裕发永金号而发迹。后又投资钱庄、银行、保险公司等行业，成为当时著名实业家，被称为“金子大王”。

○1921 年，黄楚九在沪创办上海日夜银行，为近代上海第一家日夜营业的银行。

○1921 年后，项松茂（鄞县）等人在上海组建五洲固本皂药厂，后发展成为当时中国最大的制皂企业。

（来源：沈天祥，浙江在线新闻网站，2005 年 12 月 27 日。）

附录二

宁波的全国之最

河姆渡稻谷：中国最早的稻谷
慈湖木屐：中国最古老的木屐
汉三老碑：中国现存最早的东汉石碑
虞喜：中国最早发现岁差的学者
它山堰：中国最早采用堰体倾斜等技术的水利工程
《耕织图》：中国最早的农耕科普画册
《莺啼序》：中国文学史上字数最多的词
《三字经》：中国古代影响最大的启蒙读物
东钱湖石刻遗址：中国现存唯一的南宋墓道石刻群
张可久：中国传世元散曲最多的作家
高武：中国第一个男女穴位铜人铸造者
天一阁：中国现存最古老的藏书楼
屠隆：中国最早命名“盆景”的人
《明儒学案》：中国第一部断代学术史专著
任昭才：中国最早运用浮力原理打捞沉船的人
宁波钱庄过账制度：中国最早的金融结算制度
甬江女中：中国第一所女子中学
宝顺轮：中国第一艘进口轮船
陈鱼门：中国麻将牌的发明者
金雅妹：中国第一位女留学生
中法镇海之战：中国近代唯一取得全胜的海岸保卫战
通久源：中国第一家机器轧花厂
商务印书馆：中国近现代规模最大的印书馆
中国通商银行：中国人最早创办的商业银行
虞和钦：中国最早介绍化学元素周期律的学者
《绘图梁山伯》：中国现存最早的梁祝长篇小说
荣昌祥：中国最早制作中山装的服装店
翁文灏：中国第一位地质学博士
何育杰：中国近代物理学开创者

上海眼科医院：中国人最早创办的西医眼科医院
张石川：中国第一位电影故事短片导演
三友实业社：中国最早的毛巾厂
亚浦耳灯泡：中国第一只灯泡
王正廷：中国第一位国际奥委会委员
中国化学工业社：中国最早的牙膏厂
《掷果缘》：中国第一部喜剧电影
丁佐成：中国第一位仪表专家
杨贤江：中国第一位马克思主义教育理论家
邵逸夫：中国第一部粤语电影的制版人
余名钰：中国第一台电弧炼钢炉创建者
《西服裁剪指南》：中国第一部西服著作
《中国医学大成》：中国最齐全的中医学著作
宁波戏院：中国最早的越剧改革地
应尚才：中国首台客货两用蒸汽机车的设计者
舒鸿：中国第一位奥运会主裁判
戚家山战斗：中国抗战史中最早战胜日军的海防战役
镇海万工轿：中华第一大轿
浙东抗日根据地：中国最完整的抗日根据地之一
林柄炎：中国第一架国产钢琴的制造者
徐天红：中国“越剧第一老生”
浙东金属抗币：中国唯一的抗日根据地金属货币
郑崇兰：中国第一台电影摄影机的制造者
戴运轨：中国原子核研究室创造人
童第周：中国实验胚胎学的开创者
孙传哲：新中国邮票设计第一人
谈家桢：中国遗传学专业创始人
袁牧之：新中国第一任电影局局长
周广仁：中国最早在国际上获奖的钢琴家
徐进：中国创作越剧剧本最多的人
桑弧：中国第一部彩色电影的导演
俞丽拿：中国首位演奏《梁祝》乐曲的小提琴家
李志坚：中国 IC 卡技术拓荒者
陈中伟：中国“断肢再植之父”
朱高峰：中国第一套载波通信系统的总体设计者
王阳元：中国最早研制微处理器技术的人
於梨华：中国当代留学生文学开创者
倪光南：中国联想式汉字输入系统开创者
柳维长：中国汉字处理系统软件开创者

马承源：当代中国青铜器鉴定第一人
《西湖春泛图》组合橱：中国最大的骨木镶嵌组合家具
周尧：中国第一家昆虫博物馆创办者
张忠谋：中国第一家专业晶圆体加工企业创办人
施展：中国最先破解“布朗运动”概率论难题的人
“榨菜之乡”余姚：中国最大的榨菜生产加工基地
栎社机场：中国第一个软土地基民用机场
宁波港：创造中国港口多项第一
中国农机博物馆：中国第一家农业机械博物馆
慈溪天元：中国最大的古旧家具出口基地
浙江万里学院：中国第一所国有改制高校
丁磊：中国第一位创办虚拟社区的人
桑兰：中国第一位在纽约主持新年点灯仪式的人
宁波网交会：中国第一个网上进出口商品交易会
宁波服装博物馆：中国第一家服装博物馆
上林湖寺龙口窑址：中国现存唯一的南宋越窑遗址
旦门山岛：中国第一个海岛狩猎度假区
鄞州走马塘：中国进士第一村
北仑：中国最大的注塑机产业基地
大榭跨海大桥：中国第一座公路铁路跨海大桥
广博纳米：中国第一条纳米金属粉生产线
镇海巨高长毛兔：中国产毛量最大的长毛兔
慈兴轴承：中国入世后打赢的第一例反倾销官司
章水金钱松：中国最大的金钱松
史久镛：第一位担任国际法院院长的中国人
明清奉帮石窗馆：中国第一家石窗艺术馆
慈溪：中国最大的双缸洗衣机生产基地
力邦社区：中国第一个外来务工人员社区委员会
慈溪：中国最大的饮水机生产基地
拨浪鼓：中国第一个工商注册的展会吉祥物
大榭实华码头：中国第一个40万吨级原油码头
宁波诺丁汉大学：中国第一所中外合作大学
“院士之乡”宁波：中国院士最多的城市
梁祝万人相亲会：中国最大的相亲平台
大卫青铜雕像：外国政府赠送给中国体积最大的青铜艺术品
杭州湾跨海大桥：中国最长的跨海大桥

（来源：俞丹桦著《宁波的中国之最》，宁波出版社，2006年10月。）

参考文献

[1] 林树建，林旻. 宁波商帮［M］. 合肥：黄山书社，2007.
[2] 应华根，魏玉祺. 新宁波帮［M］. 北京：中国经济出版，2009.
[3] 宁波市政协文史委. 宁波帮在天津［M］. 北京：中国文史出版社，2006.
[4] 宁波市政协文史委，政协鄞州区委员会. 鄞县籍宁波帮人士［M］. 北京：中国文史出版社，2006.
[5] 宁波市政协文史和学习委，政协北仑区委员会. 宁波小港李氏家族［M］. 北京：中国文史出版社，2007.
[6] 王耀成. 石库门的主人——一个商帮的文化背影［M］. 北京：作家出版社，2005.
[7] 乐承耀. 近代宁波商人与社会经济［M］. 北京：人民出版社，2007.
[8] 乐承耀. 宁波古代史纲［M］. 宁波：宁波出版社，1995.
[9] 宁波市政协文史委. 汉口宁波帮［M］. 北京：中国文史出版社，2009.
[10] 宁波市政协文史委员会，谢振声. 严信厚及其家族［M］. 宁波：宁波出版社，2013.
[11] 金普森，孙善根. 宁波帮大辞典［M］. 宁波：宁波出版社，2001.
[12] 周耀烈，姚光辉. 锻造江湖威名——宁波企业品牌发展策略［M］. 杭州：浙江大学出版社，2009.
[13] 周耀烈，姚光辉. 寻找活力源泉——宁波企业技术创新案例［M］. 杭州：浙江大学出版社，2009.
[14] 荆娴，姚光辉. 布阵全球市场——宁波企业营销网络模式［M］. 杭州：浙江大学出版社，2009.
[15] 闫国庆，冯洪江，姚光辉. 寻找“进化标杆”——宁波企业的经营法则［M］. 杭州：浙江大学出版社，2009.
[16] 许勤彪. 宁波历史文化二十六讲［M］. 宁波：宁波出版社，2005.
[17] 乐承耀. 宁波通史（清代卷）［M］//傅璇琮. 宁波通史. 宁波：宁波出版社，2009.
[18] 王慕民，沈松平，王外盈. 宁波通史（民国卷）［M］//傅璇琮. 宁波通史. 宁波：宁波出版社，2009.
[19] 俞丹桦. 宁波的中国之最［M］. 宁波：宁波出版社，2006.
[20] 李瑊. 上海的宁波人［M］. 上海：上海人民出版社，2000.
[21]［日］木宫泰彦. 日中文化交流史［M］. 北京：商务印书馆，1980.
[22]［日］中村新太郎. 日中两千年［M］. 长春：吉林人民出版社，1980.
[23] 戴光宗. 群星灿烂——现当代宁波籍名人（中）［M］. 宁波：宁波出版社，2003.
[24] 金普森. 虞洽卿研究［M］. 宁波：宁波出版社，1997.
[25] 陈梅龙. 商海巨子——活跃在沪埠的宁波商人［M］. 北京：中国文史出版社，1998.
[26] 彭泽益. 中国近代手工业史资料［M］. 北京：三联书店，1957.
[27] 姚贤镐. 中国近代对外贸易史资料［M］. 北京：中华书局，1962.
[28] 聂宝璋. 中国近代航运史资料［M］. 上海：上海人民出版社，1983.
[29] 聂宝璋，朱荫贵. 中国近代航运史资料（第二辑）［M］. 北京：中国社会科学出版社，2002.
[30] 中国人民银行上海市分行. 中国钱庄史料［M］. 上海：上海人民出版社，1960.

[31] 樊百川．中国轮船航运业的兴起［M］．成都：四川人民出版社，1985．
[32] 中国人民政治协商会议上海市委员会文史资料工作委员会．旧上海的外商与买办［M］．上海：上海人民出版社，1987．
[33] 何况．火柴大王刘鸿生［M］．北京：解放军出版社，1995．
[34] 上海社会科学院经济研究所．刘鸿生企业资料［M］．上海：上海人民出版社，1981．
[35] 浙江省政协文史资料委员会．宁波帮企业家的崛起［M］．杭州：浙江人民出版社，1989．
[36] 浙江省政协文史资料委员会．浙江近代金融业和金融家［M］．杭州：浙江人民出版社，1992．
[37] 沈雨梧．走向世界的宁波帮企业家［M］．北京：三联书店，1990．
[38] 陈海忠，杨一琼．浙商文化教程［M］．杭州：浙江工商大学出版社，2010．
[39] 孙善根．邓小平与宁波帮［J］．当代中国史研究，1998（5）．
[40] 孙善根．秦润卿与近代上海钱庄业［J］．宁波大学学报（人文科学版），2010（2）．
[41] 陈正卿．小港李氏家族百年繁华录［J］．上海滩，1999（7）（8）（9）．
[42] 王耀成．任士刚创鹅牌商标［J］．宁波通讯，2005（7）．
[43] 陶士和．论虞洽卿的经营理念与经营谋略［J］．杭州师范学院学报（社会科学版），2004（3）．
[44] 邹冯平．包玉刚的经营管理思想［J］．北京师范大学学报（社会科学版），1991（1）．
[45] 阎勤，方建新，赵全军．宁波民营企业家发展现状与群体特征［M］// 宁波市政府发展研究中心．宁波人才发展报告．北京：中国发展出版社，2013．
[46] 张人凤．早期商务印书馆的经营管理［G］//张元济研究文集．上海：上海辞书出版社，2007．
[47] 中国制笔协会．贝发董事长邱智铭："中国笔王"是这样炼成的［OL］．http：//www．china - writing．com．cn/Z _Show．aspx？type = 11718．
[48] 首届世界"宁波帮"大会宣言（2012 年 4 月 14 日）［N］．宁波日报，2012 - 04 - 15（A1）．
[49] 张源培，王政．揭秘百年"宁波帮"［OL］．新华网，2014 - 08 - 01．
[50] 互动百科．郑氏十七房［OL］．http：//www．baike．com/wiki/．
[51] 镇海新闻网．镇海柏墅方方氏家族简史［OL］．http：//www．zhxww．net．
[52] 徐冰，张旭东．关注自主品牌：海尔的品牌价值是如何创造的？［OL］．新华网，2010 - 08 - 10．
[53] 于建民．23 年前联想是华为的 17 倍，23 年后华为是联想的 5 倍，差距在哪里？［OL］．影子金融微信号，2016 - 05 - 28．
[54] 影响全球的十大金融家族［N］．中国经营报（北京），2014 - 10 - 29．
[55] 沈天祥．宁波商帮的百年之最［OL］．浙江在线新闻网站，2005 - 12 - 27．

后　记

宁波商帮作为中国古代十大知名商帮之一，其商贸历史和文化内涵非常丰富；宁波商帮作为唯一一个从明清延续至今的地域性商业群体，其转型、创新的能力和其中所蕴含的优秀的商业文化基因，更值得今天的人们学习、研究、探讨和参考。本人在2012年初曾主编出版了《宁波商帮文化》，对宁波商帮的相关资料进行挖掘、整理，对宁波商帮现象进行研究和思考，从形成背景、发展历程、典范人物、经营谋略、人文精神等多个方面来解析宁波商帮，对宁波商帮做一个多方位全景式的观照，力求使读者对宁波商帮有一个比较全面的认识，并从中得到诸多启发。现在，在《宁波商帮文化》的基础上，结合近五年的教学和研究实践，本人编写了《宁波商帮文化教程》，对原先书中的内容做了较大的充实和完善，尤其是将原“典范人物”部分充实细分为“宁波商帮的典型人物·传统名商”“宁波商帮的典型人物·当代甬商”“宁波商帮的家族传承”三章，原“经营谋略”部分充实细分为“宁波商帮的经营谋略·创建品牌”“宁波商帮的经营谋略·成功营销”“宁波商帮的经营谋略·经营管理”三章，并在每章后设相关内容链接，以进一步开阔读者视野、拓展思维。

为了使本书更适合教学需要，在体例上，本书在每一章开头专设“内容摘要”“学习目标”和“关键词”，末尾设“思考与练习”，帮助学生进行知识学习、能力培养和复习巩固，并根据相关学习内容设计课外参观考察项目，以加强理论和实践的结合，提高学习效果。本书内容点面结合，从现象到本质进行阐析，弘扬创新、诚信、务实、协作、慈善的宁波商帮精神，倡导勤奋、努力奋斗、敢于担当社会责任的大企业家精神，并将商帮文化和高校教育相结合，以提升大学生的职业素养和综合能力。

本书在编写过程中，参考了大量文献资料和网络资料，在此对这些资料的原作者表示诚挚的感谢！由于本书的性质、篇幅以及时间等原因，有些资料尚未找到准确出处，不及一一列明，特此说明并请相关作者见谅。书中若有讹误之处，也恳请读者不吝指正。谢谢！

庄丹华

2016年6月